国家社会科学基金教育学重大（点）课题
“我国基础教育未来发展新特征研究”成果

“我国基础教育未来发展新特征研究”系列
之二“追梦者的探索：读懂学校的变革性实践”系列论丛

裴娣娜 主编

根植大地的教育变革与实践

——北京一零一中课程建设与学校发展研究

郭 涵 等◎著

教育科学出版社
·北 京·

出 版 人　李　东
责任编辑　张　璞
版式设计　杨玲玲
责任校对　贾静芳
责任印制　叶小峰

图书在版编目（CIP）数据

根植大地的教育变革与实践：北京一零一中课程建设与学校发展研究 / 郭涵等著. —北京：教育科学出版社，2021.10

（“我国基础教育未来发展新特征研究”系列/裴娣娜主编. 二：“追梦者的探索：读懂学校的变革性实践”系列论丛）

ISBN 978 - 7 - 5191 - 2582 - 0

Ⅰ. ①根…　Ⅱ. ①郭…　Ⅲ. ①中学—课程建设—教学研究—北京　②中学—学校管理—研究—北京　Ⅳ. ①G632.3 ②G637

中国版本图书馆 CIP 数据核字（2021）第 052739 号

根植大地的教育变革与实践——北京一零一中课程建设与学校发展研究
GENZHI DADI DE JIAOYU BIANGE YU SHIJIAN——BEIJING YILINGYIZHONG KECHENG JIANSHE YU XUEXIAO FAZHAN YANJIU

出版发行	教育科学出版社		
社　　址	北京·朝阳区安慧北里安园甲 9 号	**邮　　编**	100101
总编室电话	010 - 64981290	**编辑部电话**	010 - 64981232
出版部电话	010 - 64989487	**市场部电话**	010 - 64989009
传　　真	010 - 64891796	**网　　址**	http://www.esph.com.cn
经　　销	各地新华书店		
制　　作	北京博祥图文设计中心		
印　　刷	保定市中画美凯印刷有限公司		
开　　本	720 毫米 × 1020 毫米　1/16	**版　　次**	2021 年 10 月第 1 版
印　　张	22.75	**印　　次**	2021 年 10 月第 1 次印刷
字　　数	359 千	**定　　价**	65.00 元

论丛总序

基于学校课程建设的实践探索

——中国基础教育学校个性化发展之路

随着我国社会现代发展进程的推进，中国基础教育改革进入实质性的根本转型时期，处在一个走自主创新道路的关键转折点，目标是构建中国气派的基础教育未来发展的实践形态。要实现这一目标，必须走出传统范式，寻求新的解释系统，真正切入理论的原点和实践的原点，重新认识面向未来的中国基础教育改革与发展的若干基本问题，唯有如此，才能真正构建立于世界之林的21世纪中国基础教育改革与发展的当代形态，并实现理论创新和方法创新。

"追梦者的探索：读懂学校的变革性实践"研究论丛，是国家社会科学基金教育学重大(点)课题"我国基础教育未来发展新特征研究"的成果之一。此课题研究成果共包括三个系列的研究论著，其他两个系列是"基础教育区域性主体功能区发展战略"研究论丛和"学习力与学科课程建设"研究论丛。在课题研究过程中，由15所高等师范院校、16个区域性教育行政部门、100所中小学，组成跨学科、跨学校、理论工作者与实践工作者相结合的优势互补的科研群体，为揭示我国基础教育改革与发展的内在机制及其当代形态，经过近五年的艰苦探索，构建了中国基础教育发展的"三力模型"。这三个系列正是依据"三力模型"中的决策力、领导力和学习力分专题研究成果的集结，是我国教育工作者对基础教育未来发展所做的理性思考。

本论丛作为课题研究成果的第二系列，以学校领导力与学校个性化发展为中心议题，集中反映了项目成员校通过课程建设实现学校个性化办学方面的实践探索。论丛中的每一本研究报告翔实地记录了项目成员校走过的课程改革发展之路，呈现了每个学校独特的办学特色。这些学校的办学理念、课程改革的思路和举措，是经过时间积淀和实践检验的，是带有原创性且具有中国本土气息的生动丰富的创造。我们试图通过这一系列来自中小学实践探索的研究报告，为进一步探讨学校改革发展实践模式或理论模型的建构奠定坚实的基础。因此，我们将研究定位于“读懂学校的变革性实践”。

一、项目研究的重点及内容

学校领导力作为学校改革与创新的内在要素，是通过目标和价值系统、育人模式系统、制度与管理系统和资源系统等学校办学的核心要素展现的。其中课程是学校育人系统的核心，课程建设和实施水平体现着学校人才培养质量和办学特色，是学校实现培养目标的基本途径和根本保证。基于课程居于当前国家教育现代化发展核心地位的现实，我们的研究以校长课程领导力以及学校课程顶层设计为中心议题，以促进学校个性化发展为目标，尝试站在学校领导力高度对近五年课程改革的进程及初步认识进行反思总结。因此，本论丛有着独特的时空定位，即限定在学校领导力背景下学校课程的改革与发展。

我们以专题研究的问题为主线，构建本论丛中各书写作的框架。论丛从历史、现实和未来三个视角把握总体，专题研究报告内容框架基本由以下几个核心要点组成：(1)学校现代发展面临的矛盾、问题与困惑；(2)学校办学理念与培养目标；(3)学校课程的顶层设计；(4)学科课程群的构建及内容选择；(5)课堂教学改革，以及精品课程的建设；(6)课程建设的制度与管理；(7)课程资源的开发及应用；(8)课程领导力与教师的课程创生。在此基础上结合各校实际写出各自的研究重点、风采与特色。如何通过课程建设实现学校的个性化发展，这是根本立论点，也是各个研究报告撰写的重点和难点。

二、项目研究的共识与思考

我们以课程顶层设计与学校个性化发展为研究中心议题，依托北京市、四川省成都市、河南省郑州市、四川省阿坝藏族羌族自治州理县以及浙江省的项目成员单位及项目校的改革实践，在理论探讨和实践指导两方面获得了诸多认识成果。

（一）对课程领导力概念内涵的剖析

校长课程领导力，指按照一定的办学定位、培养目标进行学校课程开发建设，实现全面提升学校教育质量的能力，是一个校级团队决策、引领、组织学校的课程实践，从而实现培养人、发展人和学校发展目标的能力。校长课程领导力是一种沟通、协调、凝聚的能力，又表现为敏锐地发现问题、诊断问题并及时解决问题的能力，同时表现为驾驭、调节权力因素和非权力因素的能力。

（二）现代学校课程观的内涵及课程设计的基本原则

通过研究，我们揭示了“以人为本”“多元文化”“自主选择”是学校课程改革发展的三个核心价值，是统领学校课程改革的三个基本观念；提出了重基础、高质量，多样化、有特色，分层次、可选择的课程设计基本原则，强调从本校实际出发，体现基础性、实践性、选择性、整合性和时代性。我们认为，学校课程设计方案质量水平的标准根本在于能否体现学校办学鲜明的个性化发展特征，体现高发展性、高学术性、高选择性和高开放性特点。

（三）形成学校课程整体建构的六要素基本模式

这六要素指：学校发展理念及培养目标；学校课程结构体系；学科课程建设与课程内容的调整；课堂教学改革的思路和举措；课程建设的制度和管理（学分制、选课制、走班制、弹性学时制、评价制……）；课程的政策与条件保障。与之相应，我们提出了建构高质量学校课程体系的标准。

(四)建构学校课程结构体系的基本思路和策略

依据学校培养目标，通过课程顶层设计，对各种类型的课程进行整合，建构纵横结合、便于学生自主选择学习的立体开放课程结构体系，按照以下思路组成课程结构体系的基本框架。

纵向上，将国家规定的课程进行整合后，形成几大课程领域。

横向上，按照学生学习水平分为三个层次：面向全体学生的基础类课程；面向部分学生的分层拓展类课程；面向个别学生的研究、特长类课程(高中阶段还应考虑专业方向)。

体现整合、选择、开放和减法，是这一课程结构体系的特色。

(五)课程实施的高位思路和明晰举措

我们将学科课程建设及知识内容的调整、课堂教学改革，以及建设适合学生自主选择学习的教育资源基地和学习资源系统作为课程实施的重点。通过知识模块重组、内容合并与增删，以及学科群的搭建，分层推进，形成学科系列并找到每门课存在的生命力，提高教学质量。通过课堂教学改革研究域的再界定和实践探索，形成各校有特色的课堂教学改革思路和举措，同时形成教师教学风格和特色。

(六)体现学生自主选择、自我负责的课程建设的制度与管理

重新认识学校课程建设各种制度的价值功能，将其从学校办学的制度保障提升为课程建设的重要内容，从利用制度来规训、制约，转向立足学生，为学生自主选择和自主学习搭建平台。这是近年来随课程改革的深化发展而开拓的一个新的研究领域。目前争论的主要问题有：学分制的实施是真学分还是假学分问题；各教育年段课程开设与考试关系问题；对以“班”为核心要素的传统教学组织形式的挑战问题；等等。

本论丛的撰写是一个大工程，不仅推动了学校对自我办学理念举措的

反思，而且为基础教育未来发展、学科课程理论的建设提供了丰富坚实的思想资源。 研究具有开拓意义，研究成果具有原创性。

三、论丛撰写的特色

本论丛的问世前后历时五年，是一个不断探索、不断思考的过程。

我们认识到，要保证本论丛近三十本研究报告的质量，重要的问题是如何对丰富生动的实践研究成果进行梳理和升华，而不是材料的堆积和罗列。 这就需要处理好整理继承与超越发展、理论的概括提升与实际问题的阐述解释、共性与个性、科学化与规范化等关系。 我们要求每一个研究报告的撰写，努力体现以下特点：立论点高，代表改革前沿；有新视角，尽可能对事实经验进行理性思考和提升；重点突出，特色鲜明，立足现实，内容翔实丰富；具有规范性和可读性。

随着国家教育改革的深化推进，学校作为办学主体，面临前所未有的生存和发展的压力。 变革的时代要求学校通过变革进行根本性的转型。本论丛的出版，实际上是为我国学校教育的改革发展提供了一个交流、探讨的平台，为我国中小学教育家型的校长们提供了一个发展和展示自我的平台。

各研究报告的撰写，体现了以下特色。

(1)创新性。 呈现了各校进行课程改革的高位战略思想，呈现了各校改革实践中的创新亮点。

(2)草根性。 每一个学校研究报告均由各校独立完成，没有一丝一毫的文化包装，均是经过了一个艰难的反复修改提升的过程，是用“心”写出来的，是学校领导和老师们的智慧创造。

(3)个性特色。 各校的研究报告力显学校发展的差异性和个性。 我们认为，教育改革与创新需要宽容和理解，没有差异性就没有丰富性，而研究结论是否合理，实践是最终的检验，所以我们对校长们的独特看法持包容态度，尽量给各位校长创设自主发挥的空间。

值本论丛出版之际，感谢每位校长的敬业和执着、尽责和付出。 感谢顾明远先生领衔的专家团队，陪伴我们走过了五年的风风雨雨，倾全力给予我们关心、指导和帮助。 感谢全国教育科学规划领导小组批准立项和给予指导。

本论丛的出版得到了教育科学出版社李东总编辑的真切关注和大力支持，孙袁华、刘灿、刘明堂三位主任付出了巨大的辛劳，各册责任编辑尽心尽力，对书稿从内容到形式都提出了弥足珍贵的意见，谨在此致以诚挚敬意和谢意！

项目首席　裴娣娜

2015 年 10 月 10 日于求是书屋

本　书　序

生命培育：一生的向往与荣耀

一、北京一零一中历史回顾与思考

1999 年 4 月，组织上调我到北京一零一中工作。当时，我问了自己几个问题：提到北京一零一中，人们会想到什么？什么是北京一零一中最宝贵的财富？一零一中的开拓者们都具有怎样的教育情怀和精神品质？

我知道，问自己这些问题，是在为“校长是什么，如何做校长”找答案。

学校创办者郝人初校长是延安时期的干部。他当年的办学理念和举措，即使放在今天，也充满时代活力。“文革”前的王一知校长，是 1922 年入党的老党员、老革命。她曾经给刘少奇同志写信，倡导“半工半读”改革。副校长文方，北京大学化学系毕业，他是中学各学科教学内行。不管听哪一个学科的课，他都能说出个“所以然”。“文革”后的顾荣兴校长，为国防基地子弟首创“基地班”。20 世纪 90 年代的王毓龙校长极具改革创新意识与能力，他创立“一体两翼”，首次招收革命圣地延安地区的学生，并在国家级经济特区汕头地区办学；他创办的校本培训常设机构“跨世纪培训学校”，后来成为北京一零一中教师发展学校，一直延续至今，活力无限；他还创办了中国基础教育第一家远程教育网。

75 年来，北京一零一中毕业生取得的成就对我们国家产生了深远影响。他们当中，有的在解放战争、抗美援朝和对越自卫反击战中为国捐躯，有的成为党和国家领导人、党政军高级干部，有的成为院士、知名专家学者，更多的是国家各领域的普通建设者。他们，让一零一精神在神州大地发扬光大。可以说，北京一零一中的历史，就是一部根植大地、不断改革前行的发展史，就是一段培育祖国卓越领导者、建设者和保卫者的光辉历程。

什么是根植大地的教育？往大处说，是天行健而自强不息——培育生命之能，地势坤而厚德载物——涵养生命之德，是履行北京一零一中独特而丰富的学校文化所彰显的社会责任，是永葆“百尺竿头更进一步”的进取意识，是体现全面育人健康育人的办学宗旨。往小处讲，就是让在北京一零一中生活、成长的每一个生命鲜活灵动，气象万千。

这里的“每一个”，既是学生，也是教师。这一点非常重要。学校所做的一切都是为了学生成长，没错。但是，没有教师的卓越发展，哪里有学生的茁壮成长？我们无法设想，一个精神平庸的教师，能培养出生机勃勃的学生。作为校长，必须始终对此保持清醒的认识。75 年来，北京一零一中教育使命定位始终不渝：社会层面，为国家做事；教育层面，以做好自己为前提，为国家基础教育做贡献。这种定位是以师生共成长、同发展为目标的。

以往的实践和经验引领今天的发展与进步。在北京一零一中做事，要具备领导这所学校的德能；要胸有历史，心系学校；要向前辈不断学习。接班，接的是责任，传承的是文化。做北京一零一中的校长，要和这所学校的历史、传统与文化无缝接轨。

二、积极、主动，有效应对时代挑战

2018 年 9 月，我退休了。在北京一零一中做校长近 20 年，我深感无论是社会变革、教育实践，还是时代主题、教育使命，都比过往面临更大挑战。

单说学校规模，数千学生，多个校区，财政预算动辄上亿。学校的知名度，学校的宏观责任、微观职责，学生和家长对教育质量的高位追求以及由此产生的对教育的批评、责难等，不只是让校长如履薄冰，还要求其在具备校长的基本素养之外，更要有政治家的敏感度、企业家的危机感和政府官员预判并解决复杂问题的能力。

社会上有争议的话题、热门话题，都会第一时间跑到学校，跑到校长面前，让你无法回避，比如公平与正义、民主与平等、安全与健康、绿色与环保等。教育具有先导性。校长一定要有引导意识。校长要建立常态性心理追问：在复杂多变的社会面前，你不变的、阶段性的责任是什么？你的常态聚焦点、阶段性关注点是什么？你应当和必须做什么？你不能做什么？这种追问，可以让人清醒，让人少走或不走弯路，少犯或不犯错误。

学校是基层组织。但是，校长的眼界千万不能只停留在基层。当今时代是一个以全球化、信息化为特征的新时代。当代教育，要面对并参与解决未来一系列全球性问题。教育不仅要创造自身的未来，更重要的，是要培育未来世界的创造者和领导者。所以，面对时代对人们的惯性思维和传统观念的挑战，校长不能故步自封，自以为是。

我们处在前所未有的社会转型期和剧烈的变革期。全球新冠肺炎疫情肆虐的当下，尤其如此。教育领域同样充满风险，充满更多的变数与不确定性。宏观层面，一是线上线下教育正在并轨，且将继续融合与创新。一旦线上教育成为常态，我们该如何面对由此造成的一系列重大问题？比如，师生关系、学生和家长之间的关系或将失调，学校教育样态或将发生颠覆性变化，学生德智体美劳全面发展或将受阻。二是国家在招生、考试制度等方面将持续进行一系列重大改革，学生人文与科技素养、心理素质、体质体能等方面的培育亟待加强。微观层面，很多学校生源结构正在发生改变，学校课程内容必将重组，人才培养模式必须创新。如此种种，无不对我们提出前所未有的挑战。基于此，校长必须做出回应，积极与时代对话，与挑战对接，与问题交锋。这个时候，从容理性，坚守规律，改革创新，根植大地，就显得特别重要。

面对比光速还快的排浪式改革，校长的责任感和职业修养尤其重要。因为，今天的社会，常具复杂性和不可预知性。校长需要对复杂环境、发展全局通盘考虑，稳健掌握，更要有识别机遇的职业敏感、把握机遇的决断能力、谋划发展的准确方向、处理问题的科学方法，以战略思维和决策能力，胸怀变革和办优质教育的宏大志向，扎扎实实地做好每一天，走好每一步。

三、北京一零一中阶段性发展与体会

回想在北京一零一中近 20 年的工作经历，大致分以下几个阶段。

1999—2001 年，我上任伊始，便全方位着手北京市示范性普通高中建设。熟悉北京一零一中的人都知道，由于历史遗留了很多难以解决的问题，导致学校整体布局老旧局促，校园建设滞后，远不能适应当时和未来的学校发展，迫切需要重新规划建设。学校的基础设施设备也严重不足，迫切需要全面更新更换。办学质量是办学核心，学校当时面临着如何进一步提升教学质量以满足社会刚需的问题。而对学生精神成长、教师专业成才等相关重大问题，则要全面了解，稳妥规划，提出新要求，出台并落实新举措。总之，“新官上任问题多”。现在看来，升学率等主要矛盾解决了，北京市示范性普通高中也顺利建成了。

2002—2005 年，学校着力三个方面的工作：一是恢复初中建制，二是继续狠抓高考成绩，三是全面高质量完成学校基础建设。有了前几年的铺垫和经验积累，这一阶段的学校发展，有序而沉稳，艰难却卓越。从社会层面看，北京一零一中的口碑和影响力逐步提升，我个人的教育理想也初步实现。

2006—2010 年，学校顺利进行北京市普通高中课程改革；教育质量稳步提高，连年出现北京市高考状元；举世瞩目的第 29 届奥运会期间，北京奥林匹克青年营在北京一零一中成功举办，学校影响力和美誉度空前提升。

2011—2015 年，经北京市教委批准，学校举办人文实验班，成立国际部，这两件事做得及时，与时俱进，学校呈现出良好的发展态势，产生了广泛的社会影响力。干部队伍进行了高质量调整和配备，以适应学校发展。办学模式不断改革完善，为学校高位发展创造了新契机。

2016—2018 年，教育教学质量全方位稳定在北京市前五名，不断刷新学校影响力和美誉度。这一阶段，由北京一零一中本部和双榆树校区、上地实验学校、怀柔校区、温泉校区、西苑小学联合构成的实质性、规模化的教育集团，在推进教育均衡、公平与优质发展方面发挥了显著作用。

在北京一零一中近 20 年的教育实践，是我个人生命旅程中最重要、最有价值的一段时间，可以说是成功与挑战同在，幸福与痛苦并存。其实，这就是一种人生常态。其中，最触动我心灵的体会有三点。

（一）保持定力，直面并解决问题，不断消解一切负面的东西，学会“转负为正”

校长的案头和桌面常常摆满了问题，所有责任都无法、无处推托。校长承载的各种责任和压力，要求校长必须要有超常的忍受力，有驾驭全局变革的智慧能力。面对数不清的问题，校长必须勇于直面，因为很多情况下只有校长亲力亲为，才能解决问题。即便如此，校长仍会有很多遗憾、无奈甚至痛苦。凡此种种，要求校长必须正视，然后学会自我化解，包括自己的负面情绪。这就是所谓的“转负为正”。我觉得，做今天的校长，这种能力很重要，它是一种软性能力和必备能力。

（二）远离虚假虚荣，以朴素与本真的精神办教育

朴素与本真既是北京一零一中的文化底色，也是我个人的精神守望，它所彰显的，其实是教育规律。就我而言，有了这种精神守望，随之也就有了思想上的

界限分明：远离虚假虚空、浮夸浮浅，追求理想抱负、实干担当等。因为，我心里清楚，这种向往，无论是对个人精神家园建设，还是对学校办学方向的把握，都非常重要。

（三）坚持用教育家思想办学

做教育的人想成为教育家，与士兵想成为元帅一样，非但无可非议，而且应当鼓励。在北京一零一中，无论是我个人，还是学校，我们对历史上真正的教育家无不心存敬畏敬仰，也深知与他们的距离。所以，我们坚持用教育家的情怀滋润内心，用教育家的良知涵养灵魂，用教育家的风范激励精神，用教育家的思想指导实践。于是，成就了昨天和今天的北京一零一中。

四、从时代命题、国家政策和学校实际出发做事情

面对新的时代挑战，校长要有新的管理思想、管理艺术和管理方法。校长的管理思想之一是读懂政策。教育是最大的民生，促进教育公平优质均衡发展是老百姓的关切与期盼，也是学校义不容辞的责任。为切实推进教育公平优质均衡发展，多年来，北京一零一中承办了新建校、农村校，接管了基础薄弱校。这就会使校长面临极富挑战的局面。比如，你所在的学校可能没有得到任何优惠政策，这意味着学校享受不到某些办学资源，学校办学的外部环境或许会因此受到制约。这是一种阶段性客观存在。再如，集团化办学之后，不同学校的文化如何更好实现融合？这是必须面对的挑战。又如，如何提升校长的宏观驾驭能力？北京一零一中教育集团包含五所初中、两所小学，这么大的规模，要求校长必须有较强的宏观驾驭能力。

校长也要实事求是做战略，深度思考讲策略。战略是什么？从根本上讲，战略，就是做好自己，从未来视域决定当下。因此，教育敏感很重要。机会来了，要判断机遇对今天和未来意味着什么，焦距要对准。策略，是讲规则的。讲策略，就不能故步自封，不能随波逐流，不能简单模仿。教育切勿模仿，模仿不能出新，模仿没有出路。此外，做战略，讲策略，遭遇误解是正常的。

今天办教育，总是与改革结伴而行。改革方案不是越理想越好，要以可操作、促发展和高效率为前提。改革的低效，可能是校长只在宏观政策和外围制度上用力，而不太专注学校具体的教与学。比如课程改革，要重新定义好课堂，要

用自己的方案寻找课改路径；要用自己的实践，用自己的行动研究，促进课堂和学校面貌的真实改变。课改中要追求自我完善，自我发展。一言以蔽之，校长要做清醒、理性、有所作为的实践者。

五、根植于北京一零一中文化的守正出新

守正出新是北京一零一中始终不渝的办学方略。正，是指教育理想、基本理念不动摇，遵循教育规律和学生成长、教师成才的规律。在北京一零一中，正还包括学校的历史积淀、优良传统和文化在守正中传承，因守正而清醒，而理性，而出新。

当今社会对学校教育提出了越来越多、越来越高的要求，学校在这种新要求和新环境下的守正，特别富有价值意义。它可以让人在喧嚣中端正内心，在嘈杂中坚定前行的方向而不至于迷失自我。

出新就是创新。但是，舶来的异域理念、行为不一定就是创新，无价值的异想天开是一种破坏。基础教育的变革越来越聚焦于学校，而学校的改革与发展越来越有赖于校本特质下的自主决策和主动创新。只有积极主动的、个性化的、符合教育规律的出新，才能使我们的教育更接近理想的教育，更接近教育的本质。学校教育必须在变革中出新，因出新而提升，而发展。

我们必须坚持守正出新，而且要有紧迫感。等不起的是时间，推不掉的是担当，卸不去的是责任。学校只有保持变革，跟上时代，走在时代前列，才会赢得机遇。

六、根植于北京一零一中文化的时代教育观

教育是一种生活。教育的出发点和归宿都是为了促进学生健康成长。而健康成长首先是精神成长。教育要用一种蓬勃向上的精神，引领学生理解人生，其中包含行为习惯的养成、情感情怀的熏陶、理想信念的追寻，以及人生人性的优化。学生完善自我的过程也是价值观形成的过程。教育就是要告诉学生人生的真谛，挖掘其生命的潜能，激发其生活学习的兴趣，使其在思考、努力中前进，勇敢且富于行动，从而争取成功。

学校教育要给予学生更多的关爱和鼓励。要关注、关怀学生的情感，培育并呵护他们的好奇心；要润物无声地使教育为学生的成长成才奠定坚实基础，用教

育洒下爱的阳光雨露。

（一）教育要体现崇高的生命价值和精神风骨

基础教育的本质特征就是基础性。基础教育要通过提供常人教育、常态教育，为学生未来发展提供多种可能性。基础教育以生活的厚度、思想的深度、精神的力度，提升学生的品格品位，端正他们的生命价值观，进而初步形成他们的精神风骨。一个人的精神风骨，可以支撑起整个生命大厦。

心理学研究认为：一个人未来的知识结构、文化认知、理想信念、价值判断与选择等，或会驻足于青春少年的某一特定阶段。古今中外，无数杰出人才的生命旅程都证实了这一点。所以，作为学校，一定要以一种落地生根的美好文化，让学生产生对学校和未来生活的热切向往，进而炼就其品性，涵养其风骨。要让他们感到：学校是拥有青春活力和明媚春光的芳草地；学校是催生并适合他们茁壮成长、蓬勃向上的生态场；他们的人生理想从这里起步，他们的精神风骨在这里奠基，他们的生命气质在这里形成。“走进一零一，幸福你一生”，正此之谓也。

75 年来，北京一零一中在学生生命培育过程中，永远不变地引领学生面朝未来、铸就风骨的生命成长，以促使其全部生命在实现个人与社会价值的过程中熠熠生辉。这就是基础教育的根本价值所在，就是北京一零一中的根本追求所在。

（二）倾力建设学校文化

学校文化是什么？简而言之，就是学校的大多数人在做人做事中体现的独特而具有共性特征的做事方式和处事态度，其内核是学校共同的价值观、共同的价值判断和价值选择。学校文化产生于学校自身，得到全体成员的维护和珍重，并随着学校的发展日益强大、日益丰富，成为学校无可替代的教育资源，成为催生教师专业成长和学生生命发展的肥沃土壤，最终生成学校的性格基因和发展密码。

学校文化的价值指向是师生的道德追求和精神导向，让学校有自己的个性和气质，使其中的每一个成员在无形的、潜在的价值信仰及行为准则面前形成一种文化自觉，保证学校沿着正确的道路走下去。因此，校长的工作核心是倾力建设校园文化。

75 年来，北京一零一中形成了为国事担当、为基础教育做引领的双重担当文化，追求人文民主与科学规范相统一的制度文化，体系开放、体制创新的课程文化，责任自律、求实大气的教师文化，自信自律、严谨求学的学生文化。正是这样的文化，从根本上促进并引领着北京一零一中百尺竿头更进一步。

七、根植于北京一零一中文化的综合性思考

（一）营造校长的精神高地

这些年北京一零一中的教育改革，成就显著，社会公认。正因为如此，作为校长，我时时提醒自己，教育要脚踏实地，学校要根植大地。我也时刻在思考：学校给师生的温暖是什么？让师生心寒的是什么？学校应给学生留下什么样的精神记忆？给教师创造什么样的荣耀？赋予教师什么样的责任？校长在教师心目中的地位支撑，是个人人格，还是校长这个“职位”？

校长如鹰，要飞得高，以广阔的视野发现天空的绚丽；又必须飞得足够低，以俯瞰大地，观察万物风姿。今天的教育，常常像在陌生的水域中航行，校长想要不迷失自己，让自己的眼光、战略思维和创新能力引领学校处于标杆地位，首先必须飞得高远一些，要常读书，多读书；要经常出去走走看看；要有文化向往，善于和先进文化为伍，以准确把握时代教育脉搏。所谓飞得低，就是不管多忙，校长也要经常和老师们聊聊天，和学生们开开会，及时、准确、全面地发现学校的问题，如课程建设问题，制约教师发展的问题，课堂的新变化，学生有哪些新进步、新需求，如此等等。这些东西看起来琐碎，但基础教育管理中的琐碎内容，如同黄金细末，可以凝结成教育的金砖金条，价值连城。

今天做校长，必须要有一定的理论修养和学术学识基础，否则，很难理解衡量学校取得进步的高位标准。仅就课程而言，校长对课程就要有自己的理解，知道学校课改的切入口在哪里，要有切实可行的课程建设与改革具体思路，具备课程领导力的核心技能。但是，校长又不可能做到凡事亲力亲为，因此要发现、任用德才兼备的人才，组建令人满意的领导团队，校长自己要主动给这些打理学校繁杂、繁重事务的人才以充分的职权，让他们心甘情愿地释放各自的职业能量，群策群力，勠力同心，共同为学校发展做贡献。

（二）建设卓越的教师队伍

一所学校持久优质发展的第一要素是每个学科、每个年龄段都要有一拨优秀

的人。北京一零一中拥有一支有品位、有内涵、有风骨、有生气的卓越的教师队伍，形成了学校持续优质发展的精气神。

教师对学生的影响是持久深远的。建设卓越的教师队伍，需要校长引领教师瞄准中国和世界教育发展变革的前沿，努力追赶时代的脚步，确保教师的生命之树常青。教师最重要的能力是思想创生能力。由于教师个人很难准确把握时代转型中不断形成的新问题、新动向和新文化，所以，校长要引领教师通过理论学习、专业阅读，结合实践与反思，创生新的教育形态。

任何政策要落到教学层面，全靠一线教师的学习与理解、思考和劳动。因此，校长必须了解和尊重教师的想法与价值观，欣赏他们的劳动与创造。没有一线教师的百花齐放，就没有学校的五彩缤纷。教师们个性化、丰富的微创新，提供了原创性的路径、方法和经验，往往会转化成学校发展的新视角、新成果。

北京一零一中教育大厦的持久屹立，美轮美奂，靠的就是教师团队一砖一瓦的辛勤奉献。所以，校长要给予教师团队足够的尊重、信任、理解和宽容。校长必须学会适应多元的价值观和生活方式。校长必须明确：一所学校，不可能只有校长喜欢的舆论存在。校长必须懂教师，懂教师所思所想，所恨所爱，所长所短，以仁爱之心厚待每位教师，为他们创造宽心宽容的工作环境，对教师的成就予以表扬和肯定。这样，就会使教师形成健康心理场：这里，是值得我一辈子工作的地方。这种健康心理场的形成，非一朝一夕，非刻意为之，校长的气度与修养、学识和胸襟至关重要。

我时常想：对内，是什么让北京一零一中学子对母校魂牵梦绕、一往情深？对外，是什么让他们在大场合、大世界面前从容应对、游刃有余？具体而言，是北京一零一中教师团队每一个优秀个体所付出的辛勤而充满智慧的劳动。正是教师们日复一日的课上课下，是教师们的言谈举止、音容笑貌，甚至是他们的作文批语、成长激励，给孩子们的心灵留下了深刻而又温暖的记忆。抽象而言，应该是北京一零一中的文化滋润着学生的心田，应该是北京一零一中的恢宏气象与学生个体生命气象的水乳交融。文化和气象很抽象，但是，它孕育了氛围。氛围看不见，但是，它穿透人的精神。精神摸不着，但是，它滋养人的气质，丰富人的涵养，支配人的行为。这就是文化的神奇，文化的力量。

(三)让优美环境和学校文化滋润学生生命成长

北京一零一中浸润在圆明园波光潋滟的湖水山色之中。学校空间开阔，湖水荡漾，花草繁茂，绿树成荫，一派欣欣向荣，与每一个鲜活而灵动的生命融为一体。春天，学校是文学天才笔下的百花深处；盛夏，是满塘荷花的争奇斗艳；秋季，是喧嚣世界之外的宁静辽远；冬日，是清冽天空笼罩下的清淡水墨画。低密度、深灰色的教学楼、图书馆，展露出浓浓的书卷气，恬静安然；开阔宏大的田径场、足球场、篮球场，散发出强大的磁场，让每一个学生不自觉地“卷入”其中。

在这片师生生命共成长的土地上，校长要为师生提供宽裕的舒展生命的过程。校长的视野，在空间上要超出一间教室、一个操场；在时间上要超越一堂课、一个学期、一个学年，要看到每个孩子的漫漫人生。校长要尽其所能，为学生提供最好的文化营养，提升其精神品位，使他们的未来有尊严，不庸俗。要让学生勇于打破权威，有独立批判的精神与能力，以健康的身心、活泼的性格、正派正直的品性，思索人生的意义，关心国家和民族命运，理顺人与自然、社会之间的关系，培养舍我其谁的献身精神和宽广仁厚的美德美行。

在学校教育的大结构中，我们将社会纳入视野，以科学精神与人文情怀为底蕴，坚守红色文化，培育公民文化，将学生引向对世界基本问题的认识和反思，为学生一生的高品质生活奠基。

以下若干案例，从一个侧面映射出学校文化对学生成长的巨大价值。

2016 年里约奥运会，中国女排力克劲旅，时隔 12 年重回奥运之巅。其中队员刘晓彤毕业于北京一零一中。在母校 70 周年校庆大会上，刘晓彤演讲的主题是“一零一，梦开始的地方”。她说：“是母校给了我全面发展的平台，让我能够兼顾学业与打球，更发展了自己的兴趣爱好，从而更好地施展自己的特长。在一零一，我们不光在练球，也在充实头脑，更在锤炼心灵，学会承受与担当。”

2016 届理科实验班陈肇盟、陈启昭同时被牛津大学录取，并荣获奖学金。这对孪生兄妹的中学六年都是在北京一零一中度过的。这两位在数学思维、自学能力和综合素养表现抢眼的理科学生，内心深处一直迷恋这所学校带给他们的人文底蕴。或许是这份情结，让他们最终选择了人文积淀深厚的牛津大学。因为对数学有着真正的热爱，兄妹俩都选择了数学系。毕业前夕，他们接受媒体采访，被问及的第一个问题就是：“马上就要毕业了，将来你回忆中学母校时会想到什么？”

其中，这对兄妹提到的三个词让记者印象深刻。陈启昭很喜欢一零一中的“自由包容”。陈肇盟对学校“守正出新”的办学方略感受尤深，“这几个字启示我们传承历史，创新开拓”。有意思的是，出身理科实验班的兄妹俩都提到一零一中的“人文底蕴”。“学校的人文底蕴让人变得厚重，有更强的使命感，甚至影响到我们大学的选择。”

就北京一零一中而言，我们看重的不是他们同入牛津。优秀学生入名校，这在今天本平常。学校真正看重并引以为自豪的，是他们对一零一中文化的理解、认同和礼赞，看重的是一零一中文化对他们、对所有一零一中学子的心灵滋润，看重的是他们在一零一中成长过程中所焕发的生命气象。

对北京一零一中文化的理解、认同和礼赞，绝非这对双胞胎兄妹所独有，历届学子“英雄所见略同”。翻阅任何一篇回忆一零一中的文章，打开任何一本记载一零一中的书籍，都能领略一零一中这种恢宏的文化气象。

另一位考入北大的学生苏骢深情回忆：“大学,非有大楼,乃有大师。而我们的学校,大楼、大师都不缺！有智慧流淌、能承载文明传承的地方可称之为‘大’。为师之大者,学问渊博,为人楷模,有凛凛正气之浩然。我们的老师,又何尝不能称得上是大师！正是有这些大师,我们行走的道路两旁才有一盏盏的明灯,为我们照亮前进的方向。我想对学弟学妹们说,一定要好好珍惜在一零一中的每一节课。正是在一零一中的课堂上,我学会如何用批判的眼光来看待问题,如何更好地阐述自己的观点,乃至如何看待人的一生和整个世界。我永远忘不了毕业典礼那一天。我们从礼堂出来,老师们站在路的两旁送我们离开。那时,我才真正意识到我要离开这个花园一般的校园,离开我可亲可敬的老师们,离开我朝夕相处的同学们。那是一种心痛的不舍,因为每一个从一零一中走出去的人,他的心就永远地留在了一零一中。许多校友都说,多么希望一零一中能有大学,可以一直读下去,或者永远不从这里毕业,那该多好。无论走到哪里,你都会为‘一零一’这个名字骄傲,它会给你强大的自信,给你挑战的勇气,给你包容的胸怀,给你超越的智慧,它会让你明白,做些什么或者不做什么,才配得上‘一零一’这个伟大的名字。”

2014 届毕业生朱佩莹在一篇文章中写道：“我在一零一中的毕业典礼上是最后一个接过郭校长颁发的毕业证的。现在想来，我的确算是‘最后一个毕业’的学生。我 11 岁就把一零一中当作一个非去不可的地方，当作逃离小学的目的地，到了快要 20 岁，逃到了另一个迥异的世界才发现，自己有一部分是真真切切地属于那里。或许我将永远做一个思想上的游子，好奇着触不到的远方。但我的游思总有办法自己飘飘荡荡地回到北京，回到海淀，回到那个承载了我六年岁月的、母亲一样的地方—— 一零一中。”

2017 年 7 月，高三（6）班学生许雪亭凭借过硬的政治素养、坚定的理想信念、优异的学习成绩和强健的身体素质，历经层层选拔，在激烈的竞争中脱颖而出，被空军航空大学录取，成为一名空军“准飞行员”。他此前拒绝了民航的优厚待遇，毅然决然走向人民空军的队列。这位可爱的小伙子在 18 岁成年之际，实现了自己的梦想。他的成长与北京一零一中继承传统、砥砺创新，坚持“培养未来卓越担当人才”的办学理念密不可分。是什么让许雪亭毅然参军报国？是什么让他始终不改初心？是一种笃定、一种力量、一种精神，一种不可言传的气象！这源自一个青年学生对自己祖国发自内心的爱，源自一零一中悠久的革命历史传统的熏陶和家国使命感的教育。许雪亭在日记中写道："唯有国家强盛，我们才能无忧地生活在这片国土上，民航能够带来更多的收入和自由，但从军更能实现自己的价值。高中学到辛弃疾一生志在报国却壮志难酬，现在我既然有能力为国尽忠，为民尽心，何不为之？尤其看到郭涵校长在毕业纪念册上写给我们的寄语，更坚定了我从军的决心。郭校长的寄语写道：'面向未来，责任与担当是我们不变的使命。愿大家在自己最好的年华与这个最好的时代共鸣，无愧于我们伟大的祖国，无愧于我们伟大的时代。'"

还有钟越尘和王昊昱两位学生。他们得以以自己的名字命名小行星，这是中学生难得的荣耀。我想起康德的一句话：这世上唯有两样东西能震撼我们的心灵，一是我们头顶灿烂的星空，一是我们内心深处崇高的道德准则。视野的宽度决定境界的高度。灿烂的星空有了北京一零一中人的名字，不只是对当事人，也将会对其他学生的青春理想产生持续性的积极影响。

邹舒同学在《向我成长的环境致敬》一文中说："学校坐落于这个幽静而略显深沉的园子已经很久。当你流连于一棵棵古树，当你徜徉于一片片湖水，当你冥想于古亭古榭时，总有什么东西在心中冥冥流动，使你莫名感怀。她的大气、平和、深厚让我自信地沉默；她的平等、博爱和博大，让我温暖地看世界；她的艺术气质、质朴品格牵引着我追求高尚生活。一零一中是花园式学校，这花园更是精神上的花园，她让从一零一中走出的学生成为精神上的贵族。"

曾经来学校指导过工作的著名教育家朱永新这样说："一零一中，以它的本分、本色和特色，赢得了世人由衷的赞美，赢得了有口皆碑。……作为一所学校，这是非常难得的。也正因为如此，它始终是中国基础教育的一面旗帜。"①

学校秉持特有的传统与文化，又具有开放与包容的胸襟。它安静，和顺，不事张扬，但又不失锐意进取，彰显的是大气、严谨与深刻；它始终根植大地，汲取大地无尽的滋养，不断壮大自己的文化年轮；它既肩负使命，又不尚空谈；它崇尚在平静中做事，在常态中做好每一天，做好每一个领域，精心呵护每一个稚嫩心灵的绽放，潜心培育每个生命，促使他们健康、快乐成长。

在一所学校漫长的发展史上，校长所承担的，永远是承上启下、继往开来的使命。以对学校整体发展的渴望，对学校的责任与情感，对教职员工的体谅与耐心，对工作标准与细节的把握，对事业的思索与探索，让每一个生命气象万千，舒

① 郭涵，王燕英．名师的智慧：北京一零一中特级教师、市级学科带头人和骨干教师论文集[M]．北京：人民日报出版社，2011：8.

展青春气象，这是校长的职责。我为能效力于这样一所历史名校深感荣幸。

最有价值、最令人感到满意的是，我和许多有才华、有奉献精神的人同心协力，让北京一零一中再次跻身于中国基础教育先锋的行列。

进入21世纪的北京一零一中，把教育和担当写满了20年，凭稳健和实力走过了20年，用成功与辉煌赢得了20年。不过，这些都已成为过往。它已经汇入北京一零一中75年的历史之中。这正应了前几年一条幽默而又符合生活真相的微信："今天的事再大，到了明天就是小事；今年的事再大，到了明年就是往事。几年之后，往事都成了下酒的菜。"这段心灵鸡汤让我们品出双重意味：今天的社会脚步太快，再壮阔的现实，都将会遁入历史而趋于沉寂；今天的世界吸纳性太强，再宏大的场面都将会坠入时代"黑洞"而趋于平静。

但是，北京一零一中的文化与精神、品牌与底蕴将永不褪色，且将越发鲜亮。我坚信并祝愿——

新时代的北京一零一中，必将迈向下一个崭新的高峰！

郭涵

2020年7月1日

目　录

Contents

[第一章]

永存光荣历史，弘扬革命传统

在首都北京，圆明园遗址非主体部分，坐落着一所中国基础教育的历史名校——北京一零一中。

作为一所有着光荣革命传统和卓越办学业绩的品牌学校，北京一零一中建校 75 年来，为党和人民的教育事业做出了卓越贡献。它的辉煌历史，激励一代又一代北京一零一中人不忘初心，砥砺前行，走向教育新高地。

特殊时期为国家做事，常态岁月为中国基础教育发展积累经验、提供路径，是北京一零一中的双重担当，逐渐演化为其 75 年峥嵘岁月主旋律，铸就了学校朴素而又亮丽的精神底色，历久弥新。

北京一零一中诞生于 1946 年 3 月，由中国共产党在革命老区张家口创办。75 年来，在国家很多重要发展时期，一代又一代北京一零一中人，总是为了国家和民族利益，前赴后继，勇于担当，甘于奉献。作为一所中学，单就国事担当而言，北京一零一中的历史就鲜明地记载着很多不朽篇章。从 20 世纪 40 年代解放战争一零一中师生英勇参战、50 年代抗美援朝奔赴战场，到 2008 年北京奥林匹克青年营在学校成功举办，北京一零一中总是走在前方。2008 年的奥林匹克青年营，来自全球 200 多个奥运参赛国家和地区的近 500 名营员在这里度过了 21 天的美好时光。国内主流媒体《人民日报》、《光明日报》、《中国教育报》和央视《新闻联播》等持续跟踪报道。奥林匹克青年营的成功举办，不仅让北京一零一中空前融入全球，更重要的是，它彰显了一零一中可贵的家国情怀，丰富了学校的文化宝库，增进了北京一零一中的跨文化理解与融合。

2016 年 3 月 20 日是北京一零一中建校 70 周年纪念日。这一天，从旭日初升到夕阳西下，近万名校友从祖国四面八方和世界各地回到母校，回到永远洋溢着青春气息的芳草地。在这汹涌如潮的人流中，有两个人群格外引人注目。一是“家族代表团”。有不少家庭两代或三代人先后就读于北京一零一中，他们的一零一情结显然更浓。他们中间，有白发苍苍步履蹒跚的老人，有意气风发风华正茂的中青年，有稚气未脱天真活泼的美少年，还有牙牙学语的孩童。二是“社会精英群”。在他们的心里，或许会生发出更为独特的生命感悟：北京一零一中的教育，为他们打下了多么鲜亮的精神底色！

北京一零一中何以 75 年长存历届学生心底？本书试图回答这个问题。一言以蔽之：北京一零一中的教育，就是适合学生生命成长的教育，就是根植大地的教育。

2016年3月23日，《中国教育报》以《国事担当：北京一零一中渗入生命的自觉》为标题，用两个整版报道了学校70年的发展史，令世人瞩目。伴随时代的发展，学校在办学理念和实践方面不断革新求变，因地制宜、因时制宜，探索出一套符合教育发展规律、符合北京一零一中文化的办学模式，推动学校可持续优质发展。

一、薪尽火传，永葆革命青春

北京一零一中75年的卓越发展史经历了四个重要阶段：艰难初创、蓬勃发展、“文革”后重振和新世纪新发展。这四个历史阶段充分反映了学校不平凡的成长与发展过程，孕育了北京一零一中丰厚的历史文化。

（一）艰难初创，圆明园迎来“共和国近卫军”①（1946—1952年）

1. 学校在硝烟弥漫的战火中诞生

1945年8月，艰苦卓绝的抗日战争胜利结束，中国共产党领导的军队解放了华北重镇张家口。中共晋察冀中央局随即进驻张家口市。

中共晋察冀中央局入驻以后，迅速颁布了一系列事关城市稳定大局的行政命令，积极发动老百姓，稳定社会秩序。而能否尽快让孩子们上学，在学校接受正规教育，是中央局所面对的诸多迫切需要解决的民生问题之一。

早在抗日战争全面爆发前，中国共产党在提出建立抗日民族统一战线的同时，提出了抗战教育方针。1937年8月，中国共产党提出了《抗日救国十大纲领》，其中的教育纲领是：改变教育的旧制度旧课程，实行以抗日救国为目标的新制度新课程。实施普及的义务的免费的教育方案，提高人民民族觉悟的程度。根据这个纲领，各解放区成立了各级各类学校，其中占重要地位的是大量的干部学校，著名的有抗日军政大学、陕北公学、华北联合大学、鲁迅艺术学院等。而按照新式教育思想成立的规范中

① 在苏联卫国战争时期，为鼓舞士气，苏联红军授予战功卓著的部队、舰艇、兵团和军团“近卫”称号。此荣誉使军队斗志高扬，为卫国战争胜利立下汗马功劳。一零一中老校友借用此概念，说明学校当年对社会做出的重要贡献。

小学少之又少。

于是，中共晋察冀中央局、晋察冀边区政府开始着手建立一所完全不同于旧体制的新式学校——张家口市立中学。其主要目的在于：与平津地区国民党争夺优秀青少年；接受投奔解放区的进步青年学生；吸收张家口市新解放区青少年；解决延安和各解放区干部子女、军烈属子女读书问题；解决各解放区没有接受过文化知识教育的青年干部的读书问题。为办好学校，中央从延安组织了一支精干的教师队伍，在延安教育厅督学、延安大学教育系党总支书记郝人初的带领下，来到张家口市具体负责学校筹办工作。郝人初同志毕业于北平师范大学教育系，有丰富的教育工作经验。1937 年 6 月，他毅然放弃北平的舒适生活，带领全家到延安。在延安，郝人初同志仍从事教育工作。随同他一起来到张家口的还有来自延安大学行政学院、鲁迅艺术学院的部分知识分子干部。

郝人初一行人来到张家口，他们所看到的，是被日、伪、蒙、藏政府统治八年的张家口市，经历战乱，满目疮痍，路边商铺残破不堪。在城市一个不显眼的角落里，有一个日本兵营，兵营西侧是用来存放马料的仓库，仓库的牌子上满是污渍和杂草。郝人初建议启用这座仓库办学。

张家口市主管部门同意了郝人初的建议，并专门拨给基建专项经费 100 万元。建校初期，学校的干部、人员配备、招生工作，都得到了晋察冀政府有关部门的大力支持。1946 年 3 月 20 日，由中共晋察冀中央局、晋察冀边区政府创办的张家口市立中学成立，郝人初同志任校长。教师主要来自延安，其中就有人民音乐家冼星海的夫人钱韵玲，她担任学校的美术和音乐教师。

建校时，全校首批招收 519 名学生，共有 10 个班，包括 1 个高中班、8 个初中班和 1 个师范班，教职工共 83 人。① 学生来源包括从延安和各解放区来的干部子女、军烈属子女、张家口当地市民子女、来自国统区平津的进步青少年及一部分文化水平较低的地方青年干部。

被誉为“长征路上唯一教授”的无产阶级革命家、教育家，当时的华北联合大学校长成仿吾为张家口市立中学写了校歌歌词；曾任延安鲁迅艺术学院音乐系主任、中国音乐家协会名誉主席的吕骥为校歌谱曲。歌词中

---

① 此数据为 1946 年建校初期的情况，因战争原因和学校转移，学生人数和编班情况处于不停变化中。

写道：打败了日本法西斯，人民翻了身。在这自由的城市，我们努力学习，准备服务人民。大家要团结，要活泼，要民主，要前进！……我们要建设新的中国。而“团结、活泼、民主、前进”，这一当时学校的校训，就是由校歌演变而来的。

从建校起，学校就坚持贯彻党的教育方针，依据革命战争需要，由校长郝人初领导组织教师进行教材建设，对旧教材去粗取精，补充适应革命和不同文化层次学生需要的新内容。建校 50 周年时，1953 年毕业、原国家教委高等教育研究中心孟明义老校友回忆说：

> 根据学生的不同情况，开办不同的班级，有的编入普通班进行系统的文化科学知识的教育；有的编入短期班级，或补习文化或学习某种一般的专业；有一定特长的学生则为他们力所能及地提供条件，使他们尽可能发挥自己的特长……
>
> 正是由于他（郝人初校长）所具有的这种革命精神和气魄，终于把我们学校办成了一所具有相当高水平的正规学校。
>
> 尽管我们学校极为重视思想政治和品德的教育，但各班每周只有一节政治课，其他都是文化科学知识的课程，内容与现在学校的相同。①

从这几段文字推测，建校之初，学校就完全按照正规学校的要求开设课程，并且“其他都是文化科学知识的课程，内容与现在学校的相同”。

在艰苦的战争环境和农村环境中，学校始终坚持按教育规律办学，始终坚持以教育教学为中心，重视课堂教学，重视文化科学知识学习。同时，把德育和思想政治教育贯穿于整个教育教学之中。

这个传统，北京一零一中一直在继承和发扬光大。

2. 晋察冀边区联中：在中国共产党创建的首个敌后根据地发展壮大

1946 年 6 月，国民党反动派撕毁停战协定和政协协议，发动全面内战，大举向中国共产党领导的解放区进攻。当时，国民党调集大批兵力，从东、西、北三面进攻张家口市。我军根据中共中央的战略部署，决定主动暂时撤离该市。1946 年 9 月，晋察冀边区党政领导决定：张家口市立中

---

① 孟明义．郝人初：当代优秀的人民教育家［M］//王毓龙．圆明春雨育英才：北京一零一中学校史．北京：航空工业出版社，1995：107 - 109.

学、女子中学和回民中学三校师生，由郝人初同志率领撤离张家口市。

撤离时，除干部子弟和以前参加革命的教职员工全部跟着学校撤离外，还有一部分张家口解放后到校学习的学生和工作人员，也跟着撤离。三校学生，自背行装，徒步行军千里，途经察哈尔、河北、山西三省七县，于1946年11月抵达老解放区河北省建屏县（今平山县）内滹沱河边的东、西黄泥村。中共晋察冀中央局和晋察冀边区政府1946年11月下达命令：张家口市立中学、女子中学和回民中学正式合并，更名为晋察冀边区联合中学，简称“联中”。学校直属晋察冀边区党和政府领导。

1947年8月，晋察冀边区工业交通学院预科和晋察冀边区农业专科学校部分学生和教职员也并入“联中”学习和工作。

“联中”时期的办学条件非常艰苦（见图1－1）。根据文方副校长等几位老教师和老校友的回忆，可以看出当时办学的艰苦程度。

图1－1　晋察冀边区联中全体教职员合影

首先要创造能够教学的基本条件，利用村中的几间大房子作教室。在土墙上抹上白灰，刷上锅烟就成了黑板，有土坯垒上炉子、砌了书桌，搬块坯就是凳子。没有文具，不知是谁发明的，用鸡蛋壳平埋泥中，晾干就是墨水瓶，用秆杆插上笔尖就是钢笔。①

东、西黄泥村十分缺乏教学设备和用具。……没有黑板就在墙上用黑灰刷一块，或就用门板。没有课桌椅，学生就坐在草垫、木板、马扎上听课，有的高年级班就用泥土垒成桌凳。没有课本，教师就自编教材，教职工把它刻印后，课前发给每个学生一份，学生自己把它折页装订成册。……国民党飞机常来解放区骚扰、扫射、轰炸。为避免损失，有时就在山洞（防空洞）口上课，把黑板靠在大树上，同学坐在地上听课，一旦发现敌机，同学就立刻跑进洞中，等敌机飞远，再跑出来继续上课。②

白灰、大白制粉笔，石灰加锅黑做黑板，真是应有尽有。晚上做作业就更难了，有的老乡借给一个小桌，有的连小桌也没有。点灯的棉籽油是定量供应，每屋只能点一盏油灯照明，一屋4—5人，大家只能“聚头”而读、而写。灯火跳动，忽明忽暗，黑烟滚滚，令人窒息，看书写字实在吃力，当然，比之司马光用萤火虫之光读书要亮多了。③

即使在这样艰苦的条件下，学校依然坚持高质量办学。当时学校开设的课程有国文、数学、英语、物理、化学、生物、历史、地理、政治、体育、美术、音乐等。在师范班，还开设了教育心理、新教育概论等课程。而在当时的战争条件下，学校就能开设英语课，充分说明大家对于革命胜利充满了信心。1953 届校友、航天部离休干部王敬春回忆，虽然自己的英语不好，但是当时老师教的一句英语他记得特别牢，就是“I want to be an engineer”，这一句“我要当工程师”对他影响很大。

在解放战争的炮火中转战的学校全体师生，坚持一切服从党的需要，服从战争的需要，随时准备参军和参加解放区的政权建设工作。从 1947 至 1948 年，先后三次，共有 100 多名师生加入中国人民解放军，为人民的解放事业做出了贡献。他们当中的杰出代表，薛刚、杨魁梧、杜非、崔天明等 4 位同学，在战争中献出了年轻而宝贵的生命，北京一零一中将永

---

① 文方．磨炼 改造 成就［M］//孟明义．在革命洪流中：晋察冀边区联中回忆录．北京：航空工业出版社，1995：155.

② 魏群．回忆“联中”的数学教学［M］// 孟明义．在革命洪流中：晋察冀边区联中回忆录．北京：航空工业出版社，1995：165.

③ 洪世华．“联中”的火热生活［M］// 孟明义．在革命洪流中：晋察冀边区联中回忆录．北京：航空工业出版社，1995：496.

远记住他们的名字，记住他们的伟大。

为了开阔学生们的视野，学校还聘请一些知名学者来校讲学。如萧三、丁玲等知名作家，都曾莅临“联中”，就有关文学创作方面的问题给学生们做学术报告。另外，学校还经常组织学生参加社会活动，其目的是让学生认识社会，关心政治，关心国家大事，克服“死读书、读死书”的弊端。

“联中”在学校历史长河中虽然只有短短的一年半时间，但是，“联中”人所经历的，却是学校发展史上最不平常、最艰苦卓绝的一个特殊发展阶段。“联中”的历史为我们积淀了极其宝贵的精神财富，直到今天，还在影响着学校的精神和文化，引领着学校砥砺前行。

3. 在人民解放战争节节胜利的凯歌声中，学校迁入新中国首都

1948 年 1 月，石家庄解放后，“联中”迁到位于石家庄市郊的柏林庄。8 月，随着晋察冀边区和晋冀鲁豫边区合成华北区，“联中”与原晋冀鲁豫行知学校中学部合并，更名为“华北育才中学”，由当时的中共中央华北局宣传部部长周扬兼任校长，郝人初、彭文任副校长。招生对象为华北中央局、华北政府直属机关及华北军区野战兵团范围内，相当于团级以上干部或外籍干部之子女及烈士子女，同时招收部分贫民子弟。中学分男生女生二部，不混合编班。1948 年 9 月，由于国民党军队试图偷袭石家庄市，华北育才中学又迁往河北阜平县城南庄（原晋察冀边区司令部所在地）。1949 年 1 月，北平和平解放，同年 3 月 8 日，学校奉命从城南庄迁往北平。

1949 年 5 月 9 日，奉北平市军管会命令，华北育才中学与北平师范大学附属中学合并，成为北平师大附中二部（原北师大附中为一部，1949 年夏，并入北师大附中的私立东方中学和九三中学为三部，中华中学为四部）。其中二部的高中部不分男女，都在北师大附中一部学习，二部初中部的女生到北师大女附中学习，只有二部初中部的男生在北师大附中二部学习。已经成为北平市军管会教育部副部长的郝人初兼任师大附中校长，二部的主任为马奇。

新中国成立之初，具有老解放区办学传统的北师大附中二部，为改造旧教育制度、宣传党的教育方针做出了很大的贡献。学校的几位领导同志在报刊上发表文章，介绍老解放区的办学经验，宣传新的教育思想，对旧教育制度的改造起了很大的推动作用。二部由战争环境转入和平环境，坚持并发扬老解放区的革命传统是一项重大任务。当时的学校领导班子，政治觉悟高，工作能力强，对党的政策理解透彻，是一个坚强的领导核心。进城不久，在人民政府的协助下，二部在建国门外开辟了劳动基地。学习之余，师生徒步赴基地参加劳动，往返途中情绪高昂，步伐整齐，高唱革命歌曲，赢得市民群众的好评，他们称这所学校的学生是解放区来的“小八路”。

21 世纪的今天，国家再提倡劳动教育，2019 年全国高考作文命题直接指向中学生劳动问题，新编高中语文教材必修（一）单编“劳动”单元。凡此种种，都是对传统的回归。而在北京一零一中，从诞生之日起，直到今天，劳动教育从未间断。这给我们两点启发：一是正确的东西总是有生命力的，二是教育的正确性坚守是必须的。

1949 年 10 月 1 日，北师大附中二部全体师生参加了中华人民共和国开国大典，这是北京一零一中发展史上的经典记忆之一。

合并之初的二部没有校舍，借用一部、三部的教室和宿舍。1950 年，经周恩来总理批准，由郝人初校长主持，在北京西郊圆明园遗址（非主体部分）修建校舍，这就是现在的北京一零一中主校区。1951 年 8 月，北师大附中二部初中三个年级共 8 个班 348 人（均为男生）迁至圆明园校址。

1952 年 8 月，二部与中共中央组织部领导的干部子弟学校（华北中学）合并，仍称北师大附中二部。1952 年冬，原来在外借用校舍的二部高中两个年级共 4 个班 180 多名学生（均为男生）也来到圆明园校址，全校学生人数达到 500 多人。

1953 年 9 月，学校更名为北京师范大学第二附属中学，由中国共产党老一辈无产阶级革命家王一知同志任校长。

初创时期的北京一零一中，其经验可概括为一个宗旨、两个原则、三个结合、四个中心、五个依靠、六个条件。一个宗旨：为人民、为革命，为建设国家服务。两个原则：实事求是，艰苦创业。三个结合：学校教育与社会教育相结合，教育教学与生产劳动相结合，文化科学教育与政治思想教育相结合。四个中心：以办学为中心，以教育教学为中心，以文化科学知识教育为中心，以课堂教学为中心。五个依靠：依靠教师（包括其他工作人员）和学生，依靠人民群众，依靠社会力量，依靠党的方针政策，依靠上级的正确领导。六个条件：坚定的革命理想和信念，高尚的道德品质，无私的奉献精神，广博的知识，处处事事以身作则，“目中有人”和强烈的事业心。①

这些办学经验是北京一零一中宝贵的文化财富，也是北京一零一中毕业生精神气质区别于其他学校的内在原因。

我们今天强调守正出新，强调弘扬传统，开创未来，正是基于学校这种宝贵的传统文化而为之的。

纵观北京一零一中的历史，不难看出，学校从创立之初就肩负着培养革命事业接班人的光荣使命，时至今日，我们仍然在不遗余力地践行这种使命。若干年前，中央电视台的一位导演，由于工作需要，在西柏坡进行了长时间的实地调研和考察，其中包括对北京一零一中的历史调研与考察。一次，他充满深情地对校长说：“你们学校是真正的中国共产党培育的青年近卫军！”

（二）蓬勃发展，锻造“一零一优质钢”（1953—1966 年）

这一时期，学校全体师生焕发着那个时代特有的崇高的革命热情，弘扬着忘我的革命精神，学校主要领导与时俱进，对新时期教育有着稳健的把握。王一知校长和文方副校长对当年学校发展立下的卓越功勋，必将在北京一零一中发展史上永远闪耀时代的光芒。

1. 王一知：老一辈革命家，北京一零一中首位女校长

1953 年 9 月，学校更名为北京师范大学第二附属中学，新任校长就是王一知。

王一知校长经历了神奇的革命生涯。抗日战争和解放战争期间，她曾参与我党在上海的地下工作，出生入死，为党的工作做出了贡献。1948 年，王一知到西柏坡，得到了毛泽东、刘少奇、周恩来等领导同志的接见。②

进京之后，刘少奇同志专门跟王一知商谈党对她的工作安排，建议她

① 孟明义．郝人初：当代优秀的人民教育家［M］//王毓龙．圆明春雨育英才：北京一零一中学校史．北京：航空工业出版社，1995：106－113.

② 翟明战．妈妈永远活在孩子心里：深切悼念王一知校长［M］//王毓龙．圆明春雨育英才：北京一零一中学校史．北京：航空工业出版社，1995：124－126.

参与筹建全国妇联工作。但王一知明确表示，她更愿意到基层搞教育工作。于是，王一知成了北京一零一中校长。

这一做，就是29年。

2006年，北京一零一中60周年校庆。学校广为搜集各种资料，印行了内容丰富的《王一知纪念文集》。其中收录了她早年的文稿，如《关于全日制学校试改半工半读致少奇同志的信》《纪念向警予同志》等。该文集体现出一种厚重的历史感、崇高的责任感。

1949年新中国成立后，中国教育开始向苏联学习。从1955年开始，为了探索适合中国的教育体制，中小学在学制、教学及办学模式等方面都进行了大规模的改革实验。在制度建设方面也大胆进行改革——学校教育制度与半工半读学校教育制度相结合。其中，半工半读的学校教育制度就是王一知校长首先提出来的。1965年5月16日，她写信给当时国家主席刘少奇同志汇报此事，申请在校内实验，办半工半读班。刘少奇同志深表赞同，并专门为此做了批示，转给教育部部长何伟。6月，北京市教育局副局长韩作黎来校传达刘少奇同志批示，并宣布市教育局决定：从1965学年度起，在我校高一、初一年级各办两个半工半读试点班。1968届校友乔雪松回忆道："半工半读班一周五个半天劳动。高中班是在学校的机床车间加工轴承。初中班有四个半天在学校的玩具车间组装玩具，我们组装过小汽车、小坦克、小鸭子……；另一个半天从事户外体力劳动，我们给校园的葡萄架、桃树施过肥，掏过厕所，挖过游泳池……那时同学们对劳动一点不含糊。"①

遗憾的是，这项实验仅进行了一年就因"文革"而中断。但这项实验性的改革对当时学生的发展产生了深远的影响。更重要的是，它一直激励着北京一零一中在此后历次教育改革中发挥先锋模范作用。

2. 文方副校长：把化学与哲学融为一体

文方是北京一零一中老一辈化学教师，历任北京一零一中教务处副主任、主任，1957年7月至1972年7月任学校副校长，后任海淀区教育局局长。

文方副校长1946年在华北联合大学学习，同年8月被分配到刚成立

---

① 乔雪松．对半工半读班的一点回忆［M］//王毓龙．圆明春雨育英才：北京一零一中学校史．北京：航空工业出版社，1995：270.

的张家口市立中学任化学教师。他的化学专业素养很高，同时极具哲学功底，同时代人评价他是“文武双全”，学生说他是哲学家。他是那个时代少有的全才，更是学校历代卓越教师团队的代表。

北京一零一中优质发展之所以可持续，正是一代又一代卓越教师团队努力奋斗的结果。

文方老师经常给学生讲学习方法，讲认识的规律是从具体到抽象，再从抽象到具体。他以数学为例来说明，5 颗糖果、5 根铅笔、5 个苹果都是具体的，抽掉了糖果、铅笔、苹果的具体内容，剩下一个数字“5”，就变成了抽象。他进一步阐述，认识总是要从具体开始，具体的东西认识多了，才能抽象化，但这种抽象在高一级层次里又成了具体的东西，又需要进行新的抽象。文方老师总结道，把具体的东西抽象化，再把抽象的东西具体化，如此循环不已，这就是学习的方法，认识的方法，工作的方法。①

文方的化学教学在当年独树一帜，其管理才能也是有口皆碑。北京一零一中的发展，凝聚了文方副校长的智慧与心血。可以说，从张家口市立中学、晋察冀边区联合中学、华北育才中学到圆明园里的北京一零一中，学校教育教学的每一个进程，文方副校长都亲身参与，极力推动，成效卓著。如果说学校 75 年所积淀的文化是一座宝库，那么，文方副校长就是这座宝库的一根顶梁柱。

北京一零一中从干部子弟学校演变为普通中学是有一个过程的。出于历史原因，早期的学生大多来自干部家庭和知识分子家庭。由于各方面条件比较好，不少学生或优越感强，自视高人一等；或过于娇气，不愿与工农接近。针对这种现象，文方副校长在一次报告中专门讲了“谁在供养我们上学”的问题。他从每个学生交的几块钱学杂费开始算，让学生明白，实际上国家花在学生身上的费用是很大的，而这些费用都是工人、农民创造的。谈到这里，文方话锋一转，问学生：“他们的孩子有这么好的受教育条件吗？他们为什么要供养你们上学？”尖锐的问题直刺学生的心灵，使学生感到羞愧。接下来，文方副校长因势利导，谈如何明确学习目的、端正学习态度、改进学习方法。“听到这些，我们恨不得立即回教室去拼

---

① 陈楚三，上官一彪．回忆文方校长二三事［M］//王毓龙．圆明春雨育英才：北京一零一中学校史．北京：航空工业出版社，1995：140－141.

命学习，赶快成为有用之才，报答养育我们的工农大众。”① 那时候的学生，是很怕听报告的，总像屁股下有刺一样坐不住。但是文方副校长的报告却极具特色，极具感染力和震撼力。他知识渊博，旁征博引，入情入理，吸引学生自觉聆听。

长期以来，正是由于有一大批像王一知校长、文方副校长这样的老领导、老教师，薪尽火传，勤奋地、忘我地工作，北京一零一中这一面中国基础教育的旗帜，才越发鲜艳，永不褪色。

3. 改革与探索：坚持全面育人的办学模式

1953—1966 年是学校发展的黄金时期。

1953 年，国家开始执行发展国民经济的第一个五年计划，要求教育工作必须配合经济建设，为社会提供大量的合格人才。学校迅速行动起来，根据当时的国情和校情，进行了一系列教育教学探索。

1955 年 9 月，遵照上级指示，学校学生取消供给制，学校隶属北京市教育局，面向全社会招收学生，定名为“北京一零一中”，王一知继续担任校长。

20 世纪 50 年代，整个北京市的中学不到 100 所，所以，“一零一”不是学校排序。至于学校定名“北京一零一中”的相关情况，一直未见官方文字资料记载。

现在有文字记录的是，1968 年毕业生、原河北涿州铁道部建厂局铁中的上官二彪老校友在回忆文章《走在最前方——忆老校长王一知》的一段话：是老校长（指王一知校长）提议我们学校定名为北京一零一中的。她说，“一零一”这个数字有百尺竿头更进一步的意思，要让我们一零一中的学生永远不自满，永远走在最前方。②* 王一知校长之女，原中国医学科学院研究员龚伊红回忆说，北京一零一中校名是她母亲提出来的，因为她母亲觉得学校有老区形成的革命传统，学校今后还要在新中国更上一层楼，也就是百尺竿头更进一步，所以就取了这个名字。

---

① 郑英良，赵松，曹殊．我们在这里成长：兼记文方校长［M］//王毓龙．圆明春雨育英才：北京一零一中学校史．北京：航空工业出版社，1995：145.

② 上官二彪．走在最前方：忆老校长王一知［M］//王毓龙．圆明春雨育英才：北京一零一中学校史．北京：航空工业出版社，1995：135－136.

* 本书多处引用《圆明春雨育英才：北京一零一中学校史》一书。原书中，“一零一”都写作“一〇一”，为方便读者阅读，本书统一改为“一零一”。

后来，郭沫若同志在为学校创作的校歌歌词中写道："一零一，一零一，你是永不自满的象征，由胜利走向更大的胜利，由完成走向更高的完成。"随后他给学校校名题字"北京一零一中"。如今，"百尺竿头更进一步"已经成为学校校训。

从1956年秋季开始，学校开始招收女生，从此男女同校。学生来源除干部子弟外，也有工农子弟、知识分子子弟。到1966年"文革"前夕，全校六个年级共36个班，1600多学生。

这一时期，学校在教育教学模式上进行了大量有益的探索。

第一，学校把劳动教育放在了学校教育全局中加以重视。

1953年5月24日，周恩来总理和邓颖超同志一起来学校看望师生，周总理说："毛主席让我来看看你们，我也早想来看看你们了，党和人民政府是很关心你们的。""希望你们不要特殊化，不要脱离劳动，不要脱离群众。你们是革命干部子弟，你们的父兄为革命流过血，立过功，但功劳不能记在你们的账上。""你们头脑里千万不要滋长特殊化的思想，不能骄傲，要谦虚，要尊敬老师，要向劳动人民学习，向劳动人民的子弟学习。"① 根据周总理的指示，学校进行了"三要三不要"的教育。劳动教育成为学校教育全局中一项重要内容。

学校通过劳动教育、集体主义教育，使学生爱劳动，守纪律，尊重他人，爱护集体。除此以外，这一时期，学校为了保证学生生活秩序和培养学生良好的行为品德，还进行了一系列制度建设，比如制定了考勤制度、奖惩制度、值周制度、生活检讨会制度、期末鉴定制度等。值周制度：值周生由高年级学生轮流担任，负责全校的生活纪律，表扬好人好事，批评不良现象。生活检讨会制度：每班每月开一次生活检讨会，贯彻批评与自我批评精神，强化班级正确舆论导向。生活检讨会的内容根据学习、纪律、劳动、团结友爱、尊师、爱护公物、思想作风等方面存在的主要问题展开。1957年，学校成立了政治思想教育研究组，由校长、教导主任、政治教师和党团队脱产干部参加，统一研究安排思想政治工作。为统一要求，交流经验，研究问题，各年级成立班主任互助组。1957年开始实行填写学生考查卡片制度。

今天，以习近平同志为核心的党中央，更加注重学生德智体美劳的全

---

① 中央教育科学研究所．周恩来教育文选［C］．北京：教育科学出版社，1984：75－76.

面发展。2019 年 6 月 23 日，《中共中央国务院关于深化教育教学改革全面提高义务教育质量的意见》中强调五育并举，全面发展素质教育。回顾北京一零一中的发展史，很多教育理念、办学举措都充分并且可持续地体现了鲜活的素质教育元素。

第二，学校明确提出以提高教学质量为主的办学方向。

由于历史原因，学校在 1956 年以前招收的学生文化水平参差不齐。王一知校长号召教师发扬刻苦钻研精神，一定要让革命后代在文化上真正翻身。学校在提高教学质量方面主要抓了两方面的工作。

一是深入贯彻教师全面负责制，要求教师从思想品德、学习质量到健康状况，全面关心学生成长。学校当年要求非常明确，教师必须在课内外注意对学生进行思想品德教育，关心学生的课业负担及健康状况，帮助学生改进学习方法，搞好课外活动小组和对成绩较差学生的辅导工作。教师们发扬了“联中”时期既教书又育人、既传授知识又做政治上品德上的带头人的传统。由于大部分学生住校，学生和家长接触不多，再加上很多家长都担任党和国家重要的领导职务，工作极其繁忙，还有部分家长早已牺牲，不少教师，特别是班主任，实际上肩负着家长的任务，从思想到学习、从健康到生活，对学生体现出无微不至的关怀。

二是提升学生专业素养，执行“以钻研教材为主，相应改进教法”的工作方针。学校要求各科教学必须做到讲对、讲懂、讲透，据此，学校对钻研教材和备课明确提出广博、深透、精当、纯熟四点要求。教师们为此投入了巨大精力，以确保学校的教学质量。

1957 年党的教育方针提出后，学校明确提出“以提高教学质量为主，全面贯彻党的教育方针”的办学方向，使学校各科教学质量逐年上升。1959 年，海淀区委组织教育工作检查团，全面肯定了学校的工作。1960 年学校被评为“北京市文教系统先进单位”，文方等教师出席了北京市文教系统群英会。

第三，学校确立培养全面发展的新人的办学目标。

20 世纪五六十年代，学校除了提高课堂教学质量外，课外活动小组、讲座、文艺社团活动十分活跃。当时，学校要求每位学生必须参加至少一个课外活动小组，比如话剧团、电影放映组、田径队、舢板队、足球队、军乐队、民乐队、前进报、跃进之声、合唱队、舞工队、各学科课外活动小组等。学校还通过开展“校旗手”评选，“课外活动”“体育锻炼”“生产劳动”积极分子评选，“争当一零一优质钢”等活动，全面加强学生思想教育。

当年的高三毕业典礼非常隆重，时间在每年的 7 月 1 日，也就是党的生日那天。高三毕业典礼的程序如下：首先，校长率领全体教职工到主席台就座。接着，军乐伴奏，校旗手护卫出校旗，校长发表毕业演讲。然后，全体高三学生在军乐队伴奏下，高声齐唱毕业歌：“我们是高三的学生，母校最大的儿女。我们将走向大学的课堂，祖国的工厂和农庄。再见吧，亲爱的老师们，再见吧，亲爱的校长。我们决不会辜负你们殷切的期望……”这是一首由我校 1956 届高三学生作词作曲的歌，歌声雄壮而又悠扬，直到 1965 年，每届高三毕业生都唱过。这样的氛围自然地激起学生的社会责任感和集体荣誉感，使每个人都感到母校的崇高与可爱，也感到做一零一中人的光荣。直到今天，学校的高三毕业典礼仍然非常隆重，每年校长都要亲手给每一位高三毕业生颁发毕业证书，给他们送上学校的祝福。学校一直认为，在这样的特殊时刻，最能体现学生生命成长的神圣和学校教育的使命。

第四，学校积极参加教学改革实验。

1950 年，北京市组织各中学干部、教师系统学习苏联教学理论和教学经验，北京一零一中是全市第一个总结运用五级分制经验的学校。

1954 年，中共北京市委发布《关于提高北京市中小学教育质量的决定》(简称“五四决定”)。学校领导组织全体教师认真学习并贯彻“五四决定”精神，把提高教学质量作为广大师生共同努力奋斗的目标，要求教师从思想品德、学习质量到健康状况，全面关心学生的成长，不断扭转“教书不育人”和“管教不管学”的倾向。经过努力，到 20 世纪 50 年代中期，学校教学质量已进入北京市基础教育前列。

4. 科学育人：关于“五大关系”的讨论

在进行了一系列卓有成效的改革探索之后，为了更好地统一教职工思想，明确学校社会责任，学校主动引导教师根据实际经验，反复讨论“因材施教”工作中必须回答的“五大关系”：教书和育人的关系，书本知识和实际应用的关系，重点和一般的关系，统一要求和承认差别的关系，教师主导作用和调动学生学习积极性的关系。通过讨论，教师们在认识上达成了一致，他们对于新时期的教育有了更高、更深的理解。由于教师逐步提升了教学思想，改进了教学方法，学校的教育教学质量得到了明显提高。1961 年，学校成为 12 所北京市重点中学之一。

1964 年春，由教育部牵头，《人民日报》编辑部和《人民教育》编辑部等来校做了为期半年的调研，撰写了《北京一零一中怎样贯彻执行党的教育方针》（送审稿）一文，准备在《人民日报》发表。同时，还撰写了《全面贯彻执行党的教育方针，办好社会主义学校》（社论草稿），准备由《人民教育》发社论。这两篇文章都认为，北京一零一中是一所认真贯彻执行党的教育方针的好学校、好样板。后来，由于“文革”，事情被迫中断。但是，长达 4 万多字的原始资料还在。今天，我们翻阅这些泛黄的历史资料，仍然能感受到它的鲜活与生机。

这就是“历史的”北京一零一中。

遗憾的是，“文革”十年，北京一零一中由于它独特的历史存在，成为重灾区。一所历史厚重、发展强劲的名校，在十年中，几乎无可奈何地停止了发展与前行。

（三）“文革”后重振：拨乱反正再起航（1976—1998 年）

1. 在文化废墟中，北京一零一中迎来发展新机遇

1976 年 10 月，“四人帮”被粉碎，举国欢腾。北京一零一中迎来了新的历史发展机遇，全校教职工在艰苦的条件下重新起步，让这所具有光荣革命传统的学校焕发出勃勃生机。

“文革”之前，北京一零一中的办学水平在北京市名列前茅，但由于“文革”的破坏和生源质量的下降，学校教学成绩出现大滑坡。在 1977 年粉碎“四人帮”后的第一次高考中，学校只有两名报考体育专业的考生被大学录取。校内外一片哗然，甚至震惊。要知道，20 世纪五六十年代的北京，即使单论高考成绩，北京四中和北京一零一中两所学校遥遥领先。1955 年毕业生在回忆五五届高三（4）班的文章中写道：“全班 37 人，29 人考上大本，7 人考上大专，几乎全部考上大学。”①

面对当时的校情，学校坚持从实际出发，从正反两个方面加强管理和教育，提出了“以提高课堂教学质量为中心，以课外学科小组与补课小组

---

① 邢立统，张汉夫，陈燕生，等. 难忘的中学生活：忆五五届高三（四）班的成长［M］//王毓龙. 圆明春雨育英才：北京一零一中学校史. 北京：航空工业出版社，1995：214.

为两翼，德、智、体全面抓，好、中、差一起抓”的口号，教学很快走出了困境，升学率有了很大提高。1978—1980 年，学校重点班升学率分别为 57.3%、55.45%、69.33%。1981 年，学校两个统招班高考升学率达到 92.9%，其中杨跃同学的高考成绩是全北京市第一名，为当年北京市高考理科状元。

1978 年 9 月，北京一零一中被确定为北京市重点中学；1981 年春，成为北京市人民政府批准的第一批要办好的 17 所重点中学之一。

2. 邓小平 “三个面向” 为学校指引新的办学方向

1983 年，邓小平同志给景山学校题词：“教育要面向现代化，面向世界，面向未来。”一时间，这句口号犹如春风化雨，滋润了整个中国基础教育的芳草地，当然也为北京一零一中的办学指引了新方向。

一是加强学校制度建设。

1984 年，学校制定了教学常规 10 条。1992 年在原 10 条基础之上加以修改、完善，出台《北京一零一中教学管理条例》，制订了《实验室管理细则》《电教管理细则》《图书馆工作岗位细则》等。此外还制订了《课外活动优秀成果奖励办法》等相关管理条例。这些文件的出台，使教学工作有章可循，对提高办学质量具有保障作用。

1988 年，国家教委主任李铁映回母校看望老师，与校领导和老教师进行了座谈。在座谈会上，他提出学校教育体制要改革，要加快改革进度。座谈会后，学校领导进行了认真研究，召开北京一零一中一届二次教职工代表大会，在广泛听取意见的基础上，制订了管理体制全面改革的方案，包括校长负责制，校内民主管理、民主监督制，教职工聘任制，工资总额包干和浮动结构工资制等，为今后在全国范围内推行校长负责制开了先河。

二是组建金帆交响乐团。

1988 年 8 月 20 日，在北京市教育局领导下，由海淀区教育局承办的北京市中学生金帆交响乐团成立。1994 年春节，乐团在人民大会堂参加“春节慰问教师茶话会”演出，得到中央领导同志的首肯，并建议举办专场演出。时任国务院副总理李岚清同志在看完乐团的专场演出后给予高度评价。1994 年 9 月，金帆交响乐团改由海淀区教育局和北京一零一中共同承办。1995 年秋季开始，乐团成员全部为北京一零一中学生。今天，北京一零一中金帆交响乐团已成为北京市乃至全中国基础教育领域艺术教育的一张名片。

三是增设国防科工委子弟班。

20 世纪 80 年代，1957 届校友、时任国防科工委主任伍绍祖同志把顾荣兴校长找到办公室，伍绍祖说，科工委有很多基地都在国家偏远地区，家长很忙，他们的孩子得不到很好的教育，北京一零一中可以为这些国家航天部门子弟专门办个教学班，来解决他们的受教育问题。1989 年，北京一零一中第一批国防科工委子弟班开始招生，每届一个班，一共招了两届学生。这是学校为国防事业所做的扎扎实实的工作。

3. “共振实验” 为学校课堂教学带来 “共振效应”

课堂教学是育人的主要渠道，是提高教学质量的重要环节。学校必须不断改进教学方法和教学手段，加强课堂教学研究，变经验型为科研型。为此，学校主要采取了以下措施。

第一，开展“师生双向成才”教学模式，调动和发挥学生的学习积极性和主动性，使学生由被动接受知识变成主动学习。这样，教师可以用更多的时间去研究教学，设计教学，提高自身业务素质。在“双向成才”的教学实践中，课堂教学模式逐渐趋于多元化、科学化。

第二，组织各种类型的研究课。通过研究课、评优课，以及参加各种研讨活动等，扩大教学研究领域，交流教学研究信息，拓宽教学改革思路。

第三，不断更新教学手段。学校在 1989 年建成计算机房、语音教室、电化教室，后又在各班教室安装投影设备。影视教学、电子计算机教学等现代化教学手段逐步被广大教师所接受。

第四，加强教育科研。1991 年，学校成立教科研室，主动参加海淀区“三个面向”教学实验，确立了学校课堂教学“共振效应”的主课题。

为什么要专门成立教科研室？时任校长王毓龙说：“因为当时有一个指导思想，就是学校要搞教科研，搞教科研必须有理论做指导。过去我们教师缺乏理论指导，所以我们请了一些教授专门讲教育理论，而且当时我们有想法搞教科研，也希望老师们能出一些东西。”

王毓龙校长的办学思想极具前瞻性。在王校长任期内，一零一中的办学质量产生了广泛的社会影响力。1995 年 2 月，由学校副校长独俊山带队，全校陆续有 20 多位骨干教师赴广东汕头“潮之阳实验学校”参与学校的管理和教学，为正在腾飞的特区经济注入了新的动力。与此同时，为了支持革命老区延安的建设，北京一零一中在延安地区进行大量的支教帮扶工作，并且每年从延安地区招收6名学生，为延安地区培养人才（见图1－2）。北京一零一中、延安、汕头等“一体两翼”新的教育生态在学校形成。1995年9月，为适应跨世纪的时代要求，提高学校中青年教师的整体素质，“北京一零一中跨世纪教师培训学校”成立。1996年10月，学校与北京高拓公司合作，创办了全国第一个中学远程教育网——101教育教学远程网。以促进各地教育均衡发展为初衷，学校希望通过远程教育网把优质教育资源辐射到各地。1999年，101教育教学远程网被中央电视台评为全国科教类网站第一名。

图1－2　王毓龙校长关心来自延安的学生

为了继续向社会提供更多的优质教育教学资源，1998年，北京一零一中在中关村高科技园区创办上地实验学校。如今，上地实验学校已经成为北京市初中教育领域具有广泛影响的优质学校。

（四）新世纪新发展：锐意改革，砥砺前行（1999—2018年）

1. 共克时艰，建设最美校园

1999年4月，郭涵回到母校北京一零一中任校长。

基于北京一零一中过去的辉煌和当下现实，她很清楚自己肩上的担子有多重，更清楚有多少困难需要去克服。在全校教职工大会上，她不止一次对老师们说，要把北京一零一中建设成为教师和学生共同发展、幸福成长的理想场所，让学校取得和它的历史相匹配的地位，这也是她的教育理想。

当时，北京一零一中所在圆明园地域的新规划方案已经制订，原驻圆明园内的所有其他单位一律搬出圆明园。另外，由于学校要进行北京市示范性普遍高中建设，校园内不允许有教师住户，百余户教师家庭面临拆迁的问题。这也成为学校面临的最大难题。如果不能顺利拆迁，学校下一步基础建设无法进行，学校的进一步发展也会面临许多困难。

而当年的北京一零一中，由于历史原因，整个学校的环境和今天相比，说天壤之别一点也不夸张。学校使用的仍是没有冲水设备的旱厕，卫生条件极差。操场跑道是用煤渣铺设而成的，篮球场地面凹凸不平，教师住房、办公室一律是老旧平房，养鸡养鸭的也有，大家都习以为常。

当年北京一零一中为什么拆迁难？一是住在学校的100多位老教师，有很多差不多一进北京就住这里，时间长，故土难离。二是那个年代，他们为革命工作不计个人得失，工资又少，大家几乎没有什么积蓄，多数教师不愿意拆迁，这是完全可以理解的。但是由于国家实施新的住房制度，拆迁势在必行。

这是一场全新、艰难且空前的挑战。一方面，我们从未有过这样的工作经历；另一方面，此事涉及所有拆迁教师的经济利益。学校教师有觉悟，这没问题，但毕竟涉及国家大额资金的个人分配，坦率地讲，确实会产生很多困难。

为顺利完成拆迁工作，一方面，校长、书记和分管副校长等一次次走访老教师，为他们讲解政策、分析利弊得失；另一方面，校领导一次又一次找到上级有关部门讲老教师的贡献和拆迁难度，为这些辛勤工作一辈子的、清贫的老教师们尽可能争取更多的经济补偿。经过4年的艰苦努力，直到2003年，北京一零一中的拆迁工作才基本完成。

几乎是在拆迁工作完成的同时，北京一零一中一栋栋崭新的校舍陆续落成：生态园玻璃温室、科技楼、艺术中心、信息中心、学生公寓、学术报告厅、高中办公楼、招凉榭等，成为校园里一道道靓丽的风景线。“最美花园式学校”是社会给予北京一零一中的美誉。它既有皇家园林的沉稳厚重，又有现代学校的质朴简洁。二者完美结合，形成北京一零一中独特的人文景观和自然风光。

2. 深挖潜能， 争当改革先锋

2002 年，北京一零一中开始在课程实施方式上尝试进行校本化改革。艺术、技术、体育学科实行组合选修走班上课。2004 年，在高三实行语文教学分类走班上课，比如，写作、文学作品鉴赏等均实行走班，效果良好。其他如数学、英语等学科也进行相应改革。

2007 年 9 月，北京市新一轮高中课程改革全面启动。教育部、北京市教委都指出：要积极稳妥地推进高中新课改；要充分尊重每一所学校的积极性和创造性，赋予学校合理而充分的课程自主权。

为确保课改工作的顺利进行，北京市教委决定在部分普通高中学校进行自主安排新课程实验，北京一零一中是首批实验校之一。作为北京市重点中学、北京市示范性普通高中，北京一零一中不仅具有悠久的革命历史和光荣的革命传统，而且，在实施素质教育、办人民满意的学校的进程中，也曾取得很多成绩，积累了很多经验。所以，学校将此次高中课改定位为基础教育人才培养模式的一场深层次、全方位的改革，同时，这场改革不是否定已有的教育模式，而是在继承中修正、完善和提高。

在综合研究办学条件、师资力量、管理水平等多方面因素的基础上，结合学校实际情况和北京市课改样本校的职责，我们确立的北京一零一中自主安排新课程实验的整体思路是：实事求是，稳步推进，全面贯彻，自主创新。学校进行课程改革实验的原则是重视持续积累和稳步改进，以渐进和自我完善的方式组织实施。总体来说是高理念引领，低起点切入；高责任投入，低风险推进；高效果培训，低重心研究。整个过程目标明确，精心准备，科学规范，有序推进。同时，基于校本目标发展和特色创新，积极探索和解决实验工作中的各种问题，提出具体可行的实施办法，建立校本教研制度，在学校层面发现问题、研究问题、解决问题，从而创造性地实施普通高中新课程方案，达到实验与验证、研究与探索、启示与服务的目标。

北京一零一中的改革，秉承学校“守正出新”的办学方略，不盲目跟风，不因循守旧，根据学校发展的阶段性条件和需求，在充分论证的基础上，科学有序地推进。如今，北京一零一中已经形成了自己独特的办学模式。

3. 厚积薄发， 建设人文高地

“走进一零一，幸福你一生”，学校二道门门口显示屏上常年显示的这

10 个字，不是简单的宣传口号，而是学校的办学理想。

学校非常重视建设文化环境。“当我第一次迈进一零一中的大门，看到‘走进一零一，幸福你一生’这几个字，心里想，这所学校口气好大。可是，当我真正成为学校的一员，置身于一零一中如公园般的校园里，欣赏着湖中悠然自得、闲庭信步的黑天鹅时，这种感觉不禁油然而生。”一位刚入职的青年教师这样描述她来学校工作一年的感受。其实，这位年轻教师也道出了全体教职工的共同心声。

学校非常重视引进先进文化。长期以来，全国、全球很多领域的知名人物都来学校举办过专题讲座。如今，北京一零一中的“与大师面对面”“科学家进校园”“名家带你读经典”等系列活动已经成为学校课程建设不可或缺的重要组成部分，为实现学校“培养未来卓越担当人才”的育人目标发挥了不可替代的作用。

学校非常重视提升队伍的人文素养。对干部，学校一直强调以下几点：一是要把办学的责任意识举过头顶；二是做好自己非常重要；三是学校干部要听得进教师的批评；四是干部的眼界有多高，教师的视野就有多宽。

4. 强化课程建设，培育未来卓越担当人才

建校 75 年来，学校一直以优质课程建设培养未来卓越担当人才。正是基于此，学校课程建设一直具有北京一零一中的特色。

早在建校初期，学校就注重开设自己的乡土课程——校本课程。每当新学期开始，新生一踏入校园，就会迎来迎新课程——校史课。这类课程由学校的老教师承担，专门介绍学校的革命传统和优良校风，同时也定期聘请联中时期的老校长、老教师、老校友回校进行专题讲座。学校专门为这门课程的开设配套建设了校史展览馆，这里陈列着战争年代千里行军、学习、生活的实物和图片，抗美援朝参军参干学生签名的横幅，以及学校获得的奖旗、奖杯等。这些让新学生深受感动，为自己能进入这样一所有光荣传统的学校而感到自豪，并下决心继承和发扬学校的光荣传统，做学校的主人。在经历十年浩劫拨乱反正之后，新生入学后学校仍然坚持开设校史课程和圆明园历史课程，目的在于教育学生立志继承革命传统，不忘耻辱，振兴中华。

此外，学校重视学生的全面发展，音乐课、美术课成为美育教育的重要渠道。20 世纪 80 年代初，学校非常注重艺术类课程建设，美术课增加了美术教育和作品欣赏，教学内容以国画、素描造型为主，穿插图案造型版画、工艺设计等内容，活泼生动，激发学生学习兴趣。音乐教学进行大幅度改革，加强音乐欣赏教学，鼓励学生自己作词作曲。体育课除了国家必修课程外，也开设了各类讲座课程。1954 年和 1956 年，学校聘请马约翰教授两次来校做报告，讲述为革命锻炼身体的重要性。除此以外，学校更是开设了各类隐性课程：1954 年学校专门成立体育指导小组，保证每周至少两次课外体育锻炼，组织各类形式的比赛，开展各种群众性体育活动课程。

在坚持传统的基础上，北京一零一中形成了全面的课程体系。进入 21 世纪以来，学校经过长期探索建成了“三层八维式”，涵盖基础学科能力、运用拓展和实践创新等各种类型的，能够体现北京一零一中独特育人理念的课程体系。2003 年 11 月 6 日，北京一零一中被北京市教委授予“北京市示范性普通高中”的品牌称号。

5. 21 世纪，党和国家领导人一如既往地关怀引领学校发展

建校 75 年来，北京一零一中的发展一直牵动着党和国家各级领导同志的心。进入 21 世纪，多位党和国家领导同志来到学校，为学校的发展倾注了心血。

2003 年 4 月 18 日下午，在全国人民抗击“非典”的时候，国务院总理温家宝在副总理吴仪和国务委员陈至立陪同下，来到北京一零一中视察。他们走进学生食堂、宿舍和教学楼。在高三（1）班教室，温家宝总理动情地指着教室后墙上的标语“天才齐聚，团结进取，佼佼冠军，舍我其谁”，向大家传达了党和政府对同学们身体健康的关心。他认为，全国的青少年都是我们祖国的希望和未来，将来要担大任，因此一定要有好的身体，一定要加强体育锻炼。他也希望北京一零一中能像标语所写的那样，为国家培养出更多的各行各业的佼佼者。

2005 年 7 月 4 日下午，1958 届校友、国家副主席曾庆红，在 1956 届校友、北京市政协副主席朱育诚陪同下，重返母校。他们参观了学校的科技楼、学生公寓，还高兴地观看了即将参加维也纳国际青年音乐节的金帆交响乐团的排练，称赞他们演奏水平高。曾庆红同志特别强调要发扬学校的光荣传统，要强化并改进学校的德育工作。

2005 年 9 月 4 日，教师节前夕，1958 届校友、国家副主席曾庆红来学校看望老师。在学校会议室，曾庆红同志和当年的老师亲切会面，逐一向老师们鞠躬致意，并与老师、同学一起回忆当年在北京一零一中读书学习的情景。当见到自己的高中班主任时，曾庆红同志急忙走上前去，紧紧抓住老师的手，并再次向老师鞠躬致意，感谢老师当年的教导。

1955 届校友、全国人民代表大会常务委员会原副委员长李铁映十分关心母校的发展，他多次回北京一零一中视察工作，看望老师。2005 年中秋节前夕，他来到学校，向学校所有老师致以节日的祝贺。2006 年 3 月 17 日上午，李铁映再次来到北京一零一中，亲自指挥初二（12）班学生演唱校歌，并在教室黑板上写下“最宝贵的是自己的实践经验”12 个大字，勉励大家刻苦学习，早日成才。

2006 年 3 月 17 日下午，1959 届校友、中共中央政治局委员、中共北京市委书记刘淇在北京市委教工委书记朱善璐同志陪同下，回母校祝贺北京一零一中建校 60 周年。他深情回忆了当年在学校去颐和园船坞劳动的情景，特别称赞金帆交响乐团是学校艺术教育的品牌。同时，他指示有关方面继续大力支持学校的建设，也希望北京一零一中为中国的基础教育建设做出更大的贡献。

2008 年 8 月 6 日下午，北京奥林匹克青年营在北京一零一中正式开营。中共中央政治局委员、中共北京市委书记、北京奥组委主席刘淇，国际奥委会终身名誉主席萨马兰奇，团中央第一书记、北京 2008 奥林匹克青年营营委会执行主席陆昊，北京市市长、北京奥组委执行主席郭金龙等出席开营仪式。

2013 年 7 月 1 日，全国人大常委会副委员长顾秀莲同志来学校参加文科支部的学生党员发展大会。

2013 年 12 月 13 日，民进中央副主席严隽琪、教育部副部长刘利民、民进中央常委朱永新一行来学校参加由北京一零一中承办的全国基础教育改革座谈会。

2014 年 9 月 13 日，全国政协副主席罗富和来学校参加北京市第四届中学生模拟联合国大会开幕式。外交部发言人华春莹等一同出席。

6. 不断优化办学规模，提高教育质量

21 世纪，北京一零一中为了承担更多的社会责任，为促进教育均衡做出更多、更大的贡献，学校规模不断扩大，办学模式也越来越丰富，教育质量越来越得到社会的认同。

2002 年，原北京市双榆树二中与北京一零一中合并，成为北京一零一中双榆树校区。同年，学校本部恢复初中招生，校办企业与学校分离。

2007 年，北京市开始推进高中课程改革，北京一零一中的高中课程改革拉开了序幕。

2011 年，北京一零一中人文实验班开始面向全市招生，学校成为北京市“翱翔计划”人文社科领域的创办校之一。

2012 年 9 月，经北京市教委批准，北京一零一中举办中美合作办学项目，成立中美高中国际部，每年面向全市招收 60 名学生。

2014 年，北京一零一中怀柔校区开始招生。2015 年，北京一零一中温泉校区开始招生。同年，和平小学与北京一零一中成为合作办学学校。

2016 年，原西苑小学更名为北京一零一中实验小学，成为与北京一零一中合作办学的第二所对口小学。

令人欣喜的是，北京一零一中双榆树校区、怀柔校区、温泉校区等传承北京一零一中文化，秉承北京一零一中办学传统，改革创新，积极进取，呈现出非常好的发展势头，在各自广阔的周边地区产生了良好的社会影响力。

【上地实验学校】

北京市上地实验学校位于上地信息产业高科技园区，是一所公办初中校。学校创建于 1998 年，由北京一零一中承办。

学校坚持培养文明、高雅、自信、自律的上地实验人，培养有知识、有胆识、有见识、懂感恩、负责任的中学生，努力促进学生在德智体美劳诸方面生动、主动、全面地发展，形成了勤奋、求实、开拓、进取的优良校风。

作为一所初中校，学校重视分析初中学段的特点，并将其作为课程建设的重要依据。初中阶段是素质培养的重要阶段，也是学生价值观形成的重要阶段。中国学生发展核心素养，从“文化基础、自主发展、社会参与”三个方面提出六大核心素养和 18 个基本要点的具体要求。因此，学校结合学生发展的核心素养和“双培养”课程育人目标，打好学业根基，夯实做人基础。“奠定基础，培养有扎实学力的初中学生；引导发展，培养有上地印记的阳光少年”便是“双培养”课程建设着眼于现在与未来的美好愿景。

“双培养”课程体系归纳为行为与品德、科学与思维、身体与心理、人文与审美、技能与实践五个方面的素养，分别对应敦品导行、博识善思、身心健康、文雅审美和技能实践五类课程。五类课程直指育人目标，课程实施关注整合与创新。

【怀柔校区】

北京一零一中怀柔校区是“十三五”期间北京市重点建设的一所全日制完全寄宿制中学，地处中国综合科学中心和具有世界影响力的科创中心——怀柔科学城的核心区。学校秉承北京一零一中的教育教学理念，与总校实行“一个法人、一体化管理”的管理体制。

自2016年起，为进一步深入探索高中人才的培养方式，北京一零一中怀柔校区参加北京市“1+3贯通培养实验”项目，从怀柔区中学选拔初二优秀学生来学校就读，不参加中考直升本校高中，第二学期开始上高中课程，利用假期开展1+3游学科考项目，读万卷书，行万里路。

【双榆树校区】

双榆树校区创办于1985年，原名双榆树二中，2002年由北京一零一中承办。双榆树校区与总校实行“一个法人、一体化管理”的管理体制，在传统红色学校文化的浇灌下，以及“百尺竿头更近一步”校训的鞭策下，继承了北京一零一中质朴的办学风格，让社会各界对双榆树校区有了更高的期望。学校着力打造精品课程，建造精致校园，培养优秀学生，逐步办成“区域名校”，办出人民满意的教育。

学校以育人成才为本，以课堂教学为主，注重德育，注重实践，注重文化立校，进行品牌建设、队伍建设、学科建设、课程建设和校园建设，以期达到管理民主科学化、德育教育实效化、学科建设学术化、艺体特色普适化和教辅工作优质化，最终实现打造“区域名校”的教育愿景。

【温泉校区】

温泉校区是海淀区政府为促进海淀教育均衡发展，按照名校办分校的模式，于2015年投资近3亿元，按照完全中学36个班规模建成的。

校区坚持传承北京一零一中红色基因，并把“西山涵大气 温泉润冰心”作为独特的文化符号。“西山涵大气”，即西山文化和气势涵养学生大气豪迈的品格；“温泉润冰心”，意指坐落于温泉镇的校区能如泉水般滋润学生纯净高洁的心灵。两句皆切合北京一零一中主体文化。上句阳刚，下句温和。一刚一柔，刚柔相济，体现了中国传统文化之精髓。

温泉校区依托北京一零一中优质资源，优势得天独厚，教师起点高、素质高、境界高，工作优点多、特色多、亮点多，真实体现了名校办分校的水平。

二、面向未来，百尺竿头更进一步

北京一零一中的发展一直是在尊重历史、总结历史的前提下，把专注的目光投向今天和未来。守正出新始终是学校的办学方略。综合考量学校现状，选择适合自己的发展目标和道路，学校最终形成对“卓越与担当”的理解，并通过具体的教育活动培养未来卓越担当人才，在做好自己的基础上不断丰富国家基础教育的经验。我们将通过几代人坚持不懈的努力奋斗，把学校办成开创性与示范性、信息化与国际化协调发展，社会高度满意，持续引领北京乃至全国基础教育发展的优质现代学校。

（一）挑战新高度的发展愿景

1. 确立学校发展愿景的依据

（1）学校发展面临的挑战

一是社会飞速发展、社会主要矛盾变化与北京城市重新定位的挑战。国家40多年改革开放的核心目标之一是造就一支世界水准的高素质人才队伍，增强综合国力，提升国际竞争力，进而提升全民族思想道德和科学文化素质，提升全社会幸福指数。也正因为如此，社会主要矛盾发生了根本性变化。此外，社会发展的日新月异，人工智能时代所产生的颠覆性、革命性变革急剧彰显。与此同时，还有首都北京“政治中心、文化中心、国际交往中心、科技创新中心”的城市战略定位。这些都对新时代学校发展提出了新的要求，要求学校不断完善并提升自己的发展定位，实现内涵式、创新性发展。

二是对学生进行优质文化教育的挑战。作为一所具有光荣革命传统的历史名校，北京一零一中具有独特的发展历史，积淀了独特而丰厚的学校文化。如何把红色基因鲜明的学校文化和中国革命文化、中华优秀传统文化融为一体，生成校本性的、极具生命力和时代性的文化教育资源，进而形成学校文化教育的课程体系，这也是学校面临的一个挑战。这种三位一体的融合性文化教育，对引领当代中学生树立崇高理想、丰富人文素养和形成家国情怀，具有独特的功能和价值。

三是名校竞争和应对家长高期待的挑战。北京一零一中地处中关村腹地，周边多所强势发展的优质高中与学校形成高位竞争格局；中关村密集型高级知识分子家长群对学校教育的高期望值、高关注度与综合性评价度同步增长并日趋增长。如此等等，都要求学校走出一条创新发展之路。

四是优质资源科学配置和基础教育优质均衡发展的挑战。在目前集团化、多层次办学的情况下，如何确保优质资源有效共享、科学配置，进而促进教育集团内部优质均衡发展，同样是学校必须面对的挑战。

（2）北京一零一中肩负的使命

北京一零一中肩负的使命是：巩固深化自我教育的办学特色，以特色发展巩固学校对称性优势，形成学校个性化的非对称性优势；进一步优化育人目标，培养品行高洁、身心健康、基础宽厚、富于创新、热爱祖国、具有全球视野的优秀毕业生。当前，学校学生来源多样化、差异化加大，学生发展、需求也更加多样化、层次化，学校要进一步丰富教育实践经验，为本地区乃至全国基础教育发展提供更具示范性、借鉴性的教育改革样本项目和案例。

（3）北京一零一中具备的客观基础

深厚的办学传统是学校的第一教育资源。北京一零一中是北京市高中示范校，始终努力成为中国基础教育的旗帜。75 年来，学校秉持全面育人方针，形成了全面发展、办有特色的良好发展态势，在学校文化建设、课程建设、队伍建设、学校管理等各个方面形成了丰富的办学经验。

高水平的教师队伍是学校的核心竞争力。建校伊始，北京一零一中就拥有一支学历高、观念新、肯奉献的教师队伍，全心全意为学生成长、勤勤恳恳为国家培养人才的精神代代相传。目前学校拥有正高级教师、特级教师、市区级学科骨干和学科带头人 100 多人，每年不断充实进来的博士和硕士青年教师通过学校的培训机制迅速成为学校教育教学的骨干。

得天独厚的区位给学校提供了高水平的外部教育资源。学校与清华大学、北京大学等众多国内一流高校和中国科学院、中国社会科学院等国内顶尖学术机构长期合作，为学生拓展课程、专家、实验室和实践资源；学校还和人民教育出版社、北京教育科学研究院、北京教育学院、北京师范大学和首都师范大学等教育机构和院校深度合作，在教学、科研、培训等领域获得了强有力的智力支持。

2. 实现办学目标的基本任务

北京一零一中要始终站立于中国基础教育的前列，引领中国基础教育的发展，需要在多方面做出持续、深入和创造性的探索。立足学校现实和未来，学校确定了三大基本任务：一是坚持培养未来卓越担当人才的办学理念不动摇，不断丰富培养未来卓越担当人才办学理念的内涵，创新并落实实现办学理念的途径和手段。二是丰富和创新“自我教育”的办学特色。学校通过建设课程文化、学习文化，努力为全校师生创设充分自主发展的机会，促进学生多元化、个性化和谐发展。三是积极担当社会责任，推动区域教育整体发展。教育优质与均衡是民生关切，也是名校的责任。北京一零一中教育集团涵盖薄弱校、新建校、农村校和小学，学生近万人。本部高中承接市级薄弱校名额分配、区级薄弱校校额到校、山区计划（面向远郊区县的山区中学的学生）。教育优质资源输出的过程中，学校也会获得新的认识和教育经验。

（二）培养未来卓越担当人才的办学理念

北京一零一中办学理念的核心词是“卓越担当人才”。学校对“卓越”与“担当”有着深刻的理解。

“卓越”是一种为了完成使命而不断超越、敢于引领的精神体现。众所周知，由郭沫若先生题写的校名“北京一零一中”，寓意“百尺竿头更进一步”，它是学校校训的由来，也是学校“卓越”价值观的凝练表述。追溯历史，“卓越”文化形成是不断累积、不断丰满的过程。北京一零一中的“卓越”主要体现在以下几个方面。

一是“一百分不满足”：永不自满、不断进取的精神。

“一零一，一零一，你是永不自满的象征，由胜利走向更大的胜利，由完成走向更高的完成。”由郭沫若作词、李焕之谱曲的校歌对校名内涵做了非常好的诠释，这几句歌词，融入历届北京一零一中学生的灵魂。它鞭策着每一个学生更加谦逊，更加进取，永不止步。在学校每年的“一二·九”合唱比赛中，校歌一遍遍唱响，它所倡导的永不自满精神在学生心中打下深深的烙印。

二是“做一零一优质钢”：听从召唤、当行出色的精神。

“做优质钢”的口号，诞生于20世纪50年代“大炼钢铁”的火热时代。北京一零一中学生满怀为社会主义祖国奉献青春的炽热情怀，发出了“做一零一优质钢”这一时代强音，影响了一代又一代学子。它的寓意是：每个人既要甘于平凡，做一颗社会主义建设的螺丝钉，更要不甘平凡，在本职岗位上做得优秀，做得卓尔不群。北京一零一中的校友中有很多党政管理者、将军、科学家、艺术家等，他们遍布国家建设的各个领域；更多的是社会主义建设的普通劳动者，他们中涌现出许多各行各业的精英。

三是“永远走在最前方”：当仁不让、敢于引领的精神。

“走在最前方”是脍炙人口的《校史联唱》中的一句歌词。它唱出了北京一零一中学子的心声。学生们为祖国努力学习，纷纷进入国家发展建设领域辛勤工作，把“勇于担当”的决心转化为“善于担当”的能力，敢于做时代的佼佼者。学校在教育改革中也以引领中国基础教育为己任，不断探索，分享经验。

需要指出的是，北京一零一中培养未来卓越担当人才的办学理念，有着深远的意义。对“卓越”的追求是建立在“担当”的前提之下的。也就是说，追求卓越是为了更好地担当。

回顾学校历史，北京一零一中从诞生那天起就打下了红色的底子，被赋予了神圣的使命：为国家奉献，为民族奉献，勇于担当，追求卓越。这是学校办学的灵魂，也是学校的文化基因。今天的北京一零一中坚守这一传统，并使之发扬光大。

北京一零一中的“担当”主要体现在以下几个方面。

一是以社会未来为己任的情怀。教育是为未来社会培育人，学校教育影响着社会未来的走向。北京一零一中的教育眼光始终瞄准未来。从初期的张家口市立中学开始，北京一零一中就把致力于民族解放、建设人民的国家作为学校的办学宗旨。当时学校设置的课程有国文、数学、英语、历史、地理、物理、化学、博物、生物、生理卫生、音乐、美术、体育、政治、时事政策等。如此完整、正规的课程体系，在当时上有飞机大炮轰炸、下无教室教具的动荡战争环境中，简直不可想象。打仗用得上数理化生音美吗？为什么要学英语？面对一些学生和教师的质疑，时任校长郝人初和领导班子教育大家说，革命必然会胜利，建设人民的国家就需要我们的这些知识。在严酷的战争环境中，办一所一般的军政学校相对容易，而办正规教育何其艰难。但学校为了未来的国家建设，始终坚持普通教育的正常教育教学方向，难能可贵。

进入社会主义建设时期，学校以培养社会主义建设者和接班人为宗旨，即使是在“文革”时期，也努力维持正常的教学工作。

新时期以来，学校进一步明确办学理念为培养未来卓越担当人才，为此做出了持续不断的探索实践，取得了丰硕的办学成果。

图1－3　北京一零一中是2008年北京奥运会圣火全球传递最后一站，郭涵校长担任火炬传递手

二是为社会奉献、为国家分忧的抱负。北京一零一中是一所全心全意为人民服务的学校。学校建校时虽然有一定数量的干部子弟、烈士子女，但也面向广大群众子弟。1955年学校管理完全转归地方政府，学校招生也全面转向广大人民群众。在战争年代中，学校组织学生学习，宣传革命形势、党的政策；在解放战争、抗美援朝战争、对越自卫反击战中，学校师生参军参战累计百人以上，多人壮烈牺牲。新中国成立初期，面对外部封锁和威胁，国家急需军工人才，学校大批学生纷纷进入哈尔滨军事工程学院（中国人民解放军军事工程学院）、哈尔滨工程大学、北京航空航天大学等院校学习，参与“两弹一星”、航空航天事业，有的甚至献出生命。改革开放以后，学校一方面不断提升办学水平，一方面为革命老区延安、改革开放前沿深圳、艰苦奉献的航天基地输送教育资源，培养学生。2008年北京奥运会，学校义无反顾地承担了奥林匹克青年营的运行重任，为奥运会圆满举办、国际文化交流做出了贡献。学校也是2008年北京奥运会圣火全球传递最后一站，郭涵校长担任火炬传递手（见图1－3）。

三是踏实努力、攻坚克难的精神。志存高远者，必脚踏实地。学校的劳动教育不仅培养了学生对劳动人民的深厚感情，而且培养了学生不怕脏、不怕累的品质。为了减轻人民负担，学校创办伊始，延安来的干部、教员就把延安的自力更生精神贯彻到学校教育之中。学校迁址圆明园后，全体师生自己动手建设新校舍，挖池塘、建游泳池、修路、修操场。学生要打扫教室、校园卫生，毕业时还有必修课——掏粪。正如 1953 年周恩来总理来学校时教导的那样，不脱离劳动，不脱离群众，坚持向劳动人民学习。

一所学校的发展，总会经历艰难困苦。北京一零一中在困难面前表现出的勇气和韧劲令人叹服。学校迁入圆明园之后，受制于各种客观因素，很长时间一直处于四周没有围墙、内部居民混乱的局面，严重影响学校教育氛围。20 世纪末开始，学校用了 6 年时间持续改造，终于建成今天这样一座花园式学校。

（三）大气包容，敢为天下先的精神气质

75 年的历史锤炼，铸就了北京一零一中独特的精神风貌。自强不息、不辱使命的责任意识，百尺竿头更进一步的进取精神，全面育人、健康成长的育人宗旨，是北京一零一中经过几十年历史风雨的洗礼，用民族责任、教育智慧和强大实力形成的教育内涵。这样一所学校培养的学生，其最突出的精神特质是追求卓越、勇于担当。

北京一零一中致力于培养未来卓越担当人才，具体指的是品行高洁、身心健康、基础宽厚、富于创新、热爱祖国，并具有全球视野的人才。“担当”包含了为个人未来担当、为家庭未来担当、为社会未来担当、为国家未来担当和为人类未来担当等几个层面。

基于上述，北京一零一中致力于培养植根于社会、具有家国情怀、敢做敢当、吃苦耐劳的建设者，培养视野宽广、不惧权威、包容力强、务实肯干的引领者。他们把自己的发展与国家发展紧密联系在一起，把个人成长和社会发展紧密联系在一起。

回头看学校 75 年所培养的近 4 万名毕业生，呈现出以下可贵的精神底色。

一是大气包容。大气包容是北京一零一中的精神气质。大气，是指教育学生关注“小我”，更关注“大我”，关注天下苍生。所谓包容，是指跨文化理解与接纳。长期以来，北京一零一中历届校友的社会表现令人欣喜。无论是国内还是国际，无论是何种行业领域，这些杰出校友们都能让在学校打下的精神底色熠熠生辉。一位毕业生在一篇回忆母校的文章中写道：“高一时我只是一个文学青年，偶尔充当一下‘愤青’。而现在如果你

问我什么是真正的人文情怀，我的答案只有一个：无尽的远方，无数的人们，都与我有关。”二是强烈的社会责任感。北京一零一中始终注重对学生进行家国情怀教育，培养学生的社会责任感是永恒的主旋律。2017 年，人文实验班开展了关于中国国家级科技创新示范区中关村科技园的研究，内容涉及企业孵化器、小微企业、校企合作等问题。北京一零一中学生的社会责任感，就是在这样的历练中不断形成的。三是敢为天下先的担当精神。社会责任感与敢为天下先一脉相承，社会责任感是敢为天下先的精神动力。75 年来，北京一零一中的校友在不同的岗位上都彰显出共同的精神底色，这些正是这所历史名校的底蕴所在。

（四）守正出新的办学方略

守正出新是北京一零一中的办学方略。

1. 守正出新的内涵

“守正”是指恪守正道，胸怀正气，行事正当，追求心正、法正、行正。具体包含三个方面：守学问之正、守处事之正、守教育之正。“出新”指勇于开拓，善于创造，懂得变通，不断推陈出新。“出新”的要旨是创新。北京一零一中在科学继承传统的基础上，敢于挑战权威，善于探索新知，正确看待失败，尊重个性发展，以创新为动力，促进学校不断发展。

守正出新是学校历史传统的继承和发展，是传统和时代特征的融合与承续。

在今天这样一个复杂多变的时代，我们更需要守正出新，要有自己独立的人格，胸怀远大的教育理想，把教育当作终生的信仰和追求，培育和弘扬具有强大感召力的社会主义核心价值观，高度重视精神力量的激励和鼓舞作用，高度重视社会主义核心价值观对国家、社会、公民的导向和凝聚作用。

在全面深化教育改革、追求教育创新的今天，教育工作者更应该有清醒的认识，要深刻反思和审视教育的本质，守住教育的根基。这些都是我们践行守正出新的思想基因。正是因为守正出新，我们一直在追求这样的教育——促进每一个学生的健康成长。

2. 守正出新的基本思路

在北京一零一中，“守正”意味着三个不动摇：一是教育理想不动摇，基本理念不动摇；二是遵循教育规律、做适合师生共同成长的教育不动摇；三是传承弘扬学校优秀历史文化不动摇，永葆精神底色纯正不动摇。

“出新”要以“守正”为基础，不搞颠覆性改革。颠覆性改革是对教育改革的曲解。教育的根本是人。教育改革不应该是“否定之否定”的模式，也不需要惊天动地。办人民满意的教育，要求我们为每位学生提供适合的教育，这就要实施特色发展战略。所谓特色发展，不是特色项目的发展，而是以特色办学理念为核心，引领并逐步形成学校的特色课程、特色教学、特色教研、特色管理，最终培育出独特成熟的学校文化，来滋润师生生命，使其共同成长。

“出新”要求学校主动创新以引领时代发展。2007 年，北京市进行高中课程改革，北京一零一中主动拥抱，积极推进，赢得了机会。如自主排课、自主会考等，使教师对课程有了全新的认识，使国家课程校本化有了整合的空间。2011 年，学校申办人文实验班，探索学生人文素养的培育。后来，学校成为北京市“翱翔计划”首批人文实验基地。人文教育使学校、学生具备了更为超越的眼光，不只看清自己，还能从不同视角看社会、看世界。

“出新”也可以是微创新，这是学校发展最具活力的生长点。创新驱动发展。我们常常希望通过理念的改变和体系的重构去实现学校跨越式发展，但是，真正推动教育发展的是源于自身的微创新。这种从基层做起、从教育教学中的细微之处做起的创新方式具有时效性强、出错成本低的优势，同时给了一线教师更多的机会，能有效激发一线教师的工作热情。北京一零一中非常重视师生的微创新，除了组织有针对性的专题讨论会、青年教师沙龙等活动，学校每学期还组织教育教学以及学校管理的微创新案例评选，目的是让微创新生成富有蓬勃生机的办学活力。

[第二章]

构建立体化育人体系，让每一个生命气象万千

作为一所在战火中诞生、具有光荣革命传统和卓越办学业绩的品牌学校，北京一零一中一直致力于培养学生追求卓越、勇于担当的精神品质，为每一个学生的幸福人生奠基。学校构建了立体化育人体系，德智体美劳五育并举，探索出一条全面育人的办学路径。

一 、唱响立德树人主旋律，营造学校育人新气象

德育肩负塑造未成年人灵魂的重任。灵魂塑造不好，教育的根本价值无从谈起。所以，就教育的终极目标而言，德育决定着学校改革和发展的质量与水平。这个道理既简单又明确——家庭，需要生机蓬勃的好孩子；社会，需要德才兼备、气象万千的建设者；国家，需要具有爱国情怀，勇于担当、敢于担当的护卫者。中国古代先贤尤其崇尚“气”。“气”者何也？文章讲究文气、气脉；人则讲究气度、气质、气派，也就是孟子所认为的至大则刚的浩然之气，进一步讲就是人的精神状态，人的志气、骨气、勇气和朝气。

一个人不管从事什么职业，只要个体生命焕发生机，任何情况下都具备十足的精气神，那么，他的幸福人生就有了底气。推而广之，一个社会如果由洋溢着精气神的人组成，这个社会一定生机盎然，充满活力，积极向上。

所以，北京一零一中在德育问题上从来都是旗帜鲜明。通过高质量德育过程，培育高质量的、充满生机的生命，这是学校始终坚守的办学方向。回顾北京一零一中的办学历史，我们最值得自豪的地方，就是历届毕业生精气神兼备，生命气象永不枯竭。时至今日，北京一零一中的学生，无论是其内心还是外表，所洋溢着的，总是一种独特的生命气象。学校德育的使命之一，就是为学生一生蓬勃的生命气象奠定精神基础，打下精神底色。

就国家层面而言，培养德智体美劳全面发展的社会主义建设者和接班人是新时代的教育方针。党的十八大、十九大连续提出把立德树人作为教育根本任务，体现了党和国家对于人才培养的远见卓识。近年来，以习近平同志为核心的党中央，对学校立德树人的工作给予前所未有的重视。对此，我们必须持有高度的职业敏感性。我们为什么特别注重立德树人？因为道德是做人的前提和基础，也是成才的根本。所以，育人必先育德、育

心，成才必先成德、成就精气神。教育过程首先是精神成长的过程，包含理想和信仰的追寻、人生人性的教育、性格习惯的养成、情感情怀的熏陶等。德育放在首位，帮助学生扣好人生的第一粒纽扣，树立正确的人生观、价值观、世界观，确定人生方向。这是青少年健康成长和全面发展的关键，也是我国社会主义现代化建设事业顺利发展并取得成功的关键。要把立德树人融入思想道德教育、文化知识教育、社会实践教育各环节，教师要围绕这个目标来教，学生要围绕这个目标来学。这样就可以解决好为谁培养人、培养什么人、怎样培养人这一根本问题。

北京一零一中 75 年的办学历史，就是一部立德树人的发展史。学校始终坚持为党的事业办学，为革命事业培养接班人，这就是北京一零一中的“初心”。今天，学校继续坚守初心，继续坚持用社会主义核心价值观点亮学生生命成长之灯，让他们在“三观”形成的关键期走得正，走得稳，走得健康，进而为他们成长为未来卓越担当人才打下浓郁的精神底色。

教育部《中小学德育工作指南》是指导学校德育工作的规范性文件，是德育工作的基本遵循。学校在此基础上着力培养学生良好的道德品质和心理品质，促进学生全面发展、健康发展，为学生一生的幸福奠基。

为科学落实文件精神，北京一零一中按照不同学段学生的不同认知特点和心理发展差异，不断增强德育工作的针对性，提升德育效果。初中阶段学生的抽象逻辑思维开始由经验型向理论型转化，自我意识获得快速发展，学校注重引导学生的国家认同意识，认同社会主流价值观和社会规范，循序渐进地培养公民意识。高中阶段学生的辩证逻辑思维快速发展，道德意识趋于成熟，世界观、人生观、价值观初步形成。在这一阶段，学校注重引导学生运用马克思主义基本观点和方法观察问题、分析问题和解决问题，培养正确的理想信念。

学生美好德行的培养、正确价值观的形成，贯穿在学生日常生活中，在学校点点滴滴的工作中。具体而言，课堂中的合作、交往中的诚信、各类值日中的负责、集体活动中的自律、合作中的友善、失败中的坚韧、对生活的热爱、对自然的保护与尊重等，共同构成影响学生个体发展、促进社会进步乃至国家富强和民族复兴的核心素养。

学校通过对高中、初中学生进行全方位立体化教育，促进学生对其个人的正确定位，促进学生使命感的建立——你站立的地方是中国；你的今天和明天怎么样，你的国家就怎么样。少年强则国强，青年盛则国盛。无论过去、今天还是未来，概莫如是。

二、与时俱进，培育时代新人

北京一零一中的德育工作，一直坚持校本特色，在继承学校历史、弘扬学校光荣革命传统的基础上，与时俱进，以培养时代新人为己任。同时，学校注重遵循两个规律，即教育基本规律和学生身心发展规律，努力培养德智体美劳全面发展的社会主义建设者和接班人。

（一）特色德育史，鲜明育人路

1. 红色基因与革命传统

北京一零一中是中国共产党在老区创办并迁入北京的唯一一所中学，校园坐落于圆明园遗址公园非主体部分，这种独特的历史和地域决定了红色是她的精神基因和成长密码，国事担当是她的不朽灵魂和永恒使命。

20 世纪 50 年代抗美援朝时期，学校学生奔赴战场，参加为前线捐献飞机大炮的活动。刘占武老师的历史课地点选在圆明园遗址，从正大光明殿讲到西洋楼，从圆明园的园林杰作讲到中华民族的灿烂文化，从清朝政府的腐败讲到八国联军火烧圆明园，将爱国的情感融入学生们的灵魂。

自建校以来，学校一直把爱国主义教育作为德育的核心，培育了近 4 万名毕业生，他们携带着一零一的精神基因参与国家的社会主义建设事业，以自己的才智为国家做出贡献。

2. 融合共育与开放包容

北京一零一中办学始终坚持三结合原则，即学校教育与社会教育相结合，教育教学与生产劳动相结合，文化科学教育与政治思想教育相结合。学生积极参加支援前线、土地改革、“三查运动”和各种宣传活动。在联中（北京一零一中前身）学生与新解放区的定县各学校学生联欢会上，学校师生介绍了“联中与联中文工团”“学生会的组织与活动”“师生关系”“同学关系”“学习方法”等学校的学习生活，打动了定县师生。一位校长说：“这个会场就包括新旧两个世界，你们的介绍使我深受感动，一切都见所未见，闻所未闻，我以为我们住了几天师训班，看了几本小册子，就差不多了，今天一听才知道我们离你们还有十万八千里。”

记得在一次体育课上，王伯英老师带学生从操场跑到西洋楼。近1000米的距离，女孩子们已是气喘吁吁。此时王老师如果让学生马上再跑回去，学生肯定情绪不佳，甚至对长跑产生厌倦。当时，王老师让学生们坐在西洋楼的残垣断壁前，给他们讲述火烧圆明园的历史，虽然脱离了体育课的范围，却收到了意想不到的效果。这既是一堂高效的体育课，又是一堂深刻的爱国主义教育课。

学校一直强调每一个学生都很重要，不能只重成绩，不看学生，不能只看成绩，不看发展。对于未成年人，要包容与宽容，理解包容学生的错误，要善于在错误中发现教育的契机。1953 年冬季的一个星期天，体育教师卜士敏把自己的床板搬到外面晒，下午收床板时，发现一块板不翼而飞。后来得知，那块板被一个学生拿去锯了几段，再拼在一起，两边用铁丝一捆，做了雪橇板滑冰去了。卜老师知道后，不但没有批评那个学生，反而认为这是课外体育活动的一种好方式，他开始引导大家找旧木板、旧木箱做这样的土雪橇板。①

3. 集体主义教育与促进健康个性发展

北京一零一中拥有集体主义教育传统，学校的学生集体是一个自觉、自治、自强的集体，学生党员在多方面发挥模范带头作用，由学生民主选举出来的校学生会、班委会在学生中有很高的威望。革命战争年代，学生们习惯了老解放区的民主生活，经常开展批评与自我批评。大家同吃、同住、同学习、同劳动，当时的学校是一个既有民主又有集中，既有纪律又有自由，既有统一意志，又使人心情舒畅的革命大家庭。寄宿制、供给制给学生们的生活军事化提供了保证，生活军事化又培养了学生们的好作风，团结、紧张、严肃、活泼。每间宿舍摆放 8 张双层床，地面整洁，铺盖整洁，被子一律叠成“豆腐块”，洗漱用具码放整齐。清晨起床铃声一响，学生们立即起床，整理好内务，到操场锻炼。一日三餐，开饭时间一到，以班为单位在教学楼下集合整队，学生们迈着整齐的步伐，高唱革命歌曲，走进饭厅。这种情景堪称学校的特色之一。

---

① 陶国薪．卜士敏老师，我们怀念您［M］//王毓龙．圆明春雨育英才：北京一零一中学校史．北京：航空工业出版社，1995：156.

现在回忆这段历史，既弥足珍贵，又令人感慨。这是学校的历史，它一直映照着学校前行的路。

北京一零一中有着丰富多彩的文体活动，这为学生们的个性发展搭建了平台。20 世纪 60 年代初期，全校性的课外活动比较活跃地开展，每星期三下午，1100 多名学生分别参加 37 个课外小组的活动，对学校的教育教学起到了极大的辅助和促进作用，同时也培养了一批有特长的人才，如音乐家施光南，导演谢飞、李宁、蔡元元，画家王路、李问汉，演员文兴宇、张保秋等，更多的是让学生们得到了身体锻炼和文化熏陶。老校友朱育诚说：我学的专业是物理，但我长期从事的是文化工作，这应该得益于学校当年对我的培养。1963 届校友刘京回忆他在云南工作的经历：一次接待中央领导时，他唱了一首歌，领导很惊讶他的歌唱水平。其实，这是因为他在北京一零一中是乐队成员。有的校友回忆说：在工作中不论遇到什么人，什么事，都能坦然面对，得益于学校社团活动的锻炼。更多的校友在聚会时，都念念不忘“大苇塘”，津津乐道那朝气蓬勃的体育锻炼和充满活力的社团活动。

施光南校友在给母校的一封信中说：“我是在中学确立搞音乐的志向的。学校的文艺社团曾给我一定的影响。我在戏剧组里演出过话剧《桃子熟了》，也曾参加过钢琴组，……我创作的歌曲《劳动小唱》和《五十一个鸡蛋五十一颗心》都曾获奖。我曾主编过油印音乐刊物《圆明园歌声》，我用笔名在这个刊物上发表的一些歌曲曾流传到社会上。这些创作实践增强了我作曲的信心，使我看到了自己在音乐创作方面的潜力，因此走上作曲的道路。”①

4. 劳动教育与社会实践

回望一零一中的历史，劳动教育贯穿始终。学校迁入圆明园遗址时，只有学校自己改建的两座二层楼房和一座简易的饭堂，周围是残垣断壁，杂草丛生。为了建设美化校园，学生们发扬老解放区“白手起家，劳动建校”的光荣传统，在学生自治会的组织与领导下，披荆斩棘，修建了 15000 平方米的运动场和 800 平方米的游泳池。如今的音乐教室前，原来是一个芦苇塘，学生们用脸盆一盆盆地挖出淤泥，把它辟为荷花池，后来

---

① 伍绍祖，王英民，钟少华，等．忆光南［M］// 王毓龙．圆明春雨育英才：北京一零一中学校史．北京：航空工业出版社，1995：300.

命名为“少年湖”。1953 年毕业生离校前夕，每人种树一到两棵。1954 年毕业生用自己积攒的零用钱，帮助学校修了喷泉和假山。经过学生们的艰苦劳动，这块被英法联军、八国联军两度洗劫的废墟，重新变成绿树成荫、花开满园、流水潺潺的育人芳草地。

学校的劳动锻炼做到了经常化、制度化。20 世纪五六十年代，新生入学进行三天到一周的校内劳动，每周有劳动课，列入课表。每学期集中劳动，多数是到农村参加夏收、秋收，有时也到工厂参加生产劳动，通过劳动教育落实到为人民学习、明确学习目的、培养劳动人民的思想情感上。针对 1955 年暑假后学生来源的变化及少数学生厌烦体力劳动、不爱惜劳动果实的倾向，学校成立了组织劳动的小组，除校内劳动外，要求各班组织校外劳动，尤其是到农业社参加义务劳动。学校强调每一个学生都要过好劳动关，要学会抬土、积肥，要不怕苦，不怕脏，不怕累（见图 2 - 1）。

图 2 - 1　20 世纪 50 年代后期，1959 届高三（1）班庆祝丰收

20 世纪 50 年代初，学校操场东南角上原来是一个废弃的船坞，学校组织师生把它修成游泳池。春天，水中还寒气逼人，文方校长带头下到齐腰深的污水中，一锹锹清除淤泥乱石。学生们不甘落后，一个个生龙活虎地猛干。学校的劳动，校长教师身先士卒，和学生一起干，在他们的鼓舞下，从没有学生喊苦喊累。

少先队春季组织“寻找春天的足迹”，参加植树活动和扫墓活动。夏季开展游泳活动、野炊活动、“到星空遨游”活动、军事夏令营活动。秋季开展“香山看红叶”活动，到野外搞军事游戏，进行三秋劳动。冬季开展圆明园里打雪仗和滑冰活动。学生们一年四季接触大自然，在大自然中陶冶情操，增长知识，锻炼才干。此外，还有走出去请进来的活动：听英模报告、聆听革命前辈讲过去的故事、组织参观各类博物馆等。

20 世纪 60 年代，学校每年新年之际开展“新年邮局”活动。每年责成一个中队组织此项活动，目的就是培养全心全意为人民服务的精神。具体做法是，制作 36 个信箱，自己仿制邮政员标识、邮戳等，新年前三天开始运作，有的信是送给管澡堂师傅的，有的是送给食堂大师傅的。信件源源不断，几乎遍布各个角落，少先队员热情服务，负责到底。这项活动使学生颇受锻炼，他们乐此不疲，每到新年来临，各中队纷纷争办此项活动，这是培养学生服务精神的一种鲜活形式。

在今天看来，北京一零一中的发展史，其实就是一部卓越的育人史，它是学校的财富和文化，引领我们从过去走到现在，从现在走向未来。

（二）正视新问题，寻求新路径

基础教育，顾名思义，就是为人一生发展——学习、工作与生活奠定基础。所以，小学、初中和高中，各个学段，都有不可替代性。比如初中教育，其目标不仅是中考，更要着眼于学生的终身学习和发展。因为，学生意志品质的培养会影响其在高中阶段及以后如何面对困难，为未来的发展奠基。

今天的基础教育能否达到促进学生全面发展的宽度？能否奠定学生丰富的知识结构、能力结构，激发学生的创新思维？今天的基础教育能否达到促进学生创新思维发展的深度？能否让今天的深度决定其未来发展的高度？基础教育工作者，能否站在时代发展的高度，全面、整体、具体地认识学生？

今天的学生生活在“三重世界”——现实世界、理想世界、虚拟世界。我们的教育如何让学生积极健康地生活在这三重世界而不至于迷失自己？还有，当前正处于社会转型期，各种价值碰撞和困惑一并存在，我们的教育如何既关注现实世界，又切实走进学生的生活与心灵，从而让教育效果最大化、最优化？

从根本上讲，教育面对的是“单数”，也是“复数”；是“这个”与“那个”，也是“这群”与“那群”。那么，人工智能时代，基础教育如何处理好这种关系，让“这个”与“那个”、“这群”和“那群”协调发展、共同发展？

今天，学校德育内容多，变化多，形式多，作为学校的校长和教师，该如何思考、如何应对？德育的实效性取决于接受，接受的难点在于过程，过程的难点在于效果生成。过去，我们更多地用理念应对改革，那么今天，学校怎样通过德育的体验和经历，增强德育针对性，强化设计与实施，最终全面收获德育成果？

这些都是新时代要正视的新问题，需要教育工作者寻求新路径逐一解决好。

三、坚守核心价值观，探索全面育人之路

作为一所历史名校，北京一零一中肩负为国家做事和为国家基础教育发展积累经验、提供路径的双重使命，同时也要为每一个学生的幸福人生奠基。要做好这一切，学校工作必须坚持德育为先。

北京一零一中通过以下几个坚持把德育为先落到实处。

一是坚持用心做德育的工作态度。用心包括对事业的思索与探索，对工作标准与细节的把握，对学校整体发展的渴望，对学校的责任与情感，对教职员工的理解与体谅。

二是坚持守正出新的办学方略。“正”指的是学校的光荣传统，是党的教育方针，是教育的规律和人才成长的规律。“新”则是创新、变化，即在不断变化的时代背景下，审时度势，推陈出新。它要求学校从价值认同入手，深入把握学校历史，准确理解时代精神，与时俱进，打造现代学校文化。

三是坚持寻找学生的真实问题，明了学生价值观发展的特点。学生的问题有两类：一类是人生阶段性的问题，一类是代际问题。当前最大的挑战是学生成长环境和背景的复杂与多元。

四是坚持从校本出发，确定学校德育工作的重点。坚持从校本出发，因校制宜，因时制宜，不同阶段有不同的德育工作主题。当前学校德育工

作的重点是大德育体系和全员育人机制的构建。

北京一零一中德育工作在实践中走出了一条特色之路：在德育目标上，关注每一个学生，体现整体性层次性；在德育内容上，以爱国主义教育为核心；在德育模式上，注重学生在生活中的主体体验；在德育实施中，五育并举，学校课程与社会实践相结合。

（一）德育目标：关注每一个学生，体现整体性层次性

学校立德树人的工作贵在科学有序、循序渐进、分层培养，贵在遵循因材施教（尊重学生个体差异）、因“龄”施教（关注学段差异）原则。青少年群体的个性发展存在共性特征，如热忱、向善、向上、富有生命活力等，但更多的是个体差异所带来的迥然不同。个体差异既表现在个性特征、气度秉性的千差万别，也表现在人生价值取向的因人而异等。这种个体差异的形成，有先天因素，更有后天家庭背景、教育、区域和周边环境等方面的不同。基于这种认识，北京一零一中的德育，既尊重个体差异，促进每一个学生的成长进步，又注重不同学段学生发展的差异性，促进不同个性学生的层次性、群体性优质发展。

学校将学生发展目标分为三个层次：合格的一零一人；优秀的一零一人；卓越的一零一人。三个目标由易到难，由基础到高阶，以关注每一个学生个体茁壮成长为基点，进而促进不同学段学生的整体性健康发展。

根据上述育人目标，学校制定了《学生教育指导手册》《班级文明公约》等，让学校德育呈现序列化、层次性与可行性。

初一年级：规范行为习惯，做文明一零一人；
初二年级：讲究礼仪礼节，做儒雅一零一人；
初三年级：学会为人处事，做诚实一零一人。
高一年级：学会理解尊重，律己宽人，让生命走向成熟；
高二年级：努力做好自己，成全他人，让生命走向优秀；
高三年级：明确社会责任，勇于担当，让生命走向卓越。

概言之，北京一零一中德育目标分两大层级：初中阶段，重在培育学生成长为合格的中学生；高中阶段，重在培育学生发展成为未来卓越人

才。这正与学校培育未来卓越担当人才的育人目标相吻合。

在学生成长过程中，特别需要我们运用赏识的眼光，发现他们的优点，挖掘他们的闪光点，并采用全新的评价方法，让所有学生都出彩。为此，学校设立很多专项制度，如学校从 2010 年起设立道德风尚奖，包括诚实守信、热爱劳动、勤俭节约等 10 个奖项。每年校庆典礼，学校会举行颁奖大会，为近 800 名获奖的优秀学生颁发各种奖励。这些身边的优秀学生为全校学生树立了道德榜样，学校借此充分发挥了用身边的事教育身边的人的作用。

2019 届高中生葛佳妮是 2018 年社会公益奖获得者。同学给她的颁奖词这样写道："这次获得社会公益奖，是对她'公益史'的肯定。初中时，她带领全班在数十个小区科普垃圾分类并安放了分类垃圾箱。高中起她在博物馆担任志愿者，和班里意趣相投的同学合作创作'反校园暴力'的微电影。她认为社会公益不需要被计量——我们不需要通过一己之力改变社会，只需要长久地对我们生活的环境表现真挚的善意。"

（二）德育内容：以爱国主义教育为核心

爱国主义教育一直是北京一零一中德育工作的核心和抓手。长期以来，学校始终坚持以爱国主义教育为主旋律，在爱国主义旗帜下培育德智体美劳全面发展的一代新人。学校坚持认为，如果缺失对未成年人的爱国主义教育，学生缺乏国家认同感，所谓立德树人就成了无本之木。

北京一零一中的爱国主义教育基于两大支点：一是建立在学校地处圆明园的区位优势的"国耻教育"；二是基于学校独特发展史的校史教育。学校始终以这两大支点突出社会主义核心价值观教育，以此支撑学生的精神大厦，培育学生的爱国情怀，为学生未来的健康发展奠基。

国耻教育方面，学校在圆明园遗址公园内开展多项主题教育活动，比较经典的有：以讲好"圆明园故事"为主题的志愿服务；以推进市级非遗课题"圆明园的传说与学校文化融合的模式研究"的实施为抓手，以团支部（中队）为单位，学校每周末组织学生到圆明园进行志愿讲解；每年清明节组织初一年级学生到圆明园祭扫"三一八烈士墓"；每年 10 月 18 日（圆明园罹难日）组织高三年级在大水法前举行成人仪式（见图 2－2）。学生在研究圆明园、讲解圆明园、建设圆明园、反思圆明园中升华爱国情怀、笃行报国之志。

图2-2　成人仪式上，高三学子们在圆明园遗址大水法前放飞象征梦想的彩色气球

这种主题教育有两个明显的特点。其一，活动能够生动、直观地弘扬社会主义核心价值观；其二，活动具有广泛的参与性，既可以是学生社团，也可以全年级全校学生都参加。

此外，每年新生入学，学校都要对全体新生进行校史教育，主要通过以下五种方式。一是学校编制校史教育教材；二是由党委书记或离退休老教师、老校友做专题讲座；三是安排专门时间参观校史馆；四是去革命圣地西柏坡进行“寻根教育”；五是组织学生撰写校史教育的心得体会、组织班级主题报告会等。

长期以来，学校的爱国主义教育体现在具体实施的德育工作中，产生了鲜明的价值引领功能，引领着学生的道德成长和价值观形成。这种核心价值观的培育正是学校德育的首要任务，也是新时代开展德育工作的重要内容。

（三）德育模式：注重学生在生活中的主体体验

为提升学校整体德育效果，北京一零一中不断完善德育模式。“道德知识是不能单纯地靠理性的思考获得的，更多地依赖于体验和直观。”①

---

① 刘惊铎．道德体验论［M］．北京：人民教育出版社，2003：92.

“人的德性成长还必须由教育经历、社会环境、文化生态为其提供支持性条件和引导。尤其是个体外部存在的对其道德潜能及其运用领域持肯定、赞许和鼓励态度的情感氛围，以及由此而来的个体适应感和成功感，必然促成新的道德成长动机。反之，如果缺失了这种外部和内部感情上的支持，人的道德学习潜能将很可能被压抑而沦于道德麻木。”① 从这个意义上说，人的生活状态决定其道德学习行为和动机出现的可能性。学校德育是青少年学生主动理解规约、选择价值和体验意义的过程，因此它应当关注、尊重和鼓励学生作为学习主体的道德生活实践，面向生活现实，关注人的生存和体验方式，让学生由道德知识的被动接受者成为道德的主体体验者，从而为其道德建构奠定坚实的基础。

其实，学校德育的所有问题，从根本上讲，都是基于社会背景的学生问题。源头在社会，表现在学生。社会是“制造”，学生是“载体”。所以，学校德育如何准确细致地了解学生内心，怎样脚步轻轻地走进学生内心，就至关重要。

北京一零一中在坚持尊重、责任、自主原则的基础上，构建了基于学生生活实践的主体体验式德育模式：过程有学生参与，形式让学生接受，目标让学生认同，结果让学生满意。这样，价值观教育就可以内化为深层的人格特征和实际行动。因为，“这是一种发自主体内部的、自内向外的主动积极的参与活动，是一种真正的自我教育活动”②。

模拟联合国是对联合国大会和其他多边国际机构的一种仿真学术模拟活动，是为青年学生组织的公民教育活动。在活动中，学生们扮演不同国家或其他政治实体的外交代表，参与围绕国际上的热点问题召开会议。这一活动在我国很多高中名校方兴未艾，北京一零一中更是引领潮流。

2012 年和 2015 年，学校承办了北京市第三届、第四届中学生模拟联合国大会。学生们扮演不同国家的外交官，在“安全理事会”“经济与社会理事会”等分会场上发言、讨论，充分展示了中国学生的全球视野和对世界的关注与认识。会议的组织工作繁杂琐碎，全部由学生自主完成，也是对学生组织协调能力的一次充分展示和锻炼。

---

① 朱小蔓，其东．面对挑战：学校道德教育的调整与革新［J］．教育研究，2005（3）：6.
② 魏贤超．现代德育原理［M］．杭州：浙江大学出版社，1993：106－107.

（四）德育实施：五育并举，学校课程与社会实践相结合

习近平总书记在北京大学考察时指出：青年的价值取向决定了未来整个社会的价值取向，而青年又处在价值观形成和确立的时期，抓好这一时期的价值观养成十分重要。这就像穿衣服扣扣子一样，如果第一粒扣子扣错了，剩余的扣子都会扣错。人生的扣子从一开始就要扣好。扣好这个扣子是学校教育的使命，需要我们在工作中树立整体开放的德育观，将学校德育工作与智育、体育、美育、劳动教育等有机结合，寓德育于各学科教学和活动之中，通过基于学校历史和现实及符合学生实际的课程设置、文化建设、实践活动等对学生进行价值引导，在此过程中促使其完成自身的道德建构，逐渐成长为德才兼备、全面发展的人才。

北京一零一中的德育实施别具特色：一是丰富多彩，形式多样；二是学生参与程度高，很多活动是全员参与；三是切合学生生理和心理特点；四是既具有时代感，又传承学校传统，因此深受学生欢迎。如微电影节、施光南艺术节、“一二·九”合唱比赛、“一零一好声音”歌曲大赛、冬季长跑赛、春季接力赛、年级各项体育赛事等。也有很多教研组主办、教育处协办的活动，如“齐白石杯”书画大赛、春夏秋冬四季摄影展、春秋两季运动会、“古韵今声”诵诗会、“缤纷世界”英语节、科技节、人文节等。学校将偌大的校园划分为若干卫生区，每周每班坚持对卫生区进行打扫；每年初二年级都要到农场进行为期一周的学农劳动，通过各种途径，开展劳动教育。在校内大德育观的指导下，各部门齐心协力帮助学生走好人生第一步。

四、构建特色德育体系，锤炼学生担当品格

北京一零一中在学校既定德育目标的指引下，整合校内外资源，着眼于学生的长远发展和社会的未来需求，构建了以社会主义核心价值观为引领，包括生命与生态、个人与社会、民族与国家、多元与世界四个维度的一体化德育体系，分别从身心健康、公民意识、国家认同、国际视野四个方面培育学生的担当品格（见图2－3）。

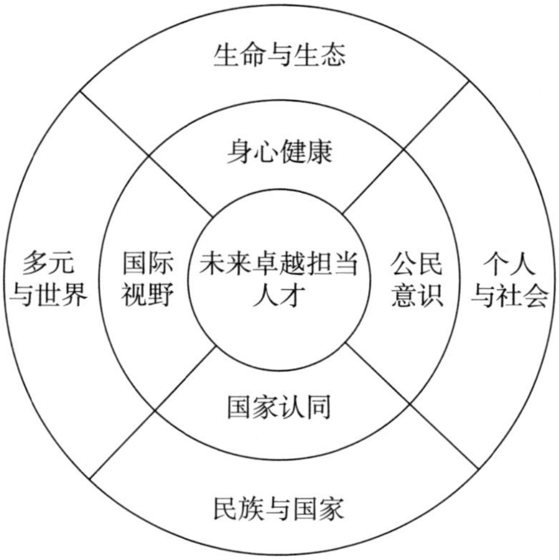

图 2-3　北京一零一中一体化德育体系

（一）培育健康身心，夯实担当基石

身心健康、体魄强健和丰厚的人文素养是学生成长成才的基础。中学阶段是学生成长的黄金季节，北京一零一中遵循学生成长与发展规律，力求把培育学生健康身心、强健学生体魄和提升人文素养的工作落到实处，收到实效。

学校重视在文化建设中培育学生生态意识，在高品质阅读中提升学生人文素养，在常态化艺术教育中提高学生审美情趣，在高质量体育锻炼中造就学生健康体魄。

（二）提升公民意识，塑造担当底色

现代社会需要公民能够理性认识自己与他人、个体成长与社会发展的辩证关系，这种社会基础应该通过学校教育逐步夯实。学校有责任加强公民意识教育，让学生学会以主人的姿态面对社会，既能做理性的批判者，更要做有担当的建设者。

北京一零一中重视在常规管理中培养学生规则意识，在法治教育中增强学生法治观念，在行使权利中培养学生民主精神，在参加社会公益中让学生履行社会责任。

（三）强化国家认同，涵养担当魂魄

我们培养出的学生应该具有国家意识，具有文化自信，具有热爱中国共产党、拥护中国共产党的意识和行动，具有中国特色社会主义共同理想，有为实现中华民族伟大复兴的中国梦而不懈奋斗的信念和行动。

北京一零一中的历史和地域决定了红色是它的精神基因。学校自觉践行社会主义核心价值观，并坚持把爱国主义教育作为德育核心，它也成为学校德育永恒的坚守。学校坚持尊重、责任、体验、自主的原则，构建主体性、体验式的德育模式，让学生在红色传统的自主活动中体会责任与担当，增强学生的中国特色社会主义道路自信、理论自信、制度自信和文化自信。

（四）拓宽国际视野，延展担当内涵

我们现在培养的学生是未来地球村的主人，是人类命运共同体理念的践行者，代表着中国的国家形象。他们应该具有全球意识和开放的心态，要尊重世界文化的多样性和差异性，要理解人类命运共同体的内涵与价值等。

作为 2008 年北京奥林匹克青年营的举办地，北京一零一中更加注重把培养学生的国际视野渗透到学校常态的教育教学中，落实到学生的实践活动中。

五、优化德育路径，培育时代新人

德育渗透在学校的方方面面，其中很大的一个特点是容易“重复使用”，即同样的教育内容会在各个主题中呈现。为了更清晰地讲述，我们聚焦培养目标，依据实施策略，在自主多元的平台上，通过实践层面的操作，体现德育的基石作用，呈现出丰富性和选择性，从而厘清如何使德育理念植根大地，生根，发芽，成长，壮大。以下从课程育人、文化育人、活动育人、实践育人、协同育人等五方面展开叙述。

（一）课程育人：循序渐进，落地生根

课程育人的推进方式主要有课程教材、学科德育、优秀课例展示、建设校本课程等。

德育工作千头万绪，核心内容是课程教材。以课程教材为重要依托，北京一零一中深入探究学科教学本身的德育价值，在学科德育方面，形成了理念引领、课堂渗透、阅读拓展、实践提升、融合创新的整体育人思路。

1. 学科德育： 深入挖掘育人资源

北京一零一中各学科教师都特别注重充分挖掘课程蕴含的德育资源。尤其是当下，各学科教材都蕴含着极其丰富的德育资源，它对滋养年轻生命具有重要价值。学校注重引领教师深入挖掘，帮助他们在“育分”的同时，也能够科学地把“育人”落到实处。

比如人文学科中，学校历史学科孙淑松老师围绕中学历史学科核心素养，提出了历史教学的三重境界。他认为，历史教学应当拓宽历史学科的广度。教师在讲课时，除了梳理课本知识外，更应该把历史事件的来龙去脉讲清楚，把历史事件之间的内在逻辑说明白，让学生知道历史为什么是这个样子。历史教学应当深挖历史学科的深度。教师要通过讲授历史，培养学生的唯物史观，引导学生深入分析研究历史，揭示历史事件的复杂性，探寻历史背后的规律性，培养学生的历史素养。历史教学还要贯穿家国情怀，讲出有温度的历史。通过历史人物和事件的熏陶，让学生成为有担当、有追求、有能力、有情感的未来社会的主人翁，培养学生的历史情怀。

孙淑松老师将历史教学概括为有广度、有深度和有温度的三重境界，让人耳目一新。对历史教师专业发展，他认为，对于刚刚踏入中学历史教学的新教师来说，历史是知识，是课程标准。新教师应该着力研究知识和课标，把它们理解透彻了。但这仅仅是个开始，接下来需要投入更多精力回归历史事件本身，从更宏观的角度研究历史的来龙去脉，讲出历史的广度和深度。

数学、理化、生物学科注重加强对学生科学精神、科学方法、科学态度、科学探究能力和逻辑思维能力的培养，促进学生求真求实思维品质的形成。

比如，生物组周斌老师注重促进学生终身发展，教会学生健康生活，在他的一节有关生命健康的课堂教学结束时，他拿出自己十多年前填写的“遗体眼球捐献卡”，当时学生们给予他热烈的掌声，并争相传看卡片。紧接着，周老师用幻灯片展示了我国在2007年试行的“器官捐献卡”上的一句话，借此表达自己当时的心情：“当我离去时，愿将爱留在人间！”学生们又是一阵热烈的掌声。周老师补充道：“当你们离开校园时，愿你们将在学校获得的爱播撒人间！”

中学书法教育是提升生命品质的教育，其终极目的是给学生一个高品质的精神生活。书法老师们改变以往以技术训练为核心的传统书法课模式，深入探索书法德育教学，并形成书法德育校本课程。他们利用书法工具“文房四宝”，建立起学生对传统文化的感情；从书写内容的出处探源，如天道酬勤、宁静致远等，帮助学生理解传统文化的内涵；将笔法和汉字结构融进课堂教学，并在学生临写的过程中，出示各种不同章法形式的创作，让学生体会汉字之美，掌握书写技法。中国传统文化思想的精华就这样不留痕迹地融入书法教学中。

2. 生涯教育：引领学生终身发展

《国家中长期教育改革和发展规划纲要（2010—2020年）》提出：建立学生发展指导制度，加强对学生的理想、心理、学业等多方面指导。教育部《关于普通高中学业水平考试的实施意见》明确指出：要加强学生生涯规划指导。

高中阶段是学生身心发展的重要阶段，也是学生选择未来人生发展方向的关键期。当前及今后的教育综合改革，越来越强化选择性教育，迫切需要对学生自我认知、课程选修、高校招生志愿选择、生涯规划等进行指导，帮助学生根据自身实际选择适合的发展方向。

学校基于自身实际和现实的社会环境，从学业规划、职业规划和人生规划三个方面构建了生涯教育课程体系，组建了生涯教育教师团队，开设了生涯教育课程。生涯教育课程以学生不同阶段的发展需求为依据，把学生对三年后毕业去向的关心转化为学习上的动力和行动上的指南，建立学校学习与学生未来发展的内在联系，引导学生在不断认识自我的基础上，发现并拓展自身特长，了解职业和社会发展，明确学业和职业发展方向，掌握学业规划和职业规划的初步方法，从而很好地规划高中生活和学习时间。同时，该课程使学生形成对人生发展的清晰认识，促进他们的自我设计与完善，帮助他们很好地处理自己与自己、自己与他人、自己与社会、自己与国家、自己与世界的关系，为自己的终生发展和创造有价值、有意义的幸福人生奠定坚实的基础。学校职业规划课程不同阶段的实施见表2－1。

表2－1　北京一零一中职业规划课程不同阶段的实施

职业规划课程		
实施阶段	**实施内容**	**学生任务**
高一	你适合做什么？——团队心理游戏	进行自我觉察，建立职业规划的概念
	职业大播放——职业系列介绍	进行职业认知，了解不同的职业
	系列职场故事——校友大讲堂	进行职业认知，树立正确职业观
	职业导师伴我行	选择自己的职业导师
	系列社会实践活动	到农村、进工厂、去公司、走机关等
	寒假职业体验日	进行为期一周的职业体验
	系列职场故事——家长大讲堂	进行职业认知，树立正确职业观
	学生社团系列活动	初步了解职业
	职业规划书介绍和建议	制订职业规划书
	大学院校及专业系列介绍	了解大学院校及专业
		了解专业与职业的关系
	暑假职业体验日	进行为期一周的职业体验
高二	大学院校及专业系列介绍	了解大学院校及专业
	系列职场故事——校友大讲堂	了解专业与职业的关系
		初步确定专业方向
		进行职业认知，树立正确职业观
	系列社会实践活动	到农村、进工厂、去公司、走机关等
	学生社团系列活动	进行模拟职业规划
	寒假职业体验日	进行为期一周的职业体验
	模拟职业招聘	制作个人简历、参与模拟招聘

续表

职业规划课程		
实施阶段	实施内容	学生任务
高二	暑假职业体验日	进行为期一周的职业体验
	大学院校及专业系列介绍	确定专业方向
高三	高校进学校 & 学生进高校	确定大学目标
	职场励志讲座	激励自我树立人生目标
	大学院校及专业系列介绍	确定专业方向
		形成职业决策
	高考志愿填报辅导	填报高考志愿

2016 届学生徐昊乐在参加完班级“‘梦想带我们启航’——高一（10）班高中生涯规划主题班会”后写道：“今天的班会课给我们的不仅是对未来的一种发展方向，更多也是对现在学习的一种规划。从事每一种工作都不容易，从事每一种职业都是独特的人生体验。人在每个阶段对人生的理解是不一样的。具体从事的职业可以暂时不需要考虑，但大体的职业方向还是应该想一想。今天提供的那些关于家长职业的资料里并没有我未来想从事的职业，但是我从那些建议里读到了一些在中学阶段需要培养的能力。一个人不管以后从事什么职业，知识的广度还是要有的。另外就是要培养一定的心理承受能力和自我降压能力。现在的社会竞争力很大，会有许多我们意想不到的事情，不要让沮丧和郁闷阻挡自己追寻目标的脚步。”

3. 校本课程：不断丰富德育内容

在常态德育过程中，北京一零一中充分利用网络资源，定期向学生推荐网络资源，如中宣部“学习强国”、中央电视台“开讲啦”、网易公开课、中国非物质文化遗产网等。这些网络资源的特点是，时代感强烈、鲜活生动，融入了国内外很多有价值的东西。我们把这些资源纳入学校德育校本课程，极大丰富了学校德育内容，延展了学校德育内涵，很受学生欢迎。

学生在北京一零一中会学习 3 ~6 年，在这个过程中，他们会不断成长与进步，经历很多，学习很多，收获很多。所以，除了上面所讲的网络资源，经过长期探索与积淀，学校也形成了丰富多样且自成体系的德育校本课程。

北京一零一中德育课程有以下 7 类。

(1) 社会主义核心价值观专题课程

培育和践行社会主义核心价值观、加强中小学德育是推进中国特色社会主义事业的必然要求，是促进学生健康成长的现实选择。学校在全面把握社会主义核心价值观的内涵及其与中国优秀传统文化内在联系的基础上，确定了专题课程的三个内容主题（见表 2 -2），并结合学生身心发展规律和学校实际情况，设计了相关的主题教育课程和社会实践课程（见表 2 -3、表 2 -4）。

表 2 -2　北京一零一中社会主义核心价值观专题课程的内容主题

内容主题	社会主义核心价值观	中华优秀传统文化
家国情怀	富强、民主、文明、和谐，是国家层面的价值目标	爱国：天下兴亡、匹夫有责
责任担当	自由、平等、公正、法治，是社会层面的价值取向	处事：仁爱共济、立己达人
人文情怀	爱国、敬业、诚信、友善，是公民层面的价值准则	修身：正心笃志、崇德弘毅

表 2－3　北京一零一中社会主义核心价值观专题课程——主题教育课程和社会实践课程安排 1

时间	8 月	9 月	10 月	11 月	12 月	次年 1 月	次年 2 月
校本课程	新生入学教育　社会实践课程 暑期社会实践课程	主题教育及社会实践课程 秋季运动会主题教育课程 青春礼主题教育课程 学生会（社团）换届招新课程 教师节感恩课程 开学典礼课程 暑期社会实践交流课程	成人礼主题教育课程 水文化主题教育课程	主题教育及社会实践课程 家长学校主题教育课程 期中诚信主题教育课程	冬季越野主题教育课程 新年音乐会主题教育活动课程 『一二·九』主题教育活动课程 主题教育及社会实践课程	期末社会实践课程 期末诚信主题教育课程 校园文化节主题教育活动课程 元旦主题教育活动课程 『一零一好声音』主题教育活动课程	寒假社会实践课程

表 2－4　北京一零一中社会主义核心价值观专题课程——主题教育课程和社会实践课程安排 2

时间	2 月	3 月	4 月	5 月	6 月	7 月	8 月
校本课程	开学典礼课程 寒假社会实践交流课程 寒假社会实践课程	主题教育社会实践课程 春季越野主题教育课程 校庆主题教育课程	主题教育及社会实践课程 期中社会实践课程 春季运动会主题教育课程 期中诚信主题教育课程	主题教育及社会实践课程 施光南艺术节主题教育课程 家长学校主题教育课程	主题教育及社会实践课程 毕业典礼活动课程 荷文化主题教育课程	期末社会实践课程 家长学校主题教育课程 诚信主题教育课程 荷文化主题教育课程	暑假社会实践课程

（2）分年级常规德育校本课程

学校遵循学生成长规律，围绕学校育人目标，分年级、分阶段、有层次、有侧重地为学生开设相关主题教育课程（见表2－5）。

表2－5　北京一零一中各年级常规德育主题

初一	初二	初三	高一	高二	高三
光荣与梦想	忧患与自豪	使命与责任	光荣与梦想	忧患与自豪	使命与责任

在起始年级，以“光荣与梦想”为主题，开展“走进一零一，幸福你一生”的爱校教育，通过一系列活动，包括西柏坡寻根活动、参观校史馆、“老校友报告团”讲校史、到圆明园祭扫“三一八烈士墓”、聘请知名爱国人士做校外辅导员等为每一届新生注入一零一的精神基因。

在中段年级，以“忧患与自豪”为主题，开展“走进发达与贫困，祖国在我心中”的国情教育。学校建立了包括百度、联想、华为、外交部、海淀区交通大队、敬老院、儿童村、打工子弟学校等在内的100多家社会实践基地和包括敦煌、南京、杭州、唐山等在内的多条研学旅行路线，学生定期到基地进行社会实践，到不同地区进行研学旅行，切身感受最真实的国情：既要走进贫困与落后地区，让他们零距离感受社会弱势群体的困苦，又要走进发达与高现代化地区，让他们切身感受国家的强盛（见图2－4）。

图2－4　高一年级学生在唐山开展工业社会实践活动

在毕业年级，以“使命与责任”为主题，开展“放飞梦想，未来从这里起航”的理想信念教育。初三年级于每年 9 月 18 日在学校青年广场举行“15 岁青年节”，以“有志于学”和“为中华崛起而读书”为主题开展相关活动，引导学生树立远大理想，追求幸福人生。高三年级于每年 10 月 18 日在圆明园大水法前举行成人仪式，让学生不忘国耻之痛，激发学生的爱国情怀。

2017 年 12 月 12 日，人民网发表北京一零一中专访文章《我为什么每年带学生跨越千里直面南京大屠杀》，报道学校连续三年组织学生参观侵华日军南京大屠杀遇难同胞纪念馆活动。部分报道内容如下：

> 一张张照片，一段段录像，一件件文物，一个个数字，“300000”在滴血……郭世圆沉浸在痛苦之中，久久无法平静。“我为我的祖国有这样沉重的历史而悲痛，我为今天的和平而庆幸，我的民族自尊心更强烈，我更增强了公民责任意识。我不只是停留在对侵略者的仇恨了，而是真切地体会到和平生活的来之不易，并开始思考应该如何看待这样一段中华民族的屈辱史。‘落后就要挨打’，血的教训告诉我们必须要自强。”这是在参观纪念馆后，郭世圆写下的一段话。
>
> 走出纪念馆的郭世圆，仰望着手托白鸽的和平女神雕像，不禁热泪盈眶：“是怎样的胸怀，让一个国家在遭受了如此伤害之后还在呼吁和平，我为自己是中国人而骄傲。”①

近年来，每年都有一个年级 600 名左右的学生参加这一活动，此项活动已成为学校的常态教育内容。

（3）社会重大事件主题教育课程

长期以来，学校一直坚持把社会生活中的热点问题作为教育契机，结合学生的实际问题，组织以班会课为主要形式的系列主题教育活动，突出教育的时效性。

2008 年，以北京奥运会的举办和学校奥林匹克青年营的承办为契机，学校以“青年创造未来”为主题开展了“奥运给我一个机会，我给世界

---

① 李楠楠．专访：我为什么每年带学生跨越千里直面南京大屠杀？［EB/OL］．（2017－12－12）．http：//www. 81. cn/2017gjr/2017－12/12/content_ 7864689. htm.

无限精彩”系列教育活动。2011 年，以建党 90 周年、建校 65 周年为契机，学校以“红色记忆——光荣与梦想”为主题开展了“庆祝建党 90 周年”系列教育活动。2012 年，以北京建设“中国特色世界城市”为契机，学校开展了“世界城市 · 公民素养”系列教育活动。2014 年，以学习贯彻党的十八大精神为契机，学校以“培育和践行社会主义核心价值观”为主题开展了系列教育活动。2016 年，以红军长征 90 周年为契机，学校以“扬长征精神，做中国脊梁”为主题开展了系列教育活动。2017 年，以党的十九大召开为契机，学校以“喜迎党的十九大，争做卓越一零一人”为主题开展了系列教育活动。2018 年，以庆祝改革开放 40 周年为契机，学校以“四十年改革开放，新时代有我担当”为主题开展了系列教育活动。2019 年，以庆祝中华人民共和国成立 70 周年为契机，学校以“七十年创立盛世，新时代我续华章”为主题开展了系列教育活动。2020 年，以全面建成小康社会为契机，学校以“我的国我的家”为主题开展了系列教育活动。2021 年，以建党 100 周年为契机，学校以“不忘初心，筑梦同行”为主题开展了系列教育活动。

（4）当代国情系列讲座课程

学校坚持举办国情讲座，每学期每个学生至少聆听一次相关讲座，使学生对政治、经济、军事、外交、民生等领域有基本了解，加强对学生进行党史、国史、改革开放史、社会主义发展史和形势政策教育，开阔学生视野，培养学生自豪意识、忧患意识、自觉担当意识和分析批判鉴别能力。

近些年来，学生聆听过的讲座有：李肇星部长的“国家至上”，罗援将军的“大国关系”，张召忠将军的“国际形势与军事热点”，金一南将军的“苦难与辉煌”，李莉教授的“世界军事高科技竞争与吾辈的责任与使命 · 从萨德入韩谈起”和“从南海阅兵看中国”，戴旭教授的“一带一路战略”和“中国新时代与世界大变局”，公方彬教授的“社会主义核心价值观”，姚景源总经济师的“收入分配改革”，张彬教授的“社会公平与正义”，达巍教授的“当前中美关系”，深潜英雄唐嘉陵的“不忘初心，深海潜航”，中共第十九届中央候补委员宋鱼水的“司法改革背景下的知识产权审判”等，学生受益匪浅。

（5）科技创新课程

北京一零一中初步建设形成三层金字塔形、利于学生创新精神与实践能力培养的开放性科学课程体系（见图2－5）。

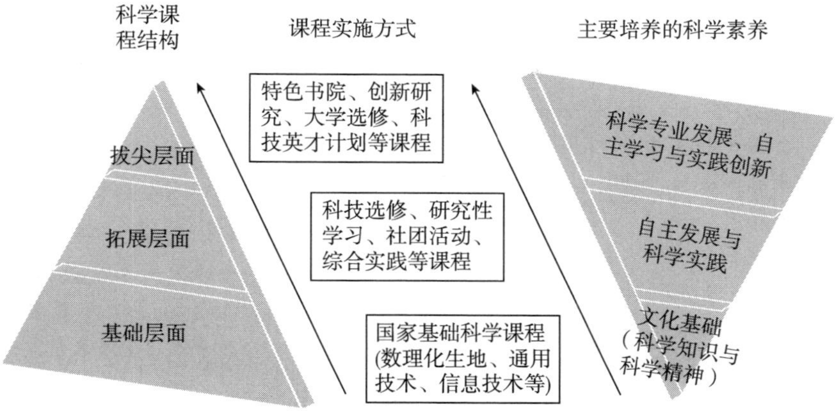

图2－5　北京一零一中科学课程体系

其中，基础层面的课程主要有数学、物理、化学、生物、地理、通用技术、信息技术等国家基础科学课程，也包括艺术、文学等利于科学创新思维培养的课程，使学生掌握科学知识，培养其科学精神。拓展层面的课程有科技选修课、研究性学习、社团活动、综合实践课程等，是面向全体学生的可自主选择的拓展性科学课程，主要是培养学生的自主发展与科学实践素养。拔尖层面的课程主要面向部分拔尖创新人才，如特色书院课程主要面向学森书院、圆明书院的学生，创新研究课程主要面向对科技创新研究有兴趣、有潜质的学生等，主要是培养学生的科学专业发展与实践创新素养。后两个层面的课程主要由校内外教师自主开发和实施。

在国家科学课程校本化的基础上，北京一零一中积极推进自主科技课程建设。学校先后开发了生命科学探究、头脑奥林匹克——木结构承重、人工智能机器人、Fablab创新实践等近20门科技校本课程（见表2－6），既可应用于课程结构中拓展层面的科技选修、社团活动，也可应用于拔尖层面的创新研究、科技英才计划等。这些课程既紧扣科学发展前沿，又能体现地域文化特色，同时充分考虑了学生的认知特点与兴趣爱好，能够满足学生多样化发展的需要。

表 2－6　北京一零一中科技校本课程（部分）

课程名称	课程简介	开设情况	特点与成绩
生命科学探究	结合北京一零一中地域特点，以生态园为基地，开展与生命科学相关的探究活动，包括动植物培育、水体净化、土壤改良、大气污染、生物防治、农业信息化管理、工程设计等多个探究方向。	初一、高一年级开设。每周2次课，多次社团活动。	体现学科交叉与融合，学生可亲身体验科学研究全过程。 学生探究成果在科技创新大赛等活动中屡获佳绩，在北京市及全国名列前茅。
天文学基础	本课程分为理论和实践操作两部分。理论部分授予学生一定的天文基础知识，并通过活动的方式培养学生基本的科学研究方法和态度。实践操作部分带领学生学习、操作使用天文望远镜，为进一步观测与拍摄奠定基础。	初一、初二及高一年级开设。每周2次课，1次社团活动。	有无天文基础的学生均可找到感兴趣的提升空间。 多人次在全国中学生天文奥赛中获得一等奖，10人次入选国家代表队并在国际天文奥赛中取得好成绩。
头脑奥林匹克——木结构承重	头脑奥林匹克是一项旨在培养参与者适应未来社会挑战的创新思维能力、时间管理能力、团队协作能力等多种能力的科技实践活动。本课程将OM、DI竞赛与通用技术课堂教学相结合，开展木结构承重制作与竞赛活动。	初一、初二年级开设。每周1次课。每年春季在高二年级举办木结构承重比赛。	玩中学，可促进参与者全面而有个性地发展。 学校至今已获得全国及亚太区DI创新思维比赛17个一等奖，3次获得DI全球赛前10名。

续表

课程名称	课程简介	开设情况	特点与成绩
电子技术	本课程旨在普及电子技术基础知识，培养学生对电子技术应用的兴趣。学生在动手实践过程中，手脑并用，将学过的知识运用到实践之中，在实践过程中得到升华。	初二年级开设。每周1次课，不定期组织兴趣小组活动。	学校历史最悠久的科技活动课程之一。 在北京市中小学生电子技术竞赛中多次获得一等奖。
航模制作	通过学习飞行器的相关理论知识，形成对飞行器的基本认知；通过亲手制作与调试，完成对飞行器的动手实践；结合所学的知识，设计出属于自己的飞行器，并结合快速成型的3D打印等技术设备制作自己的飞行器，完成创新实践。	初一、初二年级开设。每周2次课，每周六3个小时的航模社团活动。	集科学性、实践性、趣味性于一体的科技特色活动。 多人次获得全国青少年航模锦标赛冠军，3名学生获得航模世锦赛冠军，2名学生获得航模世锦赛亚军。
模拟飞行	通过模拟飞行软件与操作器，实现在电脑屏幕上的模拟飞行，并根据驾驶的实际需要学习掌握航空知识要点。要求理论知识与实际飞行相结合，边飞行边对出现的空气动力学、机械故障、航向等问题做应答。	初一、初二、高一、高二年级开设。每周2次课，1次社团活动。	学校最年轻也是最受欢迎的科技课程之一。 多人次获得全国青少年模拟飞行比赛一等奖，多名选手获得到八达岭机场体验真实飞行的资格。

续表

课程名称	课程简介	开设情况	特点与成绩
信息学奥林匹克	让学生了解程序设计的初步知识，讲授 DEV C + + 语言的基本语法（数据类型、常变量、顺序结构、分支结构、循环结构初步等）。从最基础的 C + + 语言的语法知识入门，在具有基本编程能力的基础上，再深入学习算法设计、数据结构等知识。	初一、初二、高一年级开设。每周 1 次课，1 次兴趣（竞赛）小组活动。	在程序设计学习之外，训练学生的逻辑思维能力，提升学生的思维高度。 每年均有多名学生获得全国中学生信息学联赛一等奖。
人工智能机器人	通过对应用软件 ROBOLAB 等的设计、开发、调试及动手实验，培养学生研究分析与解决实际问题的能力。通过对机器人套装及每个主题的研究、设计，培养学生的发散性思维和创造能力，使学生成为研究者。	初一、初二、高一年级开设。每周 2 次课，1 次社团活动。	与科学前沿紧密结合，体现未来发展方向的科技课程。 多名学生在北京市及中国青少年机器人竞赛、VEX 机器人世界锦标赛等比赛中获取佳绩。
HOU 动手学天文	结合国际先进的 Hands On Universe（HOU）动手实践学天文网络教学课程，开展新型的以动手实践和引导学生开放性学习为特色的天文教学，让学生不仅学到天文知识，掌握实际技能，还能接触到更多的天文信息。	初一、高一年级开设。每周 1 课时。	充分利用国际国内网络天文资源，共享国际国内远程教学成果。 在国际小行星搜寻活动中发现主带小行星三百余颗，成绩喜人。

续表

课程名称	课程简介	开设情况	特点与成绩
Fablab创新实践	对学生的创新技能培训，结合MIT创新实践课程体系，培养学生的创新思维及研究技能，带领学生通过一定周期的培训完成相关的创意项目实物制作。	高一年级开设。每周2课时。	在科学、技术、工程、数学、艺术等学科领域进行跨学科、交叉式教学。主要目的就是针对学生的创新技能培养，开展一门符合当前中国教育发展潮流的创新课程。
I，Robot	IOT系列课程，主题是互联网条件下从人向物的延伸。本课程依托Arduino开发设计全新智能家居机器人。着重强调学生的实践能力，让学生充分发挥自己的想象设计出自己的智能家居机器人。	高一、高二年级开设。每周2课时。	此课程旨在将IOT物联网技术引入课堂，带领学生认识物联网技术，帮助学生理解智能产品的由来，培养学生的动手实践能力，以及学生对科学技术的探究意识。
基于steam课程的机器人	为了排除“爆炸物”，学生在进行头脑风暴、集思广益后，设计出一种可由手机APP进行遥控的排爆机器人装置，可分别完成直行、下坡、下台阶、转弯、排爆及携弹至排爆点的一系列动作。	高一、高二年级开设。每周2课时。	综合了电子学、机械工程、计算机等多学科知识。真正做到从零开始，即从功能设计到零件设计、电路板设计制作、控制APP设计编写，到分项功能的实现，最后达成遥控机器人进行指定操作的目标。

科技创新课程特色体现在三个方面。

第一，开发“校园科学探究”课程，培养学生科研实践能力。科技创新的灵感来源于生活。学生生活的大部分时间都在校园，合理开发和利用校园，打造有特色的科学探究课程，学生的科研实践与创新能力就会得到很好的发展。生活即教育，整个校园都可以是科学课堂。

为什么攀援植物有的左旋，有的右旋？为什么受伤的植物会流出白色的汁液？为什么紫叶小檗上层是紫色、下层是绿色的？蜗牛在有刺的植物茎上爬行，为什么刺不伤它？……这些不会在生物课堂上提出的问题，是北京一零一中学生在“调查校园中的动植物”科技实践活动中提出来的。学校得天独厚的校园环境是学生进行科研实践活动最好的资源。每届初一学生进入校园后，结合生物课的学习，都要开展此项传统科技实践项目。

该活动以校园为基地，从观察身边种类繁多的动植物入手来安排内容。学生以小组为单位，在教师的指导下，一起讨论如何进行校园生物的调查，具体包括查询资料、制定调查方案、开展实地调查、整理调查结果、进行统计分析、绘制校园生物分布图、撰写调查报告以及汇报交流等步骤。通过活动，让学生学习调查的一般方法，掌握路径观察法和分区域调查法，能合作开展简单的科学研究活动。通过实践调查、制订计划、分工合作，学生的自主学习、合作与探究能力将得到发展。同时，还能增进他们热爱自然、保护动植物的情感，增强其环保意识。

北京一零一中还特别注意在选修课及研究性学习中拓展学生的科学思维，培养学生的创新精神与意识。例如，在选修课的教学中，学校注重引导学生发现和研究校园及生活中的实际问题，在“身边的化学”一课中，学生设计小暖袋，测定海带中的碘含量；综合活动课自制汽水；地理实践活动探究“圆明园河蚌死亡原因”等。这样学生就会感到科学不仅有用而且有趣，从而对科学充满兴趣。

基于这样的科学普及课程，学生的科研实践能力不断提高，热爱科研、有创新潜质的学生也很容易脱颖而出。如尹月同学，利用校园里的香叶天竺葵和八宝景天做原料，在学校创新工作室里研制了一种纯天然的植物驱蚊膏。该研究成果在第 42 届日内瓦国际发明展上大受好评。项目获得了金奖，产品也成了展会期间的抢手货。这样的例子有很多，特色突出的校园科学探究课程是小创客层出不穷的基础。

第二，创新实施“木结构承重”课程，促进拔尖与普及的相互转化。科技竞赛活动不是少数人的游戏，学校既要重视对拔尖创新人才的培养，也要重视对全体学生的普及教育，这两者并不矛盾，而是可以相互促进、相互转化的。

一方面，北京一零一中面向全体学生，充分调动校内外科技教育资源，开发品牌科技项目，开展丰富多彩的科技教育活动，提高广大学生的科学素养、创新精神与实践能力。在此基础上，学校也积极创造条件，让具有科技特长和潜力的学生得到进一步的发展，即以普及促进拔尖。

另一方面，学校认为，不管是研究领域、研究方法还是项目本身都应该尽可能迁移到常态教学中。绝大多数科技项目都有普惠价值，其科学思想、科学方法、实践创新等都可让学生受到启发。对于教师来讲，若能把科技比赛或获奖项目迁移到常规教学中，就能更广泛地影响学生，真正做到由拔尖带动普及。头脑奥林匹克——木结构承重课程就很好地实现了这一点。

2010 年，学校首次参加第 23 届头脑奥林匹克竞赛，取得较好成绩，引发了学生们的好奇。于是，马丽娟和霍莹老师大胆地将来源于 OM 与 DI 比赛的木结构承重项目与通用技术课程融合，开设了头脑奥林匹克——木结构承重校本课程。

该课程在初中及高中非毕业班开设，并在高二年级的第二学期搞木结构承重比赛。每班自发组成若干个代表队，分别以最大横截面积为 0. 32cm ×0. 32cm 的轻质木条、胶水等物制作总重不超过 18g、结构高度不少于 20. 32cm 的承重结构。比赛时在其上逐级叠放杠铃片，直到承重结构毁坏，裁判计数该组结构承压的总承压板重量，重者胜。

木结构承重课程融入了 STEAM 教育理念，涉及物理、数学、工程、技术等多学科知识，将比赛项目与课程创新相结合，让更多学生有机会了解这项比赛，并能通过课程积极参与到头脑创新思维活动中来。它极大激发了学生们的兴趣，也使得通用技术课不再是过去传统的劳技课的形态，而变成了一个联合探究、相互挑战的科技竞技场。课堂也自然延伸到了课间、放学后、节假日……，每年的木结构承重比赛成了令全体学生“疯狂”的盛事。

第三，打造高端学习平台，满足学生个性化发展需求。张及晨是天文社的骨干成员。他在网上搜到一个“IESO 国际地球科学奥赛”，觉得特别好。但这个比赛中国从未参加过，需注册以国家队的形式参赛。学校看到这对学生来说是一个很好的机会，于是积极与 IESO 国际组委会联系，以中国赛区组委会的名义进行了注册，并组建了第一支中国国家代表队赴日本参加第十届国际地球科学奥赛，产生了较大的影响，新华网等媒体也进行了报道。2017 年，北京大学找到学校，要与我们合作组织中国的地球科学竞赛活动。在中国科学技术协会、中国地震学会等单位的支持下，2017 年 10 月 16 日，全国中学生地球科学竞赛暨国际地球科学奥林匹克竞赛中国赛区启动仪式在北京国际会议中心顺利进行。地球科学奥赛这项活动开始在中国广泛开展起来，2018 年的第一届全国比赛就吸引了近两万名学生参加。地球科学这门古老而经典的学科及相关课程得以在全国推广，热爱地球科学的学生有了更好的学习机会和发展平台。

每年暑假，生命科学暑期交流会都会在学校如期召开。不管身在何方，不管学习或工作有多忙，往届生命科学社团成员都会如期回到母校，和现在的成员一起探讨课题研究，介绍活动经验与体会，畅谈人生理想。大小同学间没有距离，只有共同的科学追求。该活动由社团学生策划、组织和主持，在校社团成员逐个介绍自己的研究课题，大家自由发言，找问题、提建议，往届校友介绍经验，并与大伙分享自己的成长经历，最后，集体重回生态园，或参访中科院某个郊外实践基地。这已成为学校的一项优良传统，受熟悉的师哥师姐的带动和激励，学生们参与生命科学探究活动热情高涨。北京一零一中生命科学探究活动也得以薪火相传，生生不息。

（6）美育课程

学校围绕人文情怀、审美情趣、实践创新等核心素养，构建了具有北京一零一中特色的美育课程体系（见图 2－6），开发开设了 30 多门美育课程，并通过美育必修课、选修课、综合实践课、社团活动课等多种方式来实施。精心设计和实施的课程得到了学生们的喜欢，他们的收获也体现在其艺术修养和精神气质的方方面面。

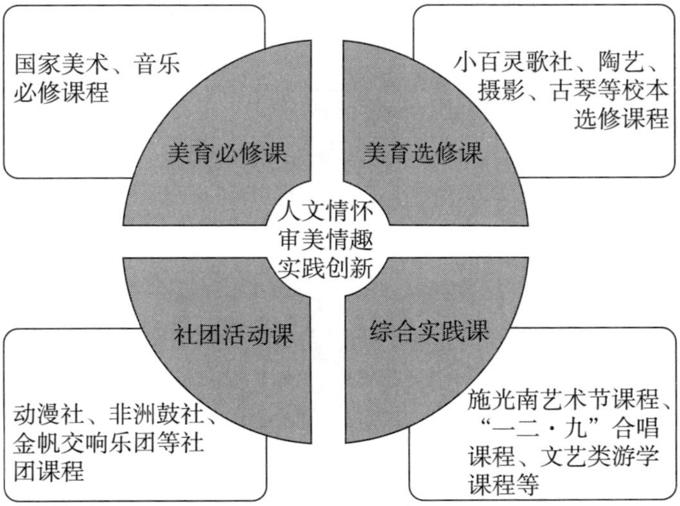

图 2－6　北京一零一中美育课程体系

其中，美育必修课是指国家要求的美术、音乐必修课程；选修课是由校内外教师自主开发的美育课程，如摄影、京剧等；社团活动课是由教师指导、学生组织和实施的活动课程，如动漫社、金帆交响乐团等社团课程等；综合实践课程通常是跨年级、跨学科甚至跨地域的有北京一零一中特色的大型活动课程，如施光南艺术节课程等。北京一零一中自主开发的美育课程见表 2－7。

表 2－7　北京一零一中自主开发的美育课程（部分）

课程类别	课程名称	任课教师	开设年级
音乐类	小百灵歌社	白晓华、贺胜楠	初一、初二
	吉他演奏	杨永喜（团队）	初一、初二
	非洲鼓	阎磊、李鸿	初一、初二
	古琴研习所	林晨（非遗传承人）、阎磊	高一、高二
	尤克里里基础入门	赵祝巍、杨茂	高一、高二
	合唱	阎磊、游文梅	高一、高二
	西方古典音乐理论鉴赏	刘新欣、吴青蔚	高一、高二
	音乐剧歌唱训练	游文梅、王芝瀹	高一、高二
	戏剧	游文梅、农苗苗	高一、高二

续表

课程类别	课程名称	任课教师	开设年级
美术类	书法	陈默	初一
	雕版印刷技艺	李海波等	初一、初二
	梅兰竹菊画法	曾旭	初一、初二
	校园写生 & 作品创作	祁晓雯、张润	高一
	水粉画水彩画	陈默	高一
	古典摄影	魏立柱、赵刚	高一、高二
	素描	陈默	高一、高二
	古代碑帖中的历史与艺术	陈昂	高一、高二
	古代壁画临摹	曾旭	高一、高二
综合类	插花	滕云	初一
	景泰蓝	闫瑞	初一
	仙绫彩绣 DIY	过俊、周松	初一
	中国服饰史	田梦雪	初一
	动漫赏析 & 作品创作	祁晓雯	初一
	面塑	潘媛（非遗传承人）	初二
	手工布艺	辛颖	初二
	陶艺	陈佳欣	初一、初二
	曹氏风筝技艺	缪伯刚（非遗传承人）	初一、初二
	古诗词鉴赏与吟诵	肖莹	初一、初二
	戏剧选修课	游文梅、农苗苗	高一、高二
	彩灯工艺	张双志（非遗传承人）	高一、高二
	茶文化与茶艺	姬利平、李茜	高一、高二
	舞蹈	孙昊洋、李蓓	高一、高二
	影视创作基础	李萌、刘明非	高一、高二
	走进圆明园，走进历史深处	马晓琳	高一、高二
	赏玩与中国传统文化	吴振军、许长喜	高一、高二

美育课程特色体现在三个方面。

第一，校本化实施国家美育课程，深入挖掘美育内涵。以初中美术课为例。在初一美术教学中，以前按教材编排的教学内容是蜻蜓点水，每项美术技法都学一点，到初二再来一次，教师和学生都得匆匆转换思维模式，每项技法都没有充足的时间去体验，甚至上课教室和教学工具都不好安排。北京一零一中重新整合后的初一教学内容只有中国画和书法，这样教师和学生就可以专注于做一件事，顺应了学生的学习认知规律，学习效果自然会更好。

传统书法教学是从点画写法开始训练，然后学写偏旁部首，再到独体字、合体字结构分析和书写练习。这样的教学，初中学生训练起来枯燥无味。经过调整，教师尝试以成语内容为依托，引进古代文字学的内容进行教学。比如，学习“天道酬勤”这一课，教师先问学生是否知道这个成语的意思，然后讲“勤”字是怎么来的，古代汉字的本义是什么。在此基础上学习楷书基本点划的书写技法、结构规则。这样的教学方式，从汉字欣赏入手，让学生先明白为什么学习书法以及书法的当代价值和意义，然后再进行笔法训练，学生会感觉有趣得多，一节书法课的收获也更多。

不只是初一美术，依据中学美育核心素养培养目标及美育师资状况，北京一零一中艺术教研组对初高中美术和音乐课程的内容都进行了深度整合，每位教师发挥专长，充分挖掘每项教学内容的内涵，使其更加符合学生的认知规律，让学生收获更多。

第二，发展艺术社团与活动课程，让学生引领学校艺术潮流。在北京一零一中近百个学生社团中，文艺社团共有 28 个。作为群众性的业余学生文艺组织，种类丰富、特色突出的文艺社团是学生们展示自我、发展自我的大舞台，也是最宝贵的课程资源。学生的自愿、自觉参与源于他们对艺术、对传统文化的喜爱，而社团活动又让他们更加深入了解、更加喜爱文化艺术，并积极投身到艺术实践中去，自身的人文艺术素养自然也能快速提升。学生文艺社团的骨干分子基本上就是学校艺术潮流的引领者。

在所有的艺术社团中，金帆交响乐团处于金字塔尖的地位（见图 2 –7）。该乐团成立于 1988 年 8 月，由中央音乐学院指挥系教授、著名音乐教育家黄飞立亲自筹建并担任艺术总监及指挥，是当时继中国交响乐团、北京交响乐团之后的北京市第三所形成完整建制的交响乐团，也是当时唯一的中学生交响乐团。乐团自成立之初就聘请了中央音乐学院、中国交响乐团等单位的众多专家来校教授音乐课程，辅导乐团排练，始终使学校的乐团保持在一个准专业级的水平。目前，乐团已排练200余首中外名曲，先后参加过国家各类重大社会活动、音乐会及国内外比赛百余场，在国内外享有盛誉。乐团已经为国家一类高校输送了500多名优秀毕业生，不少乐团成员还成长为专业的音乐工作者。国家大剧院管弦乐团2010年创立，面向全球招聘音乐演奏家，学校乐团毕业生陈述、王语兵、张淼成功入选，现已担任相关项目首席、副首席。

图2-7　金帆交响乐团2013年10月1日在悉尼歌剧院演出

金帆交响乐团在促进学校音乐普及教育、提升广大学生的艺术素养方面发挥了积极的作用。乐团成员是学校音乐节、艺术节的主力，更是班级艺术活动的积极分子，他们把音乐之美传递给身边所有的同伴。每年的新年音乐会，乐团都会为新入校初一、高一的学生献上精彩的演出。乐团老师现场普及交响乐基础知识，也让学生受益匪浅。

第三，推进学科美育渗透，营造学校大美育环境。学校一直非常重视综合性学科美育，不管是数理化地生等自然科学，还是语文、政治、历史等人文科学，都能深入挖掘美育内容。例如，语文课上的戏曲欣赏、话剧创作与表演，数学课上的珠算技法、艺术立体几何，物理课上的风筝动力平衡技巧，化学课上的炫酷化学魔术，地理课上的中国传统节日、天气谚语解密，体育课上的京韵广播操、中国风健美操，通用技术课上的中国风纸灯笼、古建筑微缩模型制作，等等。早在20世纪90年代，学校即出版学校美育系列丛书，体现出大课程教育的美育观。

此外，由于交通与信息技术的发展，以及研学旅行和综合实践活动的推广，现在的美育教学已向校外课堂延伸，由单一学科或多学科联合开展的人文类探究性学习，如颐和园中的江南园林风格探寻、北京周边古城遗址与古文化探究、景德镇陶瓷工艺探究与实践体验、西安唐代西域服饰纹样研究等，很容易让学生深刻体会传统文化艺术之美。大美育是行走天下的游学教育。

当然，教育的好坏与成败，最终都要通过学生的发展变化来检验。好的教育能深入学生心灵，改变他们的精神气质，影响他们的思维与行为方式，为他们一生的幸福奠基。在 2017 京津冀非遗进校园交流会上，高二（10）班学生李晨曦参加了古琴表演，赢得满堂喝彩。她说："我是在高一选修课上零基础开始学习古琴的，我只用了半年的时间，现在不仅能够独立演奏完整的曲目，而且彻彻底底爱上了古琴，并通过古琴了解了古人的生活、审美，走进了中国传统文化的精神世界。"

这些年来，学生们通过丰富多彩的美育课程及学科美育渗透，深刻领会到美无处不在，感觉到生活充满阳光与美好，自身的审美情趣和艺术修养也得以不断提升，越来越多的学生积极加入到欣赏艺术、参与艺术、弘扬艺术的行列中去，可见学校美育对他们的影响有多大。

（7）体育课程

在北京一零一中的历史发展过程中，体育一直处于非常重要的地位。"为革命艰苦锻炼，争取为祖国健康工作五十年"是学校传承了 70 多年的优良传统。无论是建校初期的革命年代，还是物质匮乏的困难时期，北京一零一中的师生始终坚持锻炼身体，这不仅磨炼了他们坚忍的意志，也为他们以后的工作、生活打下了良好的基础。

由于早期的学生多为党政军干部子弟和烈士遗孤，学校实行寄宿制。除开展正常的教育教学外，早操、课外活动和体育竞赛成了学校特色。初迁新校址的那段时间，条件艰苦，师生们却热情高涨，立志要干出一番事业。在圆明园的废墟上，大家亲手搬走小土山，修建运动场，在废船坞里挖掘游泳池，开展的第一次班级接力比赛点燃了学生们"为祖国而锻炼"的持续不息的热情。

建校初期即已形成的优良传统一直传承到现在。经过 70 多年的探索与沉淀，今天的北京一零一中，"把体育工作摆在应有的重要位置"是全校上下的共识和协同配合的前提；以体育课程提升学生的身体素质，促进德智体美劳全面发展，成为学校重要的办学特色。从 20 世纪 90 年代起，学校就克服重重困难和舆论压力，安排每周 4 节体育课，并坚持至今。即便是紧张的高三学生，参加完 5 月份的体育会考后，体育课仍会雷打不动地持续到高考前夕。

对于北京一零一中的学生来说，体育活动课程的选择是多种多样的。除体育必修课外，他们可根据兴趣参加各种选修课和社团活动。每年春秋两季，学校都会组织召开全校运动会。平日里，不同体育项目的班级竞赛、年级联赛也在持续进行。中午的操场分外热闹，一拨又一拨学生在这里举行各种自发的比赛。下午的每天锻炼一小时也早已成为学生们的自觉。大家知道，这都是在为未来发展和终生幸福奠基。

从“为革命艰苦锻炼，争取为祖国健康工作五十年”到“把体育工作摆在应有的重要位置”，再到“自觉锻炼，为未来发展和终生幸福奠基”，体育运动思想在变化，不变的是学校、教师和学生对体育锻炼的高度重视。

体育课程离不开良好的软硬件资源。北京一零一中自然环境优美，校园面积广阔，拥有中国田径协会认证的一类田径比赛场地、两块足球场、8 块标准篮球场、4 块室外排球场、4 块网球场，还有体操馆、排球馆、小球馆、仿真冰场等，为各项体育课程的开展提供了充足的场地资源。教师是课程开发与实施的主导，学校拥有一支卓越的体育教师团队。体育组连续三任组长王寿生、梁学诚、丁玉山都是特级教师，卜士敏、王伯英、郭明泰、宁重君等也都是在北京乃至全国中学体育领域有影响的教师，可以说是名师辈出。我们还有多位从北京体育大学、北京师范大学等高校毕业的专长突出的中青年教师，形成了薪火相传的教师团队。

学校开发开设了 24 门体育课程，形成了体育选修课与活动课体系（见图 2 – 8），既有跑跳、体能训练这样的基础型课程，有围棋、桥牌、国际象棋这样的益智型课程，有排球、冰球、健美操这样的专业型课程，也有太极拳、花样跳绳、定向越野这样的技巧型课程，每个学生都能从中找到自己喜爱的运动。

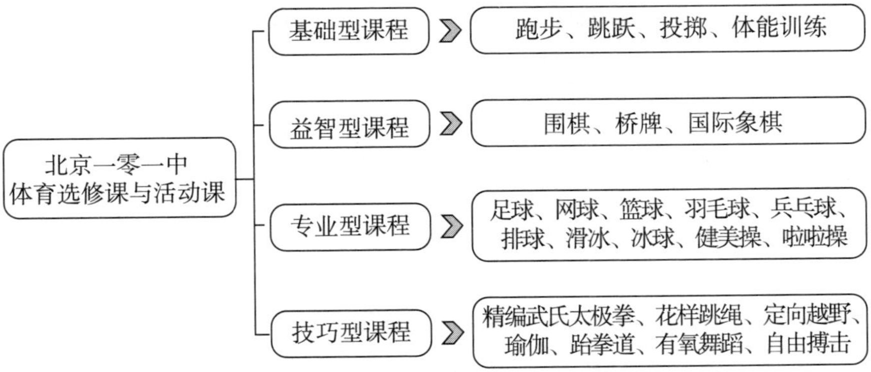

图 2－8　北京一零一中体育选修课与活动课体系

体育课程特色体现在四个方面。

第一，跑步课程与“跑文化”。跑步是人类最古老的运动之一，也是人们最常采用的一种锻炼方式。北京一零一中建校之初，从张家口到北平，经历过多次大规模、远距离的行军转移。在这样的“马背教学”阶段，跑步成为全体师生的必修课。这段经历也让大家形成了一个根深蒂固的共识：身体是革命的本钱，体育是教育的根基。

搬迁到圆明园校区后，因为校园特别大，学生做很多事情都要靠跑，比如吃饭、找老师、到操场做操等。因而，学校的跑步课程越来越丰富：体育课上有大量的跑步练习；运动会上跑步是得分大项；各年级组都有跑步接力比赛；学校每年冬季有长跑节，从学校跑到圆明园的福海。对于田径特长生，还有专门的跑步专业训练课。圆明园西区开放以后，那里地势平坦，有山有水，学校就成立了定向越野社团，学生自己组织各年级几十个人到那里活动，既锻炼了身体，又顺带了解了圆明园的历史文化。

其实，300 亩地的大园子，到处都是学生运动的身影，这是在学校每天都能看到的情形。学校 1960 届毕业生、中国科学院原政策研究室的顾淑林这样回忆：“踏进一零一之后，我有一个奇怪的感觉，这里的操场和初中不一样，它催人把全身的力量爆发出来，我在这里比初中跑得快，跳得远，力气大多了。在一零一中学的操场上，我轻而易举地达到国家二级运动员标准，证书和证章一直保留到今天。……是母校给了我们强健的体魄，健康的心灵和劳动的能力。”①

学校 2009 届毕业生刘琳媛，到清华大学后学习成绩依然非常突出，还获得了第三届丘成桐数学奖。她认为，在北京一零一中生活的这 6 年，自己爱上了跑步，爱上了运动。这些好习惯一直保持到了大学，不仅锻炼了身体，对大学课程的学习也有积极作用。她相信，体育运动会一直伴随她一生。

这就是跑步课程的力量，这就是“跑文化”的魅力，更是北京一零一中坚持运动、永远积极向前和百尺竿头更进一步的精神风貌的体现。

第二，格外抢手的体质提高课程。随着人们物质生活水平的提高，因为饮食结构不合理、缺乏运动锻炼，造成青少年肥胖率上升。这既对孩子的身心健康不利，也让人担忧国家的未来。怎么办？学校可发挥很大的作用。

虽然北京一零一中初高中的体育会考成绩在海淀区一直名列前茅，但本着为了每一个学生健康的理念，体育教研组王亚林老师尝试开设体质提高班，以提高学生的身体形态发育水平、身体素质和运动能力、心理状态和适应能力。体质提高课程将跑、跳、投基础运动与健身房力量训练相结合，同时辅以心理指导，课程实施效果非常好。王老师还与学生们约定，学期末减重 5 公斤，总评成绩就能得“优”。为了拿到这个“优”，“小胖子”们课上勤奋、课下“加餐”，丝毫不敢松懈。结果是很多学生达到了目标。这个过程，学生坚持了，成功了，体重下来后参加 1000 米长跑，成绩真的上去了，自信心也就出来了，这就是体质提高班所带来的良性循环。

如今，体质提高班在学生中间口耳相传，选课时名额瞬间被抢光。每次开课，王亚林老师都会和学生们强调“成绩第二、体质第一”。有趣的是，今天的体质提高班，真正的“小胖子”只占三成，很多体质好的学生也慕名而来，他们反而成了体质提高班的主力军，这真是意料之外的事情。爱好体能训练的学生太多，周祎、刘利等老师也纷纷加入到开设体能训练课的行列中来。

学校的体育从来是面向全体学生，目标就是让学生都爱上运动，把体

① 顾淑林．奉献给母校的心声［M］//王毓龙．圆明春雨育英才：北京一零一中学校史．北京：航空工业出版社，1995：248.

育作为自我教育的手段，把体育锻炼作为一生的习惯。有这么一组数字，20 世纪 60 年代初的北京市中学生体质体能普测，一零一中男生身高超出北京市平均值 2 ~4 厘米，女生超出 2 厘米；男女生体重超过北京市平均值 2 公斤。半个世纪后的今天，在北京市体育与健康抽测中，一零一初中学生代表海淀区参加测试，成绩名列 16 区县第一名。有体质提高班这样的特色课程，这些似乎也都是必然。

第三，引领时代的冰雪运动课程。冰雪运动是一项娱乐性、观赏性和参与性很强的体育运动。随着 2022 北京冬奥会的申办成功，冰雪运动在我国开始蓬勃发展。北京市教委也积极推动中小学冰雪运动的普及，以响应并践行国家关于 3 亿人上冰雪的号召，提高广大学生对冰雪运动的参与热情。

北京一零一中有着冰雪运动的传统。早在 20 世纪 50 年代，老校友们和教师们就在学校湖面上凿冰做泳道，开展冬泳、冰球、滑冰等冬季活动。2010 年，学校成立了北京市第一支学生冰球社团。2017 年，学校被评为北京市首批冰雪运动特色学校。作为奥林匹克运动的积极推动者和参与者，学校抓住这次冰雪运动大发展的契机，积极开发冰雪运动课程，营造冰雪校园，助力冬奥运动。

学校有 5 个人工湖，湖面整洁，易于搭建室外冰场，以开展花样滑冰和速滑比赛等。学校还拥有 210 平方米仿真冰教室一间，400 平方米体能（陆地）训练室一个，为开展全体系的冰雪运动提供了良好的条件。

北京一零一中冰雪课程由四部分组成：①滑冰、滑雪课。通过体育课、选修课、活动课等进行冬奥知识的普及，指导冰雪运动实践，让每位学生都能掌握一门冰雪运动技巧。②冰雪社团活动。学校组建了滑雪社团、滑冰社团，这是学生参与冰雪运动的重要途径之一。社团活动丰富多彩，在冬奥项目滑雪比赛中也获得了好成绩。③冰雪嘉年华。每年冬季下雪结冰时，充分利用校园优势开展冰雪嘉年华，组织学生走到室外感受冰雪带来的快乐。嘉年华活动以滑冰、冰球、冰壶等冬奥项目为主，全体学生参与其中，让冬季的校园动起来、热起来。④冰球运动队。在冰雪运动普及教育的基础上，学校积极为有冰雪运动天赋的学生搭建提高的平台，成立了冰球队。这是北京市第一支由学校牵头组织的冰球校队。冰球队配备了专职外籍教练两名，美国注册体能训练师 1 名，以及经验丰富的管理团队，以最专业的训练内容、国际先进的管理方式为队员们提供专业的训练。球队自建队以来成长很快，在各项冰球赛事中也都取得了优异成绩，先后获得海淀区冰球联赛、北京市冰球联赛、全国冰球邀请赛的冠军，多名队员入选北京市冰球队。

作为北京市首批冰雪运动特色学校，学校以实际行动响应《北京2022年冬奥会和冬残奥会中小学生奥林匹克教育计划》，弘扬奥林匹克精神，提高广大学生对冰雪运动的参与热情和运动技巧，提升学生综合素质，促进其全面发展。

第四，成效突出的教体结合模式。对于专业运动员，一般是很早就进入体校训练，这对他们的身体素质和运动技能来说，当然是很有好处的。但这也会影响他们的文化课学习，会使他们错过学习文化知识的黄金年龄。北京一零一中独辟蹊径，走出了一条教体结合的路子，培养出了像“女排学霸”、奥运冠军刘晓彤这样运动技能突出、文化课成绩也很好的体育特长生。

2002年，刘晓彤还是一个12岁的小姑娘，她先到北京什刹海体校排球班报名试训，可是没有考上。正好北京一零一中成立女子排球队，刘晓彤以体育特长生的身份被录取，从此开始了在这里的初高中学习生活。当时执教学校女排的是我国女排功勋教练韩云波，已经70多岁的他，被学生们尊称为“韩爷爷”。

北京一零一中的教体结合模式，强调教育教学与体育锻炼的有机结合。体育特长生首先是一名普通学生，要保证每天正常的上课学习，作业和考试标准都不能低，课余时间和节假日才用来训练。因此，他们的学习要专注和高效，体育训练更要科学、专业和高效，这必须由高水平、责任心强的教练员来做指导。为了能在每天两小时的训练时间内给刘晓彤等队员充分的指导，韩云波教练分秒必争，避免冗余环节，突出专项训练，并将体能训练专项化，大大提升了效率。每次训练，他都要亲自给队员们精准喂球数百次，训练结束后，还亲手批改队员们的训练笔记，并进班听课，督促她们的文化课学习。

在韩云波的指导下，北京一零一中女排连续多年多次获得北京市比赛的冠军。没有在专业体校和体工队训练过一天的刘晓彤，成长迅速，从一名普通中学生最终成长为国家队队员，并站上了奥运冠军的领奖台。“韩指导的专业、认真、负责深深感动着我们，让我们比赛时更加专注，更加充满信心。还有教过我的老师们、教练们，他们用自己的学识和胸怀包容并撑起了一个女孩追逐梦想的天空。”刘晓彤说。

最让刘晓彤受益的，就是母校教体结合的先进培养方式。“作为一名体育特长生，我深知，磨练球技固然重要，但没有文化知识、没有更高的综合能力，我的专业发展就会受到限制，就不能向更高的目标前进。是母校给了我全面发展的平台，让我能够兼顾学业与打球，更发展了自己的兴趣爱好，从而更好地施展自己的特长。在一零一我们不光在练球，也在充实头脑，更在坚强心灵。”① 2018 年 8 月，刘晓彤被清华大学研究生院录取，成为名副其实的女排第一学霸。可以说，是北京一零一中“教体结合”模式给她奠定了坚实的基础（见图 2－9）。

图 2－9　刘晓彤代表女排国家队获得 2016 年里约奥运会冠军，学校师生喜迎奥运冠军回国

当然，不只是排球，学校的田径、健美操等竞技体育项目也很突出。有这样一组数据：自 2006 年至今，学校田径队、健美操队、啦啦操队在一系列国际、全国及北京市中学生体育竞赛中都取得了突出成绩。其中在田径赛事中，学校学生获得世界冠军 11 人次、洲际冠军 9 人次、全国冠军 23 人次。在健美操、啦啦操比赛中获得世界冠军 4 项，全国冠军 100 多项。

在教体结合的探索中，我们的认识也不断升华：教育应当在教体结合

---

① 夏焕春．北京一零一中刘晓彤 里约放飞报国梦［EB/OL］．（2016－08－21）．http：//www. beijing101. com/school/viewSchoolNews. do? schoolId =587bb213 －aab9 －415d －b129 －b629de3718e8&articleId =4a9657f8 －4719 －11e9 －bc0f －1d5b70225856.

中占据主体地位，教体结合的终极目的是育人，它关注包括运动员学生在内的所有学生。我们始终认为，青少年的健康成长，首先是体质健康，失去了这个，其他都归零。多少年来，北京一零一中初中、高中毕业年级体育会考及格率均达98%以上，在同类学校中一直处于领先位置，这是学校教体结合最令人欣慰的成果。

（二）文化育人：优化现实和虚拟空间，学校文化深度融合

学校不仅是传承知识的场所，更是培养学生精神成长的地方。所以，学校的一切存在（物质的和精神的）都应当有利于影响学生心灵，促进学生生命成长。学校文化是一所学校多数人体现的独特的做事方式和处事态度，是生活和学习中的方向追求和审美的一致性，它包括精神和物质两个层面，其核心是学校共同的价值观、价值判断和价值取向。学校文化产生于学校发展全过程，得到全体成员的认同维护并随着学校的发展日益强化，成为学校重要的教育资源和催生教师专业成长及学生生命发展的深厚土壤，是学校的性格基因和发展密码。

需要指出的是，一所学校的文化不是诞生在校长的话语中，而是形成于传统与现实的发展中。所以，学校要从价值认同入手，在细节上一点一滴地积累与经营。只有深入把握学校历史，准确理解时代精神，将积累与追求统一起来才能打造现代学校文化，构筑现代学校精神。此外，学校文化建设、文化积淀也要从宏大走向细节，从理论走向实践，从抽象走向具体，从概念走向行动。

多年来，北京一零一中始终强调文化育人。学校特别关注学生校园生活的心理感受，努力让他们的精神世界在学校不断丰富，并获得最美好、最温暖的记忆。北京一零一中因此也形成了独特的文化，包含主体文化（为国事担当、勇于作为），学生文化（健康活泼、乐观向上、包容大气、正派坦荡、胸怀天下），教师文化（责任自律、大爱无痕、创新进取、严谨求实）和务实文化（在常态中做好每一天）等（见图2-10）。

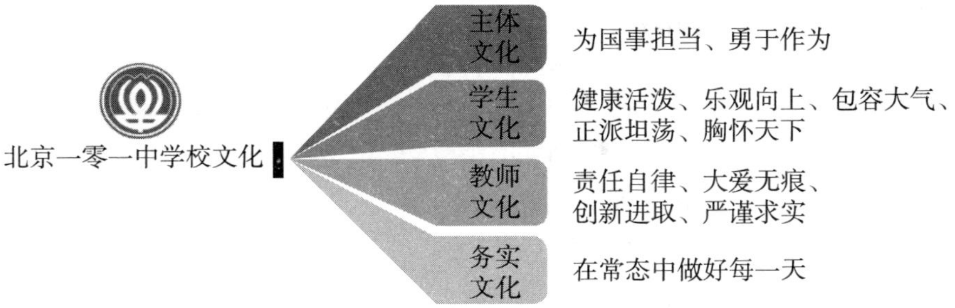

图 2－10　北京一零一中学校文化建设要点

1. 打造美丽环境，陶冶学生心灵

北京一零一中自然环境优美，文化氛围浓厚，生活在其中的年轻人每天都受到它的熏陶与浸染。学校校内水域面积近一万平方米，湖中有黑天鹅、野鸭、雁鹅、鸳鸯等多种动物。此外，不同品种的野猫更是校园常客，堪称学生“挚友”。学校以湖水、荷花、杨柳和各类动物为载体，以科学保护校园生态为主旨，不断建设和丰富学校“景观课程”，使其成为影响学生精神世界的生动而鲜活的文化符号，以此渗透生命与生态教育。

挖掘校园景观文化内涵，学校主要从以下几方面入手。一是常年组织学生进行“水节约”“水资源保护”主题研究和“水公益”志愿服务。二是结合荷花“出淤泥而不染”的高洁品性，持续举办“荷之颂”诗歌创作，“荷之韵”名曲欣赏，“荷之姿”绘画暨摄影大赛，“荷之咏”和“杨柳赞”演讲比赛等系列活动。三是科学追踪黑天鹅、野鸭、鸳鸯等动物的生活习性，在此基础上研究制定饲养及保护它们健康生活、生长的方案。通过这些活动，学生逐渐形成水资源保护和动物保护的生态意识。2011 届学生王南翌等人的研究课题“圆明园防渗膜对水生态的影响”曾获 2010 年全国青少年科技创新大赛“优秀科技实践活动”一等奖。针对校园内种类繁多的动物，学生会成立了“喵喵汪汪”社团，科学理性地保护校园内各类动物。

学校引导学生从关注校园景观文化延伸到关爱他人、关爱社会。学生从惜水爱水、观荷赏荷、保护树木、爱护校园小动物，到积极倡导生态文明理念，制定保护公约，发出相关倡议，这些都是校园景观文化对他们精神世界潜移默化的力量。这种精神力量也使得为灾区震区和身患绝症的同学奔走募捐、去“太阳村”关爱服刑人员子女、去松堂医院探望临终老人、去环卫站和交警队慰问劳动者、到打工子弟学校支教等等，成为学校一届又一届学生的自觉行为。

2012 年 6 月，在得知自己的初中同学“小胖”身患重病需大额治疗费用时，2014 届学生吴迪、王延清、李长旭、田婉莹等在学校的协调统筹下，联合北京市 16 所学校，共同募集善款，最终筹款 40 多万元，帮助“小胖”度过了生命中最难的时光。他们在总结文章《为了生命》中写道：“北京一零一中文化内涵核心之一是博爱。人的社会价值体现定然指向的是他人与社会。一部大片、一顿饕餮，带给我们的是短暂的欢悦，而一次善举、一份爱心，却能让我们久久沉浸在对生命的敬畏和挚爱之中。”

2. 建设书香校园，提升学生人文素养

学生阅读从来都是校园的绚丽风景。北京一零一中始终致力于建设书香校园，努力提升学生人文素养。

当下，中学生阅读碎片化、网络化，缺少深度阅读以及远离名著经典的现象十分普遍，这会影响学生的精神文化品位。为此，每学期，学校都要请一两位具有广泛社会影响力的著名作者或其他领域领军人物来校为师生做专题报告，大师领航，让学生零距离感受大师的阅读风范。诺贝尔文学奖获得者莫言，著名作家王蒙、梁晓声、余华、毕淑敏、曹文轩、周国平等，李肇星、杨利伟、景海鹏、朱永新、陈嘉映、邱勇，诺贝尔经济学奖获得者、英国著名经济学家詹姆斯·莫里斯，还有布莱恩·施密特、杜博塞等国际国内知名人士等都来过学校。根据学校建议，他们的演讲无一例外地都讲到个人读书的经历、感受和收获。此外，学校还让学生走出校门，领略大师风范。学生聆听诺贝尔文学奖获得者大江健三郎（日本）、帕慕克（土耳其）等人的演讲，大大地开阔了自己的文化眼界。这些活动在历届学生中间产生了持续性的积极反响。

此外，学校格外注重经典阅读，让学生生命与文化经典同行，各教研组在这方面做出了突出贡献。比如语文组，精心拟定经典名著篇目，再由学生选择阅读。如果寒假读古今中外经典名著，暑假则读中国当代著名作家代表作品，或哲学、美学类著作等。阅读后学生需要完成两项作业，一是对原著进行从头至尾的点评，二是在点评结束后，写出不少于 2000 字的读书笔记。政治组则根据不同学段教学内容，设计不同阅读计划。如高二讲哲学模块，就推荐学生阅读相对浅显的《哲学的邀请》等，学术性较强的《中国哲学史》《西方哲学史》等。阅读效果呈现方式有“课前五分钟演讲”“阅读笔记互相传阅”等多种形式。历史组老师在初一年级就结合中国古代史教学引领学生阅读《贞观政要》，高中老师开展的“三读”活动别具特色：一读书，二读物（参观博物馆读文物），三读人（学生寒暑假在走亲访友后写家族史，写反映历史变迁的家族故事）。生物组老师重在培养学生阅读习惯和兴趣，初中生阅读《动物记》《蚂蚁帝国》等，高中生则读《诺贝尔奖百年鉴》《植物的欲望》等。

3. 以杰出校友为榜样，引领学生精神成长

北京一零一中 75 年的历史，培养了近四万名毕业生。其中，将军就有 38 位，还有两院院士、著名教授、艺术家等，也有很多人都成为各行各业的领军人物。如此群体性人才辈出，深刻说明一个道理：中学阶段打基础的深度决定未来发展的高度。

这些校友们始终关心学校的发展和需求，他们发挥自己的专长来学校为学生开展主题教育。如有一些院士、科学家校友来校为学生做国家安全、信息技术、航天工程等专题讲座；年轻的校友们担任兼职班级辅导员，为学弟学妹的学业生活答疑解惑；还有一些校友挖掘社会资源为学生提供实践基地，方便学生开展研究性学习和社会实践等。

学校的钱学森理科实验班也是在校友的支持和关怀下成立的。在钱学森精神的感召下，每一届的钱学森理科实验班都能在学校起到模范引领作用。他们坚持到圆明园做志愿讲解，坚持到打工子弟学校支教，给贫困山区捐书，在歌咏比赛、军训、运动会等各项活动中都勇于争先，以身示范。

（三）活动育人：群体实践，提升活力

活动教育和实践教育是两类形式和内涵不同的教育方式。前者侧重于利用校本资源，学生的感觉是精神的回归和灵魂的驻足；后者侧重于社会资源，学生收获的是精神的放飞和眼界的开阔。评判二者质量的标准就是要让学生入心然后践行。长期的实践告诉我们，两类活动同时作用于学生精神生命成长，共同生根于他们的灵魂，能够促进学生精神之树愈发苍翠。北京一零一中向来重视活动教育和实践教育，利用校庆、新生寻根教育等一系列校本化活动，帮助学生了解学校红色传统，为其注入学校发展的基因密码。

1. 以班级为组织，开展节日、纪念日教育活动

北京一零一中以班级为组织，常年开展节日、纪念日教育活动（见表2－8）。此类活动意义突出。一方面，它是很生动的传统文化教育，如对学生进行“二十四节气”的教育等。另一方面，活动能够促进多元文化理解与认同，如对学生进行“世界卫生日”教育等。

表2－8　北京一零一中2016—2017学年度第二学期节日纪念日承办安排

序号	日期	节日纪念日	承办班级	备注
1	3月5日	惊蛰	初一（1）班	
2	3月8日	妇女节	初一（2）班	
3	3月12日	植树节	初一（3）班	
4	3月15日	消费者权益日	初一（4）班	
5	3月20日	春分（校庆日）国际幸福日	初一（5）班	
6	3月21日	世界睡眠日	初一（6）班	
7	3月22日	世界水日	初一（7）班	
8	4月2日	国际儿童图书日	初一（8）班	
9	4月7日	世界卫生日	初一（9）班	
10	4月16日	复活节	初一（10）班	
11	4月20日	谷雨	初一（11）班	
12	4月22日	世界地球日	初一（12）班	
13	4月23日	世界读书日	高一（1）班	
14	4月26日	国际知识产权日	高一（2）班	
15	4月29日	寒食节	高一（3）班	
16	5月5日	立夏	高一（4）班	
17	5月8日	世界红十字日	高一（5）班	
18	5月14日	母亲节	高一（6）班	
19	5月15日	国际家庭日	高一（7）班	
20	5月18日	国际博物馆日	高一（8）班	

续表

序号	日期	节日纪念日	承办班级	备注
21	5月21日	全国助残日	高一（9）班	
22	5月30日	端午节	高一（10）班	
23	5月31日	世界无烟日	高一（11）班	
24	6月1日	儿童节	高一（12）班	
25	6月5日	世界环境日	高一（13）班	
26	6月6日	全国爱眼日	高一（14）班	
27	6月8日	世界海洋日	高一（15）班	
28	6月18日	父亲节	高一（16）班	

2. 重视法治教育，增强法治观念

加强青少年法治教育，使广大青少年学生从小树立法治观念，养成自觉守法、遇事找法、解决问题靠法的思维习惯和行为方式，是全面依法治国、加快建设社会主义法治国家的基础工程，也是培养社会主义合格公民的客观要求。学校一直高度重视法治教育，通过开展模拟法庭、法官进课堂、参观校园监控室等活动，推进法治教育，提升学生法治意识。

学校依托海淀区人民检察院、北京市第一中级人民法院，利用每年12月4日“国家宪法日”的契机，组织“维护宪法权威，弘扬法治精神——海淀检察官普法进校园”和“维护宪法权威，弘扬法治精神——人民法官普法进校园”等活动，提升学生的法治观念。

2019届学生边筱疆在参加检察官普法进校园活动后写道：“网络既让我们的生活变得丰富多彩，也打破了传统人际交往的时空限制。但是，网络信息良莠不齐。沉迷于网络，会影响我们的学习和正常生活。时间碎片化，影响人们的思考深度，也会因为虚拟交往而疏离现实的人际关系。我们要学会辨析网络信息，自觉抵制不良信息，保护好个人隐私，这样我们就不会在网络上违法犯罪。”

3. 打造传统德育品牌，滋养学生生命成长

学校要尽可能创造一切条件，利用一切可能的社会资源，丰富学生的社会活动空间，保证学生的社会活动时间。就德育效果和价值而言，一次高质量的社会活动，要胜过若干次德育课堂灌输。

正是基于上述认识，学校对所有社会活动都非常重视，并经过长期实践，形成了北京一零一中传统德育品牌。学校传统德育品牌历史悠久、持之以恒、教育效果好，具体活动包括初一建队、初二建团、初三青年礼、高三成人仪式、升旗仪式、国旗下讲话等。所有活动开展之前，学校有关部门都会拟定明确的主题，制定活动策划或具体的活动手册等。

比如，初一建队、初二建团和高三成人仪式等活动特色鲜明：一是学生全员参与；二是活动时间节点关涉生命成长的关键期（入队、入团、成人），可以成为学生的终生记忆；三是活动独特的仪式感和内容的丰富性能够浸润学生的生命成长。

以初一建队活动为例，它是北京一零一中传统德育品牌之一，在跨学段教育中具有特殊意义。学生参加初中建队，不同于小学阶段的建队。这是结束小学升入中学、告别少年走向青年的象征，是“我成了中学生”的成长性标志。

北京一零一中 2017 年初一年级建队活动

2017 年 9 月 23 日清晨，初一年级全体学生来到天安门广场观看升旗。其中 12 名学生来到天安门广场中央的人民英雄纪念碑下，承担“少年先锋岗”的任务。

列队走近，心中的民族自豪感油然而生，学生们一个个昂首挺胸，整齐地踏步走上前去，戴上白手套，捧着一束花，小队长高举着少先队队旗。仰视、凝望那镌刻着毛主席题写的“人民英雄永垂不朽”八个鎏金大字，庄严肃穆。

立正站好，挺胸抬头，面朝着天安门城楼与那面由烈士们鲜血染成的五星红旗，映着蓝天白云，秋风拂在面庞，学生们心中感慨万千……两班岗交接、敬礼，一切都进行得非常完美，胸前的红领巾与身旁的队旗仿佛更加鲜红夺目。满怀着对人民英雄的缅怀与敬意，学生们的站岗时间结束了，大家列队离开了人民英雄纪念碑。

第二项活动参观国家博物馆同样是全年级参与。学生们领略了中华民族悠久的文化历史，欣赏着出土文物，满满的年代感！在这里，大家不仅欣赏了一件件珍品，还了解了每一件文物的寓意与形态特征，更学到了不少历史知识。我国真是历史悠久、当之无愧的文明古国啊！

走出博物馆，由天安门广场走上天安门城楼。从天安门城楼上看到整个广场的全貌，对面的人民英雄纪念碑、毛主席纪念堂，两侧的人民大会堂和国家博物馆。广场上，人们都举着一面面红旗，仿佛置身于红色的海洋。一览这雄伟壮观的一幕，那一刻，再一次感到无比自豪。因为，我们是中国人，我们是中国少先队队员！

4. 以美育人，直抵学生精神彼岸

美育在陶冶学生精神、培育学生审美情趣方面的价值无可替代，还可以引领学生树立正确的审美观，激发想象力和创新意识。北京一零一中具有悠久的美育传统，人民音乐家施光南就毕业于这里，他为学校留下了十分珍贵而丰富的艺术教育遗产。长期以来，学校精心建设了一批具有北京一零一中特色的艺术教育品牌，力求让艺术教育融入学生生活，滋润他们的生命成长。

每年三四月份，学校举办微电影节和“齐白石杯”书画大赛。五月，举办历时一个月，内容丰富、形式多样的施光南艺术节。十月，举办“经典国学”硬笔书法大赛。十二月初，举办以爱国主义教育为主题的“一二·九”合唱比赛。十二月底，举办由金帆交响乐团以古典音乐为主的“新年音乐会”，当年的高一和初一新生全部参加。学生会则会组织由全校学生参与的“一零一好声音”歌曲大赛。

上述艺术教育品牌，如今已和常规艺术教育一起，整合为学校艺术教育课程。单就这些艺术品牌而言，其特色有二。一是历史悠久，形成经典，走向高品位。如施光南艺术节、“一二·九”合唱比赛等已经创立近30年，经过几代人的实践与总结、反思与创新，无论是表现形式、艺术内涵还是审美与教育效果，和以往相比，已经不可同日而语。二是具有非常广泛的参与度。就基础性艺术教育而言，学生参与度的高低是衡量艺术教育成功与否的重要尺度。上述所有艺术品牌，学校基本上都保证了参与的全员性。因此，这些艺术品牌也成为学校一代又一代毕业生的经典记忆。

2014届学生张弛在“一二·九”合唱比赛结束后有感而发：“在这次歌咏比赛中，同学们把对祖国的热爱、对远大理想的追求和对青春活力的诠释都融进了美妙的歌声中。大家一起和着歌声的旋律，怀念美好的过往，憧憬希望的未来，也对前面的路更有信心和热情。”

5. 加强体育教育，促进学生健康发展

从某种意义上说，体育是中小学最重要的课程。体育价值深藏于塑造学生精神的点滴之中。运动中学到的一切，如服从规则、团队合作、勇敢坚定、愈挫愈勇等，都可以作用于人一生的生活、工作等。

北京一零一中的体育是学校 75 年来历久不衰的品牌，也给一批批学生留下了宝贵的精神财富和健康资本。

青少年身体健康、体魄强健、意志坚强、充满活力是一个民族生命力旺盛的体现，是社会文明进步的标志，是国家综合实力的重要方面。它也关涉一个人、一个家庭的安康幸福。所以，在北京一零一中，体育从来都不是“小学科”，体育教师也从来都不会被“边缘”。学校高度重视学生的健康成长，把加强学生体育锻炼作为贯彻党的教育方针、实施素质教育和提高教育质量的重要举措。

多年来，学校竞技体育精彩绽放，培育了一批各级各类冠军，包括世界冠军。普惠体育始终常抓不懈，并关注每一个学生。目前，学校初中每周 4 节体育课，高中每周 3 节体育课，初三和高三的体育课一直开到中高考前夕，每学年还有两届运动会。各级各类校内外体育赛事，各年级、各班级自主性体育活动丰富多彩，人人体育、天天体育、处处体育成为北京一零一中体育的一个重要特色。

我们应当认识到，未成年人自然生命成长的未来质量是隐性的，很难断定今天的孩子未来 40 年、50 年怎么样，所以我们要为学生未来健康奠基，防患于未然。未成年人精神生命成长的今天质量是显性的，所以我们要为现实把关，把今天做好。培育未成年人双重生命健康成长、茁壮成长是学校教育的责任。

6. 校园科技节、校园心理健康节，发挥独特育人作用

校园科技节充分发挥高学历青年教师的学术和科研优势，成立了硕博导师团队，举办博士讲堂。化学博士王昱甥老师的“舌尖上的食品添加剂”、生物学博士崔旭东老师的“探秘 DNA”都引起了强烈反响。学生们在浓厚的学术氛围的熏陶下开设了“学生学术论坛”，把自己的学习研究成果向大家展示汇报，有的学生还编写了校本教材，在校内开设选修课，当起了小老师。

校园心理健康节由学校心理咨询室专职教师负责。这些具有很高专业素养的教师，通过多年实践，形成了一系列有成效的心理活动，如设计为毕业年级学生加油的能量卡、制作感谢卡、组织高年级学生为学弟学妹答疑解惑的学长帮帮忙、参观中科院心理所、搭建多米诺主题墙、参加吉尼斯挑战赛等。教师们用积极的内容和多样的方式，激发学生内在的积极品质，塑造积极心理，使学生学会交往、生活和学习，学会创造幸福和分享快乐。

7. 组织参加公益活动和志愿服务，履行社会责任

现代文明社会应该是一个互帮互助、相互关爱的社会。组织学生积极参加社会公益活动以服务社会，是培养他们社会责任感的一种重要方式。

学校通过相关制度要求学生将社会公益实践活动常态化，要求每个班级都有自己的一个公益资助项目。2017 年 1 月 15 日，学校高二年级 26 名学生在 3 名教师的带领下赴山西武乡涌泉中学进行为期 5 天的支教活动，这是学校诸多支教点中的一个。学生们还到圆明园遗址公园、颐和园进行义务讲解，到敬老院、儿童村陪伴老人、孩子，到公交站台、交通路口维持交通秩序……。在这些活动中，学生收获成长、懂得感恩、学会担当。2013 届人文实验班持续对风华希望小学进行支教，在两年半的实践中，通过支教和研究，他们针对打工子弟就学问题提出了校舍建设、师资培训、课程开发等 6 项建议，通过市政协委员提交给北京市政府相关部门。这项实践活动获得北京市教委主办的 2012 年北京市中学生社会实践挑战赛“Top 10”（十佳）大奖。还有走进圆明园讲解微笑社团、国图小小志愿者，这些都是北京一零一中的公益组织。

我们依托圆明园爱国主义教育基地、顺义太阳村、海淀残联聋儿康复中心、松堂临终关怀医院、风华希望小学等开展志愿服务，兼顾不同地域、不同层面。

从爱护校园小动物、荷塘荷花，到积极倡导生态文明理念，发出各种倡议、公约，包括为身患绝症的同学奔走募捐，为震区素不相识的人们募捐，学生们用行动践行社会关爱，锻炼了自己，温暖了社会。

8. 社团活动和特色活动丰富多彩，提升学生综合素质

今天的中学生是未来社会的主人，他们必须学会以主人翁的姿态面对社会：既能做理性的批判者，更要做热血的建设者。因此，他们需要尽早在学校这个模拟平台上学会行使民主权利，通过积极参与学校管理，提高综合素养。学校组织的各类社团为学生提供了很好的平台。其中的“校长接待日”就是由学生社团提议设立的。

校长接待日自 1999 年起坚持至今，为学生行使民主权利提供了舞台。

每周一中午成了学生的“习惯性期待”，因为这是校长接待日时间。接待日由学生会牵头，请学校各部门负责人负责接待，听取意见和建议，并于当周内将解决方案和相关说明在学校信息中心前大屏幕公示并接受监督。

对于北京一零一中学生而言，行使民主权利是一种责任而非形式，它根植于学生心中。即使毕业了，他们也会关注学校发展。2017 年 6 月 10 日，与往年一样，学校为高三年级学生举办毕业典礼，校长为每一名学生颁发毕业证书。一个叫吕奥博的学生接过毕业证书后问校长：“您这几天有时间吗？我想跟您聊聊。”第二天上午 8 点整，吕奥博准时来到校长面前，与校长进行了近三个半小时的交流。他从学生信息安全、学校各部门服务改进、学生社团建设、教师队伍建设、学校课程建设、中高考改革后学校的应对措施等诸多方面与校长进行了交流，提出了很多中肯的建议。

在学生积极参与学校管理的基础上，学校引导学生将关注点由学校转向社会，积极参与社会管理。比如学校的模拟政协社团，针对“中国式过马路”等问题所撰写的提案“关于改进法治教育形式以增强中学生法治意识的提案”，在第三届全国青少年模拟政协大赛（2016 年）评比中荣获优秀提案奖、最佳调研报告奖。学生们关注农村小伙伴缺少课外书的问题，深入到河北、陕西农村调研，提出了“关于建立城乡学校间图书流动机制的提案”，此提案在第四届全国青少年模拟政协大赛（2017 年）评比中几乎包揽各重量级奖项：最佳提案奖、最佳展示奖、杰出调研报告奖、调研劳模奖、最佳领导力奖、优秀团队奖、杰出社团奖等，同时以背景材料出现在北京市 2018 年高考文综试卷中。学生们关心青少年健康饮食问题，提出了“关于在中小学加强食育的建议”；聚焦中国环保问题，提出了“关于完善废旧手机回收机制的建议”。他们的这几份建议都在 2018 年 1 月召开的政协北京市第十三届委员会第一次会议上由政协委员转化为正式提案提交大会。

学生社团是指学生为了实现会员的共同意愿和满足个人兴趣爱好的需求自愿组成的、按照其章程开展活动的群众性学生组织。社团打破了班级、年级以及学校的界限，团结兴趣爱好相近的学生，发挥他们在某方面的特长，开展有益于身心健康的活动。

学校实行社团一人成团原则，实行备案制（见表 2 - 9）。原则上要求每个学生必须加入一个社团，计入综合素质评价系统。目前学校有备案社团 100 多个，其中既有享誉海内外的金帆交响乐团，又有在国际国内赛场摘金夺银的天文社、航模社、健美操队；既有关注国际形势、向往和平与发展的模拟联合国社团，又有关注中国社会、致力于中国进步的模拟政协社团；既有热衷于公益的志愿者服务社、微笑社团，又有投身于动物保护的“喵喵汪汪”社团、关注生态环保的“地铁党”；既有以复兴中华传统文化为宗旨的国学社、汉服社，又有以加强国际交往、打破文化壁垒为己任的外研社、外国音乐社；既有以终身健康为目标的长走长跑俱乐部、健身社团，又有以提升艺术素养为目的的合唱团、独奏社等。不同的社团为不同类型的学生提供了展示个性、发展兴趣、规划未来的平台，为他们的全面发展和终生幸福奠定了基础。

表 2－9　北京一零一中学生社团备案表

<table>
<tr><td>社团名称</td><td colspan="4"></td></tr>
<tr><td rowspan="4">社长</td><td>姓名</td><td></td><td colspan="2">社团 LOGO（插入图片）</td></tr>
<tr><td>班级</td><td></td><td colspan="2" rowspan="3"></td></tr>
<tr><td>手机</td><td></td></tr>
<tr><td>邮箱</td><td></td></tr>
<tr><td rowspan="4">指导教师</td><td>姓名</td><td></td><td colspan="2">校外实践基地</td></tr>
<tr><td>学科</td><td></td><td colspan="2" rowspan="3"></td></tr>
<tr><td>手机</td><td></td></tr>
<tr><td>邮箱</td><td></td></tr>
<tr><td>活动宗旨</td><td colspan="4"></td></tr>
<tr><td>建设目标</td><td colspan="4"></td></tr>
<tr><td>指导计划</td><td colspan="4"></td></tr>
<tr><td>社团规模</td><td colspan="4"></td></tr>
<tr><td>活动频率/时间</td><td colspan="4"></td></tr>
<tr><td>预期成果</td><td colspan="4"></td></tr>
<tr><td colspan="3">指导教师签字＿＿＿＿＿＿
＿＿年＿＿月＿＿日</td><td>教育处
意见</td><td>签章＿＿＿＿＿
＿＿年＿＿月＿＿日</td></tr>
</table>

“班级＋社团”制经纬式管理模式，为学校对社团管理提供新的路径。班级不仅是学生接受知识教育的资源，也是学生社会化的资源、学生

进行自我教育的资源。通过班级，既能发展学生的社会性，培养学生的集体主义价值观、合作精神、团队意识和对社会生活的适应能力，又能通过搭建各种平台发展学生的个性，培养学生的特殊才能，促进学生的健康全面发展。尤其是在当前，整个社会都在强调尊重学生个性，班级的独特育人价值和育人功能应该得到重视和进一步挖掘。欧美国家在某种程度上也非常重视班级积极作用的发挥，如美国最佳教师雷夫所创造的“第 56 号教室的奇迹”、法国电影《放牛班的春天》所展示的教育功效，都在很大程度上体现了班级的积极作用。

学校注重强化班级的传统教育功能，强调其教育教学单元功能，通过班级促进个体社会化成长。学校的大量传统教育课程和活动，如入学教育、军训、春秋两季运动会、“一二・九”主题教育活动、社会重大事件主题教育活动、节日纪念日承办活动、元旦联欢活动、志愿服务项目及各种常规检查等，都是以班级为单位组织开展的。在此过程中培养了大量不同类型的优秀学生，如各类班干部、主持人等。此外，学校重视班级作为自治型学习组织的新型样态，使其彰显促进个体个性化和为个体终身发展奠基的功能。这需要班级具有共同的愿景，尊重学生个体的自主性和创造性，重视班级中个体之间的互动与协作，注重班级生态建设和学习氛围营造。班主任成为首席规划师，要组织引导学生们在建班之初规划班级的愿景、设计班徽班训、制定班级公约，使班级成为学生健康成长和全面发展的生态场。

9. 大力开展劳动教育，夯实学生的成长成才根基

劳动教育是青少年成长的必修课。近年来，国家不断强调劳动教育对培养社会主义建设者和接班人的独特育人价值。北京一零一中建校 75 年以来，一直将劳动教育放在很重要的地位，重视通过劳动教育培养学生的团队意识和责任意识，实现知行合一，促进学生形成正确的世界观、人生观、价值观。

学校除开齐通用技术课外，还设计形式多样的劳动教育课程。如通过家校合作，指导初中学生开展日常生活劳动和学校卫生打扫；通过组织高中学生参观工厂，了解一定职业的生产劳动知识和技能。学校还会组织学生到福利院、敬老院慰问，以及到农村学校支教，进行服务性劳动。

近些年，我们每年都组织初二学生到农场学农一周。一方面，让学生亲近大自然，学习基本的农机、农业和农艺知识，体验中华优秀传统文化；另一方面，让学生在劳动中体会“谁知盘中餐，粒粒皆辛苦”的真谛，学会尊重劳动人民，学会感恩父母，培养学生热爱劳动、珍惜劳动成果的自觉意识，实现全人格发展。

学农课程丰富多样，学生可根据自己的兴趣选择，在绿色科技园里，学习松土、施肥、育苗、浇水，体验栽种的技能；在果蔬园里认识蔬菜，学习各种蔬菜的生长特点、栽培方法、营养和功能；在学农餐厅里学习揉面、切菜、配料、包饺子；在陶泥手工坊里，制作自己喜欢的作品，复杂的工艺锻炼了学生的耐心；在豆腐坊里体验豆腐的制作过程和辛苦，培养学生珍惜粮食的意识。此外还有精油制作、手工编织、奶牛饲养等课程。劳动体验与集体生活，让学生学会尊重劳动与劳动者，增进团结协作精神。

10. 建立社会实践基地，推动德育有效落实

学生道德认知的发展、道德情感意志的陶冶提升和道德行为的规范，既需要学校的价值引导，更需要在社会实践活动中的自我建构。社会实践活动是提高德育实效的有效途径，而建立社会实践基地，是学生社会实践最具实效性、最根本的方式之一，是学生接受德育的有效途径之一。

北京一零一中非常重视社会实践在学生成长中的作用，通过多种途径整合社会资源。学校建立了多种社会实践基地，既有侵华日军南京大屠杀遇难同胞纪念馆、抗日战争纪念馆等，又有弘扬中华优秀传统文化的海淀稻香湖非遗文化科学城、苏州昆曲院、梅兰芳大剧院等；既有代表中国科技先进水平的联想、方正、华为、百度、航天员中心等，又有体现中国基层现实的福缘门社区、青龙桥派出所、海淀区绿化队等；既有满足学生不同职业体验需求的学校、医院、科研单位、创业中心、部队院校等，也有让学生有不同人生阅历的聋儿康复中心、国家地震紧急救援训练基地等。通过到这些实践基地开展实践活动，学生发展了道德认知，陶冶了道德情感，磨炼了道德意志，规范了道德行为，增强了社会责任感和使命感。

（四）实践育人：改变学习方式，增强研究能力

实践育人的根本价值在于促进学生改变学习方式，深刻认识社会，深入了解自然，增强研究能力。方兴未艾的研学旅行是实践育人的一种新方式，将有效促进中学生学习方式的变革。研学旅行学习方式的基本特征有

三：一是体验式学习。学生由封闭的校园、局促的教室一下子走进生机盎然的大自然，整个身心都沉浸在鲜活的自然美景或人文景观之中，身心得到空前释放。二是合作式探究。北京一零一中的研学旅行，以全年级为单位，每个班分若干组，每个组都有确定的小课题和指导教师，学生只有通力合作才能完成相关活动及其研究。三是整个学习过程呈现开放性和动态性，学习环境发生颠覆性变化，完全改变了校园学习的封闭性。这就需要学生改变认知习惯，重塑求知方式，方可达到既定目标。

推进研学旅行学校需要做三件事：一是消除家长顾虑，因为不少家长认为研学旅行会挤压学生正常学习时间。二是必须确保安全，绝不能因学校组织不力而导致重大事故。学校组织这些活动，都是“大兵团作战”，即全年级同时进行，安全是首先要考虑的重要因素。三是要善于运用丰富的社会资源。学校长期与北京大学、清华大学和中国科学院等单位合作，让高校和科研院所的专家学者担任学生实践导师，收到了很好的效果。

1. 研学旅行课程化，在研究中提升能力

中小学综合实践活动课程的特点是必修、跨学科、学分制和动态开放，目标是价值体认、责任担当和问题解决。研学旅行作为综合实践育人的一种新途径，是综合实践活动课程的有机组成部分。北京一零一中的研学旅行起步早，每一次活动都有鲜明的主题，并经过精心的设计。学校研究活动地域开阔，北起长白山，南到深圳，西至青海，东到华东，每年3～8条路线，学生跨年级报名，全员参与，形成了丰富、成熟的研学课程。“青岛科考”研究旅行课程见表2－10。

表2－10　北京一零一中“青岛科考”研学旅行课程

学科领域	活动地点	活动内容
海洋学生物学	中科院海洋研究所标本馆	介绍海洋科学，建立基本的海洋认识，结合海洋生物演化与发育生物学，认知海洋资源开发与利用，在标本馆了解海洋生物
科学探究	中科院海洋研究所实验室	科研课题：预实验、数据采集、数据分析、小组讨论分析；研究课题结题：重复实验，实验总结，制作实验汇报PPT和撰写论文

续表

学科领域	活动地点	活动内容
地质地貌学	崂山	考察崂山地质，学习不同类别岩石相关特征，走进燕山时期剧烈的地壳运动，见证沧海桑田的变换
建筑学 城市规划学	青岛老城区	调研德式建筑，从建筑分类、风格、概况、占地面积、建筑材料、建筑布局等因素进行探索。从城市规划学的角度去研究城市的发展未来、合理布局
海洋生态学	海岸带	学习海岸线的空间分布和无脊椎动物的演化特点，学习、认知海鸟、植被以及藻类
海洋生物学	青岛海域	乘科考船出海，进行海洋生物采集和识别，从学术方面认知物种并了解各个物种对生态系统稳态的重要作用，切身体验一线海洋研究人员的工作内容
军事科学	海军博物馆	中国唯一的一座全面反映中国海军发展的军事博物馆，铭记贫弱年代落后挨打的历史，学习海军军工所利用的力学知识、舰船知识，了解科技发展在我国海洋军事中发展的重要作用
工业制造学 微生物学	青岛啤酒博物馆	参观啤酒博物馆百年前的老厂房、老设备，了解青岛啤酒的百年历程及工艺流程，了解中国啤酒工业及青岛啤酒的发展历史

2. 研学旅行常态化，在体验中感悟社会

应该说，北京一零一中开展常态化的研学旅行活动收到了很好的效果。从微观看，社会实践课程与学生日常生活相联系，和他们所向往的丰富多彩的外部世界相联系，满足了学生的期待和需求。就学校而言，通过各种路径提高学生社会实践能力，更深刻的命题还在于，一要让学生亲临社会现场，零距离感受社会现实，在对现实的逐步认识中树立自己的人生目标，确立自己的发展方向和远大理想；二要让学生懂得，今天在学校读书，是为了将来为国家、为社会做些什么；三要让他们明白，一个人的社会价值，重要的是投身社会，建设国家。每次的学生研学旅行活动结束之后，老师们最愿意看到的是学生们自己写的图文并茂的新闻报道、活动过程、体会收获。因为，参加此类活动的不是一个学生，不是一个小组、一个班，而是一个年级。并且，整个过程的内容异常丰富。每年都有学生走出去游览祖国的大好河山，在游览中体验、认知、感悟、研究、收获。从学生所写的报道中，老师们还看到了学生们愉快的心情、绽放的情感，看到了所有参与者—— 一群生龙活虎的青少年生命的气象万千。于是，老师们内心油然升起一种感觉——与君一周时，胜读十年书！

关于研学旅行活动的研究，学校采取了实践先行策略，在不同年级开发不同主题、内容的线路，在线路实施过程中深入探讨如何建构研学旅行教育活动的实践模式，为形成较强的实践操作策略奠定初步基础。截至目前，学校不同学段年级都有相应的研学主题和路线。

如“纪胜访古，探赜新功”高一年级南京游学之旅。每年 1 月期末考试后的社会实践周，北京一零一中高一学生们会踏上南京游学之旅。学生们走进侵华日军南京大屠杀遇难同胞纪念馆、雨花台烈士陵园，举行悼念仪式，齐颂《和平宣言》，缅怀在大屠杀中遇难的同胞们，牢记历史创伤，吸取历史教训，坚定国家富强、民族振兴的信念；参观中山陵、总统府、南京大学等地，触摸中国近代历史，“史记沉浮，鉴知兴替”；游览夫子庙、南京博物馆、江南园林，感受古都温度，体悟传统文化，增强民族自信。

又如“汉唐丝路，长乐永安”高二年级西安游学之旅，带领学生一同探访十三朝古都，学生们走进秦始皇帝陵博物院、陕西历史博物馆、法门寺、汉阳陵、碑林、半坡遗址博物馆，穿越千年，感受汉唐盛世留给后世的灿烂瑰宝，接受古都文化的洗礼；学生们走进明代古城墙、回民街、户县农村，用眼睛去看、用脚去丈量、用耳去聆听，体会文化的传承与前进。在读书与远行中，学生们一同触碰历史、感受文化、沉淀心灵，也学会珍惜当下、放眼未来。

初中学段的研学旅行以“科技英才”科学探索活动为主题，设计了广东/广西/云南/海南/景德镇/长白山/青岛等多条线路，在体验当地风土文化的基础上，更多关注科技实践，涉及生物、地理、化学、物理等科学实践，如在长白山的原始森林里学做样方调查、在海口红树湾湿地公园调查植物物种、在广东出海采集海洋生物标本等，开阔学生视野，同时激发学生科学兴趣。

通过以上案例，可以发现，研学旅行可以最有效地让学生在体验中发现新的自我。研学旅行让学生们走向全新的世界，帮助他们把书本上建构的知识与方法，通过实践与应用得以真正吸收，内化成实际能力，引领学生们真实地面对世界、面对现实，不断成长。于是，前文所提出的促进学生学习方式的改变，在这里得以实现。比如通过完成沙漠徒步、穿越雨林、登 3800 米海拔的玉龙雪山等综合性任务，学生们不断突破心里的舒适区，勇于探索未知，敢于冒险，这就扩大了他们的能量空间，使他们认识了全新的更好的自我，同时也增强了团队精神，他们在其中学会了关爱和包容他人。

研学旅行还能够有效引导学生建构起对社会运行的认知，思考其在社会当中的责任与担当。只要认真观察思考，就会发现身边的平常事都是不平凡的研究。比如，高一学生魏聪发现，海淀区山后人口的增加和不同功能区的发展，对公共交通线网造成了巨大的压力，从而形成了小组的研究课题，他们的建议还成为北京市政协的提案。

研学旅行课程作为一个载体，成就了一批对自然科学或社会科学兴趣浓厚的拔尖学生，学校帮助他们走进科研院所，走进国家重点实验室，为他们搭建更高的研究和创新平台。比如，高三（2）班学生林子轩代表中国参加了在印度举行的第 10 届国际天文与天体物理奥林匹克竞赛，并获得金牌，这是中国队三年来在该比赛上获得的第一枚金牌。林子轩说："比赛营地院墙隔开了贫瘠落后的土地和浓厚现代的学术氛围。为什么我们要在解决近在眼前的生存和贫困问题之前，探索遥远而难及的天空？我想，那是对科学的信仰。当科学的知识转化成技术，开始造福我们的生活，我们才能感受到它。现在的我，只能默默期许，努力读书，学会探索未知。总有一天，我们可以让世界每个角落的人看到认识世界、改造世界带来的新发现。"

（五）协同育人：整合资源，优化效果

协同育人就是集家庭、社会和学校力量，多方面协调、交流、合作，从而实现彼此的和谐统一，统一到育人的目标上来，最终形成全员、全程、全方位育人的格局。在这个过程中，班主任是协同育人的总设计师和实施者，对落实全员育人、全程育人、全方位育人起着至关重要的作用。

德育工作重在实效。这就要求学校必须把自己的德育理念、目标和内容通过多种途径落实到学校日常管理的各方面。而建立能够整合多方资源的科学德育工作运行机制则是保证提高德育实效的根本，也是学校可持续发展的前提，关系着学校内部管理的正常运行。

北京一零一中立足于社会现实，着眼于学生未来发展，综合考虑各种因素，在学校德育工作中采用教育处与学生发展指导中心并行的“双轨”运行机制，既保留原有的教育处，同时新成立学生发展指导中心，两个部门各司其职、互为补充，共同为学校的可持续发展和学生的全面发展提供服务和机制保障。

教育处是学生教育管理机构，由一名副校长全面负责工作，下设德育处、团委、心理中心、医务室、住宿部 5 个部门，着眼于保证学校各项工作的高效运转和与上级相关职能部门的无缝对接。其主要职责有遵循学生身心发展规律，按照党和国家教育方针和相关法律法规，完成对学生的教育管理工作；制定学生教育管理的相关制度，建立并不断完善学生教育校内外基地，协调组织学生开展研学旅行；加强班主任、年级组长等德育核心队伍建设，指导班级、年级工作；统一组织协调学校、年级、班级三级家长委员会，办好家长学校；完成上级相关主管部门布置的各项工作。

学生发展指导中心是负责学生全面发展的部门，由校长任中心主任，德育副校长任常务副主任，教育处联合教学处、教务处和后勤服务中心等部门共同组成，着眼于指导学生在学会学习、学会选择、学会规划的基础上实现个体的自由全面发展。其主要职责是对学生进行发展指导，包括自我认知、课程选修、高校招生志愿选择、生涯规划等，以帮助学生全面认识自我，发现兴趣特长，规划未来人生发展方向。

在教育处与学生发展指导中心“双轨”运行机制基础上，结合学校“年级 + 书院”经纬式管理模式（既肯定班级管理模式在当前社会发展背

景下的价值与意义，同时又考虑学生的个性发展需求），北京一零一中采用以班级为纽带的“班级 + 社团”经纬式管理模式，整合校内外资源，在学生发展指导中心实行“班主任 + 双导师”制的学生指导模式，配以“家长 + 学长”制的辅助模式。

1. “班主任 + 双导师” 制的学生指导模式

教育部颁布的《中小学班主任工作规定》明确指出：班主任是中小学日常思想道德教育和学生管理工作的主要实施者，是中小学生健康成长的引领者，班主任要努力成为中小学生的人生导师。传统德育比较重视发挥班主任在日常思想道德教育和学生管理工作中的作用，现在则更加强调班主任是学生健康成长的引领者，是学生的人生导师。

学校要求班主任在完成常规日常思想道德教育和学生管理工作的基础上，做好学生健康成长的引领者和人生导师。其职责有：（1）辅助生涯教育课教师，开设好学业规划、职业规划和人生规划课程，同时以班会课为阵地，做好各学段的学业分析、总结和反思，以大量丰富多彩的学业活动充实学生的学习生活；做好学生职业认知介绍活动；定期召开导师见面会、家长见面会、学长见面会，是学生与导师、家长、学长之间联系的有力纽带。（2）依托实践基地和网络，做好社会实践活动、职业体验日活动等。（3）协调科任教师、家长、学长、校友及其他社会资源，共同为学生的职业规划和发展搭建平台。

双导师包括校内导师和校外导师。校内导师以科任教师为主体，充分发挥科任教师在学生的学习、思想、生涯规划等方面的指导作用。导师的工作内容有：学生的学业规划和专业方向、学科特点和学科层级特点介绍及选择建议，职业规划方向，职业规划书的撰写指导，社团活动的指导，学生的心理辅导、学力辅导、文理分科辅导和高考志愿填报等方面。导师至少每两周对学生进行一次一对一指导，每名指导教师负责 10 个左右学生，与被指导学生建立起微信指导群或 QQ 交流群。根据初高中学生身心发展特点的不同，学校实行不同的导师模式。初中实行配给制基础上的双向选择制，即由班主任、任课教师共同确定有需要帮助的学生，在此基础上为其配备相应导师；高中实行自选制基础上的双向选择制，即由每一个学生自行选择导师，在此基础上学校统一进行协调，为每一个学生配备导师。

校外导师以家长和校友为主，充分发挥家长和校友的资源优势，特别是专业和职业两方面的优势，以弥补学校和教师在此方面的不足。校外导师的工作内容主要有：加强对学生人生方向的引领和职业规划的指导，帮助学生逐渐明确人生的方向，初步形成职业规划的能力，促进学生的全面发展、个性化发展和可持续发展。校外导师每学期至少对学生集体进行一次职业规划指导，并组织职业体验活动，同时负责建立班级职业体验基地。

2020 届学生李筱在谈到校友导师金月波（北京大学人民医院医生）对他的影响时，这样写道："学姐从自己的人生经历讲起，讲述了自己之所以在众多选择之下选择了北大医学院，是因为自己的理想和心中的一份情怀。她没有因为自己的生物成绩不好而放弃这条道路，相反，她感到探索未知的生命是十分有趣、充满奥秘的。因此，她没有走上那些能让自己获得大量财富的职业，而是出于一份情怀，选择了自己所向往的探索未知的医学专业，哪怕工作很累而工资并不高，哪怕每天总是要提心吊胆，但她认为对自己而言，这是有意义的。学姐用自己的经历诠释了何为理想主义，让我们也开始思考自己学习的初心和意义。北京一零一中带给了她感恩、责任感、使命感、人文精神、全面发展、探索和自强不息等诸多精神。但更重要的是，她在这里学会了如何找到自己的追求。正如学姐所说，人生就是一场马拉松，前面的路还很长。"

2. "家长 + 学长" 制的辅助模式

家长在学生发展指导中心的指导下，引导孩子进行学业规划，确定目标高中/大学，确定选考科目和专业方向。家长要经常引导孩子思考以下问题："三年后我将在哪里?""什么专业才是最适合我的?""初中三年我要怎样度过?""高中三年我应培养哪些能力？形成哪些素养?""我应如何更有效地学习?""未来我想从事何种职业?""我要选择什么样的人生?""我应过什么样的生活?"在此基础上引导孩子进行科学的学业规划和职业规划。

学长以在校高中生和大学生为主，实行"高中带初中""大学带高中"的大带小模式。学长们在学生发展指导中心的指导下，协助学弟学妹进行学业规划，包括学习方法的辅导、学段特点及学科层级特点的交流、大学专业及其课程设置的交流等。通过学长们的指导，学生了解了高中、大学及相关专业，为他们更好地做出选择提供了必要的帮助。

2020 届初中学生高茗萱对来自高中学长的帮助感触颇深："11 月 4 日

下午第三节课，来自高二（2）班的两位学姐来到了我们班。她们专门为学弟学妹们排忧解难。刚刚开始初中生活的我们，在很多地方都有困惑和迷茫，这就需要经历过初中生活的学长学姐们帮助我们。满怀着疑问和希望的我们激动地等待着，在简单的自我介绍后，就进入了提问环节，一只只手举起，一个个问题得到解答。两位学姐非常友好，幽默的语言让我们感到轻松愉快，仿佛在聊天一样。40 分钟的时间，好像不够同学们畅所欲言，但也留给我们很多思考。这节课，原本迷惑、不知所措的我们，找到了道路上的一点光亮。”

[第三章]

构建多元、开放的学校课程体系

学校课程体系的形成是一个复杂的系统工程，需要学校根据国家的教育方针和地方的教育要求，社会发展对人才规格的需求，本校的环境、文化特色和学生实际需求进行编制、改造、实施、评价。北京一零一中的课程体系①以发展学生个性、开发潜能、培养创新精神和实践能力为目标，形成了充分体现学校自身特点的个性化整合型课程。

一、学校课程建设的历史回眸

（一）建校初期的课程探索

1946 年 3 月 20 日建校时，学校首批招收 519 名学生，共分为 10 个班，其中高中班 1 个，初中班 8 个，师范班 1 个。之后班级和学生人数都有增加，也成立过地方干部班和文艺工作班等。课程设置全部仿照当时北平、天津的教育体系，制订了完整的教学计划，建立了包括课堂教学、考试、班主任管理等方面较为完整的规章制度，教员们根据学生的实际情况组织编写各个年级的教材。

从 1946 年 6 月全面内战爆发到 1949 年北平和平解放前，学校经历过好几次大规模、远距离的行军转移。在行军转移途中，教师们克服教学环境动荡不安、教学设施简陋的困难，根据学生情况，自编教材、自制教具，仍然一直坚持教学工作。这一时期的教学可被称为“行走中的教学”。在重重困难面前，师生们从没放弃，他们清楚地知道自己肩膀上所承担的历史使命有多重，知道将孜孜不倦的学习精神传承下去有多重要。这样的一群人，这样的一代人，肩负着传播文化知识、弘扬民族精神、提高国民修养、建设伟大祖国的历史使命，从过去的艰难岁月一步步走来。这种面对困难不低头、不放弃、永不言败的精神在北京一零一中始终传承。

（二）“文革”前的教育改革实践

在新中国创建社会主义教育的转型期，学校吸收借鉴解放区和苏联的

① 本章所涉及的课程体系建设，尤其是学科课程体系建构中有关国家课程的内容，皆是基于北京市原有文理分科招考模式的设计。

教育经验，进行了有意义的探索。

一是高度重视劳动教育。20 世纪 50 年代初，校址位于城里，学校就在建国门外建立了劳动基地。1952 年在圆明园新址，全校师生开始植树造林。1954 年 2 月开始，学校安排学生每周一个下午固定劳动，一直坚持到“文革”爆发。同年 3 月，学校建立了 22 亩生物园地，第二年 12 月将每年的除夕定为丰收日，师生共享劳动成果。1956 年 9 月，学校开设工厂实习、园地实习、机工学、汽车学等基本的生产技术课。有毕业生回忆说，当时学校的开学和毕业都是以掏粪积肥劳动开始和结束的。

二是深入研讨五大关系。从 1960 年开始，结合教学实际，北京一零一中反复讨论了教学工作中碰到的棘手又必须解决的“五大关系”，并进行了一系列的教学改革。这五大关系是教书和育人的关系，书本知识和实际应用的关系，重点和一般的关系，统一要求和承认差别的关系，教师主导作用和调动学生学习积极性的关系。在五大关系的探讨中，特别强调教学要抓重点带一般，强调语文、数学、外语、物理、化学的重要，并不妨碍学好其他课程，而且只有学好工具课程和基础课程，其他课程才有可能学好。各科教材也只有揭示和掌握其中的重点、难点等关键部分，其他部分才易于掌握。基于上述认识，各科教学都强调突出重点，讲清楚最主要的东西，使学生掌握要领，并启发学生思考，这有利于减轻学生负担，提高教学质量。

三是进行半工半读试验。1965 年，为了加大教学改革的力度，在时任国家主席刘少奇同志的支持下，由王一知校长主持，北京一零一中在初中、高中各招了两个班，进行全日制学校试办半工半读的试验，目的是学习马克思关于教育与生产劳动相结合的理论，更好地贯彻教育方针，培养体脑结合的全面发展的新人。当时采取三自愿的原则（教师、学生、家长三自愿）进行试验。半日学习、半日劳动，要求学习质量不低于全日制授课的班级。这一教育改革尝试不到一年，因“文革”的开始而夭折。

“文革”之前，学校的高考升学率已经走在全市前列。当年，一提起北京中学名校，总是将北京四中、北京一零一中二者并举。但是，“文革”十年，北京一零一中教育教学工作受到严重冲击。但就在那异常艰难的日子里，教师们坚守对教育事业的热爱，不断尝试教育教学的研究与改进。

（三）以研领教的“共振实验”改革实践

1978 年，北京一零一中被确定为北京市首批重点中学。这一阶段，学校逐步建立各种规章制度，高度重视课堂教学，并将提高课堂教学效率作为提高教学质量的重要内容来进行研究。同时，学校要求教师不断改进教学方法和教学手段，变经验型教学为科研型教学，推动学校的教学质量稳步提升。

20 世纪 90 年代，国家改革开放进入新的阶段，教育面临新的挑战，高中课程改革成为历史必然。为了进一步推动学校的教育教学研究工作，提升教育教学质量，学校成立了教科研室，由主管教学的副校长负责，参加了海淀区“三个面向”教学实验，确立课堂教学“共振效应”为研究主题，即课堂上通过教师与学生高质量的思维互动，产生教与学的“共振效应”，使学生得到充分发展。教科研室创办了《共振》小报，每年举行一次教学年会，邀请获得优秀论文奖的教师交流科研心得、展示研究成果，以便进一步学习和研究。学校通过研究课、评优课等形式扩大教学研究领域，请有关专家和兄弟学校教师听课、评课，还组织教师到外校听课，参加研讨活动，沟通教学信息，拓宽教学改革思路。

为培养学生创造性思维和动手实践能力，学校在教学工作中突出实验教学的功能，在实验教师的努力下，实验室的使用率超过了 100%，最高时达到 150%，这对特长生的培养至关重要。“共振实验”带动了学校其他学科的教学改革。

（四）高中新课改实验与人才培养新模式的探索

进入 21 世纪，在全球化、信息化的背景下，为培养学生终身发展的能力，学校落实教育部《全日制普通高级中学课程计划（试验修订稿）》的要求，于 2000 年 9 月在当年的高一开始综合实践活动课程试点。该课程一是面向全年级学生，帮助学生了解社会；二是由学生自主选题，开展课题研究；三是活动主题多元，包括了解社会上各类职业的未来走向，学会职业规划，采访各领域从业人员，参加志愿者服务等。该课程师资有班主任、学科教师，还有北师大的教师等。到 2002 年，课程内容更加丰富。

一是学校教师或外聘专家面向全年级学生进行专题讲座，每周两节课；二是在全年级开展研究性学习。

置身于一个教育改革的时代，教师们不断学习教育理念，主动变革以适应教育发展的需求。2002 届高中语文学科开展阅读、写作、古典文学等领域的专题授课，让每位学生都能得到最好的教育。为了实施因材施教，提高教学效率，数学、英语等学科实施分层教学，收到了很好的效果。

2003 年，北京遭遇“非典”，4 月下旬各学校停课，学生回家自学。5 月回到学校，20 多天之后就参加高考。这对学校和学生都是前所未有的挑战。但是，北京一零一中当年成绩辉煌，应该说，学生平时打下的深厚的基础和他们养成的较强的自学能力起了决定性作用。

2007 年，北京市开始进行高中课程改革实验。北京一零一中积极拥抱改革，把高中课程改革作为全面推进素质教育的立足点与生长点，主动调整办学定位与办学策略，坚持守正出新，积极稳妥地推进高中课程改革实验，逐步确立了现代课程意识，建立了学校课程体系，形成了与课程改革要求相适应的教学秩序和课程管理机制。学校还逐步探索构建符合课改理念的课堂教学模式、课堂评价标准和教学质量评价标准。同时，学校以科研引领实验，促进学生主动、全面发展，建设了一支理解新课程、驾驭新课程的骨干教师队伍，推进了学校名师工程建设，为北京市和海淀区高中课程改革提供了经验和范式。

二、学校课程建设的基本思路

课程是人才培养的重要载体。作为教育改革核心的课程改革，不仅仅是学校教育的微观问题，更是关乎国家教育改革成败的宏观问题。

（一）课程建设的思路和理念

北京一零一中的课程建设一直遵循学生成长规律，并传承家国天下的革命传统。革命战争年代，学校提出走在最前方——培养能争取革命成功的优秀人才；“文革”前，学校提出“做一零一优质钢”——培养建设社会主义的优秀人才。北京一零一中课程建设从内容到体系，都始终坚持把自身与国家、民族的命运紧密联系在一起。

进入21世纪，学校利用校史教育、校庆活动等契机，深入思考和提炼北京一零一中的文化精髓，积极探索培养基础宽厚、全面发展、善于创新的人才之路，探索符合教育规律的办学模式。据此，学校确立了新的办学目标和育人目标。其办学目标是：把学校办成文化底蕴深厚，社会认可度高，开放式、创新型、可持续发展的现代化学校；以鲜明的育人特色和先进的教育发展模式，成为辐射全国的示范性基础教育基地，迈进国际名校行列，推进学校高质量快速发展。其育人目标是：培养未来卓越担当人才。

学校课程建设要体现学校的办学目标，服务于学校的育人目标，促进学校高质量的发展。因此，学校必须坚持以课程建构为抓手，培养学生的创新精神和实践能力，促进学生全面发展。

需要特别指出的是，学校的课程建设与实施始终坚持北京一零一中的教育理念：自我教育。我们认为，促进自我教育，就是使学生通过自身的努力，成为梦想中的自己，最终超越小我实现大我。为此，学校注重搭建可供学生自我选择、符合自我教育理念的课程体系，让每一门课程都渗透自我教育思想。同时，我们认为，学生自我认识、自我规划、自我管理等相关能力的获得需要生涯规划、德育主题课程群等相关课程的支持。培养卓越担当人才，还需要建构体系化、能够培养拔尖创新人才的课程群。围绕着这些内容，北京一零一中一直在坚持不懈地探索与改革。

（二）课程建设的基本原则和策略选择

理性化的、自觉的课程建设对于学校发展有着重大的发展意义。基于北京一零一中特色发展的目标定位和学校人才培养的目标定位，通过认真分析校情，寻找生长点，学校提出“守正出新，稳步推进，促进发展，彰显特色”的课程建设思路，建立以校为本的教研制度和在学校层面发现问题、研究问题、解决问题的工作机制，有重点、分步骤地推进课程建设。学校通过实验、研究、探索与大胆实践，逐渐积累经验，最终形成了具有北京一零一中特色的课程体系。

概括来说，北京一零一中的课程建设遵循以下几个基本原则。

一是需求导向。学校课程建设的出发点和归宿永远是学生的发展需求。因此，北京一零一中的课程建设始终从满足学生个性化的发展需求出发。

二是整体建构。学校课程建设坚持整体性设计，逐步从学科课程建设向课程体系的整体结构优化发展，同时构建与学校拔尖创新人才培养相适应的课程体系。学校认为，碎片化设计会使学校课程建设流于琐碎，大大弱化课程的核心作用，不利于学生的成长与发展。

三是实事求是。学校课程建设从学校实际出发，立足各学科建设的定位，符合学校教育的现代化、多样化和个性化需求，体现北京一零一中的办学思想和办学特色，实现课程体系与教学内容的改革创新，以利于学校育人目标的实现，利于学校的特色发展。

四是以学生为本。学校课程建设立足于学校现有资源，体现学校历史积淀与文化，突出学生在课程建设中的主体地位。同时，注重学生的参与度，广泛征求学生意见，尽量满足学生的不同需求。

根据以上四项原则，北京一零一中形成了具有基础性、层次化、生成性、系列化特征的课程体系。

“基础性”是指学校高质量完成国家课程和地方课程，并且校本化地实施部分国家课程，关注基础知识、基本技能、基本方法，重视人文教育与科学教育的结合，促进学生基础能力和学科素养的扎实发展。

“层次化”是指课程体系体现层次，基础能力课程、拓展研究课程和实践创新课程，三者相辅相成，满足不同学生的发展需求。

“生成性”是指随着时代发展，一些职业消失，又产生一些新的职业，学校结合未来人才素质的需求能够不断生成新的学习内容，满足学生新的学习需求。

“系列化”是指建设包括数学与逻辑、语言与文学、科学与技术、人文与社会、艺术与审美、道德与伦理、生命与健康、实践与创新在内的8个系列的校本课程，并实现课程目标、课程资源、教学方法的整合。

此外，北京一零一中还通过一些课程建设策略，努力构建有特色的课程体系。

一是精品化。课程建设必须避免走向“兴趣主义”，必须确保学校课程质量。为此，北京一零一中实施课程建设的分步规划——近期建设合格课程，中期推进优秀课程，长期打造精品课程。

二是核心化。学校注重用学生核心素养培育的要求去指导课程建设。

通过对中学生核心素养的研究与梳理，在充分关照学生个性需求的基础上，重点关注学生核心素养培育，以确保课程供给的效益最大化。

三是结构化。结构化策略是指用体系化建构去推动三级课程的融合。学校认为，课程必须是一个有机的整体，三级课程不能相互割裂，它们只有相互融合与补充，才能更好地为学校的育人目标服务，更好地体现学校特色。

四是特色化。学校的特色发展需要特色课程支撑。学校在促进特色发展方面，建构了多个方向的特色课程群，形成了具有特色的学校课程体系，并以书院管理的模式进一步推动学校特色发展。

（三）课程改革的目标与任务

北京一零一中通过课程改革，传承学校红色文化，构建现代学校制度，改变教学方式和学习方式，推进教师专业化进程，为每一个教师、学生的全面发展和个性发展创设优良的环境，全面提升师生的生命质量，使北京一零一中成为教师专业发展和价值体现的理想场所，成为学生生命成长和自主求知的快乐天地。

具体来说，学校严格执行国家新课程计划，完成各项改革实验任务。同时，构建与高中课程改革相适应的学校教育教学管理制度，增强各职能部门的协调能力和制度创新能力。针对模块式课堂教学的特点，北京一零一中在学校管理方式、教师教学方式、学生学习方式、教育评价方式等方面做出相应转变，切实提高教育教学质量。

北京一零一中倡导自主、合作、探究的学习方式，实现信息技术与课程的有机整合，创设有利于学生主动学习的课程环境，减轻学生过重负担，提高学生的实践能力和创新意识，促进学生全面而有个性的发展。

北京一零一中建立以校为本的教师培训和教学研究制度，形成适应新课程需要的、有利于教师专业主动发展的机制，保证教师在新课程实验中不断学习和反思，共同研究和解决教学改革实践中的新问题，使新课程实验的过程同时也成为教师专业发展的过程，从而提高教师队伍的整体素质。

北京一零一中改革评价制度，发挥评价与考试制度对课改的引领和促进作用，建立学生考试成绩与学生综合素质评定相结合的评价体系。

三、学习力研究与“三层八维式”学校课程体系建构

课程品质直接影响学生的生命成长，课程结构直接影响学生的素养结构。作为课程改革理念与育人方式的中介桥梁，课程体系是改革的抓手、育人的蓝图。

伴随着基础教育改革向纵深发展，以及教育观、学生观的转变，北京一零一中课程改革的思路从重视学科知识转向关注人的发展，从单一的学科课程转向学科课程与活动课程、综合课程共存，从选修课程转变为多层次、多类型的可选择课程。

北京一零一中构建个性化有品质的课程，一是有清晰的课程价值观，它来源于学校的办学理念。我们认为，基于核心素养的课程变革是学校课程建设从现代走向未来的重要标志，它要为学生的幸福奠基，要有利于激发学生的潜质，这是学校课程价值观的基本定位。二是坚持科研引领。学校课程体系建设是一项理论性和实践性很强的工作，需要教育科研支撑。北京一零一中利用各种资源，成立专家顾问委员会，充分借鉴教育研究部门的新课程理论研究成果，将问题课题化，组织全校教师进行分级课题研究，在课题研究中提升教师科研能力。三是注重课程实施。课程实施是一个复杂的系统工程，它标志着学校办学目标、管理模式和评价方式等发生了根本性转变。课改过程中北京一零一中坚持有计划、有步骤、有重点地逐步推进课程实施。

（一）开展学习力课题的研究

在构建课程体系的过程中，学校的一个重要抓手就是全校十三个学科的教研组都参与了“学习力与学科课程建设研究”，这是北京师范大学裴娣娜教授主持的国家级课题“我国基础教育未来发展新特征研究”的子课题。裴教授将学习力的本质内涵界定为：学习力是学生的成长力，是学生成长和发展过程中所激发出来的生命能量与活力。学习力包括三个层次六个要素。第一个层次由知识与经验、策略与反思、意志与进取三个要素组成；第二个层次由实践与活动、协作与交往两个要素组成；第三个层次涉及批判与创新这一个要素（见图3－1）。

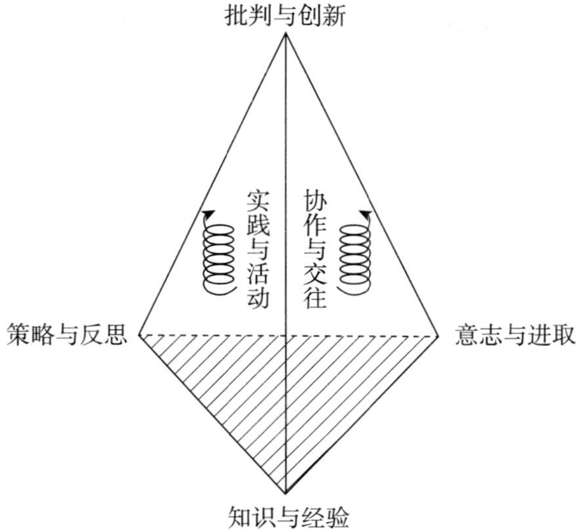

图 3－1　学习力模型的层次与要素立体图①

北京一零一中“学习力与学科课程建设研究”课题在裴娣娜教授等专家的指导下，采用分学科、分阶段、螺旋式推进模式，采取分学科交流研讨—跨学科交流研讨—利用教育教学年会进行全校交流研讨—组织教师参加全国交流研讨—协办组织全国交流研讨会等形式进行。在专家的指导和教研组长的带领下，全校各个学科均形成了《学习力与学科建设指导纲要》。

在课堂教学实践中，教师的每一节课都依据《学习力与学科建设指导纲要》有序完成以下工作：教师个体的教学设计—教研组内说课、研讨—学科专家听课指导—举行区校两级研究课—召开区校两级学科研讨会—专家点评。课题研究期间，学校要求每个学科每学期至少推出一节研究课，至少召开一次区校级“学习力与学科教学实践”研讨会。

根据课题组的研究计划，学校对各学科发展现状进行调研、总结和反思，围绕以下六个方面展开研究：一是学习力研究视野下的学科发展，二是学科课程构建的核心主题词及坚守的教育理念，三是学科课程群的搭建，四是学科课程内容的整合，五是学科课程资源系统建设，六是教师团

① 裴娣娜．变革性实践与中国基础教育的未来发展［M］．北京：教育科学出版社，2015：118.

队建设。在此基础上，学校形成了基于学习力的学校课程建设基本框架，语文、数学、英语等各个学科都构建了学科学习力的基本模型，为学校课程结构的重组和学科课程建设奠定了基础。

1. 学习力研究视野下的学科发展——以物理、语文学科为例

进行学科课程建设，起点应该是确定现有学科的教学基础和发展需求，在把握现实的基础上，对学科课程的性质及定位，学科发展的优势与特色、问题与困惑等进行深入研讨。通过梳理和分析，了解本校学科课程建设的优势与不足，同时了解本学科与其他学科之间的关联等问题。

在探讨学习力视野下的学科发展方面，北京一零一中物理和语文学科先行一步，厘清了学习力要素及层级构成。

（1）物理学科学习力研究

2003 年，物理组就开始了信息技术与物理教育整合研究，随后进行了在常规课堂借助传感器等现代技术手段的实验开发，以及基于数据探究理论的物理选修课程研究等多项课题研究。

从学生情况看，每年进入学校的高一学生来自全市城乡 50 多所学校。由于学生家庭和初中教育背景不同，学生在物理学习习惯、物理实验技能、科学方法的理解等方面有很大差异。调查结果显示，学生的物理学习需求大致分三类：未来可能攻读人文与社会科学方向的；未来可能攻读数理方向的；未来可能攻读工程或经济方向的。因此，物理组在物理课程设置上十分注重分层分类以满足学生需求。

从学科性质看，中学物理学科是一门融静态的物理知识与动态的物理活动于一体的学科。北京师范大学李春密教授认为，基于学习力提升的物理课程建设基本理念包括四个方面：以人为本，以学生发展为主，重视学生对物理基础知识的掌握和学生基本素质的提高；多元文化，重视学生国际视野的培养；自主选择，满足学生的全面发展和个性培养；主体意识，注重学生各方面能力的自我发展。考虑到学生的基础差异和需求多样，学校在课程设置上坚持统一性和灵活性相结合，加强开放与整合，增强综合性。偏人文与社会科学方向的学生，教师让他们有机会了解物理学的发展对推动社会和人类文明的作用；理科见长的学生能更深入学习物理学的规律，进一步挖掘物理概念的内涵和外延，领会其重要精神并开展科学探究活动；工科见长的学生，则多学些与物理有关的技术和生活应用，比如电子技术、电子工程等。

在分析物理学科价值后，李春密教授认为，基于学习力提升的物理课程建设目标是：构建满足学生多层次、多样化发展需求的物理课程体系和形态；建设高质量的物理必修课程；设计与开发充满生机活力、多层次、可选择的物理选修课程；构建具有个性化特色的物理课程体系；丰富适合学生自主选择学习的物理教学资源；构建合理的物理课程与教学组织形式和评价制度。

物理组教师从教学实践出发，将物理学习力结构要素构建为如火箭模型般的层次关系（见图3-2）。

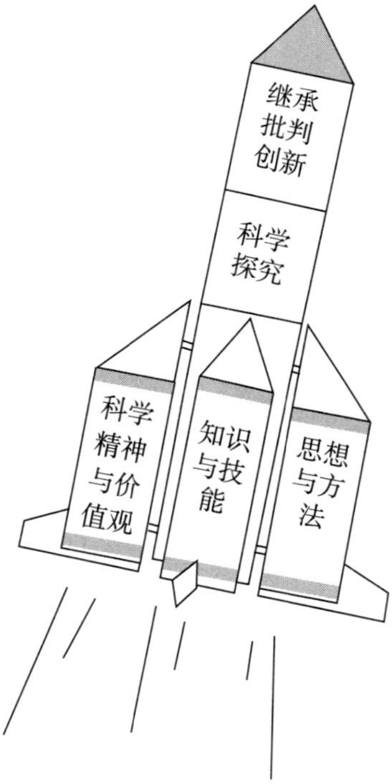

图3-2　物理学习力结构要素及层次关系

第一层次基本要素：物理知识与技能（含物理基本概念和规律及提炼、观察能力，基本实验技能，理解能力）、物理思想与方法（含推理论证方法、模型建构策略等）、科学精神与价值观（含意志、兴趣、动机、价值观等）。第一层次内容是教师在教学当中需要着力培养的学生的基本物理素养，这种基本物理素养同时也是学生物理学习力提升的基础与动力。

第二层次基本要素：科学探究（含问题、论证、解释、合作与交流等）。无论是物理概念的建立、物理规律的得出，还是物理研究方法的产生与运用，都可以借鉴、重温物理学家的研究过程。学生通过科学探究学习物理知识、收获物理研究方法已经成为物理教学的共识。第二层次与第一层次、第三层次的要素有重叠部分。科学探究是实现第一层次学生物理学习力提升的重要手段，同时也是物理学科的教学目标。

第三层次基本要素：继承批判创新。物理学习力最终要培养学生在继承的基础上，具备批判性思维，并具有一定的创新能力。以第一层次为依托，通过科学探究，实现学生创新力的提升。

火箭的整体倾斜上升，代表学生学习力的提升过程，它需要物理教师和学生的共同努力，但这个过程并不会如预想的一样顺利，可能会走一段弯路，但只要按照预定设想努力，学生的学习力整体就会处于提升状态。

（2）语文学科学习力研究

在学习力与学科课程建设的探索中，语文学科把强化母语地位、指导学生正确理解和运用祖国的语言文字、提升学生的语文学习力、提高学生的语文素质和人文素养作为现实任务。充分发挥语文学科应有的育人功能，为学校培养具有担当意识的卓越人才，为国家培养未来的合格公民，是语文学科的目标和追求。语文组认为，语文学科能力由低到高包括基础知识和基本技能、实用能力、审美能力和探究能力。北京一零一中追求的“大语文”是语文学习力的目标（见图 3－3），即提升学生语文素养和人文素养，实现自我发展。

根据学情、语文学习力的内涵要求，以及语文学科的目标，语文组对国家课程进行了校本化整合。如将教材中太过分散的现代诗歌欣赏和散文欣赏集中起来，增补散文阅读篇目，重新编写阅读教材。此外，选取符合学生学情和发展要求的国家课程内容，编写语文写作教程，增加阅读、写作类必修课程，并根据各学段要求进行模块化教学。

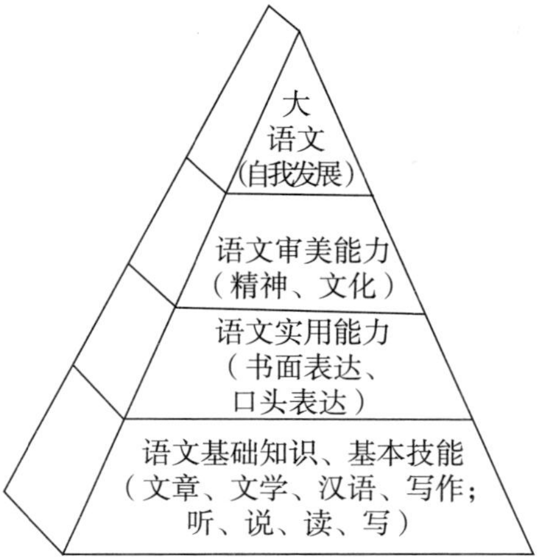

图 3－3 语文学习力层级构成

在对国家课程校本化整合的基础上，学校还根据学生需求和教师专长，开设文学、文化、历史、哲学、艺术、写作等领域微型特色课程以及“戏里人生”等几十种语文选修课，开展广泛的人文考察活动，组织文学社、赛诗会等适合不同年龄段学生特点的丰富的语文活动。在这些活动中，人文精神贯彻始终，满足学生对课程的个性化需求，更重要的是促进学生对社会、对人生的深入思考。

2. 学科课程构建的核心主题词及坚守的教育理念——以生物、历史学科为例

关于学科课程建设，各学科首先明确了本学科的核心主题词。核心主题词主要来自本学科坚守的教育理念、学科建设目标、学科学习力的构成要素，为学科课程建设提供总指导。北京一零一中生物、历史学科依据学科核心主题词和教育理念，构建了学习力模型。

（1）生物学科学习力研究

学校生物学科在课程理念和课程总目标的基础上，围绕生物学科课程构建的三个基本问题进行研讨：一个人长大后，面对社会生活应该具备什么能力？中学生物教学能为学生发展做出什么贡献？生物学科的核心主题词是什么？

生物课程构建中对三个基本问题的回答如下。

问题一的答案见图 3－4。一个人长大后，面对社会生活应该具备社会适应力、解决问题的能力、终身学习的能力、反思能力、实践能力等等。

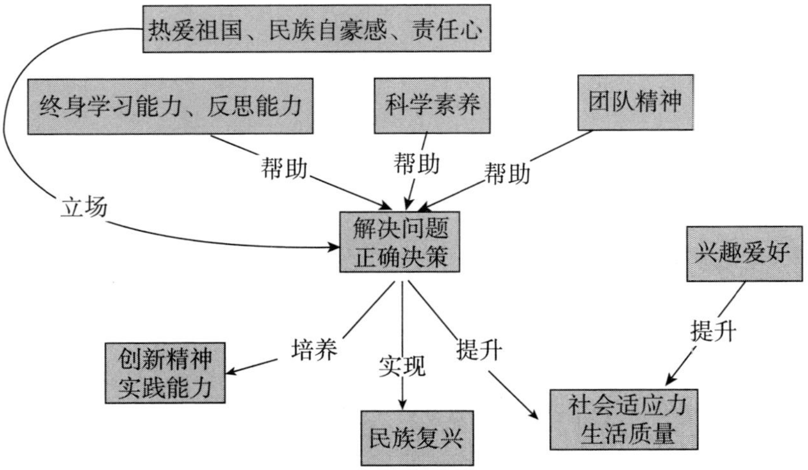

图 3－4　面对社会生活应具备的能力

针对问题二“中学生物教学能为学生发展做出什么贡献?”，生物组认为，第一，生物学科与其他学科的交集，能够帮助学生学会做人、学会学习、学会思考。第二，生物学科也有特殊贡献，包括以下几个方面。

①生物科学素养的培养。提高每个高中学生的生物科学素养是课程标准也是北京一零一中生物课程实施的核心任务。

生物学科的学科思想是从学科知识体系中提炼出来的，学生通过学习具体的生物学知识和原理最终提炼和感悟到的生命科学的精髓，如生物进化的观点、结构与功能相适应的观点、生态学的观点、可持续发展的观点、系统论的观点、稳态的观点、辩证唯物主义自然观等。生物学习可以培养学生的科学探究能力和科学精神，如帮助学生形成科学思维方法，使他们能够科学地提出假设、设计实验检验假设、分析现象得出结论等，也能够培养学生实事求是、锲而不舍的科学精神。

②珍爱生命、健康生活的教育。帮助学生认识自己，学习生理卫生知识，健康生活。想要理解与健康生活有关的内容如远离毒品、远离致癌因子、正确减肥、科学合理地设计婚育计划（优生优育）、捐献角膜和骨髓、克隆技术和转基因技术，都需要具备生物学知识。

③环保教育。以生态学教学为主要知识媒介，渗透人与自然和谐发展的观点，开展可持续发展的教育。

④培养学生学习生物的兴趣。开展各种课外活动，如观鸟活动、植物栽培活动、微生物培养、植物组织培养、植物分类与鉴别、昆虫识别、家

庭发酵技术、认识中草药等，为学生将来步入大学进一步学习提供感兴趣的方向。

综上，学生通过中学生物课程的学习，能够获得以下几个方面的发展，包括学会做人、学会健康生活、学会思考、学会学习、掌握生物科学素养等。

针对问题三“生物学科的核心主题词是什么?”，生物组将“生命、健康、生态、细胞、遗传、进化、探究”作为生物学科的核心主题词。生命与健康代表生物学科在人文教育方面的贡献，即情感态度价值观方面的贡献；生态、细胞、遗传、进化代表生物学科知识的核心；进化论是生物学中最大的统一理论；探究代表生物学科的研究方法。

在回答上述三个问题的基础上，生物组以北京一零一中生物课程理念和课程总目标为依据，以科学与技术学习力结构要素为基础，以生物学科对学生发展的贡献为导向，借助生命的遗传物质 DNA 分子结构模型，建构了具有生物学科特色的生物学习力模型（见图 3 –5）。

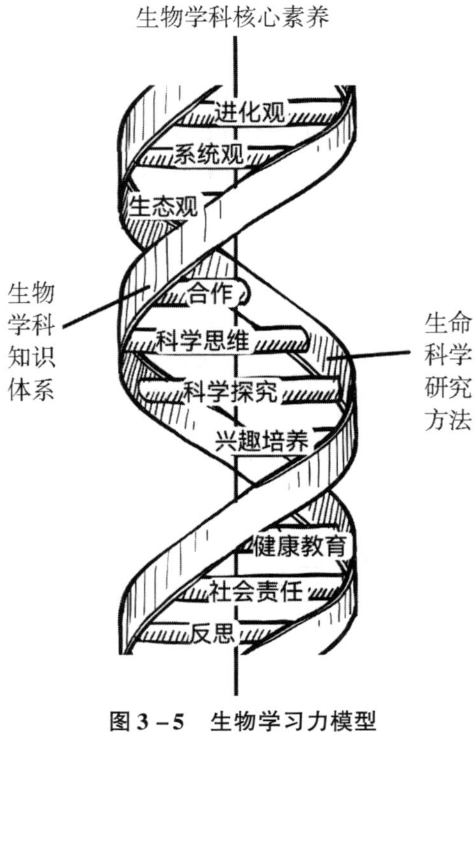

图 3 –5　生物学习力模型

DNA 的两条链代表生物学科知识体系和生命科学研究方法。两条链围绕的主线平行缠绕，DNA 中间的“碱基对”代表发展学生生物学科核心素养的课程目标。以生物学科知识和生命科学方法为载体，培养学生生物学科核心素养，使其在面对未来真实生活中的问题时，能做出正确的决策；能运用生物学知识，选择健康的生活方式；面对未来社会生活的挑战时，能不断学习，勇于担当，实现终身发展。这是生物学科“学习力”的主要内涵。其中健康教育和生物学科核心素养的培养，是生物学科独特的教育价值。

（2）历史学科学习力研究

北京一零一中历史学科基于历史课程理念和总目标，在历史学科课程构建中，围绕三个基本问题进行研讨。

问题一：教给学生什么样的知识？

问题二：培养学生什么样的态度和能力？

问题三：通过何种途径实现这些目标？

历史组首先确立了本学科课程构建的基本主题，即历史知识和核心概念、历史学科基本技能和自我实现。其中，历史知识和核心概念是达成历史素养培养的载体，自我实现是学科课程的终极目标，历史学科基本技能是推动学生由历史知识和核心概念提升到自我实现的重要途径。将上述三个主题与学生学习力相结合，历史组建构了北京一零一中历史学习力模型（见图3－6）。

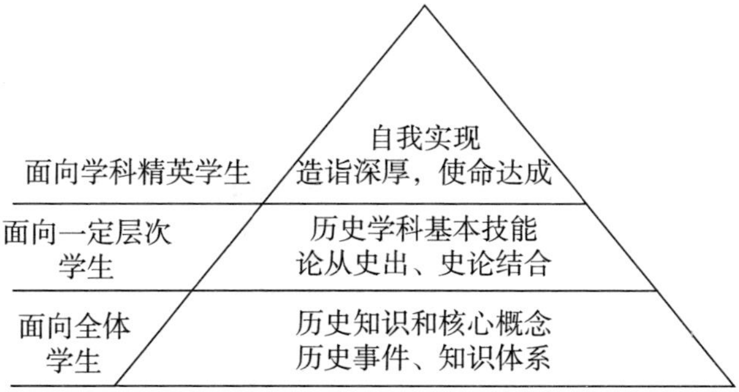

图3－6　历史学习力模型

①历史知识和核心概念

作为历史学习力的基本要素，历史知识和核心概念处于最基础的地位，是历史学习力的起点。知识是一种可以帮助人们提高行动效率、更好地达成行动目的的经验。学生所掌握的历史知识与核心概念，往往会对后续的学习产生持续影响。该能力面向全体学生。

②历史学科基本技能

历史学科基本技能包括论从史出、史论结合等，我们希望通过运用这些基本技能解析史料，探究历史问题，培养学生的文化判断力、思辨能力和创造能力，在此基础上，实现基本技能向其他学科的迁移，从而使学生受用终生。该能力面向对历史特别感兴趣的学生。在掌握历史学科基本技能的基础上，学生还要辅以其他技能，如归纳、综合、判断、探究、分析、比较等逻辑思维能力。

③自我实现

在学习过程中，历史组通过架构基础知识、解析核心概念、强化基本技能，辅之以适当的策略与反思、批判与创新，不断形成学生的历史学习力，最终达到中学历史课程的育人目标。

基于对历史学科课程理念、教育目标和历史学科学习力的思考，历史组全体教师在不断积累经验的基础上逐渐构建起了北京一零一中的历史课程体系，主要分为基础必修课程、拓展选修课程和实践实习课程三大类。这种分层设计主要是基于国家课程设置和学生学习力，以学生群体差异为基础，构建面向不同学生群体的课程（见表3－1）。

表3－1　北京一零一中历史课程体系

年级	基础必修课程	拓展选修课程		实践实习课程
		方向拓展类	兴趣拓展类	
高三	总复习			
高二	选修1、选修2、选修4	通识选修：正说清朝十二帝	通识选修：解读大国崛起北大选修课群	社会调查类：身边的历史见证人，大历史中的小人物
高一	必修1、必修2、必修3	热点讲座：人文课	通识选修：冷兵器时代的战争，孙子兵法读书会	人文历史类：西安文化考察
初三	世界历史	通识选修：走进圆明园		人文历史类：走进国家博物馆

续表

年级	基础必修课程	拓展选修课程		实践实习课程
		方向拓展类	兴趣拓展类	
初二	中国历史 世界历史	军事沙龙	通识选修：世界文化遗产	人文历史类：探秘故宫
初一	中国历史		通识选修：古代饮食文化	

基础必修课程突出历史教学的基本常识和核心概念，注重历史学科的基本技能和思想方法，主要是让学生了解历史的来龙去脉，增强其对历史事件的直接感知。课程的宗旨是面向全体学生，培养历史思维。

拓展选修课程突出历史学科的规律，增强学生对历史的兴趣，扩展学生对历史的感知，同时面向学生的个性需求，注重拓展性和个体性。课程的宗旨是打造个性化的选修课，为学生未来专业发展打好基础。

实践实习课程从现存的历史遗迹出发，面向有实际需求的学生，让学生直接走近历史，触摸历史，实现学以致用的目的。

3. 学科课程群的搭建——以地理学科为例

课程群是指为完善学生的素质结构，围绕同一学科或研究主题，将与该学科或研究主题具有逻辑联系的若干课程在知识、方法、问题等方面进行重新规划、整合构建而成的有机的课程系统。课程群的搭建是以学生培养为主线、以课程的逻辑联系为纽带、以教师团队合作为支撑、以质量效益为抓手、以深化教学改革为动力的新型课程建设模式。

北京一零一中地理学科教学团队采用“模型—实践—图谱”的思路搭建地理学科课程群。首先，在地理学科、地理学习过程的基础上探讨地理学科学习力，形成地理学科学习力模型。然后，结合学校教学实际，进入实践层面。最后，以课程图谱的形式外显化。

中学地理课程的育人目标是培养具有地理素养的负责任的公民。围绕这一目标，地理组从三个方面展开思考：地理素养的内涵是什么？选择什么样的内容实现这一目标？通过何种教学途径实现？其中，地理素养是学科课程的最终目标，教学内容是形成地理素养的载体，地理教学是形成地理素养的重要途径。将上述三个主题与学生学习力相结合，地理组借助气旋结构模型建构了北京一零一中地理学习力模型（见图3－7），通过知识与经验、学习心理与品质、实践与合作三方面，不断提升学生地理学习力，最终实现中学地理课程的育人目标。

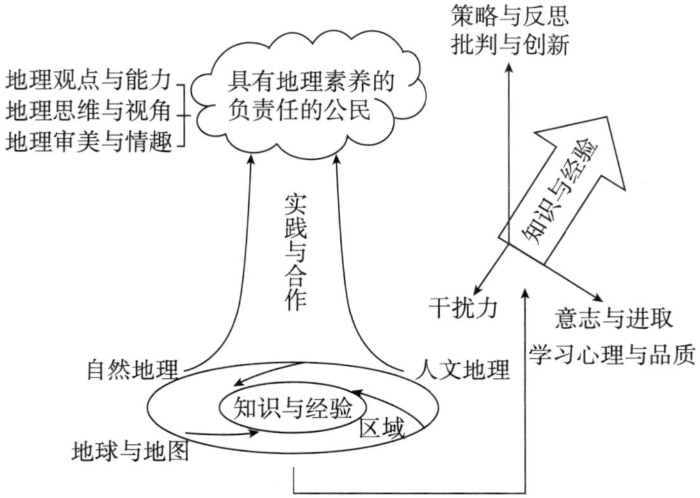

图 3－7　地理学习力模型

对于“地理素养”的内涵，学者们有不同的认识。结合地理课程标准及中学地理课程的基础性，地理组将地理素养拆解成地理观点与能力、地理思维与视角、地理审美与情趣三个方面，以便理解建构学习力模型。

①知识与经验

作为地理学习力的要素之一，地理知识与经验处于最基础的地位，是地理学习力的“燃料”。地理学习力中的“知识与经验”，可以从三个层面解读：第一，它可以指学生头脑中已有的知识和经验，作为认知的准备状态；第二，它可以是经过不同发展过程（如实践与合作）后形成的认知，作为未来学习、发展的知识与经验基础；第三，这些知识与经验储存在学生的头脑中，是认知结构的起点和核心。

气旋的螺旋式上升结构很好地展现了这一过程。地理知识与经验按照学科体系可以分解为地球与地图、自然地理、人文地理等不同的专题。这些地理基本原理均需要一定的区域作为载体。换句话说，一个区域的综合性是自然地理、人文地理各要素相互作用的结果，同时，由于这些要素在不同区域的表现不同，形成区域之间的差异。图 3－7“知识与经验”圈外的箭头表示影响一个区域分析的三个方面：地球与地图基础、自然地理和人文地理原理。它们作为一种“信息流”，从外界获得，共同作用于图中的大圆——区域，并逐渐内化到自身的头脑中，形成中心的圆圈，即学生的地理知识与经验，它随着学生积累的增多而呈现出螺旋式上升的形式。

②学习心理与品质

学习心理与品质是地理知识与经验提升的驱动力，它与地理知识与经验的关系可借助风在气压场中的受力表示。地理组将地理学习心理与品质拆解成两个大的方面，即正向驱动力和干扰力。正向驱动力包括具有学科属性的学习策略，如策略与反思、批判与创新以及更倾向于一般心理品质的意志与进取两个方面。不同的学科具有不同的学习策略，不同的学科思维对学生的批判与创新思维的贡献也不相同。意志与进取包括兴趣、动机和意志等重要的组成要素。干扰力则阻碍地理知识与经验的提升，如对地理学科的认识、其他学科的学业压力、学习中的困难等。

学生的地理知识与经验的提升是这两大方面力的共同作用的结果。正如风与力的关系一样，各种力决定了风力大小和风向，风力大小和风向也影响着气压场中力的改变。地理学习心理与品质驱动学生学习，增长地理知识与经验，地理知识与经验的提升反过来也会影响学生地理学习心理与品质。

③实践与合作

实践与合作起到桥梁的作用，将上述两个要素连结到一起，螺旋式向前发展。实践与合作包括一般学习力中的实践与活动、协作与交往。从地理学科和一般学习力的角度看，它包括一般的协作交往要素——倾听、交流、协作、分享，以及地理实践技能——观测、考察、实验和调查。

地理学科结合学生现在及未来的需求，对地理课程进行了分级、分类、分层整理，并以现有课程为基础进行了初步的课程内容与结构的设计。所谓分级，是指从学生成长角度出发，按照不同的年级进行划分，这一部分基本执行国家课程标准，略有调整。所谓分类，是指从学科角度出发，按照地理学科知识内部联系进行的内容划分，如自然地理、人文地理、区域地理等。此外，由于地理学科的综合性，一些跨学科的专题研讨也可成为一个领域。所谓分层，是指从学生需求角度出发，依据学生不同发展方向、不同兴趣点、不同学习水平，构建的不同类型的地理课程，如基础必修类（所有学生必修）、兴趣拓展类（供对地理感兴趣的学生选择）、方向拓展类（供未来对地理教育有较深层次需求的学生选择）、实践实习类（供对地理感兴趣或在地理某一领域有深入研究需求的学生选择）等。这样的课程群是目前学校地理课程结构的展现。北京一零一中地理课程群可以表示为一个三维课程结构（见图3－8）。

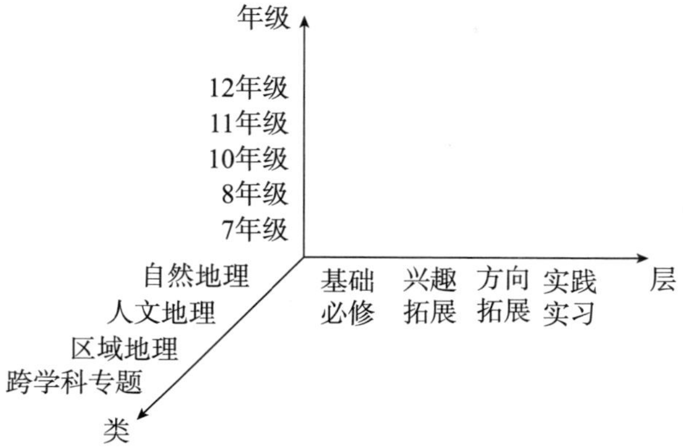

图3－8　地理课程三维结构

不同年级呈现的是不同的地理课程图谱（见表3－2）。

表3－2　不同年级地理课程图谱

年级	分类	基础必修	兴趣拓展	方向拓展	实践实习
7年级地理课程图谱	自然地理	地球与地图			
	人文地理				
	区域地理	世界地理	玩转北京、探秘世界（网络课程）		
	跨学科专题		宇宙与地球、宝石鉴赏、物候	天文竞赛	天文DIY、科学探索、气象知识竞赛
8年级地理课程图谱	自然地理				
	人文地理				
	区域地理	中国地理	魅力中国（网络课程）		
	跨学科专题		宝石鉴赏、物候	天文竞赛	科学探索、气象知识竞赛

续表

	分类	基础必修	兴趣拓展	方向拓展	实践实习
10年级地理课程图谱	自然地理	自然地理		Pre－AP Environmental Science	
	人文地理	人文地理	旅游地理（网络课程）	Pre－AP Human Geography	
	区域地理	区域可持续发展			
	跨学科专题		宇宙与地球、军事地理	天文竞赛	天文DIY、科学探索、宝石赏析
11、12年级地理课程图谱	自然地理		自然灾害（网络课程）	自然灾害与防治	
	人文地理		带你去旅行、旅游地理（网络课程）	旅游地理、AP Human Geography	北京人文地理实习
	区域地理		中国地理、世界地理		

4. 学科课程内容的整合——以历史、化学学科为例

对学科课程内容的整合从纵横两个方向入手。纵向是将国家规定的课程进行整合，形成几大门类课程领域。横向是按照学生学习水平分为三个层次：面向全体学生的基础能力课程，面向部分学生的拓展研究课程，面向部分学生的实践创新课程。除了学科内的整合，学校还采取了以主题为中心的跨学科整合方式。

首先，基于学习力开展学科课程整合。各学科在整合时都要围绕以下几个问题开展可行性研究。

第一，以学科逻辑为主线的课程为什么要进行整合？如何减少内容重叠，节省课时提高教学效率？这一研究过程是学校课程整合实践的逻辑起点。

第二，这种整合从理论和实践上是否可行？

第三，学科内如何打通前后联系？学科间如何找到整合点？教学时空如何进行联通？

第四，整合后的课程是简单的课堂教学，还是一门全新的校本课程？这一研究过程是学校课程整合的成果呈现。

第五，整合后的优势和不足是什么？除了节省课时外，在学习效果上有没有提升？在学科学习力上是否有提高？这一研究过程是学校课程整合的评价和反思。要想进行卓有成效的课程整合，除了要做好这些研究，还需要转变课程整合观念，树立科学的整合观。

学科内课程内容整合是指现行教材的顺序调整及教材内容的筛选、完善。北京一零一中利用学科内容的相关性、相似性特点，在学科课程内进行了以知识为中心、内容按主题进行的整合。这里，以历史学科和化学学科为例。

（1）历史学科内容整合

关于殷墟与商代文明历史，历史教材中三册必修都有涉及，包括政治制度、社会生产、宗教文字等诸多方面，将这些信息集中在一起很有必要，不仅能够反映商代文明的整体面貌，也易于学生把握历史信息，减少跳跃性。为了便于学生理解，也有必要把三册书的内容加以整合（见表3－3），从社会史的角度展开商代历史。经过调查，学生都表示听说过殷墟，相当一部分学生表示有兴趣。但是问题在于，学生对殷墟一知半解，并不能把殷墟与商代历史结合起来，而且也不具备理论高度，对世界文化遗产的情感态度价值观也有待培养。教材中有不少信息是概括性很强的语言，教师有必要介绍一些更为鲜活的文物与出土文献，使学生形成更清晰的认识。

表3－3　高中历史教材中“殷墟和商代文明”内容整合汇总

（一）A 商代的政治结构	人教版高中历史必修1，第4页
（一）B 商代的神权	人教版高中历史必修1，第4页
（一）C 商代的国家机器	岳麓版高中历史必修1，第7页
（二）A 商代的生产工具	人教版高中历史必修2，第5页
（二）B 商代的田制	人教版高中历史必修2，第16页
（二）C 商代的贸易	人教版高中历史必修2，第12页
（二）D 商代的青铜铸造技术	人教版高中历史必修2，第8页
（三）商代文化：神秘的甲骨文	人教版高中历史必修3，第46页

（2）化学学科内容整合

基于学习力提升的化学学科课程群，将化学必修内容、选修内容和校本选修内容统一整合。

高中化学课程由若干课程模块构成，分为必修、选修两类。其中，必修包括 2 个模块，选修包括 6 个模块，是必修课程的进一步拓展和延伸。每个课程模块 2 学分，36 学时。各课程模块之间的关系见图 3－9。

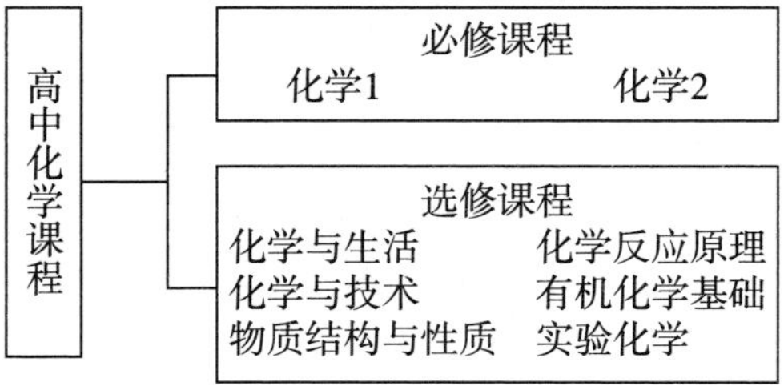

图 3－9　高中化学课程的修学模块

从学校学生的学情分析来看，学生化学知识基础较好。从教材来看，化学 2 和化学与生活（选修）模块在教学内容上有一定重叠。因此，化学组将化学 2 和化学与生活（选修）的教学内容进行了整合。例如，高一化学 2 中有基本营养物质的内容，主要涉及糖类、油脂、蛋白质的相关性质，而化学与生活（选修）中的关注营养平衡的内容，也是在研究糖类、油脂、蛋白质的相关性质，两者的内容重复率较高。因此在教学过程中，将这两本教材中的内容进行整合，就能够节省课时，提高效率。化学 2 中资源的综合利用和环境保护的内容，涉及高分子材料及环境保护问题，化学与生活（选修）中的塑料、纤维和橡胶研究的也是高分子材料问题，化学与生活（选修）中保护生存环境的内容研究的也是环境保护问题，这些教学内容也在化学 2 的教学过程中进行整合。

除单一学科课程内的整合，学校还开展了其他形态的整合。

一是跨学科主题整合。以世界遗产教育为例，在国家课程中，添加世界文化遗产的内容，实践跨学科教学。学校世界遗产教育校本课程的主题有世界之旅、不同的国度与不同的民族、世界遗产与圆明园、中国民间年画欣赏、少数民族体育等。每个主题之下又有若干门课程，共 46 门。二是三级课程整合。以京剧教育为例，学校将其作为三级课程整合的主题，有机融合校内资源和校外社会资源，以学科为单位进行三级课程对接，选择语文、美术、体育、历史、音乐、通用技术 6 个学科的国家课程与北京地方课程、校本课程整合，分别找出本学科对应的教学要点，明确显性对接点和隐性对接点，学科之间以及三级课程之间的教学内容各有侧重，优化课程结构，并付诸实施（见表3－4）。

表3－4　京剧主题的课程内容整合

国家课程	地方课程	校本课程
挖掘京剧相关领域内容，突出学科特点，主题宽泛，散点呈现。例如，七至九年级（初中）美术教材中与京剧教育有关的教学内容以及普通高中美术教材中与京剧教育有关的教学内容	围绕主题，以案例来组成教学内容，进行深度拓展。例如，北京市海淀区美术教学辅助教材中与京剧教育有关的教学内容	从不同学科入手实现课程多样化、特色化，满足学生需要。例如，体育学科与京剧进行整合开发的校本课程“京剧健美操”
七年级上册第四单元“我为校园添色彩” 七年级下册第四单元“校园艺术节”、第二节“制作表演道具” 八年级上册第一单元“形象直观的表现与交流”、第二单元“丰富多彩的现实多种多样的表现” 八年级下册第一单元“艺术表现的深层意蕴和审美价值”、第二单元“装点我的家居”、第三单元“增一分活泼　添一份情趣” 九年级上册第一单元“中国美术的辉煌历程与文化价值”、第二单元“读书与藏书的情结”、第三单元“格调高雅的生活品位” 九年级下册第二单元“城乡美术文化考察”、第三单元“中国民间美术”	线描画教学 第九单元“脸谱” 第十单元“小鬼脸” 第十一单元“兔爷儿” 第十二单元“风筝” 第十三单元“门神” 招贴画教学 第一单元“平面招贴画的表现与创意思维” 藏书票教学 “藏书票的画面题材和内容” 服装设计教学 第二单元“中国服装发展史” 第四课“中国民族服装服饰” 第五课“民族文化与服装” 陶艺教学 第二单元“陶艺成型方法” 第三单元“陶艺装饰方法”	主要分为三大模块：第一，元素；第二，核心部分；第三，韵律。各模块中的练习动作是采用京剧风格元素改编而成的，动作简单易学，但强度较大，适合初、高中学生练习。借用风格性健美操，使学生从中体会到运动的乐趣，改变枯燥的课程内容；提高学生心肺功能，激发他们的创造力和潜能

续表

国家课程	地方课程	校本课程
高中美术鉴赏 第九单元“美在民间——中国民间美术” 美术雕塑选修 第二单元“凸凹起伏的浮雕” 第三单元“塑绘结合的彩塑” 美术设计选修 第五单元“美的阅读——书籍设计” 美术绘画选修 第七单元“版画艺术的独特美感——黑白或套色版画”		

5. 学科课程资源系统建设——以信息技术学科为例

随着互联网的高速发展，网络教学在为学生提供全新的网络学习方式的同时，也为教师提供了全新的网络教研方式。网络教学资源体现出交互性特点，可以实现师生、生生和师师之间的立体交互，打破传统教学教研的时空限制，更好地实现教育资源共建共享，并且可以充分发挥学习者的主动学习能力、教育者的群体协作能力，使学习者、教育者在交流中更有针对性和目的性，从而提高教育教学水平。

学科课程资源系统建设在内容定位上主要涵盖两大方面。一是针对国家课程补充相应的课程资源，如文字材料、录音、录像、电子、多媒体素材以及社会自然资源等，使课程更加符合学生实际，符合教学需求。二是对由学校负责的课程领域进行相应课程资源的开发，这类课程资源涉及的领域和范围更广，更需要调动教师的积极性。

为了能让学生自主选择学习资源，学校引入了在线测评系统。测评系统提供了许多学习资料，包括教学内容文档、练习题、针对练习题的解题报告等。通过不同知识点的整合，学校建立了一套符合自身需求的题库系统，通过有效的监测，让学生的学习更有针对性。

对学生来讲，测评系统能让他们自主下载学习资料，还可以针对各个学习项目选择合适的练习题，完成练习提交后马上就能看到测评结果，这样一来学生第一时间就可以了解自己的学习成果，激发了他们对程序设计的学习兴趣和动力。当学生在学习中得到快乐，学习的积极性和主动性得以提高，程序设计也因此真正成为学生喜爱的课程。

这套测评系统以网络信息化技术为依托，建设了一个开放、互动、共享、友好的程序设计学习平台，在培养程序设计人才的同时，为学校积累了大量宝贵的学习与教学资料。学生的整体素质得到了有效提高，在教学的起始阶段得以顺利入门，在整个学习阶段能够保持对学习的浓厚兴趣，实际应用能力大大提高，学校的教学质量也得以稳步提升。

（二）构建“三层八维式”课程结构

北京一零一中课程建设包括四个方面：一是从学生发展需要出发，根据学校育人目标，整体规划学校课程建设，全面整合三级课程，不断完善学校课程体系，构建“三层八维式”课程结构。二是推动国家课程和地方课程校本化，对国家课程和地方课程进行拓展、加工和整合，完善《北京一零一中国家课程校本化实施标准》，从而校本化地实施国家课程。三是推进国家课程和地方课程之外的课程，即校本课程建设。四是对具有学校特色并形成品牌优势的兴趣小组和德育活动等，从目标、内容、组织实施以及评价等工作系统规范地进行课程设计，形成以未来卓越担当人才培养为价值取向的德育课程。国家课程开发注重课程的基础性与统一性，而校本课程开发则充分尊重学校和师生的独特性与差异性。

依据培养目标，学校通过课程顶层设计，对各种类型的课程进行整合，建构纵横结合、便于学生自主选择学习的立体开放课程体系结构。其基本框架是将国家课程进行整合，形成几大门类课程领域，然后，按照学生学习水平分为面向全体学生的基础能力课程、面向全体学生的分类分层拓展研究课程、面向资优学生的实践创新课程这三个层次（见图3－10）。

这个结构的特征是从学生多元发展和个性化需求角度，突破校本课程和国家课程在目标、内容上相对分离的状态，整体规划构建“三层八维式”的学校课程结构，形成校本课程和国家课程、地方课程相辅相成的学校课程体系。

图 3－10　“三层八维式”课程结构

“三层”分别是：第一层基础能力课程——所有学生的共同必修课程；第二层拓展研究课程——在共同必修的基础上，学生根据自己的个性化发展需求，选择相应的课程选修；第三层实践创新课程——针对拔尖创新人才培养的特色选修课程。

“八维”指学校课程涉及的八个领域。领域下有系列，系列下是模块组成的学习内容（见表 3－5）。

表 3－5　“三层八维式”课程结构

领域		数学与逻辑	语言与文学	科学与技术	人文与社会	艺术与审美	道德与伦理	生命与健康	实践与创新	管理模式
基础能力课程	国家课程									年级管理
	地方课程									
	校本课程									
拓展研究课程	博雅通识									年级管理 书院管理
	多元智能									
	多元文化									

续表

领域		数学与逻辑	语言与文学	科学与技术	人文与社会	艺术与审美	道德与伦理	生命与健康	实践与创新	管理模式
实践创新课程	特色书院									书院管理
	创新项目									
	综合实践									

（三）基础能力课程：8 大领域 32 个系列的课程体系

基础能力课程总体分为 8 大领域 32 个系列的课程体系（见表 3－6）。领域的分类与国家课程的领域分类略有不同，包含了国家课程的全部内容以及学校认为学生应当具有的素养。所有内容融合在系列主题中，体现了北京一零一中学生的发展需求。

表 3－6　8 大领域 32 个系列的课程体系

领域	数学与逻辑			语言与文学			科学与技术				人文与社会			
系列	数学与统计科学	逻辑与思维科学	信息与网络科学	汉语与传统文化	外语与多元文化	写作与文学创作	物理与空间科学	化学与生命科学	环境与地球科学	技术与工程科学	哲学与宗教信仰	历史与民族精神	政治与社会管理	经济与金融科学

领域	艺术与审美					道德与伦理					生命与健康				实践与创新			
系列	美学与艺术修养	美术与美术鉴赏	音乐与音乐鉴赏	戏剧与表演艺术	装饰与服饰艺术	礼仪与人际交往	人格与公民素养	道德与社会伦理	信仰与理想信念	情怀与家国天下	职业与生涯规划	体育与休闲健身	情感与心理健康	饮食与医疗卫生	研学与社团活动	体验与社区服务	拓展与社会实践	探索与科技创新

基础能力课程设计的创新在于，一是按领域形成两级系列主题课程。如科学与技术领域系列主题课程（见表3－7）。

表3－7　科学与技术领域系列主题课程

领域		科学与技术																			
系列		数学与信息科学			物理与空间科学			化学与生命科学				环境与地球科学				技术与工程科学					
国家课程		数学必修	数学选修	信息必修	物理必修	物理选修	信息选修	生物必修	生物选修	化学必修	化学选修	地理必修	地理选修					通用选修	通用必修		
地方课程																					
校本课程	精品校本课程	数学奥林匹克	数学模型方法	信息奥林匹克	多媒体加工与表达	物理奥林匹克	生活趣味物理	生物奥林匹克	微生物探秘	化学奥林匹克	生活中的化学	世界文化遗产	魅力中国	宇宙的奥秘	天文观察研究	模拟飞行	智能航模	头脑创新思维	建筑与设计	数控设计与操作	单片机
	特色书院课程	数理学科拓展		大师领航课程		科学实践活动		科学实践探索		科学素养课程		人文方法课程		人文经典课程		人文实践课程		大学先修课程		大师领航课程	

二是搭建了不同层级水平的课程体系供学生选择学习。如科学与技术领域中的物理学科课程体系（见表3－8）。

表3－8　物理学科课程体系

	面向群体	课程名称	课程内容
基础能力课程	初中学生	八年级、九年级物理	与国家课程标准对应的教学内容
	高中理科学生	必修1	与国家课程标准对应的教学内容
		必修2	
		选修3－1至3－5	
	高中文科学生	必修1	与国家课程标准对应的教学内容
		必修2	
		选修1－1	
拓展研究课程	具有个性需求的学生	生活中的物理	学生运用物理知识，观察分析日常生活中的有关物理现象，激发学生学习物理的积极性
		物理学史	介绍物理学发展的历史，开阔学生的眼界，加深对物理学的理解，并从前人经验中得到启示
		基于数据探究理论的选修课程	介绍数字化实验装置及实验实践，让学生了解数字化实验的优势及能利用数字化器材进行实验
研究类课程	具有学术潜质的学生	自主招生辅导	介绍自主招生考核范围及辅导
		高中物理竞赛辅导	介绍高中物理竞赛内容及辅导
		AP物理课程	介绍美国AP物理课程内容及辅导
实践创新课程	全体学生	智慧加速度物理知识竞赛	采取丰富多彩的比赛形式，让学生以小组合作的形式，运用学过的物理知识"过五关、斩六将"
		物理专题讲座	介绍物理前沿知识，开阔学生视野
		年度物理节	以实验展示等多种形式向学生展示物理的魅力
		参观活动	参观航天城、科技馆等

人文学科课程也同样如此。如“语言与文学”领域，共 23 个模块，其中必修 10 个模块，选修 11 个模块，复习 2 个模块（见表 3 -9）。

表 3 -9　语文学科课程体系

课程编号	课程名称	选课学生	必修/选修	周课时数	开课学段	学分
Y-G-1-1	高中语文阅读	全体	必修	4	1	2
Y-G-1-2	高中语文阅读	全体	必修	4	2	2
Y-G-1-3	高中语文阅读	全体	必修	4	3	2
Y-G-1-4	高中语文阅读	全体	必修	4	4	2
Y-G-1-5	高中语文阅读	全体	必修	4	5	2
Y-G-2-1	中国文化经典研读	全体	选修	4	6	1
Y-G-2-2	古代诗歌散文欣赏	全体	选修	4	7	1
Y-G-2-3	现代诗歌散文欣赏	全体	选修	4	8	1
Y-X-1-1	基础写作（记叙）	全体	必修	2	1	1
Y-X-1-2	基础写作（记叙）	全体	必修	2	2	1
Y-X-1-3	基础写作（议论）	全体	必修	2	3	1
Y-X-1-4	基础写作（议论）	全体	必修	2	4	1
Y-X-1-5	基础写作（实用）	全体	必修	2	5	1
Y-X-2-4	专业写作（文学）	全体	选修	2	6	1
Y-X-2-5	专业写作（论文）	全体	选修	2	7	1
Y-X-2-6	专业写作（网络）	全体	选修	2	8	1
Y-G-2-7	先秦诸子经典选读	部分	选修	4	9	1
Y-G-2-8	外国小说研读	部分	选修	4	9	1
Y-G-2-9	中外传记作品选读	部分	选修	4	10	1
Y-G-2-10	语言文字应用	部分	选修	4	10	1
Y-G-2-11	文章写作与修改	全体	选修	2	9、10	1
Y-F	高考复习	全体	复习	6	11	1
Y-F	高考复习	全体	复习	6	12	1

“课程编号”说明：Y 代表语文，G 代表国家课程，X 代表校本课程，F 代表复习模

块。第一个数字代表必修或选修（其中1代表必修，2代表选修），第二个数字代表模块次序。

（四）综合实践活动课程

综合实践活动作为课程设置的一个独立的学习领域，包括社会实践、社区服务和研究性学习三部分，共23个必修学分，其中社会实践与社区服务共8个必修学分。为了保证开展高质量的综合实践活动，学校分别制定了《社会实践与社区服务实施方案》和《研究性学习实施方案》，大力推进社会实践、社区服务和研究性学习。

1. 社会实践与社区服务

社会实践以班级、社团或小组为单位，在校外实践基地或校内组织开展。以班级为单位的社会实践活动由班主任负责统筹和管理。以小组为单位的社会实践活动，每组至少5人。社区服务以连心社、志愿服务小组、团支部为主要活动单位，在学校或家庭所在社区范围内开展活动。活动可以由教师来组织开展，也可以由学生自主安排，每组至少3人。

（1）课程目标

社会实践的课程目标是：使学生关心社会和科技进步，关心地球和生存环境，培养劳动观念，形成一定的劳动技能。使学生积累解决问题的经验，形成综合思考问题的能力以及探究社会问题的人际交往能力、协作能力、组织能力、操作能力、适应环境的能力，培养学生的创新精神。学校教育处和团委负责对社会实践活动和社区服务进行协调指导。班主任负责对班级的社会实践活动和社区服务进行动员、组织、考核。学校学分认定委员会负责对学生参加相关活动所获学分进行认定。

社区服务的课程目标是：使学生关心社区建设，主动参与社区的公益活动，形成诚恳助人、乐于奉献的积极态度和情感。培养学生的公民意识、参与意识和社会责任意识，使学生学会现代社会人际交往的本领，提高沟通与合作的能力，增强团结协作的意识。培养学生学以致用、服务社会的意识，并在社区服务过程中学习新知识，体验奉献的愉悦和人间的亲情。使学生进一步了解社区生活的社会环境，增长从事社会活动所需的知识，增强参与现代社会活动的能力。

(2) 课程内容

学校将社会实践分为校园实践、社会体验、综合实践三个主题，将社区服务分为社会公益活动、宣传教育活动、帮贫助困活动、社区民俗活动四个主题，分别设计了具体的课程（见表3－10）。

表3－10　社会实践与社区服务课程

<table>
<tr><th colspan="2">分类</th><th>具体内容</th><th>学分安排</th></tr>
<tr><td rowspan="3">社会实践</td><td>校园实践</td><td>(1) 军事训练（全体）
(2) 值周活动（全体）
(3) 成人仪式（全体）
(4) 学生电视台、广播站、记者团等学生社团活动（每位学生至少参加一个社团）
(5) 品牌活动（施光南艺术节、“一二·九”合唱节、文化节、科技节）
(6) 学生科技人文论坛（主办者和主讲人）
(7) 学生会活动（学生会成员）
(8) 各班承办节假日活动
(9) 校报《圆明园文艺》、校刊《一步》编辑出版
(10) 红十字活动（参加培训人员）
(11) 校史馆讲解（讲解员）
(12) 校内其他义务劳动（好人好事、卫生加分）</td><td>校内实践活动共1周，修习2学分</td></tr>
<tr><td>社会体验</td><td>(1) 燕京啤酒
(2) 现代汽车
(3) 汇源果汁
(4) 农业劳动
(5) 超市服务</td><td rowspan="2">校外实践活动共2周，修习4学分，高三年级不再安排</td></tr>
<tr><td>综合实践</td><td>(1) 革命传统、民族精神教育活动（西柏坡、井冈山、延安等）
(2) 祭扫烈士墓活动
(3) 博物馆、纪念馆参观活动
(4) 拓展训练（香山、顺义、凤凰岭）
(5) 与友好学校学生互访交流活动（我国香港地区、台湾地区，俄罗斯、日本、德国、美国）</td></tr>
</table>

续表

<table>
<tr><th colspan="2">分类</th><th>具体内容</th><th>学分安排</th></tr>
<tr><td>社会实践</td><td>综合实践</td><td>（6）微软亚洲研究院（参观、征文、讲座）
（7）IBM 研究中心（走进校园）
（8）中央电视台（百家讲坛）
（9）光明日报社（光明讲坛）
（10）其他修学活动</td><td></td></tr>
<tr><td rowspan="4">社区服务</td><td>社会公益活动</td><td>（1）连心社活动
（2）各类“义卖”活动
（3）社区卫生保洁活动
（4）可持续发展行动小组活动
（5）学雷锋活动
（6）青年志愿者活动（排队日、推广普通话、无烟日等）</td><td rowspan="4">高一和高二年级完成不少于 10 个工作日的社区服务，修习 2 学分。高三年级原则上不再安排</td></tr>
<tr><td>宣传教育活动</td><td>（1）环保主题宣传
（2）交通安全主题宣传</td></tr>
<tr><td>帮贫助困活动</td><td>（1）临终关怀医院
（2）敬老院
（3）顺义太阳村
（4）海淀残联语训中心
（5）大手拉小手活动（西黄泥希望小学、平山县八一红军小学、温泉二中、房山窦店中学、夏村中学）</td></tr>
<tr><td>社区民俗活动</td><td>（1）圆明园研究
（2）北京文化</td></tr>
</table>

（3）基本要求

社会实践与社区服务的基本要求包含以下几个方面。

一是充分发挥学生的创造性和自主性。鼓励并要求学生自己参与设计、自己选择主题、自己组织实施、展开自我评价，尽可能让学生自己去观察、感知、判断、分析、反思和创造，将活动的实施过程作为学生改变学习方式、感悟生活的过程。

二是落实活动规范，保证严肃性和真实性。每次活动要有明确的目的、要求，做到任务、实践点、指导人员、责任人四落实。在社会实践和社区服务活动结束后，要求如实撰写学生社会实践和社区服务报告。注意做好考勤记录和活动原始记录。

三是注重态度考察，重视过程体验。重在考察学生的参与能动性，重视学生参与活动的积极体验、真实感受以及认识、能力、情感态度和价值观等方面的进步与发展。

四是增强安全意识。在组织活动时，要对学生进行必要的安全教育，提高学生的自我保护能力，同时加强与家庭、社会相关部门的沟通与联系，在确保学生人身安全的前提下开展各项活动。

社会实践和社区服务活动开展要从实际出发，积极主动，量力而行。

（4）学分认定

社会实践的学分设置为三年共 6 个学分。时间要求是：三年内必须参加为期 3 周的社会实践，每学年 1 周，可集中安排，也可分散进行。认定方法是：以学期为单位汇总原始材料，学年末填写社会实践学分认定表。首先由班主任根据学生参与的时间和态度给出学分，上报教育处或团委审核，最后由学校学分认定委员会认定。学生自主安排的社会实践由所在单位负责人签章证明，学校组织的实践活动由负责教师签章证明。

社区服务的学分设置是三年共 2 个学分。时间要求是：高一、高二分别参加不少于 5 个工作日的社区服务并取得相关证明，分别获得 1 个学分。认定方法是：以学期为单位汇总原始材料，学年末填写社区服务学分认定表。首先由班主任根据学生参与的时间和态度给出学分，上报教育处或团委审核，然后由学校学分认定委员会认定。学生自主安排的社区服务由接受服务单位负责人签章证明，学校组织的服务活动由负责教师签章证明。

2. 研究性学习

研究性学习一方面是为弥补传统课程的局限，另一方面是借此形成学生的研究意识，初步培育学生的研究能力，丰富学生的学习生活，在此基础上，养成中学生的探究合作意识与能力。研究性学习的课题既产生于课堂教学，也产生于学生对社会生活的体验、观察与思考。北京一零一中部分学生开展的研究性学习课题见表 3 – 11。

表 3－11　北京一零一中部分学生开展的研究性学习课题

实验类	调查类	设计制作类
咖啡因对营养生长期矮种豌豆的影响	基于海淀山后地区公交线网现状进行调整与优化的研究	电脑键盘输入汉字的情况研究
三色堇、孔雀草和百日草对受重金属镉污染土壤的修复技术研究	北京和平门胡同停车现状调查	家庭环境进行全息摄影的方法探究
牛奶袋表层细菌抑菌方法的研究	4 号线圆明园站地铁画廊利用率的调查	北京一零一中校服的研究与设计
植物百叶窗的研究与制作	关于中国内地偶像剧在青少年学生中流行原因的探究	手帕纸的包装设计对消费者购买欲的影响
iphone 显示电量与实际使用时间的关系的研究	人人网对学生影响情况的调查研究	太阳能半导体制冷结露沙漠取水器的研制
探究不同品牌免洗洗手液的杀菌效果	打工子弟和城市儿童的心理差异及成因——以小学三年级为例	老人跌倒自动报警装置的研究
一些家庭储存方法对于柿子保鲜效果的研究	昆玉河水质的空间变化及其影响因素初探	扑翼机的电动化改造及创新
基于 SiNX/Si 异质结薄膜光吸收性质的研究	北京周边古城现状调查	北京一零一中植物地图的收集研究与绘制
植物源食品天然防腐剂对微生物抑制效果对比	民国时期中学生校园生活研究	主动减震系统初步探究
半透熟芒果在摘下后果糖含量随时间变化	利用信息技术推动有害废品回收问题的研究	传感器在中学化学实验中的应用
酸奶在不同保存条件下乳酸菌含量及其酸度的变化	北京景区垃圾桶摆放与设计合理性调查——以天安门广场、海淀公园为例	文版编辑器的设计与应用

以“基于海淀山后地区公交线网现状进行调整与优化的研究”为例，可以看到学生开展研究性学习的实际情况及学习成效。

基于海淀山后地区公交线网现状进行调整与优化的研究①

魏 聪

该研究来源于组员对于海淀山后地区公交线网的观察及亲身体验。多年来，海淀山后作为北京市的战略要地、新兴高新技术产业园区、重要的居住区和重点生态保护区，其交通系统结构不合理，缺乏完整规划，使得乘客出行不便。研究选取重点公交线路，在特定时间内跟踪线路的全程并记录各个车站上下车人数和到站时间，分析数据初步确定客流变化情况；对几种不同的聚落形式（自然村、老式工业区小区、新式小区、高档小区）进行实地考察；在高峰时间选取特定站点（主要是换乘站），记录各线路到站时上下车人数并按方向进行分类等。研究发现，山后地区交通线网存在一些问题：大量的线路断点，使部分地区公交出行走向单一，客流不得不绕行或选择其他方式出行；大量的有路无车路段和公交真空区，使得有些区域的居民出行非常不便；与邻近功能区的接驳不便；大多数线路逢站必停，站距较小，虽有 G7 等优良的道路资源，却缺乏快速进城的线路；换乘方式单一，重点换乘站交通压力较大。为此，就调整路线和新开线路提出建议。如延长线路，明确功能；延长线路，打通走向；站位微调，优化结构；接驳城区，多拉快跑；线对点式接驳，即大面积串通山后，接驳临近地铁站；点对点式接驳，即连接山后某单一重点区域和邻近地铁站。

研究性学习能够培养学生的创新精神和实践能力，可以说，研究性学习能力的培养是学生学习方法的一次革命。学校制定《研究性学习实施方案》，规定研究性学习的具体实施包括五个步骤：确定课题—制订计划—搜集资料—总结整理—交流评价。研究性学习采用集中与分散相结合的方式，学校建立对研究性学习成果的评价机制，重点关注学生进行研究性学习的过程、学生的学习体验、学习行为方式所产生的变化等。

（1）实施研究性学习的原则

一是主体性原则。研究性学习不同于传统的学习，它把学生置于主体地位。在研究中，由学生自己选定课题，自主组织研究小组，设计研究方案，独立开展研究活动，教师重在组织、指导和评估。

---

① 该课题曾被《中学时事报》（2017－04－01）报道。

二是开放性原则。研究性学习的研究题目可以很广泛，可以立足某一学科，也可以融合多学科。在同一主题下，探究视角、目标定位、过程设计、方法适用等应留有足够空间，供学习者展示个性特长，发挥才能。

三是全员性原则。研究性学习要面向全体学生，并充分考虑学生的个体差异，尊重学生的兴趣爱好和选择，力求使每位学生都能得到发展。

四是创造性原则。学生的创造潜能是座“金矿”，而研究性学习是开掘“金矿”的极好形式。研究性学习着眼于激发学生的创新潜质，创设一种类似于科学研究的情境和途径，让学生通过主动探索、发现和体验，学会对大量信息进行收集、分析和判断，培养学生的创造思维和探究能力。

（2）充分利用社会资源

北京一零一中地处高校、科研院所以及科技园的集中区，拥有丰富的文化旅游资源、雄厚的科研师资力量以及密集的高新技术等，为学生的研究性学习提供了充足的资源保障。学校通过与高校和科研院所的深度合作，让学生走进高端实验室，感受科技的魅力，近距离感受科技的力量，激发学生的想象力与创造力，也促进学生去思考一些科技带来的社会问题。例如，学生们在参观百度公司后，开始研究如何保障搜索结果的客观公正、如何在过滤不良信息的社会责任和满足用户需要的商业追求之间取得平衡、中国搜索对于提升国家软实力还能做什么等一系列问题，直指互联网中搜索引擎亟待解决的问题，学生的视野得以拓宽。

此外，众多的校友，来自各行各业的学生家长，都为研究性学习的顺利开展注入了活力。

（3）全校各部门通力合作

研究性学习的开放性、创新性等特点决定了其涉及的知识面较广、活动的时间比较灵活，这其中涉及管理、安全、获取资料等诸多问题，因此学校的各部门之间需要通力合作，共同做好研究性学习的指导、保障工作，使学生在可实现的范围内最大限度地去研究感兴趣的问题。

（4）加强研究性学习的组织和管理

学校建立了以教学副校长为组长，由研究性学习管理小组、各年级年级组长、班主任、指导教师、图书馆和信息技术中心组成的研究性学习管理和实施机构。建立网络管理平台，其功能主要是指导、管理、交流和评价。

（5）明确研究性学习的实施细则

研究性学习注重过程。学生必须按照学校规定将研究性学习所需上交的作业传到网上，否则将影响最后成绩的评定。作业主要有以下几项：开题报告、研究方案或实验方案，课题活动记录表，资料记载（文字、音像等），研究体会、感想或心得，结题报告（论文、报告、调查研究等），其中应有结论、证据材料、引述的资料目录、相关论文以及展示材料（PPT、录像、照片等）。研究性学习强调纪律。双休日或节假日期间，学生在研究过程中如需外出活动，必须向校内指导教师申请，教师书面批准并告知家长后方可外出。各研究小组必须推选一名组长，负责本组的计划和组织协调，若出现特殊情况可及时与教师联系。小组成员必须备有其他成员以及指导教师的联系方式。研究性学习必须明确实施时间和形式。课程开设两学年（高一、高二），以半学年为一个课题研究周期，共完成2～4个小课题，主要利用课外时间完成。课程以班级为单位，建立若干个研究小组。每班配备一位研究性学习负责教师，负责指导确立课题和选择指导教师。每个研究小组配一位校内指导教师，聘请1～2位校外指导教师，负责指导课题研究。班主任和校内指导教师共同进行安全管理。北京一零一中研究性学习的实施步骤如下。

北京一零一中研究性学习的实施步骤

一、准备动员阶段

1. 组建研究性学习管理小组。

2. 教师动员。在全体大会上动员，对教师提出要求，将指导研究性学习确定为教师必备能力之一。（由学校领导来做）

3. 教师培训。主要由研究性学习管理小组来组织和实施。

（1）指导教师培训

·对象：全体教师。

·时间：期末。

·形式：讲座和实践相结合。

·内容：什么是研究性学习，研究性学习的过程、方法、指导中的注意事项等。

（2）研究性学习的负责教师培训

·对象：在教师中选出研究性学习骨干教师。

·时间：期末。

·形式：讲座和实践相结合。

·内容：如何指导学生选题。

4. 家长动员。让家长了解学校开展研究性学习的相关情况，支持学生开展研究，并尽可能为学校提供资源。该项工作在高一年级入学教育阶段完成。

5. 制定学校研究性学习的各项规章制度。

6. 建立网络管理平台，充实其中的相关内容。

二、实施阶段

1. 选题阶段

·内容：什么是研究性学习、研究性学习的过程、学校关于研究性学习的管理规定、如何确定指导教师、如何选题、如何制定研究方案、各种研究方法等。

·形式：以班为单位进行讲座和指导。

·负责人：研究性学习的负责教师。

·时间：共3～5节课，每周一次。

说明：该阶段是研究性学习的关键一步，主要是指导学生确立课题、确定指导教师，需要研究性学习骨干教师适当利用课余时间辅导。研究方法的讲座可在确立课题后进行。

·需要上交的作业：研究题目、指导教师姓名和研究初步设想。

2. 制定研究方案

·形式：以研究小组为单位开展，学生自己活动和教师指导相结合。

·时间：期中考试前完成。

·内容：通过查阅资料、访问有关人士等，确定课题研究方案；组织开题，指导教师对课题研究方案提出修改意见；指导教师对学生进行开题评价。

·负责人：指导教师。

·需要上交的作业：课题研究方案。

3. 研究过程

·形式：学生自己研究和教师指导相结合。

·时间：期末考试前4周完成。

·内容：学生按课题研究方案，自主开展研究活动；指导教师定期了解每个小组以及每个学生的活动情况，提供有针对性的指导；指导教师对学生进行中期评价。

·负责人：指导教师。

说明：学生应该有积累资料的意识，将研究过程中的资料保存好，同时，每个学生准备一个记录本，随时记录研究情况与各方面的收获。

·需要上交的作业：小组每次活动的记录表。

4. 结题

·形式：以研究小组为单位开展。

·时间：期中考试前两周。

·内容：对收集到的资料信息进行分类、归纳、整理和提炼，撰写结题报告；组织答辩；结题评价。

·负责人：指导教师。

·需要上交的作业：结题报告、相关的研究资料、教师对结题的意见。

5. 展示

·形式：以研究小组为单位，先在班级展示；评选出优秀小组，在全年级展示。

·时间：期中考试后。

·内容：学生展示研究成果；研究性学习管理小组进行展示评价，同时评选优秀研究小组并对其进行表彰。

·负责人：指导教师、研究性学习负责教师和研究性学习管理小组。

·需要上交的作业：展示的 PPT、照片等。

6. 成绩评定

·内容：汇总开题评价、中期评价、结题评价和展示评价，根据学校规定的不同权重，对每个学生做最后的成绩评定。

·负责人：指导教师。

·时间：期末。

·需要上交的材料：学生成绩评价表。

（6）做好研究性学习评价

研究性学习评价要强调学习过程，强调对知识技能的应用，强调学生参与探索性实践活动获得的感悟和体验，强调学生的全员参与。此外，评价主体要多元化，评价手段、方法要多样，评价内容要丰富灵活。

研究性学习评价分为两步。第一步是基础性评价——将评价的内容分为开题、中期、结题、展示 4 个部分 11 个方面，每个方面占一定分值，由指导教师、小组其他成员和学生个人对应 11 个方面分别进行评价。各方面成绩均在 C 等级或以上的学生方可获得学分。第二步是激励性评价——学校设立研究性学习的专门奖项对优秀小组和个人进行表彰、奖励。小组先在班内展示，评选出班级优秀小组和优秀个人。获奖小组继续在年级进行展示，评选出年级优秀小组和优秀个人。优秀小组和个人将获得表彰和奖励。北京一零一中研究性学习评价细则见表 3－12。

表 3－12　北京一零一中研究性学习评价细则

	序号	评价内容	A 级标准	所占比例（%）	得分			
开题（30）	1	课题来源	通过自己探索发现问题提出课题	10	A	B	C	D
	2	新颖性/可行性	选题新颖并可行	5	A	B	C	D
	3	对课题背景的了解	对课题背景知识有很好的了解	5	A	B	C	D
	4	研究计划	研究计划详细、全面、切实可行	10	A	B	C	D
中期（20）	5	积累原始资料	研究过程中注意记录过程和进行资料收集	10	A	B	C	D
	6	解决问题能力	遇到困难能够提出很好的解决办法	5	A	B	C	D
	7	交流合作	研究过程中团结协作好，能够很好地与他人交流	5	A	B	C	D
结题（40）	8	分析和利用信息的能力	能够正确整理、运用所得资料，从中得出正确结论	10	A	B	C	D
	9	结果/成果	研究结果/成果实现了预期目标	20	A	B	C	D
	10	反思/体验或收获	能够正确地进行自我评价，体验和收获丰富	10	A	B	C	D
展示（10）	11	展示交流	能将自己的课程研究简洁、有序地表述出来	10	A	B	C	D

四、学校校本课程开发与建设

课程结构是育人的蓝图，是推进育人方式改革的突破口。它要回应社会变革的需求，要体现培养具有创新意识和担当能力的卓越人才这一办学的核心价值追求。21 世纪的改革探索，使我们的教育观、课程观、教学观不断发生变化，对基础教育的职能、普通高中的定位认识不断深化，学校的课程体系要在保证共同性、基础性的前提下不断增加多样性和可选择性，以满足不同学生的个性化需要。实现学校教育的育人功能，高质量校本课程开发势在必行。

（一）校本课程开发与建设的途径与内容

校本课程切合学生发展需要，在学校课程体系中具有独特的位置。这些课程一方面是对国家和地方课程的补充，另一方面特别有利于学生的个性化发展，能够让学有所长的学生在相关领域早起步、早发展，使其在个人发展的道路上早成才。

北京一零一中校本课程的定位是：以高位的思考视角、变革性的实践，突出国家课程的价值，突出国家课程指导下学校课程的价值，突出学生的差异和个性发展。在学校构建的课程体系中，学校对体现国家共同基础要求的学科课程进行校本化实施，调整了模块的内容顺序，加强人文精神的渗透，加强与生产劳动的联系。同时，根据国家对高素质人才素养的要求，根据学生的兴趣和需要，结合学校的传统和优势，充分利用学校和社区的课程资源，开展并逐渐完善以拓展性课程和研究性课程为代表的校本选修课程的建设。这种课程形态关注学生发展的需求，重视培养学生的实践能力和创新精神，凸显学校的育人特色，使学生更好地成长成才。

多年来，北京一零一中在选修课、活动课、科技兴趣小组、学生社团活动方面积累了很多成功的经验，为校本课程的规范化和更高层次的开发提供了良好的条件。

21 世纪课程改革初期，学校通过选修课程模块化、社团活动目标化、德育活动系列化的路径，开发出具有学校特色的校本课程，涵盖多元文化、科学—技术—社会、多元智能开发三个领域。

在多元文化领域，北京一零一中将可持续发展理念根植于整个课程体系中，在语文、英语、思想政治、历史、地理、艺术、体育与健康等科目中，通过艺术、戏剧、辩论、体验等不同的方式，使学生学习不同民族、不同时代的文化，教育学生尊重他人、尊重差异与多样性、热爱自然和保护环境，树立持续开发和利用有限资源的意识，理解自己与他人、与自然、与社会环境的联系。多元文化课程涉及的选修课科目见表 3－13。

表 3－13　北京一零一中多元文化课程涉及的选修课科目①

课程系列	课程名称	
语言与文学	法语入门	英文电影赏析
	西方文学选讲	英文戏剧表演实践
	英语歌曲和配音	美国中学同步文学课
	旅游日语	论语与人生
	东方文学选读	中外语言文化面面观与跨文化交际
人文与社会	英美国家社会与文化	古代碑帖中的历史与艺术
	古墓探幽与博物奇想	赏玩与中国传统文化
	模拟政协与时政评论	JA 经济与金融
	冬奥会通史	模拟联合国
艺术与审美	民族舞	影视创作
	非洲鼓乐	古琴
	校园原创戏剧	书法
	国画工笔花卉	油画写生与创作
	小百灵歌社	古代壁画临摹

21 世纪以来，科学技术进入有史以来发展最快的时期，信息技术、现代生物技术、新材料技术、新能源技术、航天技术等迅速改变着世界面貌。但是，在科学技术高速发展的同时，也产生了人口激增、环境恶化、资源枯竭、物种锐减等一系列问题，这些问题严重阻碍了社会的可持续发展。学校的科学—技术—社会课程，不仅帮助学生学习和掌握科学技术知

① 北京一零一中的校本课程开发有阶段性的特征，不同阶段课程内容有延续或调整，课程名称也相应发生变化。

识，更加重视引导学生认识科学、技术、社会三者之间的关系，正确认识科学技术的社会功能，树立正确的发展观、价值观、科学观、伦理观乃至人生观，形成良好的科学素养。该课程主要涉及物理、化学、生物、数学、科学、信息技术、政治和地理等学科。

1983 年，美国哈佛大学教授加德纳创立了多元智能理论，认为每个孩子都是一个潜在的天才儿童，只是经常表现为不同方式。这使现代教育成为开发和释放人的创造潜能的发动机。遵循这一教育理念，北京一零一中围绕培养学生创新精神和实践能力的目标，根据学生不同的兴趣爱好，确立了由学生自主建立、自主管理的群体性活动组织，同时组建了科技社团、体育俱乐部、金帆交响乐团等开展特色活动。对于在某些方面有特长的学生，学校设计了相应的课程进一步开发他们的智能，如数学竞赛辅导、物理竞赛辅导、化学竞赛辅导、生物竞赛辅导、信息学竞赛辅导、科技创新大赛辅导等。此外，一些学科注重研发学科拓展课程，如语文课程不同年级拓展出了不同的校本课程，帮助学生初步了解自己学习语文的潜力（见表 3－14）。

表 3－14　语文学科校本课程

初一年级	初二年级	高一年级	高二年级
趣味语文 毛泽东诗词鉴赏 电影欣赏	演讲与口才 语言文字学 《红楼梦》诗词诵读赏析 经典电影欣赏 中国传统节日文化	电影欣赏 茶道 中国传统文化 戏里人生 西方文学经典入门 《红楼梦》诗词诵读赏析 趣谈汉字 书院课程	经典电影欣赏 围棋与中国文化 老庄哲学与人生智慧 《红楼梦》五讲 围棋与中国文化 书院课程 专业写作

随着教育改革向纵深发展和以人为本理念的深入，学校教育更加强调培养学生健康个性，发展学校特色。学校校本课程开发已由“资源”向“需求”转变，从学校有什么开什么，到学校、学生需要什么开什么。校本课程开发成为实现学校特色发展的重要途径之一，学校也逐步形成了具有一零一中特色的品牌课程。

北京一零一中以课程规划为圆心，以八大领域为半径，联合高校科研院所共同开发了形式多样的校本课程，开设的选修模块数量不少于各学科课程标准所要求的80%，并实现课程目标、课程资源、教学方法的整合。现在学校已经开发了100多门校本课程。每学期根据学生选课情况以及学校课程开发小组审核的结果，开设50余门高中校本课程、40余门初中校本课程（见表3-15）。

表3-15 北京一零一中校本课程设置目录（2020—2021学年）

课程系列	课程名称	选课对象学段
数学与逻辑	AP微积分入门	高中
	数学联赛训练	
	初一数学提高班专题讲座	初中
语言与文学	英语写作技能全面提升	高中
	辩论基础	
	法语入门与会话	
	公共演讲	
	英美文学赏析	
	英语时事新闻	
	英语戏剧赏析	
	看美剧学英语	初中
	纪录片学英语——大自然的奥秘	
	英文电影赏析	
	英语文学赏析	
	语言表达能力提升	
科学与技术	太空总动员	高中
	4D空间	
	无人机课程	
	人工智能	
	化学竞赛配套课程	
	物理竞赛校队集训	
	模拟飞行	

续表

课程系列	课程名称	选课对象学段
科学与技术	探索者 BOX	高中
	建筑艺术和建筑技艺	
	海洋探索	
	神奇的微生物——食用真菌（蘑菇）	初中
	DI 头脑创新思维	
	米创 3D 趣味编程入门	
	海洋探索	
	探索者 BOX	
	生物趣味实验	
	模拟飞行	
	机器人与人工智能	
	人工智能机器人	
	飞行社团	
人文与社会	哲学导论	高中
	玩转日本	
	心理电影分析	
	青少年财商课	
	西方人文经典选读	
	JA 经济与金融	
	赏玩与中国传统文化	
	模拟政协社团	
	模拟联合国	初中
	动画片心理学分析	
	西方文化与社会	

续表

课程系列	课程名称	选课对象学段
艺术与审美	尤克里里	高中
	非洲鼓舞	
	音乐戏剧选修	
	摄影	
	设计基础与创意实践	
	插画	
	播音与主持	
	古琴	
	合唱	
	古代壁画临摹	
	one 0 one 街舞团	
	影视创作基础	
	吉他（高中）	
	书画	
	工笔花卉选修课	初中
	中国书画	
	小百灵歌社	
	影视基础创作	
	中国古典舞及民族民间舞	
	街舞（初级）	
	尤克里里	
道德与伦理	化妆与造型设计	高中
	心理成长小组	
	女子礼仪	初中
	心理电影赏析	

续表

课程系列	课程名称	选课对象学段
生命与健康	足球	高中
	篮球	
	体育桥牌	
	羽毛球	
	网球	
	舞蹈啦啦操 & 技巧运动与体能训练	
	高一、高二体能	
	篮球女生班	
	篮球技战术	
	体育桥牌	初中
	羽毛球	
	男子足球	
	网球	
	篮球	
实践与创新	玩转多米诺	高中
	植物栽培及实验	
	生命科学与学科交叉融合	
	学生公司	
	趣味手工	
	玩转多米诺初阶	初中
	简单中国结	

（二）北京一零一中校本课程开发与建设的特色

1. 理念指引，深度融合

随着课程改革的不断深入，学校校本课程的开发和建设经历了由点到面，再到成体系的发展过程。校本课程逐渐融入学校三层八维课程体系当中，成为整个课程体系的重要组成部分。现在的校本课程设置是对原来基于多元文化、科学—技术—社会、多元智能开发三个领域开发出的校本课程、各学科开发的拓展课程进行的选择和调整，并根据内容归入不同课程系列之中，在统一课程建构理念下，充分体现了校本课程与其他课程的融合。

2. 由资源向需求转变

学校把课程资源的开发延伸到社会大课堂中，形成与学生个性发展和素养提升高度关联的内容，在拓宽学生视野、培养学生综合素质、影响学生生涯规划等方面，充分发挥了课程引领的优势。

比如，“企业管理模拟”课程的学生参加“走进 IBM”职业见习日活动，与 IBM 副总裁、院士郑妙勤就 IBM 的历史、现状、发展及计算机的前沿技术进行交流，他们从如何度过高中生活、职业选择、公司的组织结构、员工分工合作的方式等方面和志愿者进行了深入交流，引发其更加关注现在和未来。学生在活动总结中写道：“只有在和优秀者的交流中才能感受到，真正优秀的人，他们最优秀的方面是他们的人格和奋斗精神。”

“学生公司”课程的部分学生参观了普华永道会计师事务所。在这个位列世界前十强的事务所里，学生们零距离了解职业人的工作环境和状态，更引发了对会计事务感兴趣的学生对自己生涯规划的思考。有学生在参观之后说：“我不仅从企业合伙人和经理的演讲报告中获取了很多关于会计与专业选择方面的知识与技巧，更懂得了现在我们的任务是什么。我们不仅要在学习上更进一步，更需要提升沟通能力与学习能力。而且，我们要尽早为自己选择未来前进的方向，而不是一直拖到高三。一旦仓促决定自己的专业，日后感到后悔时就无法补救了。”

很多学生对心理学感兴趣，想从事心理咨询、心理研究相关的职业。“心理学是什么”课程的部分学生参观了中科院心理所。在“心理梦工厂”，学生们亲身体验了空间记忆、生物反馈仪、平衡知觉、EPQ 人格测试等游戏活动，了解了脑电测试仪、视错觉等方面的知识，对心理学的产生和发展有了更全面的了解，对自己今后是否要从事心理学相关工作有了更明确的认识。

“戏里人生”课程的老师带领学生利用周末听戏、到剧场后台参观、和著名京剧演员交流、拜访梅葆玖先生等，真切感受京剧演员的生活和成长的艰辛。一位学生在活动体会中这样说：“在梅葆玖先生身上，我看到了梅家的大家风范。”这样的传统文化体验是学生最需要的，是一种“细雨湿衣”的熏染。

这样的拓展活动还有很多，麋鹿保护、动物园的人文关怀、戏剧展演、微型电影剧本创作、中国古老哲学话题的自我阐释等，校本课程把一批具有个性和兴趣的学生聚拢在一起，搭建了一个个小小的平台，让他们尽情展示、发挥、思考、成长。

3. 注重新颖性、时代性、趣味性

（1）中国文化特色课程

当今的学子应该在世界坐标中找寻自己的位置，传播和弘扬中华优秀传统文化，同时在与国际教育的对话中，开拓视野，提升技能，为人类做出更大的贡献。北京一零一中的友好学校遍布各大洲，每年都有众多学校来访交流，由此我们产生了开发中国文化特色课程的想法。这些年学校自主开发了中国陶艺、剪纸与绘画、水墨山水、中国面点制作、武术、脸谱文化、中国结制作等多门特色课程，将中国独特的文化纳入全球视野，使民族性与全球化很好地融合，推进教育的国际影响和水平。

（2）科学技术系列课程

随着信息技术的不断发展，与之相关联的领域越来越深受学生喜爱。目前学校信息技术组选修课已经形成体系，尽力为学生个性化发展提供良好的平台。

学校开设了机器人课程，主要讲解有关机器人的知识，介绍各种机器人竞赛，培养学生的动手能力和团队合作能力。

模拟飞行课程是指借助计算机软件，综合模拟真实世界飞行中所遇到的各种影响元素，如空气动力、气象、地理环境、飞行操控系统、飞行电子系统、战斗飞行武器系统、地面飞行引导等，运用航空飞行相关知识，使用外部硬件设备进行飞行仿真操控和飞行感官回馈的一门课程。学校希望通过模拟飞行这个新颖的教育课程，激发学生探究飞行器原理与空气动力学的热情，使他们进一步学习物理、数学、外语、机械、航空、气象、雷达、计算机、空气动力学等多方面知识。通过模拟操控飞机，可以锻炼学生手脑协调，增强学生思维敏捷度，提高他们的快速应变能力。

动手学天文课程（Hands－On Universe，HOU）是在美国国家科学基金会（NSF）支持下由美国加州大学伯克利分校创始的、基于互联网的天文普及活动。20 世纪 90 年代，美国加州大学伯克利分校的天文学家逐步把课程、作业、答疑、考试等放到网络上，甚至把望远镜也挂在网上供学生实习和动手操作，后来发展成为一种新型的网上教学模式。学生通过动手实践学习天文知识，掌握天文观测技能，提高对天文学科的兴趣，增强探索意识。

多媒体设计课程是学校面向全体学生开展的，涵盖“环保与新能源”“食品安全”“应急避险”“艾滋病防控”“卫生健康”等科普主题的宣传，通过课堂和兴趣小组组织学生进行数字化制作技术讲座，围绕这些科普主题，利用网络及多媒体技术，让学生体验、感受、分享科学探究的过程与方法，以多媒体作品的形式呈现科学联想与创意构思。

（3）航天特色系列课程

为了适应祖国航天事业未来发展的需求，帮助学生们逐梦太空，学校和军事科学院，航天一院、五院、十二院建立合作伙伴关系，重视拔尖创新人才的培养，积极推进航天特色课程建设，并不断为大家创建更多、更广、更深入、更近距离接触航天领域的平台。

航天特色系列课程具体分为航天领域 STEM 综合课程、PBL 项目式学习、大师领航课程、小卫星搭载项目和航天类 STEM 赛事几个方面。依托学校学森书院“太空总动员——航天特色课程”，学校先后邀请多位航天领域专家送课入校。

航天科技馆的老师为学生们讲授“北斗探秘”，让学生们全面了解北斗卫星导航系统，还借助专业的电子模块，以及卫星数字地图等工具，搭建了可以定位的“经纬仪”和可以观测北斗卫星方位与信号强度的北斗观察哨。学生们带着自己的作品在操场上进行观测，记录实验数据。此外，航天一院的博士为学生们讲解了现代火箭的发展历程和原理。军事科学院的专家们给学生们带来了小卫星系列课程。

与此同时，学校 STEM 教师团队还自主研发了很多航天类课程。

地理组金梓乔老师设计的课程“航天发射基地的选址”综合了物理、地理和数学等相关学科内容与方法，通过任务驱动、小组合作的学习方法，结合万有引力与航天、区位选址等学习内容，探究影响航天发射基地选址的因素。

化学组牛彩霞老师的“为宇航员做天衣”一课，让学生们自主完成项目任务的拆解，最终逐步建立起了“问题界定（功能确定）—产品设计（结构、材料）—产品制备—产品测试—迭代—分享交流”的工程设计思维模型。其中在产品制备环节，以高分子材料尼龙－66为例，学生自行设计合成路线，亲自合成尼龙－66，并对制备的材料进行性能测试，极大地激发了学生的兴趣。

科幻书籍《三体》以及科幻电影《流浪地球》带领读者和观众思考宇宙与文明的关系，这里面涉及大量的物理知识。物理组相新蕾老师在博士论坛中为学生们带来“揭秘《三体》中的物理学知识”，以及“《流浪地球》中的物理”专题讲座，相老师用最浅显的语言给中学生展示其中的物理原理，让他们感受知识的魅力与科技的力量。

物理组孙越老师的“月球基地生态舱的舱体设计与搭建”一课，学生通过了解月球环境，有针对性地设计生态舱的外形结构，对其结构稳定性、保温性、防辐射等特征进行设计，并根据设计方案提出的限制条件搭建结构和估算成本，最终每个小组进行展示和答辩。教师通过过程性评价和学生互评，评选出最佳设计组。这节课的教学内容涉及数学、物理、化学、生物、通用技术等多个学科，学生的学习热情和参与度非常高。

不仅如此，教师们还参与航天教材编写。其中，化学组李晨老师撰写“火箭推进剂的选择”，数学组何棋老师撰写“卫星椭圆轨道相关计算”，生物组张茜老师撰写“设计宇航员食谱”和“月球基地生态舱设计”，物理组孙越老师撰写“火箭——太空的运输者”，化学组牛彩霞老师撰写“为宇航员做天衣”等。

学校平时也十分关注学生的活动参与感，希望为学生创造更多平台，使他们获得参与航天设计活动及实验的机会。

2017年6月，中国科学技术协会、中国科学院、中国载人航天工程办公室、中国航天科技集团合作举办了首届“空间站搭载青少年科学实验方案征集活动”，2017年9月，学校举行“空间站搭载青少年科学实验方案征集活动”启动仪式，并邀请中国运载火箭技术研究院专家钱航博士就“如何设计太空实验”的内容开设讲座。此次讲座极大激发了学生的热情和一直埋藏在心底的航天情怀。报告后，20余名“航天小小梦想家”向学校报了名，提交了初步设计方案。学生们的奇思妙想令人耳目一新。指导老师及时了解学生们的设计进展情况，并就设计中存在的一些问题进行了解答。最后学校又聘请中国运载火箭技术研究院和中国空间技术研究院的专家对学生的方案进行一对一的评估和指导，就学生设计中存在的安全性问题、科学性问题和可行性问题提出了宝贵意见。学生们根据建议对设计进行了修改和完善，形成方案终稿，参赛送审。经过 8 个月的精心准备和激烈角逐，学校 5 个实验方案在全国首届“空间站搭载青少年科学实验方案征集活动”中脱颖而出，获奖名单见表 3－16。

表 3－16　北京一零一中获奖名单

方案名称	学生姓名	奖项
探究太空中水的传热规律实验方案	邓栊涛	一等奖
萤火虫太空生活及发光行为的探究	申琪　曹露嘉	一等奖
微重力环境下的蜘蛛结网实验	韩佳　薛昭蕴	三等奖
空间环境对致龋菌——变异链球菌的影响研究	李约　奚浩文　郭文玉	三等奖
微重力环境对 SKOV3 细胞吸收顺铂类药物与其抑制作用的影响	李藩　李佳润　崔卓迩	三等奖

2018 年 12 月，高一年级学生参加了首届“未来太空学者大会”设计太空城市比赛。经过北京市初赛，“广寒二号”月球基地的方案设计，最终入围全国赛——“凌霄一号”太空城市设计比赛。学生们在全封闭的 20 个小时内完成设计任务，经过精彩而激烈的对抗，最终由一零一中代表队与其他兄弟学校组成的“蓝海探索”公司获得高中组冠军（见图 3－11）。

图 3－11　郭涵校长和获奖学生交流

4. 形成校本教材

为了进一步推进课程建设，开发课程资源，利用校本课程平台推动教师专业化发展，学校组织了社会科学类、兴趣培养类、实验操作类校本教材的编写、出版工作，包括生物中的化学、模拟飞行、初中趣味物理实验、数码探科学、《红楼梦》导读、生命健康环境、西方文学经典导读、信息学奥赛初级课程、机器人、动手学天文等。

5. 实现校本课程开发中的教师成长

对校本课程的定位，我们一个坚定的认识是，校本课程的开发是为了促进学生全面而有个性的成长，校本课程具有的自主性、灵活性和探索性等特点，是教师行动研究很好的“自主实验田”。学校希望每一位教师在胜任本职工作以外，还应该有一个自己擅长的领域。在该领域中，教师一定要成为专家，既能够开发相应课程，承担校本选修课的任务，同时又能指导该领域的研究性学习课题。学校德育处一位老师开设了“玉文化”课，用自己的兴趣和爱好带动了一批学生了解中国传统文化；一位教务管理人员坚持开设“日语及日本文化”，取得了很好的效果，自身的专业水平也得到了提高；团委的老师在开展团组织工作的同时，开设了“电视摄像艺术课”，并带领部分学生进行“微型电影的制作和研究”的课题研究，研究成果获得全国青少年科技创新大赛综合实践活动二等奖；开设“企业管理模拟”课的老师带领学生参加全国学生商业挑战赛并取得优异成绩。一批老师借助校本课程展示、锻炼、提升自己，在平凡的工作中脱颖而出。

精品讲座课程是北京一零一中的特色课程之一。长期以来，学校和北京大学、清华大学、中国科学院、中国社会科学院等高校和科研院所紧密合作，有效利用各类优质资源，为培养学生服务。学校聘请知名专家学者来校开设讲座，内容涉及科技前沿、国防安全、国际形势、社会公平、中共党史、社会转型风险、经济形势、读书与精神成长等。讲座课程为学期课程，旨在提高学生综合素养。

（三）特色书院主题课程群

学校搭建了立体多维的课程体系，重点加强了课程体系中拓展融通和实践创新层次的课程设计。这里面的一个突破就是特色书院主题课程群的构建。

书院是中国历史上一种特殊的教育组织形式，它强调自由讲学与合作研讨，提倡讲演辩论，自修问难。其主要特征是自修为主，讲授为辅；博约结合，精思善疑；注重交流，提倡论辩。书院留给后人的东西很多，有两点最根本，一是人文主义精神，一是变革精神。学校借鉴书院的形式，纳入现代教育的内容，以自主研修、辩论、案例讨论作为主要学习方式。

书院主题课程群涵盖四大类型十八个系列（见表 3 – 17），集中体现了学校的特色课程。

表 3 – 17　北京一零一中书院主题课程群

主题	人文					科学					领军				国际			
系列	人文方法	人文经典	人文实践	人文情怀	大师领航	科学方法	科学文明	学科竞赛	科学实践	大师领航	领导力	战略思维	国际视野	大师领航	国际交流	国际视野	国际竞赛	AP
模块																		
管理	圆明书院					学森书院					六韬书院				国际书院			

1. 以人文实验班为主体的圆明书院课程群

北京一零一中人文实验班 2011 年经北京市教委批准成立，旨在培养具有深厚传统文化底蕴和国际视野，关注社会、勇于实践、善于创新的未来杰出人才。人文实验班也是学校探索高素质人文社会科学领域后备人才培养的模式和途径，目前已经构建的特色课程包括以下几个方面。

一是人文方法课程。引导学生积极关注社会现实，深入思考现实问题。以问题为依托，尝试运用人文社科研究的思维和方法，开展讨论或写作，以培养学生的人文情怀，培养学生观察社会、研究问题的能力。

二是人文经典课程。经典是传统文化的重要载体，是人类精神的家园。宽广的视野来自宽广的知识面，要提升人文素养必须从经典中吸取能量。学校教师精心梳理适合中学生学习的经典，开设了人文经典课程（见表3－18），与学生共同研读。

表3－18　北京一零一中开设的人文经典课程

系列	课程名称
外语与环球视野	西方文学史导读
国学与民族精神	国学要义发微
政治与公共管理	中国古代政治制度史
	国际关系基本原理
美学与艺术修养	艺术美学
哲学与逻辑思维	西方哲学概览

三是人文实践课程。组织学生利用课余时间走进社会，使学生在身心发展、扩展国际视野等方面都得到综合发展。组织学生走进学术殿堂，参观中国社科院的文哲学部、经济学部、历史学部、社会政法学部、国际研究学部等，与专家学者交流，了解文科学术研究。组织学生开展传统文化之旅，如颐和园“清秋皇苑赏月”、什刹海踏青览胜、长安大戏院体会京韵之美、宣南书馆聆听非物质文化遗产讲座等。推进班级文化建设，开展班级学生记者站、文学社活动。学生全程管理的文学社原创班刊《踏歌集》和《陌上》，在校园内外均引起较大反响。组织社会公益活动，到打工子弟小学支教并进行调查研究。人文实验班全体学生到北京风华希望小学支教，从捐款捐物给予物质帮助，到组成教学小组授课传递知识，再到开展调查研究，并提出解决建议，推动政府和社会进一步关注外来务工人员随迁子女教育问题，为这所打工子弟学校的孩子们送去了爱心和温暖。这些活动被新华网、《北京晚报》、《北京青年报》、《现代教育报》、《中学时事报》等媒体广泛报道。

2. 以钱学森理科实验班为主体的学森书院课程群

北京一零一中的钱学森理科实验班是在学校传统理科实验班的基础上，在钱学森之子钱永刚校友的大力支持下成立的，旨在培养具有深厚传统文化底蕴、较高科学素养、关注社会、勇于实践、善于创新的未来杰出人才。它是北京一零一中探索高素质数理科技领域后备人才培养的新途径。学森书院科学主题课程群的构建主要基于以下思考。

第一，青少年时期是人的个性品格形成的重要阶段，也是创新意识形成与创新能力培养的最佳时期。及早培养学生的创新精神和实践能力，使其初步掌握科学研究的方法和途径，将有助于发现和培养自主性创新人才，对科技北京的目标达成和科教兴市的战略实施具有重大的现实意义和长远的战略意义。

第二，推进中学与大学、科研机构有机衔接，促进科技教育、科研实践紧密结合。学校、家庭、社会密切配合，学校与科研机构共同主导，形成体系开放、机制灵活、渠道互通、共同发展的人才培养体制。

目前为止，北京一零一中和中科院已经共同开发出涵盖基础科学、生命科学、资源环境科学、高新技术科学四大学科领域的系列前沿科技特色课程，包括“中科院一线科学家讲座”、“京内科学实践活动”和“京外科学探索活动”三个方面的内容。课程则以小模块的方式进行，每 4 次课共计 8 课时为一个教学模块，在同一个模块中“中科院一线科学家讲座”与“京内科学实践活动”紧密相关，互为补充。“京外科学探索活动”的研究课题设计与小模块之间也是一个有机整体。通过“科学家讲解—科学实践—课题论证”的循环模式培养学生的科学意识和创新精神，同时使学生掌握基础的科学研究方法。

钱学森理科实验班的特色课程包括学科竞赛课程、科学素养课程、科学实践课程、大学选修课程四种课程。

学科竞赛课程旨在引导学生聚焦典型学科问题，以全国高中联赛和国际重要比赛为依托，积极参加学科拓展与学科竞赛，培养学生的学科视野和观察社会、研究问题的能力。

科学素养课程由中科院多位院士、研究员共同开设，课程主要以讲座的形式进行，讲座内容涉及相对论、化学工程、地外生命、遥感灾害监测、干细胞、中国“芯”、动漫 IT 技术、人类进化等，旨在普及科学常识，帮助学生掌握基本的科学方法，提升科学素养。

科学实践课程主要是组织学生利用课余时间走进社会，通过参观、游览、社会调查、职业体验等丰富多彩的实践体验形式，开展专题考察活动。学校利用寒暑假组织游学活动，注重加强国际之间的游学交流与互访，打开透视国外多元文化的窗口，使学生在身心发展、国际视野的形成等方面都得到综合发展。

大学选修课程是学校与清华大学、北京大学、国际关系学院等名校合作开设的相应的短期课程，旨在提高学生学业规划和目标学习的意识和能力。

3. 以领军实验班为主体的六韬书院课程群

领军实验班着重学生领导力的培养。领导力的内涵首先是落实自我教育理念，认识自己，学会规划和选择，有团队意识，用自身魅力影响他人等。课程的目标是让学生具备宽广的视野，有大局观，会判断，会沟通，敢于承担责任。六韬书院课程群包括以下几方面。

基础课程强调真实情境的实践体验，如通过模拟联合国、模拟政协两大社团活动平台，开展“外交官进校园”“走进外交部”“高端访问”“时事评论”等专题活动，通过与名人面对面，拓展学生认知领域，使其在社会体验和实践中，对自我成长和社会发展形成深刻认识。国际视野课程指的是国情讲座等系列课程，能够使学生对政治、经济、军事、外交、民生等领域有基本了解，形成忧患意识和担当意识。战略思维课程邀请国防大学、中国科学院等专家教授主讲，帮助学生获得一种系统、整体、动态地认识问题、分析问题和解决问题的方法和能力。此外，学校引进 SKT“十项全能”领导力系列课程，注重培养学生的学术能力、领袖气质、公民意识、创业精神。

4. 以国际合作班为主体的国际书院课程群

国际书院课程是国际名校预备人才培养系列课程。该课程在高标准落实国家基础教育课程要求的基础上，注重挖掘多元文化的渗透点。除 AP

课程和国际竞赛课程，是为学生未来申请国外高校做准备外，学校主要通过引进国外课程和项目，促进学生国际交流，拓宽学生国际视野。

学校引进“德稻”大师课程，在来自德、日、法、美、俄等国的众多大师的引领下，就人文景观设计、电影特效、动画及技术制作分析、电影音乐等内容为学生开设课程，以此开放透视国外多元文化，使学生在身心发展、国际视野的形成等方面得到综合发展，为学生走向世界、进入世界知名大学做准备；引进剑桥大学国际技能拓展课程（SDP 课程），将学生定位于全球发展和竞争的坐标系中，积极探索培养学生的领袖精神。2014 年，学校国际部两名学生在近百位竞争者中脱颖而出，获得了 2014 年度 TEDx 的主办资格，使得 TEDx 首次走进北京的高中，来到北京一零一中，为学生们接触了解各行业提供了机会。

国际书院的外籍教师以小组活动和集体对抗性活动交叉的形式开发了体育俱乐部课程，主要包括橄榄球、曲棍球、极限飞盘、夺旗等广受欢迎的体育运动项目。在教师精心设计的活动中，学生的自信、团队协作能力、领导能力得到充分培养，这些课程也成为学校必修体育课程的有益补充。

学生还采用远程视频对话和网络实时交流的方式，合作开展课题研究，如学校学生与美国学生共同利用废旧易拉罐完成了中世纪斯特林发动机的研究。海外修学课程亦使学生感受到了世界名校的精神，体验了多元文化。

[第四章]

基于生命成长的课堂教学实践研究

课堂教学是学校最核心、最生动的微缩景观，是学校课程改革实验的主阵地，是教学质量提升的重要抓手。进入21世纪以来，北京一零一中的课堂教学一直在改革与发展中稳步前行，并逐步形成了一零一中的特色：一是让培养未来卓越担当人才这一办学理念渗透于各学科课堂教学；二是体现学科本质，夯实学科基础，培育学生思维品质和创新能力；三是关注社会，与时俱进，持续开展课堂教学改革与探索，让一零一中全学科课堂教学始终洋溢着生机与活力，让课堂成为学生生命成长的芳草地。

我们一直清醒地意识到：教育体制和机制的改革代替不了课堂教学改革，如同教育创新代替不了教育改革一样。虽然日新月异的现代信息技术可以放大课堂教学效果，但是，再先进的技术也不能代替教师—— 一个个活生生的人的教学行为。教育理论的理想化要求，新课标的宏观确定性和规范性，都要在现实的，基于校本、基于学生生命真实成长的具体的课堂中重构与再生。这才是活的教育，才是根植大地的教育。

北京一零一中稳步前行的教学质量，首先体现在课堂，体现在课堂上学生的感受与表现、收获与成长上。而这主要取决于学校拥有一支高水平教师队伍。这支队伍的最可贵之处，在于稳健与理性，不盲目跟风；在于他们具备良好的职业操守，并注重学术与实践的融合；在于他们十年二十年如一日，在常态中做好每一天、上好每一节课的精神坚守。教师们在常态中强化学习与研究、实践与反思，始终关注如何把课程内容、课程文化首先融入自身，然后带进教室，培育学生生命成长。这是一个奇妙、神圣而真实的过程。

注重课堂教学反思是北京一零一中教师团队另一种职业品质。我们认为，课堂教学质量，其实就是教师与学生在课堂上过一种什么样的生活。基于这种认识，学校教师习惯于思考自己的课堂教学对学生思维品质培养、能力提升、情感陶冶等存在哪些短板，然后确立补齐短板的路径与方法。所以，长期以来，北京一零一中课堂教学质量监控，其实就是学校教师的职业性自我监控，这是实实在在的事，更是难能可贵之事。

在21世纪前20年的课堂教学改革与实践中，北京一零一中课堂教学另一道风景线格外亮丽——内涵性改革与实践。学校在高端引领中拓展课堂教学视界，在研究与实践中提升课堂教学境界，在各学科学术建设中追求教学品质和质量。

“十一五”期间，学校以“自我教育”办学特色为指导，进行自主学习、有效教学改革实验，开展课堂有效教学研究，承担北京市相关课题研究。这段时间的课堂教学特色，聚焦学生学科能力培育，聚焦学科能力培育基础之上的中高考。北京一零一中一直把“培养未来卓越担当人才”作为办学理念和育人目标。而确保高质量中高考成绩，让更多学生接受优质的中等和高等教育，既是培养未来卓越担当人才的基础性使命，更是学校不可推卸的社会责任。重要的问题在于，确保中高考取得优异成绩既不能剑走偏锋片面追求，更不能漠然置之轻看此事。

“十二五”期间，学校参加教育部自我教育人才培养模式课题研究。在课堂教学领域，各学科在有效教学实践基础上，重点探讨课堂教学中的自我导学模式，重在培养学生自主学习能力。此前的课堂有效教学研究与实践，更多关注的是教师如何教和学生怎样学。培养学生自主学习能力应特别关注学生学习的主体地位，为学生终身学习能力奠基。应该说，这是北京一零一中课堂教学的重要转变，也是中国基础教育的战略性选择。

也就在此时，学校参与裴娣娜教授主持的国家级课题研究——学生学习力和学科课程建设研究。这项研究的特色在于：一是学校高度重视。校长亲自参与，教学处、教科研室联合统筹统领。二是循序渐进。各学科首先总结此前在有效教学和自主学习课堂教学实践中取得的经验、成效和存在的问题，然后深入思考：在北京一零一中，缘何要引入学习力研究？学习力和学习能力之间的异同是什么？引入学习力研究的基础性条件是什么？学习力研究的终极价值是什么？三是学科参与的整体性（各教研组）和全员性（教研组所有成员）。四是学习力研究的三重关注性，即关注课堂教学、关注课程建设、关注教研组的学科建设，三管齐下，综合发展。

在裴娣娜教授的指导下，各教研组首先放眼全国，整合全国中学教育各学科课堂教学普遍的先进理念与方法，剖析各学科课堂教学存在的共性问题，深入探讨学科本质。然后，以此为基点，结合北京一零一中现状，建构各学科学习力结构模型，找准学生学习力发展的着力点和生长点，并依据这些模型，为课堂教学创新探索基本的实践思路。

伴随全球和全国关注中小学生核心素养培育及其相关指标的发布，学校在有效教学、学习力研究的基础上，积极探索各学科核心素养培育的内涵、路径与方法，并以此为主线，开展基于学生生命成长和智慧生成的生态智慧课堂教学实践研究。随着人工智能、信息技术日新月异的发展，几乎所有学科课堂教学中的科技手段都在骤增，学生线上学习、教师线上教学几成常态，很多教学内容、教学方式隐去了人（教师）的行为，技术走向前台。这就导致传统课堂中人文因素日趋式微，进而大大弱化了学生人文素养培育，对学生的健康发展极为不利，于是，生态智慧课堂应运而生。学校通过持续不断的全学科研究课、研讨会、课例研究和重塑课堂等活动，集中推进生态智慧课堂教与学方式的探索与创新。至此，北京一零一中的课堂教学完成了阶段性、递进式改革与发展，所有改革与发展的核心都指向课堂质量，指向学生生命成长，从而使得学校课堂教学呈现出科技与人文融合、智慧与能力共生的崭新气象。

在这样的背景下，北京一零一中“严、实、活、清、高”的课堂教学特色应运而生，进而生成“严谨的治学态度，朴实的教学风格，民主的课堂氛围，高远的课堂追求”的课堂文化。

一、基于自我教育特色的课堂有效教学探索

2001 年教育部颁发的《基础教育课程改革纲要（试行）》从教学过程和教学技能等层面提出具体要求，如培养学生的独立性和自主性，引导学生质疑、调查、探究，在实践中学习；创设能引导学生主动参与的教育环境，激发学生的学习积极性，培养学生掌握和运用知识的态度和能力；等等。基于此，北京一零一中注意到，由于新的课程标准给教师很大的创造空间，容易导致一些教师对新课程理念产生理解偏差，课堂教学实践中很可能出现不同层面的问题，如忽略基础知识和基本技能的培养，过度追求学生合作探究活动的形式，教学资源游离于教材之外等。这些问题一旦产生，必将降低课堂教学的有效性，影响学生学业发展和教师专业发展。因此，在课程标准的结构性要求中提升教学能力，以积极有效的探索和解决策略纠正教学实践行为的偏差，防止知行脱节，就成了当年北京一零一中课堂教学改革的追求。

本着反思研讨、共同提高的理念，北京一零一中进行了“新课程理念下的有效教学策略探究”的系列教学研讨，全面贯彻落实新课程理念，深入推进课堂教学改革。

（一）全校教师在学习和实践中熟悉有效教学基本理论

有效教学是为了提高教师的工作效益、强化过程评价和目标管理的一种现代教学理念。学生只要取得了自己应有的进步和发展，就应当认定是“有效教学”的体现。北京一零一中进行的有效教学研究是基于新课程理念下的课堂教学实践研究，既满足有效教学的一般特征，又具有扎根于一零一中文化的学校特色。

1. 把握有效教学基本特征

（1）学校要求在课堂教学中关注“双全”学生。有效教学要求每位教师要树立“双全”意识，既要确立“为了全体学生发展”的思想，又要树立学生“全人”发展的理念。学生的发展是全人的发展，而不是某一方面或某一学科的发展，所以教师要把学科教学价值定位在完整的人的全面发展上，这是北京一零一中课堂教学不变的精神坚守。

（2）教师必须明确有效教学的本质是关注课堂效益。“高效益”是北京一零一中课堂教学的基本特征。我们知道，教学效益不同于生产效益，教学效益的核心是学生的收获与成长，它不取决于教师花最少的时间，教最多的内容，而取决于在单位时间内学生的学习结果与学习过程的高质量进展。有效教学旗帜鲜明地反对缺乏效益的无效劳动。这种无效劳动具有双重危害，既耽误学生，也贻害教师自身。

（3）学校强调，有效教学要关注评价的量化和评价的科学性。教学评价必须科学、有序、严谨。我们认为，在常态教学中，每节课的教学目标要尽可能明确、具体。只有目标明确而具体，措施才具有针对性，也便于检验教师的教学效益。有效教学主张科学地将定量与定性、过程与结果结合起来，全面地评价学生的学习成绩和教师的工作实绩。这也是北京一零一中“在常态中做好每一天”的文化体现。基于此，学校期中期末考试命题、平时的学业检测，各教研组都有具体的专业细则可供遵守。

（4）创设常态性反思教学文化。我们强调，没有教学反思就没有教学进步，无论教师团队还是个体，概莫能外。课堂教学规律告诉我们，有效教学迫切需要教师自觉养成反思与总结的好习惯，做到经常反思，不断进行自我追问。比如，在常态教学中，自己的教学有效吗？低效还是高效？原因何在？有效能否持续？无效是常态吗？如此等等。学校清醒地认识到，没有反思性教学就难以产生有效教学。北京一零一中课堂教学质量监控，其实就是北京一零一中教师的职业性自我监控。

（5）有效教学的核心思想是学生的参与。北京一零一中课堂有效教学特别关注学生的参与性和参与度。学校强调，学生参与包括行为参与、认知参与和情感参与三个方面。学生的情感参与和认知参与成正比。学生的广泛参与使得其自身在学习过程中不断得到启发、激励，从而优化知识结构，乃至有所发现、有所创造。

（6）有效教学需要教师掌握有关的策略性知识，以便面对具体的情景时，自己能够做出策略和选择。譬如，课程开发的基本功、教学策划与设计的基本功、了解学生和与学生沟通的基本功、帮助和指导学生进行“意义构建”的基本功等。

2. 掌握有效教学基本策略

（1）清晰授课，这是有效教学的基础性要求。我们发现，在实际教学中，在清晰授课程度上，教师之间的差别很大，并不是所有教师都能清晰而直接地与学生交流。研究表明，不同教师在认知清晰性和口头表达的清晰性上有很大差异。学校强调，每一位教师都要遵守下列细节性要求：要让学生清晰地知道课时目标；要了解学生是否已经掌握了与任务相关的前置知识；要清晰准确地解释概念，使学生能按逻辑顺序逐步理解；要了解学生的能力水平，关注学生注意力保持期；等等。

（2）准确实施多样化教学。教师对多样化教学策略的了解和灵活运用是一项重要能力。在北京一零一中的课堂上，多样化教学不仅能够帮助学生保持注意并积极投入学习过程，还能够给学生提供更易记忆和更清晰的学习经历。很多教师用挑战性问题、视觉刺激，或引起学生好奇的举例等激发学生课堂学习兴趣。即使是年轻教师，也能通过目光接触、语速、音量或手势变化来表示学习内容或活动的变化。如此等等，都有效提升了北京一零一中课堂教学效果。

（3）教师要以任务为导向。教师要明确自己把多少课堂时间用于完成教学任务规定的内容。北京一零一中教学常规明确要求，与任务相关的问题，教师必须了然于胸。比如，讲课、提问，自己用了多少时间？鼓励学生咨询或独立思考用了多少时间？组织教学用了多少时间？评估学生行为用了多少时间？此外，教师对总体目标任务（如期末考试、中考）要做到心中有数，针对目标任务选择最适合的教学模式。

（4）引导学生投入学习过程，这是有效教学的核心。对学习内容的掌握程度与学生投入学习过程的时间直接相关。北京一零一中强调，有效投入，才能有效学习。学校要求教师精心设计教案，注重课堂有效观察，通过优化课堂生成有效教学。

（5）确保学生成功率。长期以来，关注并确保学生课堂学习成功率，几乎是我们教师团队的职业本能。心中拥有成功率，必定会有高质量备课、高质量课堂实施。从应试的角度看，学生课堂学习成功率的终极体现是理想的中高考成绩。这是满足家庭与社会刚需的道德良心，北京一零一中一直为此而努力。

（二）基于有效教学理念的课堂教学实践研究

21 世纪初，在学习理解有效教学基本理论的基础上，北京一零一中结合新课程的相关要求，用自我教育理念去指导不同学科进行有效教学研究，深耕人才培养的课堂平台，丰富学习的时空内涵，以生为本，以学定教，以研领教，因材施教，推动教学方式和学习方式的转变，以实现人才培养模式的转变。

1. 语文学科的有效教学实践

语文学科有效教学是指在师生双方的教学活动中，通过运用适当的语文教学策略，使学生语文学科的基础性学力、发展性学力和创造性学力得到很好的发展。有效教学一定要突出学生的学习收获和在原有基础上的发展。因此，我们今天讨论有效教学，既要关注课程、教材，也要关注学生的学习过程和效果。有效教学要高度重视教学目标、教学过程、教学手段、教学评价各个方面。

（1）教学目标的设定要紧扣学科课程标准，从学情实际出发

语言、思维、情感、文化，这样的“语文味”应该是备课的起点，也是语文课堂的本质。语文课讲《〈名人传〉序》，不能为了追求生动，把贝多芬、米开朗琪罗、托尔斯泰三位艺术大师的艺术作品一股脑儿展示出来，把语文课变成音乐课、美术课、电影课，而必须带领学生在语言文字的精美世界里品味、推敲、提炼、延展。不同的学科、不同的教学内容，教学目标的设定千课千面，但是万变不离“课标”这个“宗”，即必须深刻领会课标的精神实质，抓住学科本质，落实本模块、本堂课教学中的具

体目标。这是有效教学的方向性问题，不可不慎。

基于学情，就不能拘泥于课程和教材的既定设计，而是要从学生对课文的接受度出发，有针对性地确定教学目标。在农村校区任教的郝迪老师，根据本班学生文化基础薄弱、家庭支持严重不足、预先学习习惯薄弱的语文学情，在阅读教学时就把有效提高学生的阅读兴趣和阅读能力、培养阅读习惯作为每堂课的教学目标，持之以恒地开展有效教学。

（2）教学过程要善于“化整为零”，搭设“思维脚手架”

在这里，教学目标的分解是基本手段，将若干小目标组成一系列的台阶，托举学生通往教学总目标的最高处。高建民老师在《〈名人传〉序》的教学中，根据篇章结构，将文章的写作意图分解为两个环节，组织学生分别阅读不同文本，理解“因为心灵而伟大”的英雄、“由于灾患而成为伟大”的英雄。针对小目标，可以继续分解。每一次目标的分解，都需要教师根据教学内容和学情做出决策。面对学生针对小目标学习的盲目状态，教师需要给出合适的抓手，比如要求学生“结合背景”“结合人物”等。

（3）教学手段中有效提问是一件法宝，要用好、用巧

程翔老师认为，课堂提问能引导学生接触课文、深入钻研课文，推动课堂前进。吃透教材才能设计出有效的课堂提问，教师在教学中要巧妙运用直接提问和间接提问、口头提问和书面提问、宏观提问和微观提问、形象性提问和抽象性提问。

用好、用巧有效提问，体现了教师的教学智慧。书面提问更能体现学生的主体地位，因为学生边阅读，边思考，边讨论，思维的自由度要大一些，课堂也就更活跃。宏观提问是就课文整体性的内容提出的问题。比如“《在马克思墓前的讲话》一文，作者是从哪些方面评价马克思一生伟大贡献的？”，这是一个关乎课文整体的提问，要想回答好，必须认真阅读全文，整体把握才行。宏观提问的好处在于提醒学生胸有全局，善于从整体上考虑问题，避免以偏概全。微观提问是就课文的局部或细部设计的提问，好处在于使学生养成推敲的习惯，品味语言，斟酌字词。比如《祝福》中短工说：“怎么死的？——还不是穷死的？”短工认为是穷死的，“我”也这么认为吗？这个提问可以使学生深入理解“我”和短工的区别。宏观提问和微观提问相辅相成，缺一不可。形象性提问侧重启发学生的形象性思维，富有趣味性，比较适合低年级的学生。抽象性提问引导学

生从理性的角度对课文深入理解，比较适合高年级的学生。比如，《世间最美的坟墓》赞美托尔斯泰墓伟大的“朴素”，那么“朴素”为什么伟大呢？这是一个比较理性的问题，富有哲学意味。

教师要善于使问题成为有效问题。问题的设置要精准，指向要明确。问题必须是服务于教学目标和教学内容的关键问题。赵嫚莉老师在教授《人的高贵在于灵魂》时，对学生提出了两个问题：作者对人高贵的理解有自己独特的见解，你同意“人的高贵在于灵魂”吗？你对作者的论证过程有没有什么疑问？说说你的理由。你能不能也像作者一样自圆其说，试着证明一下自己的观点。问题一抛出，就引发了学生“海啸式”的讨论。学生之间互相争论，就是一次次地在思想的碰撞中互相解惑、打开思路的过程，学生在质疑、讨论中发现问题，从而解决问题。提问时机既要把握课堂教学的“火候”，也要照顾学生的个体学习体验，适时铺垫台阶性问题。

（4）打通“内外”，适时生成，将学习活动融入生命

能够成为学习主体生活的组成部分，学习内容才是“活”的，学习活动才有意义。语文本身是一个瑰丽多彩、诗意盎然的世界，需要教师通过有效的教学活动激发学生的审美体验，调动学生展示自身的诗意才华和审美储备，引领学生在语文学习过程中运用各种诗化的语言形式驱遣想象、调动情感，在丰富多彩的文本意象中和悲喜交集的现实生命中去融会贯通、循序渐进，从而构筑出属于个体生命中一个又一个情理合一、崭新美妙的艺术作品和诗意境界。刘青老师在教学中让学生以对联、颁奖辞等形式对主要人物形象进行概括，让学生一起对优秀的作品进行仿写，以丰富多彩的形式去抒写缤纷灿烂的生活，表达自己对生活的感悟，展示个人的志趣。

高建民老师在《〈名人传〉序》的教学中，期望将文中英雄观、背后的人文精神根植学生心灵。这时文本已经不再是对象化的，而是融入了学生内在的思想和情怀，这是打通“内”；教学中适时联系时代背景理解文本，学后结合现实生活评点自己心中的英雄，则是向文本之“外”的打通，并最后归于内外合一的“我之世界”，即价值观、社会观。

（5）探索运用深度学习模式，实现深度学习

在有效教学的基础上，北京一零一中语文教师提出在新教材的使用中实现深度学习，探索运用深度学习的模式，通过深度学习不同要素构成的

不同单元设计与教学实践，推动新的课程变革，形成有助于学生未来发展的语文核心素养。

教师需要聚焦课标、新教材，整体把握学科体系与关键教学内容，梳理学科的核心概念、基本原理，依据学生的学习规律重组教学内容，向学生提供经过设计的、具有教学意图的结构化教学材料。同时，制定单元学习主题，设定深度学习目标，整体设计、实施学生的学习活动，把语文教学活动统筹为系统的、有规划、可操作、持续性评价的高效教学活动。

持续性评价的标准和实施效果需要根据学生的反馈，在实践中不断地摸索、修正、完善。例如，赵嫚莉老师在设计自读课文《动物笑谈》的学习活动时，要求学生选择自己在生活中与动物相处的有趣片段，构思10分钟后，生动地分享给大家。赵老师针对这个活动设计了相应的评价标准（见表4－1）。

表4－1　学生自读活动量化评价表

	10分	8分	6分
故事情节	完整、准确	局部、准确	不太完整
逻辑表达	清楚、缜密	有一处错误	有两处及以上错误
语言表达	自然、生动、幽默	自然、生动	有语病
修辞手法	多样、准确	准确	使用较少
情感表达	感情充沛	有一定情感	较少体现情感

北京一零一中语文组在引领学生深度阅读教材文本方面做了许多有益探索，并且形成了异彩纷呈、殊途同归的探索路径。

《说“木叶”》文本“细读”教学的探索与实践

张　萌

“感受和体验文学作品的语言、形象和情感之美”，“具有正确的价值观、高尚的审美情趣和审美品位”是《普通高中语文课程标准（2017年版）》中提出的培养目标。高中生掌握浅易的文学理论和美学知识是必要的。同时，论述类文本强调的处理信息能力是学生终身学习的基础。对此，语文教育工作者应给予足够的重视。林庚先生的《说“木叶”》一文具备上述教学功能。

如何实现由摄入知识向利用知识转变，促进学生审美能力和理性思维的提升呢？以《说“木叶”》一文的教学为例，简要介绍如下。

教学安排包含六个步骤。

一、导入。

二、布置学习任务：通读全文，梳理文章脉络。

三、学生分工分组，合作探究，思考文中的问题：谈谈树与木为什么会产生艺术效果的差异。

四、布置学习任务：自行选择文中诗句进行赏析。

五、师生合作探究问题：结合文本内容，思考中国诗歌中“意象”的丰富意义和作用。

六、课堂总结：本次课给你的收获是什么？对你今后的诗歌阅读产生怎样的积极影响？

具体教学中，要特别注意四个方面。

一是课堂上充分落实以文本细读理念为指引的自主阅读。复旦大学陈思和教授指出，“文本细读是一种能力，帮助你透过文字或者文学意象，达到作品所隐蔽的精髓之地”。复杂文本需要学生有细读意识，要深入语言本身来捕捉和理解信息。语文课堂要有安静的时间，让学生来体味文字。

在实践中，我明确了阅读任务：学生自己梳理出《说“木叶”》一文的行文脉络。带着任务有的放矢地细读，是实现读者与作者对话的途径。学生对文章脉络的把握可能不尽相同，我需要学生谈出思考，这正是对刚刚阅读效果的检验。通过适度引导，学生最终概括出文章的总体思路：林庚先生通过洞察现象，进而发现问题，最终分析问题。

二是引领学生在合作中自主解决问题。语文课堂要对学生的思维有刺激、有激发。教师通过设计有质量的问题，激发学生的探索欲，通过合作达成共识。《说“木叶”》一文中存在许多不易理解的难点，这正是设计课堂争鸣的契机。

诸如，“结合文章内容，联系诗句，谈谈树与木为什么会产生艺术效果的差异”这个问题，学生自由组合来讨论。学生在反复阅读文本后互相交流想法，从开始的零星讨论，到后来的激烈辩论，学生完成了从文本中搜索信息、整合信息、运用信息的全过程。我深入到学生讨论中间，不时询问学生思考情况，适时引导或质疑，目的是让学生能有准确的思考方向，自己大胆走下去。讨论结束后，请学生以小组为单位，把本组的认识表达出来，让其他小组质疑或补充。我请学生回答的不仅是问题的结论，更强调谈出将一个宏观问题化解为若干小问题的认识过程。学生从中获得的是思维方法的启示。

三是通过自由选择，促进效果当场生成。林庚先生在《说“木叶”》一文中引述大量的诗句，我让学生自由选择感兴趣的诗句，结合文中“语言暗示性”这一原理展开鉴赏。在学生的表述中，我要判断教学效果和学生对文本理解的准确度。往往一个学生在提出见解后，会迅速形成相互补充意见的局面，此时，教师要注意从表述里提炼有价值的信息，快速对学生的回答做出评价，在肯定和纠偏中带动学生思维发展。

四是师生合作攻克重难点问题。林庚先生以小见大，凭借“木叶”的生成过程，为读者揭示了中国诗歌中意象的形成过程。对意象概念的理解需要学生完成从具体到抽象的思维跃升。这是能力层级较高的任务，是教学中的难点。

如果我直接讲解，无异于代替学生思考。学生必须亲身参与进来。师生合作是最佳方法。我的做法是，搭台阶，学生自己向上爬，师生之间分工合作。

我主要的任务是将一个大的问题分解成几部分，学生在每一步当中形成思考。例如，让学生搜索信息，明确文本中“木叶”的艺术特征。学生快速完成后，我提出：“木叶”与熟悉的“梅兰竹菊”在诗歌当中存在哪些共性？从共性当中，你看到了意象有什么特点？这是检验学生的信息归纳能力。问题的梯度要遵从学生的认知过程，还要注重调动学生思维的积极性。

高中生思维活跃，缺乏的是认识问题的方法。教师在学生学习过程中是引领者和协助者，我提供的不是答案，是解决问题的方向。

2. 化学学科的有效教学实践

有效教学理念高度重视教学效益，是在有效的时间里让课堂教学效益最大化，以最少的时间使学生获得最大进步与发展。课堂不仅要激发个体生命潜能，唤醒生命智慧，提升思维品质，丰富情感体验，培养健全人格，而且要营造一个生命自觉投入学习的生态环境，师生彼此尊重，自由和谐，圆融共生。化学课堂教学是学生形成化学学科核心素养、掌握思想方法、进行有效学习的主渠道。因此，化学教师除了掌握有效的课堂调控策略、指导学生自主学习策略以外，还要思考以下几点。

（1）理解化学核心素养的内涵，提高教学的指向性和操作性

化学学科核心素养的提出旨在推动高中化学教学由传统的知识教学向思维教学、能力教学转变。就教学内容而言，要求在教材原有内容的基础上，拓展延伸出一些贴合生活实际的教学内容，着眼于生产生活过程中涉及的化学知识。从教学形式来看，更加侧重于以问题为线索的实践教学，注重通过知识学习的过程，在化学学习过程中培养学生独立思考的习惯和自主探究的意识。

厘清大概念学科核心素养和化学学科核心素养之间的关系，加深对化学学科核心素养内涵的理解，对提高化学课堂教学的指向性和操作性具有重要的指导意义。

（2）明确化学学科的关键能力，找准教学的关键点和切入点

关键能力是指学习者在面对与学科相关的生活实践或学习探索问题情境时，高质量地认识问题、分析问题、解决问题所必须具备的能力。中学化学学科有四大关键能力：一是理解能力，主要是对化学四大基本反应、四大基本理论的理解能力，包括理解的深度和广度。二是应用能力，主要是应用化学的反应原理，特别是用四大理论来解决实际问题。实际问题主要包含工业和生活环境当中的化学试剂问题。三是实验能力，实验是化学学科的基础。四是探究能力，科学探究能力包括提出问题的能力、猜想假设的能力、制订计划的能力、进行实验的能力、收集证据的能力、解释与总结的能力、反思与评价的能力、表达与交流的能力。基于以上关键能力找准教学切入点，既可使课堂教学纲举目张，层次清晰，有利于教学重点、难点的突破，又可激起学生的学习兴趣、探究欲望、思维火花。成功的切入是一种艺术，是教师谱写教学乐章的“前奏”，是师生间情感共鸣的“第一个音符”，是师生心灵沟通的“第一座桥梁”。

（3）实施以观念建构为本的教学实践，促进认识的发展性和开放性

中学化学基本观念是指中学阶段的学习者在化学知识经验的基础上所形成的反映中学化学本质特点的正确的综合性认识。它既是对化学学科知识的认识，也是对化学学科本身的认识。它是观念的一种特殊形式，因此具有概括性、稳定性、层次性、生成性等观念的一般特点。由于受“中学化学”的限制，它又具有基础性、发展性、多重表征性等个性特点。如学校在21世纪之初使用的普通高中课程标准实验教科书《化学1（必修)》

和《化学2（必修）》中将“物质”“结构”“反应”三大反映化学学科内容本体的核心概念作为教材的主体内容。《化学1（必修）》将“元素观”“分类观”“转化观”三大核心观念作为理论基础。“实验观”也是化学学习的核心概念构建方式。著名化学家傅鹰说：“化学是实验的科学，只有实验才是最高法庭。”化学实验用事实说话，真实、直接地揭示物质化学变化的本质，承载着传递化学知识、培养化学技能、训练思维方法、体验化学过程的功能，从而形成科学的化学精神与态度。

高中化学教师想要高效地对课堂教学结构进行构建，可以通过在教学过程中提高教学的指向性和操作性，找准教学的关键点和切入点，实施以观念建构为本的教学实践，有效地增强学生的知识理解、知识探索以及知识实践等核心素养能力。

化学特级教师崔峰的有效教学案例就很有借鉴价值。下面的课例是崔老师的研究课，在第九届全国基础教育化学新课程实施成果评选活动中荣获现场说课特等奖。

运用有效教学思想，促进学生学科认识素养提升
——基于“认知模型”复习有机物和有机反应的思路方法

崔　峰

一、基于构建恰当的认识模型，促进认识方式的转变，是提高课堂教学实效性的根本保证

本节课上课开始，教师展示诺贝尔金质奖章的图片，并指出100多年来，有机化学获诺贝尔奖有60余次，其中大多是有机物的结构、反应、合成三个方面，通过让学生明确认识有机物和有机反应的重要性，从而引导学生明确本节课的主要学习目标是认识有机物和有机反应。同时通过指导学生建立恰当的“认识模型”，促进学生的认知发展，提高学生的认知素养。本节课所建有机物、有机反应的认识模型见图4－1。

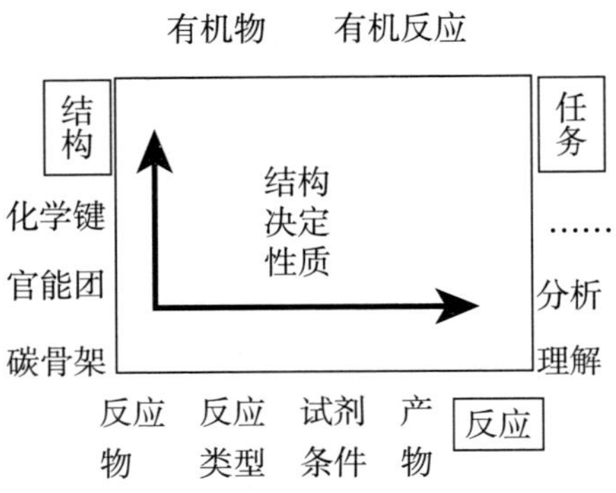

图 4-1 有机物、有机反应的认识模型

教学过程中，在认识模型建立阶段和应用阶段都给学生以充足的认识表达空间，让学生的认识过程和认识结果充分外显，在认识碰撞和再建构的过程中提升认识，从而使学生的认识由无序到有序，形成比较稳定的认识方式，促进学生的认知发展。

二、科学设计有效的教学环节，突出鲜明的任务导向，是提高课堂教学实效性的有效措施

本节课教师从学生学过的 10 类有机物中，选取“醇”为例，在学案上设计三个问题，引导学生学会认识有机物、有机反应及其转化的方法。

问题 1：怎样看有机物？

观察有机物（见图 4-2），你能看到什么？想到什么？请在学案上记下关键词。

$$\begin{array}{l} CH_3—CH—CH_2OH \\ \qquad\quad | \\ \qquad\ \ CH_3 \end{array}$$

图 4-2 有机物化学式

不同的学生有不同的观察和认识。教师通过师生交流能够探查到学生原有的认识有机物的角度，并基于学生的“最近发展区”引导学生将提出的关键词，按结构、反应等角度进行分类，提高学生观察、分析、归纳的能力，初步建立起有机物的认识模型。

问题 2：怎样看有机反应？

分析表中有机物的结构，并填写表 4-2。

表 4－2　有机物结构分析表

官能团	化学键	断键部位	反应类型	试剂、条件	产物（结构简式）
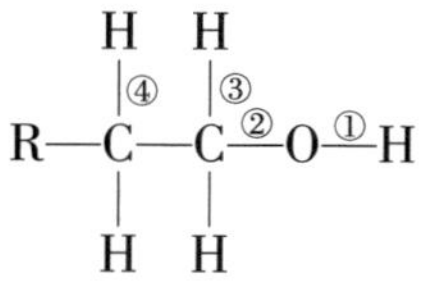					

问题 3：怎样看有机物的转化？

“谁”能生成醇？把你想到的有机物结构简式，填在图 4－3 中，并在箭头下面（或右面）注明反应类型，在箭头上面（或左面）注明试剂和条件。

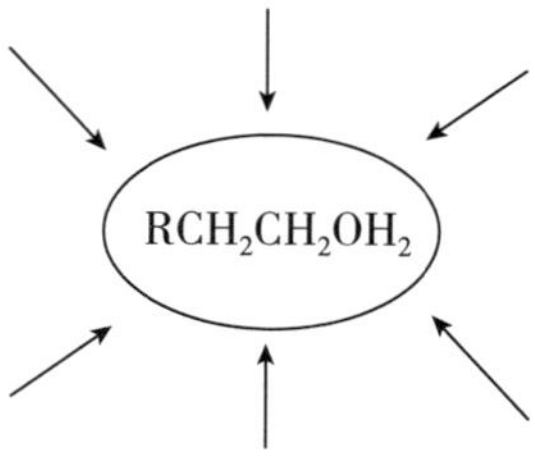

图 4－3　“谁”能生成醇的任务图

通过问题 2 和问题 3，学生在学案上以醇为例，从官能团、化学键角度分析醇的结构，建立从反应类型、试剂条件等主要角度认识有机反应和有机物转化的思路，初步体验认识模型在认识有机反应中的应用。

三、实施个性多样的教学方法，分享学习过程和成果，是提高课堂教学实效性的重要手段

在引导学生以醇为例完成认识模型构建和应用基础上，本节课最后一个环节是教师在学案上制定成功标准，让学生以小组合作的形式应用模型，实现学过的其他有机物的转化，展示与分享小组活动成果。具体活动如下。

【活动】应用模型　实现转化（小组合作完成）

研究对象：在①烯烃与炔烃、②苯及其同系物、③卤代烃、④酚、⑤醛、⑥羧酸和酯中选择一组物质。

表达方式：1. 以所选物质类别为核心在大白纸上建立物质的转化关系图，在箭头上面（或左面）注明试剂和条件，在箭头下面（或右面）注明反应类型；2. 关系图中有机物表达要体现结构的变化。

交流方式：结合有机物的结构分析：1. “它”能发生什么类型的反应？为什么？2. “它”能与“谁”反应，变成“谁”？3. “谁”能变成“它”？

本活动通过教师制定成功标准（能构建各类有机物的相互转化关系图并能从结构分析其反应及转化），指导学生交流、分享、评价学习成果，促进学生知识、能力、观念、态度各个维度的发展，培养学生的知识迁移能力、表达能力、合作探究能力，提高学生的认知素养。

本节课以培养和发展学生的认知素养为目标，结合认识模型的建立和应用，以如何认识有机物、如何认识有机反应、如何认识有机物的转化三个核心问题为主线，指导学生学会科学方法，提高学生的认识素养。同时本节课还采用了任务驱动、归纳演绎、小组合作学习、学案导学、制定成功标准并进行有效评价等教学策略，引导学生形成基础性学习方法，同时重视学生的发展性学习，让学生能够用已学方法去实践应用、总结提升、迁移创新。

3. 其他学科的有效教学实践

物理学科开展了基于有效教学理念的任务驱动教学模式的研究和实践，这是一种建立在建构主义理论基础上的新型教学模式。该教学模式以任务为新知识的载体，使学生在完成任务的过程中实现对知识的主动建构，提高他们探究和解决问题的能力，充分体现了教师的主导作用和学生的主体地位。

数学学科在课改初期，强化改革过程中的反思和探索，开设区级以上公开课、研究课几十节，不断加深对新课改的认识。2007 年 10 月，北京市教科院教研中心组织了高中新课改后首次全市数学公开课活动，数学组张燕菱和佟昀老师做了公开课“函数的零点”，吕晓琳、邹斌老师做了公开课“二分法”。

“求函数零点近似解的一种计算方法——二分法”的有效教学策略

邹　斌

《普通高中数学课程标准（实验）》指出：“高中数学课程还应倡导自主探索、动手实践、合作交流、阅读自学等学习数学的方式。这些方式有助于发挥学生学习的主动性，使学生的学习过程成为教师引导下的‘再创造’过程。”

“二分法”这节课，设计中怎样突出函数的图像的作用，创造适当的问题情境，提出具有挑战性的学习任务，通过例子的分析和学生的自主探索活动，使学生理解二分法的概念、掌握用二分法求函数零点近似解，是有效达成教学目标的关键。目的在于让学生自己体会到“有步骤、程序化”是算法思想的重要特征，感受自主学习的乐趣，切实做到“有效教学”。

在实施过程中，课本例题所给的函数，更适合用因式分解法求零点准确解，不利于学生认识函数的图像在判断零点的初始区间上的作用，反而容易引起学生对求近似解必要性的疑问。教师需要选择更好的学习素材，以形成驱动型学习任务。所以本课改选了例题，研究的函数 $f(x)=x^3+x-4$ 不能通过因式分解求零点准确解，能更自然地引出求零点近似解的问题，激发学生的学习兴趣，不断缩小零点所在区间，体会“逼近”的思想。

选好例题是课堂有效教学实施的第一步。在课堂教学中，教师要用好例题，注重启发探究与学生主体探究相结合。首先让学生大胆动手解题，充分暴露解题过程中的不同解法和错误，教师因势利导、有的放矢地引导学生比较不同解法的优劣，分析产生错误的原因，顺势引出二分法的优势和判断满足精确度要求的方法。然后由特殊到一般，引导学生将解决问题的过程总结出来。学生之间深度互动，表达观点，开阔思路，自我修正完善，这个过程学生学会倾听，经历发散、想象、创意等创新思维活动。

这节课呈现的教学观念是在解决问题中获得知识，发展能力。准备的学习任务是两个重点分析的具体问题，一例一练习。达成教学目标的关键，在例题的探索和分析。这个过程中，教师是辅助者，学生的思考和探究才是关键，遵循的仍是教学有法、教无定法、贵在得法的原则。教师呈现的教学思路不断优化学生的学习行为。学生在课堂上的表现可能是沉闷，探究过程也可能陷入误区，需要碰撞才会有思维的火花。这些课堂临场的不确定性，决定了教学计划并不能保证在40分钟精确完成。但如果需要在课堂表现完美和课堂表现不完美但呵护学生思维的幼苗中选择的话，后者是必然的选择，这也是有效教学对本质而不是形式的追求的体现。

在反复实践、研究、讨论的基础上，学校制定了《北京一零一中数学概念课堂教学评价量表》，为教师上好概念课制定了切实可行的评价标准。此外，经过大量的教学实践和研讨，制定了《北京一零一中数学习题课课堂教学评价量表》和《北京一零一中数学复习课课堂教学评价量表》，修改和完善常态课标准，在《数学学科常态课有效教学质量标准（试行稿)》中增加了课型要求。

英语学科在英语原著阅读有效教学方面做出了有价值的探索。在英文原著阅读教学实践中，教师通过富于变化、有创造性和指向明确的任务，引导学生对于名著的理解从读懂字面意思到能够进行文学赏析，再到思辨性理解和感悟，在阅读实践中学会运用语言去读、感、思，以此提高阅读能力，提高学生的阅读素养。

The Kite Runner（Chapter 8 -9）原著阅读有效教学案例分析

霍艺红

The Kite Runner 是美国当代文学作品中的经典之作，情节跌宕起伏，扣人心弦；主题涉及友情、亲情与成长，话题适合高中学生；语言细腻生动，描写真实感人。本节课通过课前和课堂任务的有效结合，运用明确及具有阶梯性的任务，帮助学生理解情节，分析人物，结合生活实际感悟作品，揣摩作者的写作意图，欣赏写作手法，共同体验英语的美妙。通过这些活动，学生学会如何去阅读英文原著，逐渐达到用英语去读、感、思，从而真正提高英语核心素养。

一、利用课前导读问题，帮助学生梳理主要情节

我在课前布置了如下导读问题。

Find out the answers to the following questions:

1. How did Baba's attitude change after the kite running tournament?
2. Did Amir feel really glad about winning the tournament?
3. How did Hassan treat Amir after the tournament?

4. What request did Amir make to his father? How did his father feel about it?

5. What did Amir's father do to celebrate Amir's 13th birthday ?

6. What was Ali and Hassan's present for him?

7. What did Amir do to Hassan at last?

这7个问题针对本章主要情节，不涉及具体故事的细节，它们帮助学生梳理故事情节，抓住发展的线索，从而整体理解本章。这种篇章整体理解的方式培养了学生良好的阅读习惯、阅读速度及理解力。英文原著对于高中学生来说普遍存在文章过长、生词量大、文化社会背景差异大等难点，因此很多学生在原著阅读方面存在心理障碍，不知如何入手，难以坚持，从而丧失阅读兴趣。这种导读方式能够帮助学生逐渐掌握进行原著阅读的方法，从而克服心理障碍，激发阅读兴趣，培养学生英语阅读的习惯，不断提升学生的阅读能力。

二、学生分组分享观点，培养学生自主阅读的能力

对于情节有了基本的梳理之后，学生以小组汇报的形式讲解相关章节。4人一个小组，每组从不同角度讲解小说，包括情节、主题、人物分析、好词好句欣赏、文学手法赏析等。

这个环节充分发挥了小组合作和自主学习的优势，使学生逐渐发展并具备自主阅读与赏析的能力，从而提高自己的综合能力。在这个过程中，教师所起的作用是与学生积极交流，分享观点并针对本部分内容进行有重点的深挖。这个环节大大增加了学生的积极性和主动性，并将高一阶段所掌握的文学赏析手段运用在阅读当中。

三、进行读后讨论，促进学生用英语思考，培养学生的思维品质

1. 设计阅读任务让学生讨论——如何理解作品中“我”和“哈森”的关系。

问题如下：How did Amir feel about his mistake and what was his attitude towards Hassan ?

学生从“我”和“哈森”之间从小到大的事件中归纳出两人的关系——表层的主仆，若隐若现的朋友关系，单方面的捉弄与无条件的奉献。有的学生从两人之间的对话入手分析出了两人内心世界对于这段关系的本质理解和渴望；还有的学生从社会背景和生活环境差异出发分析了两人关系的实质。对于文学作品，不能要求学生以同一个视角和同一个思维水平达到唯一的理解，而应鼓励学生从不同的角度理解作品，从而培养学

生思维的独创性和批判性。

2. 利用重点句子与学生分享，对他们的观点进行补充。

我从本章节中挑出重点句子，对学生的理解进一步进行引领。

That, and a breakfast I hardly finished anymore. (p. 87)

One overcast morning, as I was pushing the boiled egg around on my plate, … (p. 87)

"I watched Hassan get raped," I said to no one. …A part of me was hoping someone would wake up and hear, so I wouldn't have to live with this lie anymore. (p. 93)

I thought about Hassan's dream, the one about us swimming in the lake. There is no monster, he'd said, just water. There was a monster in the lake. It had grabbed Hassan by the ankles, dragged him to the murky bottom. I was the monster. (p. 93)

通过对于以上句子的讨论，学生进一步理解了作品中人物的心理变化，对于作品有了深刻理解。这样的阅读课堂是思想碰撞的场所，是互相启发的空间。学生不仅学会了用英语去读，去表达，更学会了用英语去思考，并能够从不同的文化中找到共同点和不同点并加以辨别和利用。

四、进行文学赏析，教会学生用英语表达，培养学生的文化意识

在本章节中我引导学生从动词的选用和修辞手法的使用两个方面重点欣赏了作者语言的精妙之处。

1. The choice of verbs

A worried look crossed his face.

To my dismay, Hassan kept trying to rekindle things between us.

That was when I understood the depth of the pain I had caused, the blackness of the grief I had brought onto everyone, that not even Ali's paralyzed face could mask his sorrow.

2. Rhetoric techniques

I was the snake in the grass, the monster in the lake.

A lump was rising in my throat. "Thank you, Ali," I said.

Kaka Faruq patted my back with his clean hand. I felt like sticking a knife in my eye.

I flinched, like I'd been slapped. My heart sank and I almost blurted out the truth.

基于第二个教学步骤中学生分享的写作手法，我进行了补充。并精心挑选了词句，让学生感受语言的魅力及其所传达的意思。《普通高中英语课程标准（2017 年版）》提出了文化意识的概念，是指对中外文化的理解和对优秀文化的认同，包括在学习活动中理解和欣赏英语语言表达形式（如韵律等）的美，理解和欣赏部分英语优秀文学作品（戏剧、诗歌、小说）等，从作品的意蕴美中获得积极的人生态度和价值观念启示，学会做人做事。在这样的语言欣赏中，学生恰似徜徉在语言的河流中浸润与感悟，加深了对于英语语言文化的理解和认同。

二、基于学习力课题研究的课堂教学探索

北京一零一中一直注重课堂教学，一直在课堂教学的改革与探索中前行。在进行有效教学探索之后，自 2012 年起，学校在裴娣娜教授的引领下，通过学习力课题研究，进一步深化课堂教学改革。

以学生为主体，实现自主高效学习，培养学生的创新精神、实践能力和社会责任感，需要不断探索与反思、实践与研究。通过几年有效教学探索，我们发现课堂教学仍然存在一些问题。一是课堂上传递知识、技能的味道依然很浓，课程实施存在着程式化、功能化的倾向，对学科思想、学科本质的挖掘不够，在培育学生优质思维品质方面仍有欠缺。二是教学过程探究还是不能很好地培养学生的学习兴趣和创新能力。

需要明确的是，课堂教学的新行为、新模式的灵魂依然是以学生为中心，以学生的成长为本。教师要明确，让学生在课堂学习中获得的、能让学生终身受用的是智慧。课堂教学所生成的智慧具有基础性、内生性、转化性和迟效性的特点。基础性是指课堂所生成的智慧非常重要，能够为人一生的发展奠定基础；内生性是指课堂所获能与原有的经验结合，积淀为人格，转化为习惯，表现为气质，最终内化为生命个体独特的精神底蕴；转化性是指课堂所获能转化为能力，转化为对世界、对人生、对社会有个人的理解与洞察、体会与感悟；迟效性是指课堂教学对学生的成长与发展不会立竿见影，但会有长效。换言之，基础教育要追求让学生留下终身受用的能力与方法、意志与品质等。

(一) 体验与感悟、论辩与创新

《普通高中物理课程标准（2017 年版)》明确提出培养学生物理学科核心素养的课程目标，即“物理观念”“科学思维”“科学探究”“科学态度与责任”四个方面，这些要求正是学生学习力发展的需要，两者具有内在的统一性。

高中学生在物理课堂上，接触的最核心内容是物理概念、规律的学习，以及与物理概念、规律相关的模型问题。高中学生遇到的物理问题形成及解决的主要环节见图 4 –4。

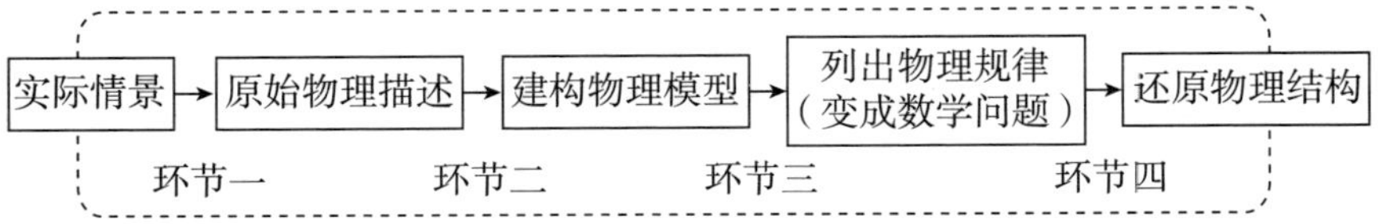

图 4 –4　高中学生物理问题形成及解决的主要环节

高中物理问题的研究，也可以说是物理模型的研究，比如质点、点电荷、轻质弹簧、轻杆、板块、匀变速直线运动、匀速圆周运动、匀强电场等。目前中学物理课堂，大部分时间学生接触的是第三、第四个环节。比如直接给出板块模型，让学生从运动学角度求时间或者位移等。从上述环节中可以看出，学生遇到的物理问题原型往往来自实际情景，环节一、环节二是从实际到物理角度解决问题的桥梁，环节二就是建模过程。

针对物理概念和规律的建立过程及内涵和外延分析、物理模型构建和涉及问题解决的过程分析，学生作为学习的主体，以探究、论辩的形式参与学习过程，既有利于加深对问题的理解，提高参与的热情，也有利于培养学生的批判、创新意识。学生探究、论辩的过程，经过总结提升，也有利于提高学生继承前人宝贵经验或知识的能力。所以，我们认为物理课堂较适合培养学生学习力的教学方式为科学探究和科学论辩。

结合理论与学校自身教学实践，我们认为物理课堂应该是一个开放的课堂，不拘泥于程式化的教学方式，物理教学强调实施过程中学生的体验、论辩、合作等，鼓励教师弹性灵活地设计，能够不断引发学生思维碰撞，从而达到感悟、创新的目的。物理教学应注意学习方法的示范、渗透和点拨，引导学生在学习实践中通过体验、论辩、合作、感悟、创新，实现学生的学习力生成，为学生的终身学习打下良好基础。

物理学科的教师采用了多样的教学方式。

（1）“翻转课堂式”教学方式

传统的教学方式是教师在课堂上讲课，布置家庭作业，让学生回家练习。与传统的课堂教学模式不同，“翻转课堂式”教学则是学生在家完成知识的学习，课堂上教师与学生之间、学生与学生之间交流互动，包括答疑解惑、知识学习等，从而达到更好的教育效果。

互联网的普及和计算机技术在教育领域的应用，使“翻转课堂式”教学方式变成现实。学生可以通过互联网去使用优质教育资源，不再单纯依赖授课教师去教授知识。教师的角色也发生了变化，教师更多的责任是去理解学生的问题和引导学生去运用知识。

物理组教师在翻转课堂的教学实践中感受到，这种教学方式的教学容量约为传统教学方式的两倍；教师投入约为传统教学方式的 2～3 倍；教学的重复成本非常低，边际成本几乎为零；教学资源有明显的积累效应；减轻了机械作业，提升了统计分析水平，发挥了教师的真实价值；师生交流、生生交流更充分，不受时空限制；促进学生协作意识、学习能力的提升；学生的学习深度、广度明显提升，物理学习动力和能力明显提高，并在一定程度上激发了学生物理学习创新力的提升。

（2）“小组合作式”教学方式

小组合作学习是指在小组或团队中为了完成共同的任务，经历动手实践、自主探索和合作交流的过程，是有明确责任分工的互助性学习。小组合作学习的主要特征是以讨论的形式研究某个问题的解决方案，学生在讨论中要倾听、交流、协作、分享。

物理教学中，与生活联系紧密的拓展性知识内容的学习较适合运用小组合作学习模式，在大班教学情况下，可以分小组汇报。那么怎样分小组？小组需要做什么呢？为了避免小组间查找资料出现过多重复，组内教师商量后，决定采用任务驱动的方式分小组。

小组汇报的评价，主要看小组的资料分析、整理是否清楚、完整，是否有自己的独立见解；汇报过程语言是否流畅；汇报后，能否较合理地回答其他同学的提问。学生通过小组合作的形式进行研究讨论、交流展示，每个学生在团队中的角色是不同的。队长负责组织推进整个团队的研究工作。有的学生负责搜集资料，有的学生负责整理，有的学生负责改进实验器材，有的学生负责汇报展示，有的学生负责总结梳理。一个团队工作的高效取决于小组内高效密切的合作。所以每个学生根据自己的能力特点在团队中都要找到自己合适的位置，并勇于承担任务，认真完成本职工作，不做“边缘人”，在小组合作中成长进步。

随着多媒体的普及，信息技术在各个领域中应用越来越广泛。教师“讲”的角色，在电视中的“数字学校”中已经可以被代替，但是教师与学生的情感交流，教师对学生出现问题的及时反馈，基于学生学习力提升的正面引导，这些是“精准”的信息技术无法替代的。我们常说“教学有法，教无定法”，在学生的学习力培养上更是如此。很难说哪一种教学方式是最佳的，只能说，对于学生的不同学习内容，教师应根据实际情况采用不同的教学方式，最终目的是实现学生学习力的提升。

（二）形成解决问题的思维能力

形成提出问题、解决问题的思维能力和自主学习能力是学生今后升入更高一级学校学习和走入社会之后学习的基础，更是终身学习的前提。

数学组教师基于学习力研究课题，在教学实践中不断探索和总结，形成了以下认识：数学在形成人的理性思维、科学精神和促进个人智力发展的过程中发挥着独特的、不可替代的作用。生活常识“加糖，糖水变甜”，表面看是生活经验，其实质是数学里的不等式。糖的质量 b 与糖水质量 a 的比值叫浓度，加入 m 克糖，浓度变大，即不等式$\frac{b+m}{a+m}>\frac{b}{a}$，这个不等式可以用数学方法证明。进一步，“继续加糖，糖水越来越甜”，实质是把加糖量作为自变量，糖水浓度是关于加糖量的函数。以上对于“糖水不等式”的认识过程，是透过现象逐渐看透本质的过程，也是解决问题的思维能力逐渐提高的过程。数学教学的本质是培养学生的思维能力，如何在数学教学过程中帮助学生形成解决问题的良好思维品质呢？

1. 把握学科本质， 关注问题意识

《普通高中数学课程标准（2017 年版）》建议，高中数学教学活动要启发学生思考，引导学生把握数学内容的本质。如果教师忽视用概念引领思维活动，一味强调程序和技巧，容易让学生形成思维定式，对于综合性强和灵活的问题便无从下手，阻碍学生数学思维的提升。数学思维不是机械化的操作，而是基于概念的理解。比如，函数问题是基于对函数性质的

认识完成问题的求解。把握住函数概念和性质这个根基，我们研究的问题才会生长、开花，结出美妙的果实。

教师要对每一单元、每一节课的数学知识和思维方法具有深刻理解，比如对于数列的理解，数列是特殊的函数，研究数列有三个维度，即作为自然数属性的数列、作为函数关系的数列、作为运算关系的数列。只有教师自身理解深刻，才能潜移默化地给学生带来观念的转变和能力的提升。

教师要培养学生的问题意识。首先，教师要改变教学观念，让自己具有强烈的问题意识。数学教学中，教师要从学生的生活经验及已有的知识背景出发，创设有趣、有意义的活动，制造学生的认知冲突，激发探究新知的欲望，引导学生用数学的眼光观察世界，这样可以逐步提升学生的数学素养。其次，教师要关注课堂提问，要驱动学生的问题意识。师生在深入分析和解决问题的过程中，要通过驱动学生的问题意识，让知识在对话中深化，让思维在碰撞中得以提升。最后，教师要落实作业设计，固化问题意识。教师需从学生主动学习出发，培养学生的思维能力和问题意识，创新作业设计，如合理设计探究型作业、开放型作业等，以达到培养学生数学能力的目的。

2. 以学生思维发展为本， 整体设计教学

按照知识的逻辑顺序，围绕一个个具体的知识点展开教学，这样的学习方式环环相扣，符合人的逻辑思维规律，但也存在一个问题，就是不容易让学生建立知识点之间的联系，难以形成对数学思想的整体认知，从而影响问题解决能力的提高。数学不仅是由数学概念、定理和公式构成的知识仓库，更是横纵联系紧密的智慧大厦。如果我们能从一个课时的教学中跳出来，在更大范围、更高位置进行整体教学设计，引导学生建立单元整体知识的框架，建立数学各模块之间的横向联系，通过研究一个个问题，发现整体规律，从而把握数学内容的本质，沟通数学与现实生活，这样就是以学生思维发展为本的教学，更有利于学生思维能力的提升。

在教学实践中我们尝试把章节内容作为主题。例如，把数列作为一个主题，包括数列的概念、等差数列、等比数列、数列的应用等进行整体的教学设计，或者选择跨章节的主题进行整体教学设计和实施。又如，数形结合思想可以作为一个主题，将函数、方程、不等式、向量、解析几何等涉及应用数形结合思想的问题进行整合，探讨运用数形结合思想解决问题的基本思维模式。在教师引导下，让学生根据单元的内容建立本单元的基本框架及知识之间的逻辑关系，形成对单元的整体认知，学生有了单元的整体框架，对相关单元的逻辑体系便会做到心中有数。

形成以学生思维发展为本的整体教学设计要求每位教师从数学课程整体上认识教学内容，可以依据学情设计多样的教学方式，为学生自主学习提供可选择的空间，这是帮助学生抓住数学本质、提升思维品质的有效途径。

形成以学生思维发展为本的整体教学设计大体分为以下三个步骤。

一是建立框架。引导学生建立单元的知识框架和知识联系，画出单元思维导图。

二是展开内容。围绕单元的核心知识和关键内容进行拓展和学习。在单元每个内容的扩展过程中，仍然要关注整体性，即通过研究一个个问题，发现整体规律，让学生整体把握课程内容和知识体系，从而把握数学内容的本质。另外，在各个环节中教师要根据学生思维障碍点来设计教学。

三是归纳创新。在单元的最后一个阶段，可以引导学生自主归纳，形成对本单元的认知，构建自己的知识方法体系。还可以让学生运用合情推理的方式提出新的问题和猜想，然后再加以解决，这样不仅能巩固复习成果，更能激发学生的兴趣和探究动力。

3. 主动变式探究，体验数学发现

荷兰著名数学教育家弗赖登塔尔认为，数学教育方法的核心是学生的“再创造”。他反复强调，学习数学的唯一正确的方法是“再创造”，也就是由学生本人把要学的东西在实践中发现或创造出来，教师的任务是引导和帮助学生进行这种再创造的工作。

主动变式探究的方法包括由特殊到一般、类比、合情推理等。我们在课堂中根据不同的教学内容引导学生采用上述探究方法，进行深入思考，体验数学发现和创造的过程，发展学生的数学素养。

尤其在进行高三专题复习的过程中，在教师的启发下，学生逐渐能够主动把一个数学问题进行进一步的延伸、拓展与变式，生成一类问题，提炼和总结潜藏在问题背后的重要性质和思维方法，从而使复习更高效，真正实现把握学科本质、提升思维品质。

主动变式探究，体验数学发现，要求教师放开手脚，相信学生，鼓励学生积极思考、敢于创新，在引导学生综合而灵活地运用所学数学知识解决问题的过程中，培养学生勇于探索、敢于尝试的研究态度。

4. 关注思维发展，引导学生积极反思

得到问题的解决方案并不是思维培养的最终目标，对问题做进一步的反思才是数学素养的重要方面。只有经过反思，才会有更深刻、更全面的认识。我们在教学实践中会引导学生反思数学之简洁美。爱因斯坦说过，美，本质上终究是简单性。他还认为，只有借助数学，才能达到简单性的美学准则。我们还常引导学生反思数学思维的多角度，对问题进行反思和再认识，让学生的数学能力得到更深入的发展。

年轻教师贺丽珍设计的一节高三专题复习课——对一道函数综合题的研究，就很好地说明了这一点。

对一道函数综合题的研究

贺丽珍

一、设计以学生思维发展为本的整体单元教学

教师对问题涉及的核心概念和知识逻辑要有深层次把握，把握函数思想在整个高中学段的地位，掌握函数与方程、不等式等内容的联系，研究函数综合问题解决的思维框架（见图4－5）。要明确，解决函数综合问题不仅是在解一道题，更是在探究一类新函数的性质。

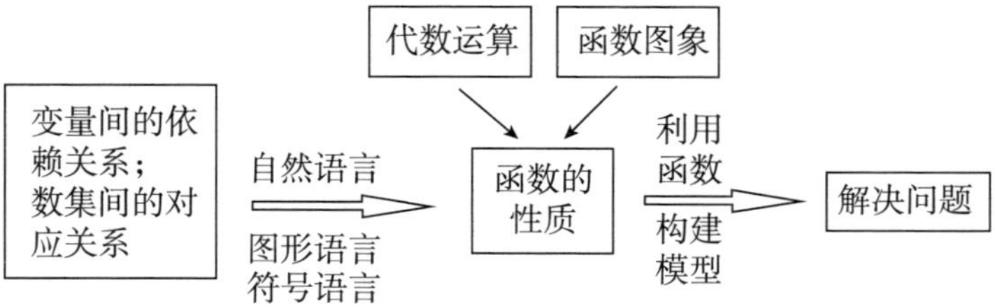

图4－5　函数综合问题解决的思维框架

孤立知识点和问题的教学会使学生心中没有知识框架，难以形成核心素养。为此，要设计单元教学，让学生整体把握课程内容和知识体系，从而把握数学内容的本质。

本单元目标是通过课堂教学使学生在学习过程中形成解决函数问题的整体思维框架，把握函数问题的本质。整体设计“函数综合问题”的单元教学，经历问题引领、问题梳理、自主归纳三个层次，学生的思维逐步提升（见图4－6）。本节课（第6课时）是在问题梳理阶段。

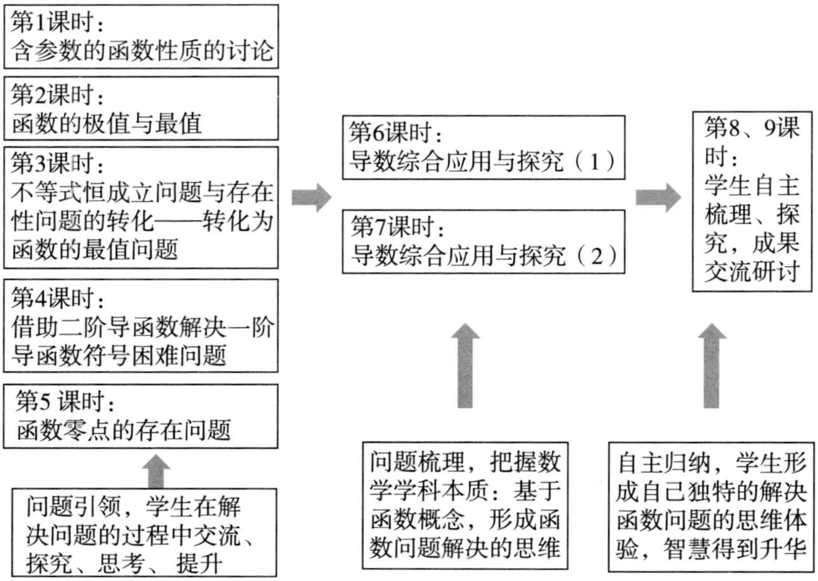

图 4－6 “函数综合问题”单元教学的设计框架

教师把握学生思维的障碍点，从而设计教学。分析此阶段学生的思维障碍是遇到方程、不等式问题，比较容易陷入暴力运算的陷阱中无法自拔，不能灵活地从函数、方程、不等式相互转化的角度解决问题。

因此本节课选取了下面这道题。

> 已知函数 $f(x)=\dfrac{\ln x+1}{x}$，若关于 x 的方程 $f(x)=a$ 恰有两个不同的实数根 x_1，x_2，且 $x_1<x_2$，求证：$x_2-x_1>\dfrac{1}{a}-1$。
>
> 课堂探究：探究含有 x_1+x_2 的不等式，并证明。

此问题综合性较强，能充分暴露学生的思维障碍。这道题可构建不同的函数，从多种角度解决问题，但都是把不等式转化为函数问题、把函数自变量的大小关系转化为对应函数值大小关系的比较，实质相同，都是基于对函数概念的理解。因此可以通过研究这道题，提炼解决函数综合问题的思维方法。另外可基于本题提出创新性问题，让学生进行创造、迁移。

二、把握数学学科本质，形成问题解决的思维

教学过程和反思如下。

1. 基础应用，开启思维

教师与学生共同提出以下问题：观察函数的结构，能发现它的什么性质？本题研究了这个新函数的哪些性质？能否根据这些性质画出函数示意图？

这些问题的提出和解决是突破难点的重要环节，是基于知识和经验的简单应用。学生在此过程中形成能力，发展素养，为创造、迁移做准备。

2. 问题分解，思维突破

这个环节是整节课的核心，基于学生已有基础和思维障碍，连贯逻辑，突破难点，注重核心知识方法。

分析条件，结合性质和直观图象，继续深入研究，分别用自然语言、图形语言、符号语言来重述问题。证明不等式 $x_2 - x_1 > \frac{1}{a} - 1$，转化为证明 $x_2 > \frac{1}{a}$。如何证明？学生提出方法，师生共同分析：需要借助函数的性质来研究和转化。

教师鼓励学生提出其他方法，并且对两种方法进行分析。师生共同寻找解决函数问题的一般方法，探究解决函数问题的思维框架。

3. 创新探究，提升思维

师生进行课堂引申探究：本题能否探究 $x_1 + x_2$ 的取值范围呢？教师鼓励学生积极思考，学会提出问题并且进行研究；感悟研究函数问题的活动经验，并且把这个活动经验放到自己研究函数的问题中去实践。

学生猜想、讨论得到多个结论，如 $x_1 + x_2 > 2$，$x_1 + x_2 > 1 + \frac{1}{a}$，$x_1 + x_2 > \frac{2}{a}$等，师生讨论，并进行论证。

4. 归纳总结，丰富素养

这个阶段是本节课的升华，师生共同探索函数综合问题解决的思维框架：基于函数的概念，并以代数运算与函数图像为手段，以及如何提出新问题并且进行研究。函数图像能够直观形象地表示出函数的变化状态，逻辑推理和代数运算保证了严谨性。

5. 自主归纳，形成网络

让学生自主归纳，建构自己的知识方法体系，在此基础上，让学生原创、改编问题，创作自己的数学试卷。有的非常精彩，也有的是错题，但都非常有价值，学生之间交流讨论得非常热烈，收获很大。

“函数综合复习”这一案例，从一道题的一个小问开始进行探究，学生经历分析问题的结构、恰当构建函数、研究函数性质、解决问题的过程，感悟研究函数问题的基本思维框架，从而学会整体把握函数的图像和性质。教师引导学生继续探究、总结、归纳和创造，注重培养学生发现问题、提出问题的能力。在此过程中，学生的直观想象和逻辑推理素养得到充分发展，数学学习力和自主思维能力得到提升。

三、基于学情，对教学进行持续反思和改进

虽然教学目标已经达成，但教师在思考：为什么学生已经到高三，还不能将不等式和函数问题灵活转化，还是“只见树木，不见森林”？学生能否在高一、高二的新授课阶段就逐渐形成解决函数综合问题的能力？因此，在新一届数学教学中，教师进行了改进和创新。

例如，在高一“不等式与不等关系”的新授课中，我的设计思想是“用函数的观点看不等式”，即从新课开始，就引导学生充分感悟函数思想。

在本节课中，从生活中的现象“加糖，糖水变甜”，抽象为“糖水不等式$\frac{b+m}{a+m}>\frac{b}{a}$（$a>b>0$，$m>0$）”并证明此不等式。接着，引导学生思考“随着糖的增加，糖水越来越甜”，实质上是判断并证明函数$f(x)=\frac{x+b}{x+a}$，$(a>b>0$，$x>0)$的单调性。把“加糖，糖水变甜”这个糖水不等式看作函数，把定量问题看作变量问题，用函数的观点来解决问题，从学生学习的起点就把握函数问题的思维框架。这一届学生在高三阶段时解决函数问题的思维能力有明显的优势，这证明了教师的这一教学改进是有效果的。

（三）在教师深度追问中形成对话

师生对话交流是一种课堂中常见的师生活动，教师通过设置有深度的问题、及时追问，可以在对话中引导学生激活思维、解决困惑、生成观点。这个过程有效且高效。

1. 基于学习力培养的地理学科课堂深度对话

（1）对学生地理学习力培养的理论思考

“培养现代公民必备的地理素养”是地理学习力提升的最终目标。地理学习力是学生地理学习的生长点，它立足于学生的发展潜力，指向学生的终身发展。地理课堂教学是发展学生地理学习力的主要途径。

建构主义认为，学习的过程是学生根据自身经验去建构有关知识的过程，获得知识的多少取决于学生根据自身经验去建构有关知识的意义。在地理课堂教学中关注学生的经验多少、正误并予以适当的引导，有助于学生建构有关地理知识，从而进一步形成地理核心素养。因此，地理知识与经验在整体地理学习力模型中处于基础地位，是学生地理学习力发展的“燃料”，也是学生认知结构的起点和核心，为学生地理学习力的发展提供“能量”。这种“能量”是学生地理学习的基础，使学生未来的地理学习具备“可持续性”。认知心理学研究表明，上位的知识更有助于学生的学习，这种上位的知识不是具体的知识和原理，而应该是一个学科思想性的一些内容，能够指导具体学科内容的学习。

空间传统、地域研究传统、人地关系传统和地球科学传统是目前获得相对公认的地理学的核心思想，可以作为地理知识与经验的关键词。结合中学生的认知特征，可以将地理学习力六要素之一的知识与经验要素定位为对地理环境综合性、区域性、空间性和人地关系的理解与应用，在日常的课堂教学中，应当将这些思想与地理知识、技能相结合。这些思想可以指导具体地理知识的学习，但需要一定的地理知识作为支撑，其关系见图4 -7。

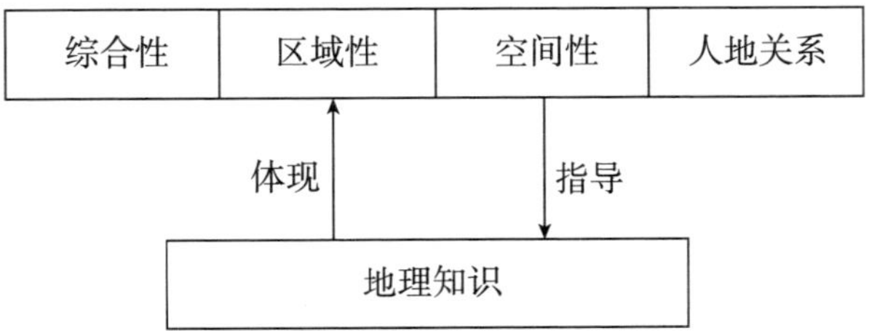

图4 -7　具体地理知识与地理学习力“知识与经验”的关系

上述相互关系以模板的形式存在于学生的头脑中。当学生学习新知识或解决新的地理问题时，这种刺激会作用于人脑，刺激信息会与已经储存在人脑中的各种模板进行匹配。学生头脑中的模板越多，在未来学习中可供匹配的模板越多，产生的新模板和可供运用的模板也越多，其学习力发展水平就越高。可见，在课堂教学中培养学生地理学习力，其本质是学生在教师的指导下，将已有的知识与经验整合成更多的地理表象和地理模型，并用于解决新的地理问题的过程。这一过程，有赖于教师通过课堂中的深度追问，形成师生间、生生间的深度对话，并以此促进学生的地理素养发展。

对学生已有知识与经验的了解是进行课堂深度对话的前提。只有了解了学生已有的生活经验、思维路径，才能站在学生的视角与其进行对话，引导他们的思维。在学生表达基础上的深度追问，是进行深度对话的重要手段。在课堂教学实践中，我们逐渐探索了实施深度对话策略的教学步骤：一是创设教学情境，搭建师生深度对话的平台；二是学生小组研讨，通过同伴对话加强对情境与问题的理解；三是师生深度对话，在深度追问中挖掘学生的知识经验与思维路径，并找准切入点，或修正学生思维，或引导学生思考方向；四是教师总结提升，巩固主要结论和思维方式。

（2）地理课堂中的深度对话实践——以“认识土壤”教学片段为例

《普通高中地理课程标准（2017 年版）》新增了有关土壤的教学内容，要求“通过野外观察或运用土壤标本，说明土壤的主要形成因素”。“认识土壤”是基于课程标准设计的一个整单元教学。受限于学校客观条件，本单元通过课堂上使用土壤标本实验的方法，引导学生认识土壤特征，分析其形成因素。全单元共 3 课时，其主要内容如下。

第 1 课时，通过文本阅读，认识土壤的概况，学习如何认识土壤样本，并通过动手实验探究所给土壤样本的性质。

第 2 课时，师生间、生生间对实验结果讨论，并在实验结果的基础上归纳影响土壤形成的主要因素。

第 3 课时，通过展示人类利用土壤的正反两方面案例，探讨土壤与人类活动的关系。

回顾以土壤为主题的单元教学过程，这些教学实践使我们找到了在课堂教学中培养学生地理学习力的途径。

（1）充分挖掘学生的生活经验和学习经验，通过对话展开教学，有助于帮助学生在自身已有经验的基础上构建属于自己的知识体系，促进自身的思维发展。

【课堂片段 1】

教师提出问题：我们可以从哪些角度研究土壤？学生讨论后发言。

学生 A：第一，可以从土壤的物理形态如颜色、硬度、气味等方面研究。第二，可以从化学成分的角度去看，里面有些什么样的矿物质、酸性碱性如何。

教师追问：有什么实验的想法吗？

学生A：物理方面可以进行观察。化学方面可以将土壤放入水中，测试溶液呈酸性还是碱性。

教师追问：测试酸碱性的目的是什么？

学生A：有些植物适合酸性土壤，有些植物适合碱性土壤。通过测试，我们可以根据土质的酸碱性种植相应的植物。

学生B：就A同学说的矿物质，可以做一些单独的化学分析。还可以实地考察土壤的厚度。我当时看喀斯特地貌的时候，发现那里的土壤适合浅根系的植物生长。所以土壤的厚度也应该去研究。

教师小结：我们在什么条件下研究土壤很重要，是在实验室中进行分析，还是到实地的环境中去看。

学生C：还可以研究世界上不同土壤类型的分布和特点，比如哪些类型分布在哪些地域。

学生D：还可以研究比如气候、降水对土壤的影响。

教师提问：我们今天在教室里可以对土壤进行哪些研究？

土壤，是生活中常见的自然地理事物。学生在学习“认识土壤”单元以前，对土壤是具备一定的感性和理性认识的。在这一教学片段中，教师以头脑风暴的方式将研究内容问题化，学生在回答问题时自然地运用了他们在其他学科中获得的实践经验，如物理观察、酸碱性实验以及一些个人生活经验。这些个体经验影响着他们对土壤的认识。教师在最后提出了一个问题，“我们今天在教室里可以对土壤进行哪些研究”，将研究问题情境化，引导学生考虑在现有课堂条件下，可以使用身边的哪些工具，设计切实可行的实验来研究土壤。该问题指向地理实践活动方案的设计，引导学生的思维从发散走向聚焦。

（2）设计恰当的动手式教学活动，引导学生在教学活动中获得学习经验，进而解决问题、完成任务。

【课堂片段2】

学生分组汇报实验结果。

学生E：我们组的土壤样本编号是2，内容物包括细沙、大颗粒，后来我们发现大颗粒一捏就可以捏成小颗粒，有趣的是还发现了植物的根须。土壤颜色是棕红色，但是我们存疑，因为颜色介于10号和11号之间。手感很细、很滑、比较干燥。用湿试法测试的时候发现它柔软容易变形，比较容易吸水。表面比较粗糙，可以捏成球状、条状、环状和土片，其中在捏成环状的时候中间出现了裂痕，捏成土片的时候比较容易损坏，不容易从手里拿出来。

学生 F：测试 pH 值的时候我们加土加多了，我们静置的时候发现没有 10mL 清液，液体略带黄色。所以我们将试管倾斜，把试剂往里滴，呈黄绿色，经过比对，pH 值大概是 6.6。我们尝了一下，发现有湿沙子的感觉，没有味道。另外，我们还有一些问题，这个土壤样本为什么是略偏酸性的？这种 pH 值适合什么样的农作物？

上述学生来自钱学森理科实验班，他们将物理化学课堂中做实验的实践经验很好地迁移到了土壤实验中，如对数据的准确性的要求、对实验过程中变量的控制、对实验结果的描述等。此外，该组学生还具有一定的问题意识，在研究土壤颜色时，就提到了与土壤比色卡进行比对的时候，发现颜色并不能完全对上，因此对他们得到的实验结论存疑。

本教学案例关注了知识与经验在地理学习力提升中的作用。地理知识与经验，是地理学习力的重要组成部分，是地理学习力有别于其他学科学习力的重要属性。在课堂教学中，充分挖掘学生已具备的地理知识与生活经验，并通过课堂教学中的实践与活动激活它们，在教师的引导下将其进行重新组合，生成新的、结构化的知识与经验，这些成为学生地理学习力进一步提升的基础。

2. 基于学习力培养的化学学科课堂深度对话

（1）对学生学习力和化学学科核心素养培养的理论思考

培养学生的学习力、化学学科核心素养是化学课堂教学的重要目标。“证据推理与模型认知”是化学学科重要的思维方法，在元素化合物的学习中，利用元素化合物认识模型，可以分析、解释和预测物质的性质。

学校化学组教师借鉴北师大王磊教授提出的由研究对象、认识角度、化学问题和任务类型四个维度组成的元素化合物认识模型（见图 4－8），进行单元整体教学设计，根据教学内容，明确核心问题和任务类型，并在课堂上细化问题、层层追问，进而帮助学生建立系统思维，培养化学学科核心素养。

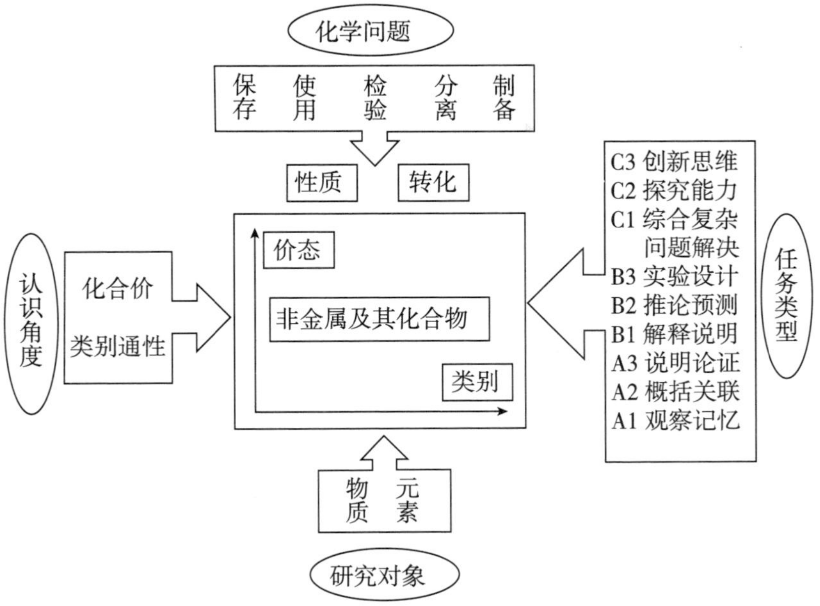

图 4-8　元素化合物认识模型

（2）化学课堂中的任务设计和深度追问实践——以“硫及其化合物”为例

化学教师杨晶晶是北京一零一中优秀的年轻教师之一，她的“高三元素化合物分析——以硫及其化合物为例（第一课时）”体现了单元整体教学设计、在追问中提升学生学科学习力的理念。此课例在 2016 年北京市基础教育优秀课堂教学设计评选中荣获优秀课例一等奖。

杨晶晶老师基于以上模型，在高三元素化合物复习的教学中，以“硫及其化合物”为例，进行单元教学设计。第一课时注重认识角度的建立，引导学生自主发现角度，并应用认识角度解决相对简单的转化任务，形成分析元素化合物问题的一般思路。在学生任务设计时，主要关注学生的概括关联、说明论证、解释说明、推论预测和简单实验设计几项学科能力的发展。同时结合学生学情调查，明确了问题框架（见表 4-3）。

表 4－3 “硫及其化合物”（第一课时）问题框架

核心问题	二级问题	设计意图
元素化合物的认识角度是什么	[问题 1] 你更喜欢哪张转化关系图？为什么？	通过对比学习，引导学生自主寻找缺失的认识角度
	[问题 2] SO_2 如何转化成 Na_2SO_3？ [追问] 如何想到要用 Na_2O？	体现物质通性在转化中的应用，将记忆性知识转化为角度
	[问题 3] 酸性氧化物都有哪些通性？ [问题 4] Na_2SO_3 如何转化成 $BaSO_3$？	落实物质实现类别转化时需要的支持性知识
元素化合物的认识角度是什么	[问题 5] SO_2 如何转化成 Na_2SO_4？ [追问] 你如何想到要加这种试剂？	进行物质转化的多角度分析，完成认识角度的建立，形成分析元素化合物问题的一般思路
	[问题 6] 常见的氧化剂和还原剂有哪些？	回顾实现化合价变化时的支持性知识
	[问题 7] 将 SO_2 通入 NaClO 和 NaOH 的混合溶液中，使其一步转化成 Na_2SO_4。反应的离子方程式是什么？	用化学用语表述转化时两个认识角度的应用。关注方法的同时也注重落实
工业上制硫酸时如何实现物质转化	[问题 8] 工业上制备硫酸的原料是自然界存在的含硫物质，如硫磺（S）、黄铁矿（主要成分 FeS_2）等。如何用这些原料来生产硫酸？	简单的连续转化任务设计，重点落在设计思路的分析，凸显两个认识角度的应用
	[问题 9] FeS_2 在沸腾炉中反应的产物是什么？	引导学生运用类比思想对陌生的氧化还原反应进行分析预测

结合以上框架，设置具体任务，设计教学过程如下。

元素化合物复习课

杨晶晶

【课前作业】总结硫及其化合物的转化关系

一、发现认识角度

【任务】

1. 评价两张转化关系图（见图 4－9、图 4－10）。

2. 给第二张转化关系图补坐标（发现“化合价”和“物质类别”两个角度）。

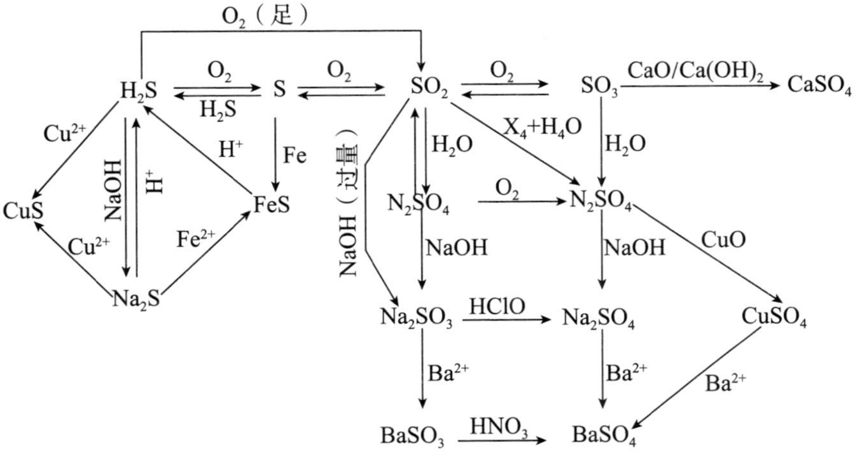

图 4－9　硫及其化合物转化关系图（一）

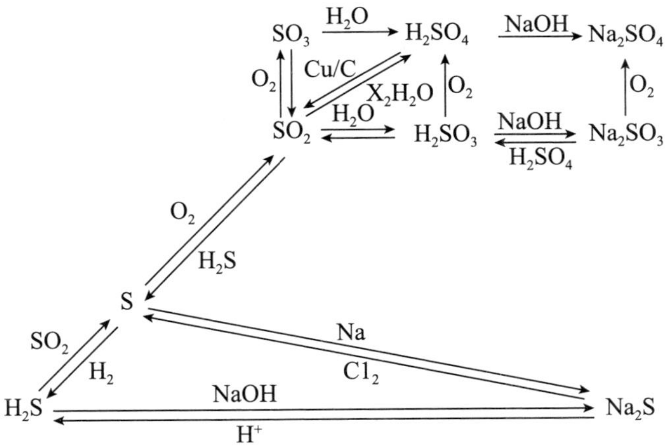

图 4－10　硫及其化合物转化关系图（二）

二、内化认识角度

【任务】

任务一：SO_2 如何转化成 Na_2SO_3？

追问 1：如何想到要用 Na_2O？

追问 2：酸性氧化物都有哪些通性？

任务二：SO_2 如何转化成 Na_2SO_4？为什么？

三、简单应用认识角度

【任务】结合信息设计工业上制硫酸的物质转化路线，完成相关的反应方程式。

追问1：以硫磺为原料设计的转化路线依据是什么？

追问2：预测工业上用黄铁矿制硫酸时 FeS_2 在沸腾炉中发生反应的产物。

作为高三复习课，本课单元整体教学设计，没有拘泥于具体的知识，而是让学生形成元素化合物的认识角度，将具体知识与问题解决建立关联。同时，又因为是高三年级的复习课，在固化认识角度环节提出的两个主问题，“SO_2 如何转化成 Na_2SO_3”和“SO_2 如何转化成 Na_2SO_4”，学生都很容易想到答案。但是学生多半都是根据自己的知识记忆脱口而出，并没有什么分析思路。因此，教师要对学生进行追问，与学生进行深度对话。学生通过回答教师的追问，逐步明晰自己思考问题的角度、思路，外显认识思维发展，提升化学学科学习力，形成解决复杂情境中物质转化问题的一般思路和方法，提高学生解决真实应用背景下元素化合物和概念原理相结合的综合题的能力。

（四）挖掘学习力培育过程中的人文价值

1. 生物学科学习力研究

（1）思考生物学科育人价值

教育的根本目的是培养人。面对21世纪激烈的国际竞争，为了国家未来50年甚至100年的发展，我们要培养什么样的人？这是学习力研究的核心问题。围绕这个问题，北京一零一中生物组研讨了三个子问题：第一，一个人立足未来发展，他应该具备哪些必备品格和关键能力？第二，中学生物学教育能为形成这些品格和能力做出什么贡献？第三，生物学科的核心关键词是什么？前两个问题指向“教育要培养什么样的人”，第三个问题指向学科本质。

学习力研究使教师对学科本质和学科育人价值有了深入的思考。教会学生做人、教会学生学习、教会学生思考、教会学生健康生活——为学生终身发展奠基，成为北京一零一中生物组教师们的共同追求。

（2）生物学科学习力模型解读

我们以 DNA 分子结构模型为例，描述中学生物学科的教育理念和教学内容。DNA 的两条链代表生物学科知识和生物科学研究方法。两条链围绕着主线平行缠绕，主线是珍爱生命、健康生活。DNA 中间的碱基对被赋予了具体的情感态度、知识和能力的教学目标。

以生物学科知识和学科方法为载体，培养学生生物科学素养，在面对未来真实生活中的问题时，能做出正确的决策，选择健康的生活方式；面对未来社会生活的挑战，能不断学习，勇于担当，实现终身发展，这是生物学科“学习力”的主要内涵。其中生命健康教育与生物科学素养的培养，是生物学科独特的教育价值，这与当前国家课程标准倡导的核心素养高度一致。

2. 生物学科学习力教学实践策略

（1）整体备课是落实学科育人价值的有效策略

在学习力教学实践中，我们摸索出一套整体备课策略，包括四个层面，即课标层面、模块层面、单元层面和每一节课层面。整体备课能从宏观到微观把握教学内容的育人价值，使学习力的教育理念落实到每一节课中。

“学习力”模型是教师对课标层面教育价值的思考。单元整体备课是具体落实教育理念的实操性工作，是在思考单元教育价值、教学策略和教学评价的基础上思考每一节课的教学目标和教学方法。每一节课的教学要为达成单元教学目标服务。单元备课的思考路径见图 4－11。

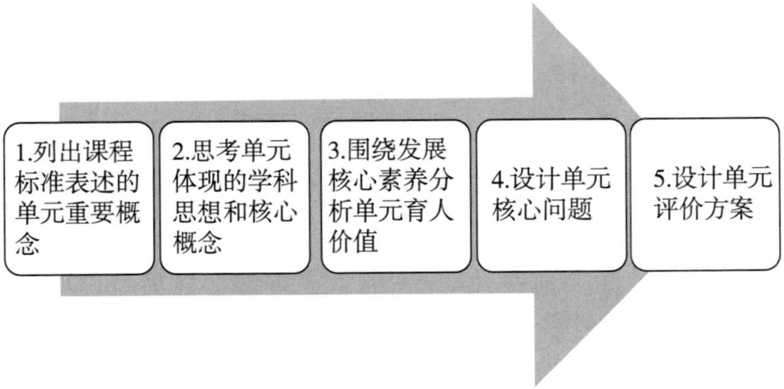

图 4－11　单元备课的思考路径

教师在教学中要不断思考：本单元内容能带给学生什么？哪些内容值

得学生记一辈子？哪些关于情感态度与价值观的内容会深深印在学生的记忆中？教师要培养学生珍爱生命，热爱自然，懂得人与自然和谐相处，理解生命的本质，形成辩证唯物主义自然观。生物学科包含许多与健康相关的知识，在引导学生健康生活方面有其独特的价值。如讲解毒品的作用机理，教育学生远离毒品；讲解细胞癌变的原因，教育学生远离致癌因子，养成良好的生活习惯等。教学中教师要深入把握学科本质，渗透生物学的学科思想——进化的思想、生态学思想。学生毕业后或许会忘记具体的生物学事实和概念，但是在学生时期所建立的情感态度和思想方法会指导他们正确面对生活中的真实问题。

（2）将培养学生元认知纳入教学视野

教会学生学习、教会学生思考是学习力培养的重要内容。教学中教师要讲解学习方法，注意培养学生的元认知能力。元认知是主体对自身认知活动的认知，包括元认知知识、元认知体验和元认知监控。教学中教师要教授学习策略和方法，引导学生自我监控和反思，审视自己的学习行为，实现认知活动中的自我意识和自我调控。

概念图策略是一种重要的学习策略。教师采用学生自学和精讲相结合的授课模式，教会学生在阅读教材的基础上绘制单元概念图，梳理概念间的联系。这些工作都是在教学生如何学习，对教材内容进行加工处理，是对学生学习方法的训练。

教会学生反思，养成反思习惯。考试后要求学生改错，将正确的理解写在学习笔记上，对知识进行小结，反思学习策略，制订下一步的学习目标和计划等，这些是学生走向独立学习必备的品格和能力。

学生通过中学学习，要能形成一套适合自己的学习方法，发展元认知能力，学会自我规划和设计，努力实现自我发展。

（3）推进学科阅读

实践证明，阅读可以激发学习兴趣。课堂教学中为学生提供阅读材料，拓展学生的视野，激发学生的兴趣。如，在讲“发酵工程制腐乳”时，补充了“王致和发现腐乳的故事”；在讲“群落演替”时，补充了“塞罕坝的故事”。对这些故事，学生都十分感兴趣。

生物教学还为学生提供了大量的课外阅读书目。如《动物记》《蚂蚁帝国》《所罗门王的指环》《生命的跃升》等，还有期刊《环球科学》。教师主张学生去书店自己选，选适合自己的、感兴趣的。在兴趣的引领下，生物学的相关领域也可能成为学生未来的职业方向。

三、基于核心素养培养的生态智慧课堂教学探索

随着学习力研究的进一步深入和日新月异的信息技术对教育的助推，我们发现，基础教育的样态正在发生重大变化，学生生活中现实世界与虚拟世界并存，教育手段则是线上与线下同步。这种变化导致学生的人文素养、情感世界，以及教育对学生应有应尽的人文关怀日趋式微。基于此，学校从 2015 年开始，进行基于核心素养的生态智慧课堂实践探索。

2016 年，《中国学生发展核心素养》总体框架发布，从文化基础、自主发展、社会参与三个维度定义“学生应具备的，能够适应终身发展和社会发展需要的必备品格与关键能力”。核心素养的社会内涵与社会价值促进国民在心理、思想、态度和行为上经历一场向现代性的转变，表现为素养和能力结构的重新架构。核心素养成为学校的培养目标，它引发我们对教育进入新质量时代的思考。

随后修订的《普通高中课程标准（2017 年版）》提出普通高中新的定位，即“一个中心，三个适应，一个奠定”。“一个中心”，指的是普通高中的中心任务即促进学生全面而有个性的发展，体现出对人的关注，对人的个体价值的认可。“三个适应”，一是适应社会生活，二是适应高等教育，三是适应未来的职业发展。“一个奠定”，指的是为学生的终身发展奠定基础。北京一零一中把三年高中放在学生一生发展中去布局思考，通过让学生学会自我认知、了解外部环境、储备职业素养，延伸高中教育对学生一生的价值影响，为学生的终身发展奠定基础。

与此同时，未来的时代充满了不确定性。当下，以大数据、云计算为代表的人工智能时代使得各传统领域发生了颠覆性变化。人工智能成为实现教育生态重构的有效手段，使个性化和多元化教育成为可能，进而构建出一种新的灵活、开放、终身的个性化教育生态体系。人工智能时代打破教育知识传播的固有渠道，对学生来说，学习最重要的意义未必是知识的获得、记忆、复述和再现等低层次的认知能力，思维发展、问题识别、逻辑推理、意义建构、自我发展等高层次的认知能力的重要性凸显。人工智能赋能教师，促进教学模式从知识传授到知识建构的转变。人工智能赋能学校，改变办学形态，拓展学习空间，提高学校的服务水平，形成更加以

学习者为中心的学习环境。因此，学校需要重构学习路径，重新定义课堂，即为未来而教。

在时代的召唤下，未来学习方式或将呈现新的趋势：一是主动学习。学生依据兴趣、个性、潜质进行自我规划，选择适合自己的学习方式，在真实问题中积极体验，养成自主发展能力和沟通合作能力。二是学习不只停留于对知识的了解和知晓层次，而是要像科学家一样思考问题，像工程师一样解决问题。把生活引入课堂，创设更多的动手机会，让学生用所学知识解决实际问题，帮助他们掌握知识之间的深层次联系，具有科学文化素养和终身学习能力。三是挖掘外部社会一切可以利用的教育资源，突破校园界限。学生学习既可以在教室，也可以在社区、科技馆和企业，可以去不同城市游学，任何可以实现高质量学习的地方都是学校。通过无边界的学习，实现学生学业、人格、价值观的完整发展。

如何把这些顶层设计和宏观目标落实在具体的教育教学行动中？北京一零一中坚持在实践中创新，营造良好育人生态，以开放的办学思想，深入探索新课改背景下的教育教学改革，丰富教育教学模式，多路径满足学生的需求，培养有理想、有本领、有担当的时代新人。学校提出了建设生态智慧课堂的课堂教学改革思路，这是北京一零一中在教育制度改革、教育政策转变的大环境下，对自我教育办学特色的坚守，对以面向全体、关注差异、因材施教、全面发展为指导思想的课堂内涵的追求。生态智慧课堂秉承了原有教学中以能力立意为导向、学科本质为基础、学科价值为追求的核心思想，及时把握课程改革的内涵与方向，构建学校“启迪智慧与成就生命”的教学文化，以专业性思维、批判的品质、研究的态度和实事求是的精神，形成新的教育思想和实践类型，塑造和建构时代精神。以生命成长和智慧生成为核心目标的生态智慧课堂是北京一零一中基于学生核心素养培育而提出的创新型课堂。

（一）生态智慧课堂的内涵解读

生态通常指生物在一定的自然环境下生存和发展的状态，也指生物的生理特性和生活习性。简单来说，生态就是指一切生物的生存状态，以及它们之间和它与环境之间环环相扣的关系。

生态课堂则是指让生命实体在良好的条件下自然地、和谐自由地生长发展。教育是人的精神生命活动的过程，课堂教学的生命实体是教师和学生。

智慧是人在动态的思维活动中深化、扩展和推移的思维品质和人格品质。生态智慧课堂指的是，课堂教学不仅是传授知识的过程，而且是培育智慧、提升生命价值的过程。

教育不能仅仅停留在探求真理上，还应该培养智慧与提升价值。因此，生态智慧课堂教学的基本内涵就是教师和学生在一个自由和谐、富有个性、独立自主、有利于人整体生命投入的学习生态环境中，调动起自身的一切积极动能，去不断地创造自我，完善和发展生命，从而取得课堂教学效益与生命质量的整体提升。

生态智慧课堂包含三层意思：一是学生个体精神和独立人格受到尊重；二是学生之间、师生之间的人际互动圆融共生；三是师生精神生态的情感体验得以丰富，高阶思维得以提升。生态智慧课堂应该追求教学高质量和课堂真效益，它应该包括学生完善的人格成长、差异的知识建构和创新的智慧发展。教学目标达成，要重视层次性和生成性；教学资源遴选，要重视针对性和发展性；教学策略运用，要注重合作性和开放性。

运用生态智慧课堂的理念，在考察课堂教学时，我们可以从以下几方面入手：教学目标预设，要体现知识与技能、过程与方法、情感态度与价值观的整体要求，特别是情感态度与价值观的形成；在教学设计和实施中，要整合各种教育资源，促进学生积极参与和主动探究并取得实效；在对学生的评价上，要促进全体学生个性张扬、智慧发展和健康成长。

构建生态智慧课堂，创造有生命力的课堂形态，应当营造和谐的学习氛围和教学情境。课堂应当是一个生态环境，教学内容、方式都要强调生态化。要尊重学生的认知规律，要有包含学生生活经历的环境，如北京一零一中的“模拟政协”“模拟联合国”等；要有学术研究的环境，如各类课题研究；要有参与体验的环境，如各类实践活动；要讲究教学语言的艺术和情感的沟通，确保多样化的教学设计和丰富的课程资源；课堂上要给学生优质的知识、基于体验理解的知识；要培育学生高阶的认识能力；要把课堂还给学生，不断引导学生进行有效思维，提升其思维品质。概而言之，生态智慧课堂应激发个体潜能，重视动态生成，进而唤醒生命智慧。

（二）生态智慧课堂的属性

生态的课堂要求课堂必须以学生为主体，关注每一个学生的学习需求，兼顾学生的个性发展，通过现代课堂教学手段，实现教学与学生发展真正的统一；必须努力适应学生全面个性发展的需求，促进学生健康成长，为学生的全面发展奠定基础。

智慧的课堂要求课堂必须基于生命发展、唤醒智慧，要求教师尊重每一位学生，允许学生用不同的速度、自己的方法去探索获取知识。生态智慧课堂具有以下三个属性。

1. 思想性

生态智慧课堂的思想性首先要求教师在不断补充和吸收新知识、新理念的过程中，具有质疑和否定自己认知观点的勇气，以及修正和重塑自己思维体系的能力。其次，教师要能通过课堂教学，为学生学习提供质疑和反思的契机，让学生在学习中质疑、在反思中学习，拓展思维的广度和深度，形成质疑反思的习惯。双方的智慧在生态智慧课堂的师生互动中都能获得磨砺而不断增进。

2. 和谐性

课堂中生生平等、师生平等的自然宽松和谐的学习环境，吸引着每一个学生进行智慧的碰撞、情感的融合、心灵的交互。生态智慧课堂应给学生营造一个和谐宽松的学习环境，让学生有一个思维想象的无限空间。课堂教学应达到三个“和谐”：一是教师与课本的“和谐”，课本是教师指导学生进入知识海洋的方舟，教师要与学生同舟共济，方能达到共同的目的。二是师生关系的“和谐”，要建立“伙伴型”的平等师生关系，明确学生是学习的主人，教师是学生学习的引导者。教师要关心爱护学生，充分尊重学生的人格，给学生多一些成功的体验，少一些失败的刺激；给学生多一些受尊重的感觉，少一些挖苦和说教；给学生多一些正面引导，少一些反面的讽刺等。只有这样，才能使师生关系真正和谐。三是学生与课本的“和谐”。学生是学习的主体，课本是学生获取知识的重要来源，教师在教学中要将学生的注意力和兴趣吸引到课本上来，使课本变成学生的朋友，成为学生探索新知识的窗口。教师通过创设教学情境，引导学生探究真实的现象，感悟真情实感，开启思维之门，从而使学生的思绪得以飞扬，灵感得以激发，智慧得以生长。

3. 创造性

教育必须弘扬人的主体性，开发人的潜能，发展人的创造性，培养人的健全人格。教学不应只是忠实地传递和接受知识的过程，更是课堂创生与开发的过程。课堂教学是千变万化的，再好的预设，也不能预见课堂上可能出现的所有情况。生态智慧课堂不但要求教师要有随机应变的能力，更要求教师在随机应变中尊重学生的主体性，根据教学进程中出现的新情况，及时调整课前预设，给学生腾出空间，为生成提供条件。

（三）生态智慧课堂的建构途径

建构生态智慧课堂，关键是教师的观念要转变。教师首先应该认识到学生的发展不应该仅停留于“知识学习”或“能力训练”的层面上，教育是一种生命为了求得发展而进行交往的活动，学生应该在这个过程中思维变得更加深刻，视野变得更加宽广，不断体验生命成长的快乐。因此，在新的课堂教学改革大潮中，课堂教学要发现生命的价值，着力提高思维品质，不断形成教师、学生各自发展与互动发展的生态场。

新的课程改革要求教师改变课程实施过于强调接受学习、死记硬背、机械训练的现状，倡导学生主动参与、乐于探究、勤于动手，培养学生搜索和处理信息的能力、获取新知识的能力，分析和解决问题的能力，以及交流和合作的能力。因此，教师教学方式和学生学习方式的改变迫在眉睫，这种改变是课堂教学的出路所在。教师要立足教学改革的前沿，解放思想，更新观念，“以学生为本”，在课堂教学中做到尊重学生的个性与自由、价值与尊严；重视学生的关注与需求、交流与合作，让他们体验到学习的幸福与快乐；注重培养学生的创新精神、实践能力及社会责任意识，努力构建符合学生身心发展特点的生态智慧课堂，促进学生健康、全面发展。具体来说，建构生态智慧课堂从以下几个方面入手。

1. 建立平等民主的师生关系， 营造和谐融洽的课堂气氛

新课程改革所倡导的是积极互动、共同发展的师生关系、生生关系，在共同探索新知的过程中，师生、生生之间沟通接纳、交流合作、互动共享，形成民主、开放、和谐的课堂关系。学生处于一种安全、和谐的氛围中，他们的思维也处于活跃、流畅的状态，这样才可以使各种观点自由畅通地表达出来，可以为学生个性的发展提供最为广阔的空间。在宽松、民主的氛围中，学生才可以集中精力自主地思考问题，形成自己独特的见解。这样，学生的个性才能得到较好的发展。

2. 采用灵活多样的教学方法，创设凸显主体的课堂环境

新课程改革强调学生是主动的学习者，是知识的主人，是认知的主体，是课堂教学的主体。高中学生求知欲较强，喜欢表现自己，因此教师在课堂中应根据学生的特点，积极创造各种条件让学生充当教学活动的“主角”。教师要做学生学习活动的参与者、合作者、促进者、引领者，引领学生主动、积极、自觉地掌握知识，同时为他们提供充分发表见解、张扬个性的空间，鼓励、帮助、引导学生参与课堂探究、讨论、合作交流活动，锻炼学生提出问题、分析问题、解决问题的能力，激活学生的思维，养成参与课堂的习惯，进而实现师生在生态智慧课堂中的圆融互生。

3. 结合丰富多彩的社会生活，培养实践创新的综合能力

著名教育家陶行知先生曾指出，要解放小孩子的头脑，使他们思想；解放小孩子的双手，使他们能干；解放小孩子的嘴巴，使他们能问；解放小孩子的空间，使他们能到大自然大社会里扩大知识和眼界，获得丰富的学问；解放小孩子的时间，使他们有时间学一点他们渴望学的知识，干一点他们高兴干的事情。这些思想对当前教学仍有鲜明的指导意义。

我们积极倡导以学生为主体，在教学活动中培育主体，努力实践让主体“动”起来的现代教学理念。这里的“动”是动手操作、动眼观察、动脑思考，手脑并用，让学生充分体验，积极思维，展现自我，明辨是非，生成智慧。在“动”的过程中教师可以结合丰富多彩的社会生活，创设充满人性化的教学氛围，引导学生主动参与到学习过程中。

4. 确立面向全体的教学理念，促进学生的个性化成长

课堂教学既要培养优等生和中等生，更要注意去积极转化和辅导后进生，这是全面提高教学质量一个必不可少的环节。让每一个学生都发展是一项艰苦细致的工作，特别是对在学习等某一方面的后进生要热心、耐心，保护他们的自尊心，激励他们的上进心。要用真诚去关心他们，帮助他们树立学习的自信心。同时要努力去寻找、去发现后进生身上的闪光点，多表扬、少批评，多肯定、少否定。鼓励和赏识就像生命中的阳光和水一样，对学生是必不可少的。它会让学生感受到自身的价值，会更加激发学生的表现欲，成为学生进一步发现、探求知识的动力。教师不要吝啬对学生的赞美，要及时肯定学生。对学生的赞美要真诚、发自内心、实事求是；对学生的评价要公正、公平，对所有学生一视同仁，不能厚此薄彼。评价学生要注意语言的艺术性，必须尊重学生的人格尊严。评价的方式也可以多样化，无论是语言的鼓励、物质的奖励，抑或是批评指正，对学生来说都同样重要。

（四）生态智慧课堂的教与学方式探究

1. 生态智慧课堂的模型建构

生态智慧课堂探索的起点在哪里？教育的本质是成全与唤醒，是帮助学生发现自己的潜能，唤醒学生的自觉，是要让学生在“已有”的基础上高质量发展。如果我们不倾听学生的声音，我们的教育将难以进步。了解学生的心声，满足学生的需求，与学生共创个性化的学习，是教育应该努力的方向。教育是人的生命活动的过程，课堂应是适宜生命成长的良性生态系统，让学习真实发生，让生命健康成长，让智慧得到启迪。生态智慧课堂的模型建构见图4－12。

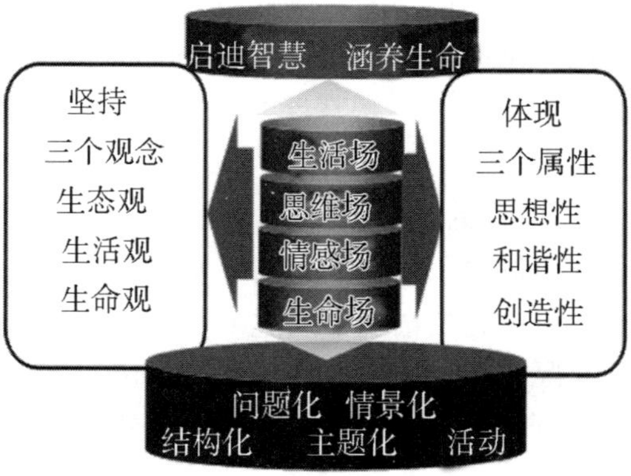

图4－12　生态智慧课堂的模型建构

生活场指的是让学生在活动中体验，在体验中生命得到成长。思维场指的是课堂要有利于学生智慧的形成与发展。情感场指的是课堂要有利于学生的情感世界在一种自由、和谐的氛围中得到陶冶与美化。生命场指的是课堂的出发点和归宿都是生命的健康成长。

在此基础上，各学科组都建立了自己的生态智慧课堂模型。

数学组认为，数学核心素养的培育需要从“问题与情景”“交流与反思”“知识与技能”“思维与表达”四个维度来把握，四个维度相互作用，共同形成相互联系的四个场域，即生活场、思维场、情感场、生命场，以此生成基于核心素养的数学学科生态智慧课堂模型（见图4－13）。

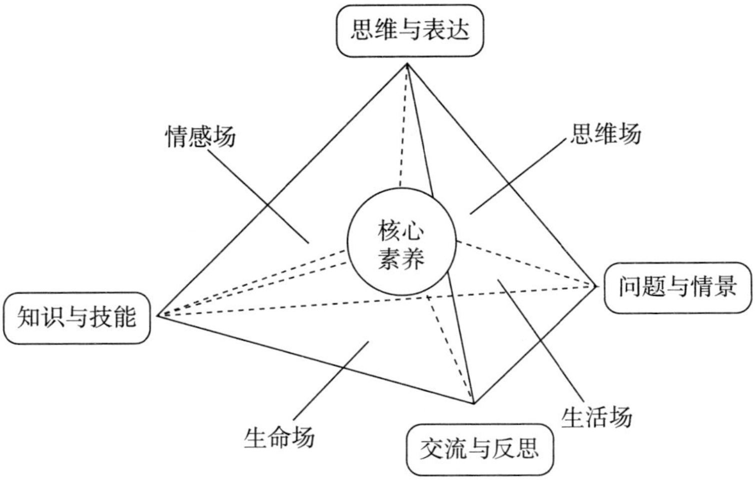

图4－13　数学学科生态智慧课堂模型

英语组认为，生活场、思维场、情感场、生命场四个场域非常恰当地对应了核心素养的四个维度，即语言能力、思维品质、文化意识、学习能力。由此，英语学科建构了生态智慧课堂模型——风车 EITA 模型（见图4－14）。

EITA 模型以英语学科的核心素养为中心，对应生态智慧课堂的四个场域，建立起一个学生健康、自然发展的环境。围绕主题意义，创设有利于学生学习知识和发展能力的语境，通过师生互动和有效的评价反思，学生学习、体验，在交际中运用语言，启迪思维，传递文化，使学生的综合能力和核心素养都得到提升，推动整个场域的自然和谐运行，达到教学相长、师生共赢的目的。

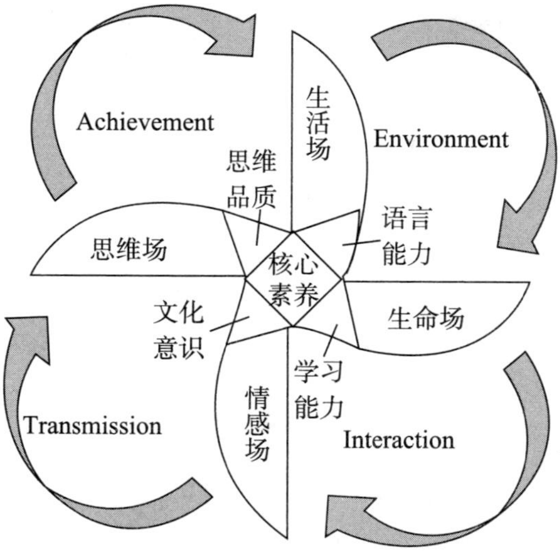

图 4－14 英语学科生态智慧课堂模型

历史学科生态智慧课堂模型是多维互动金字塔形，以历史学科五大核心素养（唯物史观、时空观念、史料实证、历史解释和家国情怀）为基石，让课堂成为生活场、思维场、情感场和生命场。在教与学的过程中，贯彻尊重学生多样的生命观，渗透教师多元的生活观，呈现学习多维的生态观，以学习方式的不断创新为途径，以教学反思推进课堂教学模式不断改革，最终实现立德树人的育人目标（见图 4－15）。

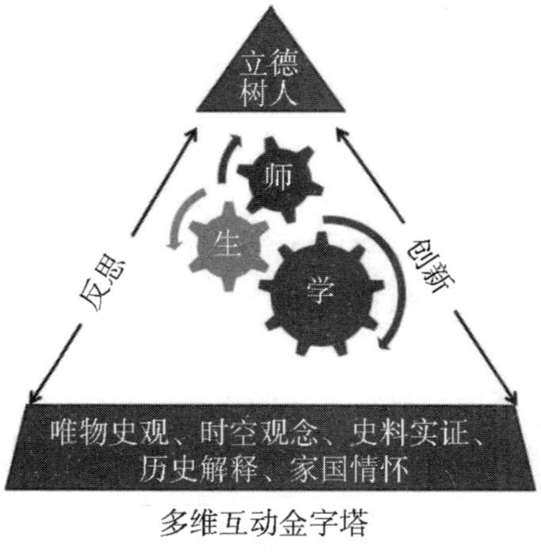

图 4－15 历史学科生态智慧课堂模型

地理组将地理生态智慧课堂看作一个系统，其内部包括教师、学生两个主体及地理课程这一客体。在课堂中，教师引导学生思考，学生给予教师反馈。师生之间、生生之间存在互动关系。地理课程是教师教学和学生学习的重要载体。外部环境为教与学提供了大量的素材，是地理课程内容、学生认知基础的重要来源。教师是课程的开发者，学生在教师的引导下通过学习，将课程内容吸收、内化，转化为更多的新信息输出到外部环境中。信息在外部环境与地理生态智慧课堂中流动。在这一过程中，信息流被加工，其性质更加结构化，也会出现新的信息流（见图4－16）。

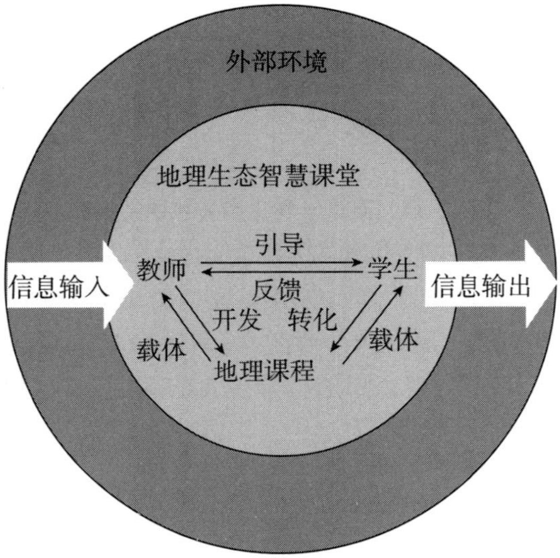

图4－16　地理学科生态智慧课堂模型

物理组根据物理核心素养的基本要求对课程进行了调整和创新，主要体现在课程设置及开发、课堂模式、课后过程管理等方面。

物理学科生态智慧课堂以物理观念培养为基础，以课堂科学活动为载体，借助科学思维设计并完成科学活动，在课堂教学中注意学习方法的示范、渗透和点拨，引导学生在学习实践中“悟”出能力和动力，通过教学活动渗透对学生科学态度与科学责任的培养（见图4－17）。

图 4－17　物理学科生态智慧课堂模型

2. 生态智慧课堂教与学的方式探究

在生态智慧课堂中，北京一零一中倡导教与学多样化导学模式，在自我教育理念的指导下，实行由教案导学发展为学案导学、问题导学以及自我导学的有针对性的导学模式。变革教学设计，给学生开学习“处方”，让学生明白去哪里、怎么去、怎么知道已经到那里了，关注学生学会了什么、有没有学会、怎么学会等。教学工作的起点要前移，关注课程的门类、科目之间的关系，关注本学科的育人价值和学生的学习特点、规律，形成思维培养的策略，促进教师的专业发展与学生的自主发展（见图 4－18）。

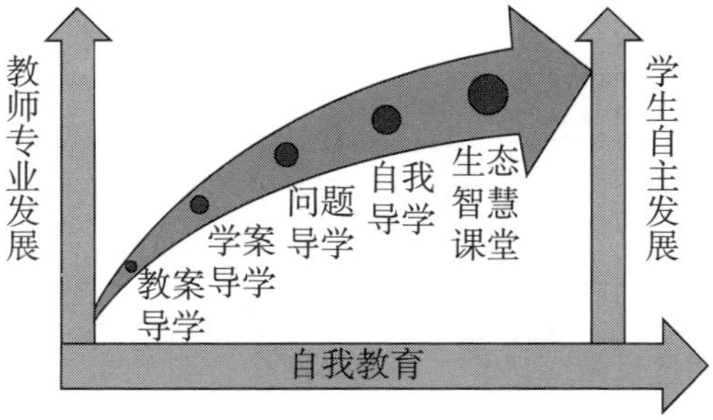

图 4－18　生态智慧课堂教与学的方式

（1）不同导学模式的递进式转变与探究

①学案导学

“以导促学”的教学模式是指由原有的教案导学模式转化为学案导学模式（见图 4－19），教师与学生的身份不再是课堂中的讲授者与接受者，而是课堂中的组织者与学习者。这种模式更强调增加课堂互动性，教学不局限于知识的灌输，而是知识的传递与应用。该模式把单一活动转化为双向互动，由教师组织学生掌握知识、运用知识，变为教师更多地参与到教学活动中，引导学生学习。

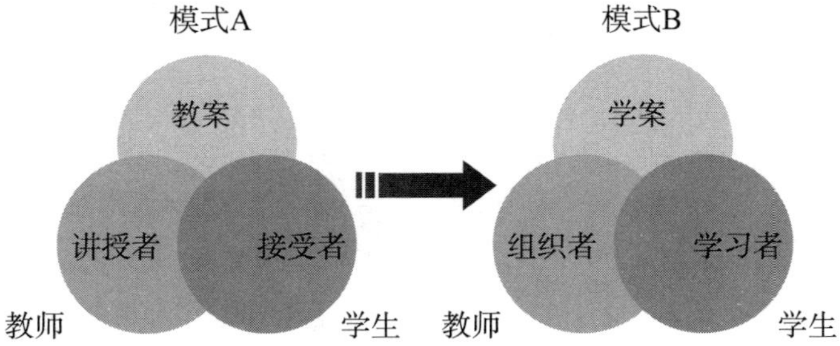

图 4－19　教案导学模式向学案导学模式转化

在学案导学方面，化学组起步早，做了很好的示范。早在 2002 年化学组就开始了学案导学的尝试。但是全年级系统全面地使用学案导学是从 2005 届高三总复习开始的。在当时，尽管有很多的复习参考书，但没有一本完备的复习资料，教师无法把集体备课时的一些复习思路和想法很好地呈现出来。于是化学组开始了第一轮自编所有总复习内容的学案，把总复习用书作为辅助材料。

早期的学案多是基本知识点的简单呈现；概念陈述、重点知识填空、化学用语书写是其主要形式。学案更多关注知识解析，对学生的认识发展关注不够；关注教法，对学生的学法关注不够；关注科学—技术—社会（STS），但有机融合不够。

反思 1：新课程改革提出了新的课程标准，化学组在学习新理念的同时即付诸实践，确立并开展了海淀区教育科研“十五”规划重点课题“高中化学教学中研究性学习的探索”。课题实施期间，教师们以公开课为点、以平时的课堂教学为面，点面结合，总结出不同类型的知识内容在运用探究式教学模式时的不同特点，成功积累了不少案例。例如白光耀老师的一节“高一元素周期律”的研究课把学生的易错点汇编成“知识回顾”，去冲击学生原有的思想，再适时地进行知识总结，效果非常好。

创新 1：高三总复习新学案的不断创新。总复习学案全面实施新思路，统一了编写新学案的基本框架：高考要求—回顾练习—知识总结—课堂练习—课堂检测—反思总结。2010 届、2011 届高三总复习学案因开始新课程高考，又在原基础上做了较大修改和完善。

反思 2：在运用高三总复习新学案取得较好效果的同时，教师们越来越深刻地感受到高一、高二阶段培养的重要性，整个高中的化学学习应该整体规划，而不是等到高三才去狠抓。抓住学校制定各学科常态课有效教学质量标准的契机，化学组制定了“北京一零一中化学学科常态课有效教学质量标准”，并确立了总目标：保证每节课都合格，每个学段每个年级都把好关。化学组教师不满足于每节课都合格，还追求每节课都高效。因此，教师们又确立并开展了海淀区教育科研“十一五”规划课题“在中学化学教学中转变学生学习方式的策略研究”，在上一个课题的基础上做了有延续性的深入研究。教师将新课程中转变学生学习方式的理念应用于中学化学日常教学中，提出了可操作的、系统的转变学生学习方式的探究学习、小组合作、自主学习等教学策略，设计了新课程学生自主学习学案。

创新2：新授课新学案的不断创新。新授课新学案的特点是问题驱动，引发思考；创设情境，注重理解；问题开放，关注体验；适当留白，预设空间。化学组从2010届开始较系统地设计自主学习创新学案，包括预习和课上两部分，逐步引领学生养成自主学习意识，之后编写出《高中化学新课程自主学习创新学案》（以实验班学生实践运用为主）。到2013届新高一，针对必修1、必修2等模块创编《高中化学学习指导手册》，并不断完善形成系列，在全年级全面实践运用。

反思3：精心设计的学案中，学生的活动是否有效是关键，如何在课堂上真正实施以及如何做有效的评价都是教师们要进一步研究的问题。于是化学组又申报了海淀区教育科研“十二五”规划课题“化学课堂学生有效活动的设计及评价方法研究”。

创新3：评价方式的创新。化学组在“化学与生活”选修模块的评价中尝试了综合评价方式：口试30分+笔试50分+家庭探究作业20分（其中口试是创新点）。设计综合评价方式是希望通过改变评价方式，使学生在学习“化学与生活”模块时，实现两个目标：一是主动阅读、理解教材，提高学习能力。这是因为大多数学生往往通过课堂听老师讲、课下做习题来准备纸笔测验，缺乏自己主动学习的过程。二是激励学生追求卓越。纸笔测验通常只有一次机会（如模块考试），考完就结束了，学生往往会有遗憾，很多地方可以做得更好却没有机会了。

教师们以转变学生学习方式为目标，设计教学、评价教学、反思教学、不断创新，关注学生的成长和学习行为，对学生转变学习方式起到了积极的作用。师生教学相长，有效促进了学生的全面发展，也促进了教师的专业发展，从而促进了化学学科的特色发展。

②问题导学

日新月异的信息时代对课堂教学模式提出了新的要求，教学模式需要向更高层面推进。北京一零一中在原有学案导学的基础上提出了问题导学模式（见图 4－20），把知识转化为问题，由浅入深，由易到难，循序渐进，引导学生学习，使教师和学生转变为指导者和问题解决者，通过教师的专业指导，让学生自主发现问题、提出假设并验证假设。在这个过程中，不仅可以提高教师的专业能力，同时也培养了学生自主学习的精神。物理学科付鹂娟老师在“物体运动快慢的描述——速度”一课上，通过设置问题探查学生的前概念，厘清学生的迷思概念，引导学生经历概念形成的一系列思维活动，主动建构理解概念的过程就是问题导学的生动展现。

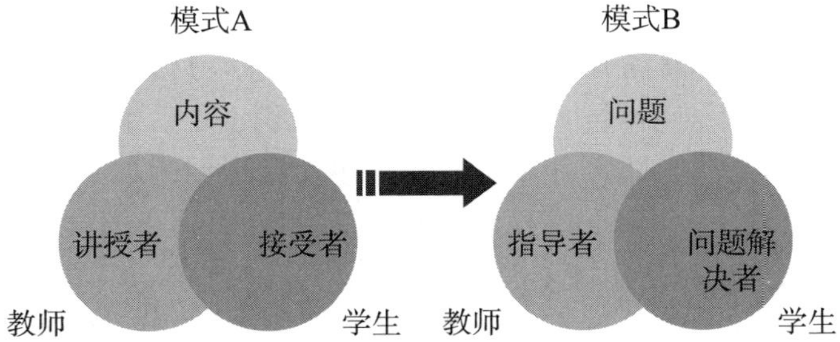

图 4－20　学案导学基础上的问题导学模式

物理概念教学中发展学生科学思维的问题设计策略

付鹂娟

一、探查学生的前概念，问题情境具有综合性

学习者有着丰富的经验世界，教师应根据其已有的经验设置问题，情境的创设综合性要强，通过学生面对复杂问题的反应探查其思维起点。

学生对于速度公式非常熟悉，如果教师问“初中我们学过速度，什么是速度”，学生回答时，仅仅是通过记忆回顾知识，没有深层的思维活动。

教师利用一段新闻视频引入新课：北京高速公路实行区间测速，参访中发现很多司机对区间测速并不了解。“如果你是交警，如何向司机解释区间测速的原理呢？”

学生回答这一问题，经历了建模、迁移和应用等高阶的思维活动，这样就能了解学生的认知基础，从而明确教学的起点和重点。

二、揭示物理概念的本质，问题条件具有隐蔽性

概念的本质和概念建立的实际价值密不可分，教师要让学生在应用概念的过程中主动体会概念的意义。因此，问题的设计应具有一定的隐蔽性。

速度的方向性是描述位置变化的一个重要维度。在速度矢量性的教学中，如果教师问“一个物体以 10m/s 的速度向东运动，另一个物体以 10m/s 的速度向西运动，它们的速度是否相同”，这个问题中“方向”这一要素提示得太明显，没有体现速度的方向性在描述物体位置变化时的实际意义。

教师利用新闻视频提问：“如果已知汽车的平均时速是 90km/h，从学校出发，你能否预测 1 小时之后汽车的位置?”

学生 1：平谷（北京市的郊区）。

学生 2：学校到平谷的距离是直线距离，你去平谷不能走直线。

教师：非常好，这个同学谈到了位移和路程的区别。假设北京到平谷的距离就是 90 公里，1 小时后汽车一定在平谷吗?

学生 3：不一定，因为不知道方向。

教师：汽车可能的位置在哪?

学生 4：以学校为圆心，以 90 千米为半径的圆上（全班笑）。

这一问题，把速度的方向性这一要素隐藏了起来，学生在寻找答案的过程中发现，如果不知道方向就不能描述位置，因而速度的方向性必不可少。

三、引领学生科学思维的提升，问题架构具有层次性

问题的设置应该遵循学生思维发展的序列，注重层次性。在平均速度和瞬时速度的教学环节中，教师根据学生的思维发展路径设置问题串如下。

1. 有效观察——基于实验设计问题

教师演示实验：用细线穿着一个珠子，给珠子一个初速度，让学生观察珠子沿水平细线的运动。接着，让水平细线穿过如图 4 –21 所示的双激光测速仪两端的探头。珠子在离开手之后运动一段时间停了下来。珠子通过仪器两杆之后，左端屏幕上迅速显示一个数值。

问题 1：仪器上显示的数据是什么？请设计方案验证你的猜想。

如果教师问“这是一个测速仪，它的原理是什么?”，这样没有留给学

生思维的空间。教师在实验之初并没有强调让学生观察什么，但是学生观察得细致与否很大程度上决定了他能否顺利解决问题。

2. 思维过程可视化——基于多重表征设计问题

珠子在做变速运动，测量到的是一个恒定的值，这个恒定的数值和变速运动的速度之间有什么样的联系呢？

问题 2：请画出珠子离开手之后的速度—时间图像，并把平均速度定性地在图像上表示出来（见图 4－21、图 4－22）。

通过学生的答案可以分析学生理解平均速度时的思维障碍。图 4－23 所示速度—时间图像反映出绘制图像的学生对珠子做变速运动有更加深入的思考，但无法理解平均速度的意义。

于是教师追问：在画平均速度时，你的依据是什么？

学生：面积相等。

教师追问：为什么？

学生：因为位移等于速度乘以时间，所以面积代表位移，面积相等说明位移相等。

教师追问：哪两部分面积相等呢？

学生上台在黑板上演示（见图 4－24）。

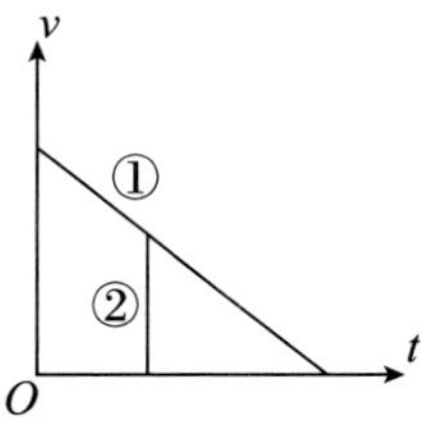

图 4－21

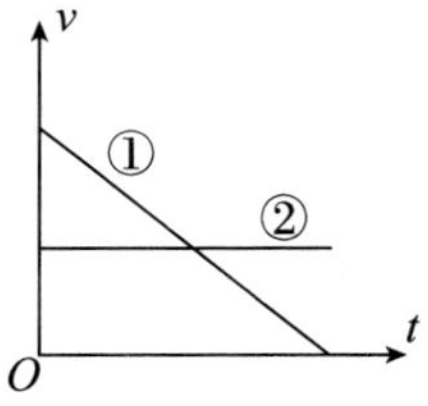

图 4－22

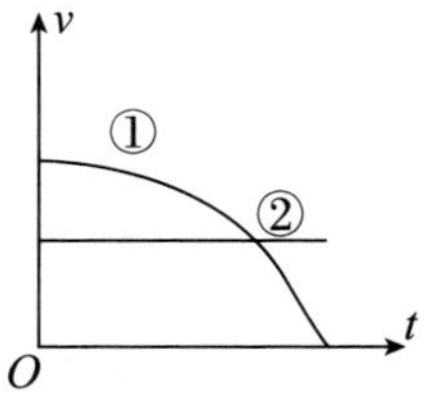

图 4－23

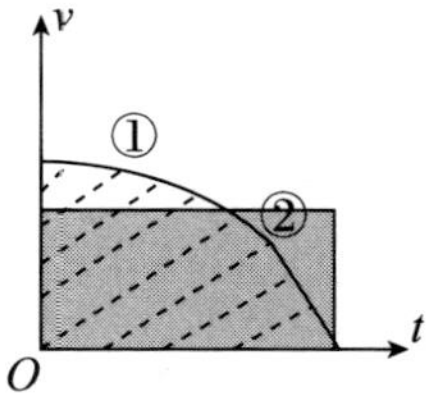

图 4－24

从等效的角度理解平均速度，赋予了平均速度这一概念建立的价值。

3. 概念内化——基于迁移应用设计问题

能否应用概念解决陌生情境的问题，是衡量学生是否真正理解概念的重要标准。

问题 3：请在速度—时间图像上表示珠子通过第一组杆时的速度。

学生对这一问题表现出无从下手。教师在黑板上画出图 4－25，O—t_1 时间内物体的平均速度如图线②，因为矩形面积和三角形面积相等，说明两个物体在 t_1 时间内位移相等。

教师：如果要画出 O—t_2 时间内物体的平均速度，应该怎么办？

学生：画出图 4－26 中图线③。

教师追问：图线②和图线③两个平均速度谁更接近 O 时刻的瞬时速度？

学生：图线③。

教师：请大家再思考刚才的问题，如何在图中表示珠子通过第一组杆时的速度？

学生：就是图 4－26 中④那个点。

教师：速度反映的是物体位置变化的快慢，一个点位置怎么会有变化？

学生：取一小段时间 O—t_3，如图 4－27 中⑤，这一小段时间平均速度可以认为是 O 时刻的瞬时速度。

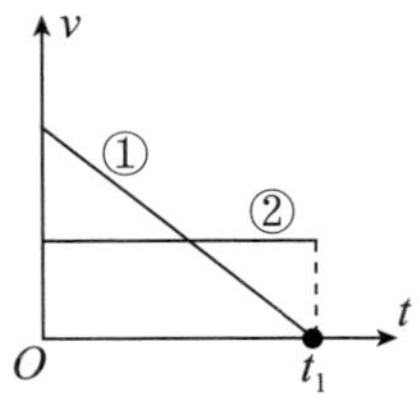

图 4－25

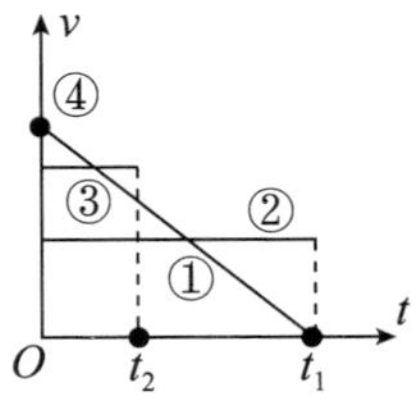

图 4－26

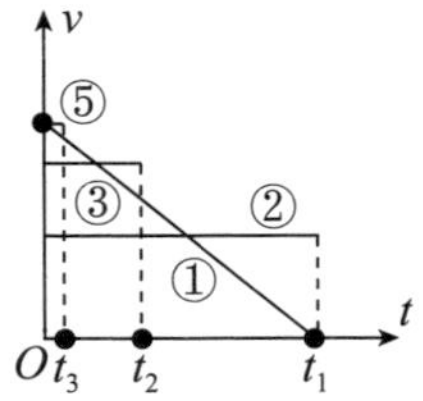

图 4－27

学生经历了时间 Δt 趋于零的抽象过程，把极限思想用图像形象地表征出来。

整堂课，教师不是急于让学生获得正确的概念，而是通过问题，不断推动学生思维的深入。学生基于已有的经验，在问题解决中，不断完善自己的认知，最终形成概念的理解。学生在本节课最后感叹：如果把汽车通过测速区间的时间和整个宇宙的时间进行对比，测的就是瞬时速度。可见，学生把物理知识上升到哲学层面，体会到了物理学的魅力。

③自我导学

高中生自我意识较强，他们具备对自身心理与行为的主动掌握能力，调整自己行为和控制冲动的能力也较为成熟，学习的目的与方向性更为明确，因此具有自我教育的能力。通过近十年的学习经验积累，他们已有自己的一些学习方法，若在课堂教学中合理引导，不断重复巩固，就能够提升其自主学习的能力。

提升自主学习能力的途径与方法可能有多种，但最重要的阵地仍然在课堂。虽然高中教学内容有多种形式，如新授课教学、习题课教学、复习课教学、试卷讲评课教学等，不同内容对教师上课要求也不同，但通过创设合适情境，以问题为引导，为学生提供思维的合理情景，引导学生形成自我教育、自主研究、独立复习的一套有效策略与方法，是实现高中学生自我学习的重要途径。因此，归纳—独立发现问题—自主提出解决办法—改变问题条件，发现新问题—再次解决问题—反思条件的其他变化方式，又提新问题—自我解决，这样的重复过程，势必形成学生自我学习的一套有效途径，围绕这一途径创设的教学模式，对提升学生自主学习能力有重要帮助。

北京一零一中学案导学和问题导学基础之上的自我导学探索，让常态课堂教学呈现出新的气象。这种教学模式特别强调学生的主观能动性，注重激活学生自我学习的动能，让学生在自我学习的过程中体验学习的兴趣和乐趣，为学生终身学习奠定基础。

案例一　美术学科教学改革模式探索

美术学科在教学改革模式的探索中希望学生能够利用多样化的学习方式进行自主学习。由于现代美学强调应用性、审美性、技术性、创新性、市场性这五大方面，美术教学结合学生的自主学习进行多样化的教学模式的尝试，主要方式包括网络学习常态化、小组交流常态化以及交流方式多样化。美术学科依托网易公开课、卢浮宫 APP 等平台及资源研发相关课程，美术教师运用电子设备、独立画片印刷稿以及自制学案等方式，与学生进行交流和讨论。在学案的使用中更多是学生进行完善，将讲授中的问题以及重点内容记录下来，以便以后学习。

案例二　技术学科教学改革模式探索

技术学科认为，网络已经成为人们获取信息的第一渠道，众多的学习平台让学生不仅可以学习国内课程，还可以学习国外课程。技术学科利用网易公开课、可汗学院等平台资源研发了相关主题课程。

技术学科教学改革模式的探索，一方面，有利于促进小组交流常态化。学生的互助学习和合作学习，是技术学习的重要组成部分，小组合作学习可以更好地培养学生的学习习惯，完善学生适应多种学习方式的能力。技术沟通和合作学习，可以为学生提供良好的小组交流氛围，学生相互启发，相互合作，会得到更多创意效果。另一方面，还可以促进交流方式多样化。技术教师在机房内创建了自己的校内电子邮件服务器、FTP 服务器、BBS 论坛，供学生进行师生之间、生生之间的交流。将他们的问题提交到这些平台上，为学生的互动打下了良好的基础。

（2）相互促进与包容的多元化学习方式探究

①项目式学习

这是一种全面调动学生参与积极性和探索精神的学习方式，可以提升学生对知识的理解能力和应用能力，培养学生的创新能力、自主学习能力、合作能力及批判性思维。

化学特级教师陈争在课堂教学中开展了项目式学习实践，这里呈现的是她在第五届全国基础教育课程教学改革研讨会上的公开课案例。

保护珊瑚礁——水溶液中的离子平衡主题复习课

陈　争

人类无限制地进行碳排放的结果是，海水温度升高导致大量珊瑚礁白化，海水酸化使珊瑚礁难以钙化甚至溶解。拯救珊瑚礁的深远意义在于拯救人类赖以生存的环境。要完成拯救珊瑚礁的任务，需要解决哪些问题？化学学科能够承担的学科育人价值如何体现？回答这些不仅要从社会层面去讨论，更要培养学生用化学最本质的方法去解决问题。

珊瑚形成、破坏与保护是一个复杂的综合问题系统，需要建立系统分析的思想。在分析的过程中，除了要应用相应的化学知识，更为重要的是要具有宏观微观转化的视角和思路，具有应用水溶液认识模型分析解决问题的能力，以及应用事实证据进行推理论证的能力。因此，无论是在学科知识上，还是在学科思想和问题解决能力上，这一内容都蕴含了丰富的教学价值。

作为水溶液中离子平衡主题的单元复习课，本节课不仅需要完成知识梳理和结构化的学习任务，而且需要实现从单一平衡的孤立分析到多平衡体系的系统分析的认识进阶，形成分析水溶液问题的系统思路。因此，本节课需要寻找一个情境作为载体，引导学生在探索现实世界的问题中，完成上述学习任务。

一、提出问题，引发思考

教师播放视频讲述珊瑚的形成、温室效应对珊瑚的破坏及由此引发的珊瑚保护等问题。珊瑚礁大量死亡是环境被破坏的一个缩影，视频渲染出一种人类面对环境被破坏时深切焦虑的情绪，激发学生关注社会，认识到学习化学的实际价值。

学生通过观看视频，提取信息，思考如何完成拯救珊瑚礁的任务。在教师的引导下，学生把真实情境问题转化成化学问题，并提出系统研究问题的角度和设想——需要学习哪些知识，需要从哪些角度去研究？

保护珊瑚礁的第一个问题是“是什么”，即珊瑚礁是怎么形成的？教师为学生提供了一些资料：正常海水的 pH 值、海水的成分表、水溶液中含碳元素的微粒百分含量随 pH 值变化的图像，要求学生根据资料推测珊瑚礁的形成过程。

针对学生的不同观点，教师设计实验，模拟浓缩海水主要成分的溶液并将它们混合，让学生观察现象并分析实验结果，对自己的推测进行论证。在此过程中，教师引导学生自我建构认识模型，初步形成认识的结构化。同时，培养学生利用实验进行证据推理的素养。

二、分析问题，建立思维模型

虽然构建了认识模型，但在应用模型时学生往往不会把实验现象、实验数据转化成推理的证据，这样推理的链条是断裂的。教师要为学生创设机会，让学生在实现知识结构和认识方式关联的同时，形成证据意识，不断完善逻辑推理的链条。因此，教师提出新的问题：温室效应对珊瑚礁有什么影响？请学生设计实验证明自己的观点。

学生利用认识模型分析温室效应加剧导致海水酸化，进而破坏珊瑚礁的原因，经过讨论，认为在这个过程中应该抓住二氧化碳和 pH 值还有钙离子浓度的变化这几个核心因素，来观察温室效应海水酸化对珊瑚礁的影响。同时借助传感器实验装置设计实验，观察二氧化碳对海水 pH 值和钙离子浓度的影响曲线，来验证预测。

学生在这个环节中，不仅被渗透了利用传感器设计实验的基本思想，还体验了从定性到定量应用模型解决问题的过程。通过这个过程，学生对数据的相关因素进行分析和解读，能够认识到，只有数据而没有得到合理的结论不是科学探究。在分析数据的过程中，将水溶液中的微粒和实际的现象相结合，形成通过微观分析实现对宏观现象的预测，并能够据此提出创新的想法。

三、解决问题，创新实践

在此基础上要进一步优化学生的认知结构，让学生输出模型内化的结果，使其解决问题的思路向创新性进阶。

教师提供材料1“冰岛雷克雅未克地热电站研究人员将二氧化碳和大量的水注入地下深层的玄武岩中，使其转化为碳酸盐晶体”和材料2“科技日报讯：美国科学家开发出一种电解海水的新系统，既能提取海水中的二氧化碳又能生成氢燃料，同时产生的碱性物质可以抵消海洋酸化”，然后提出问题：如何利用碳回收和碳封存拯救珊瑚礁？要求学生通过分析材料设计拯救珊瑚礁的方案。

在这个过程中，学生都需要主动调用到水溶液中离子平衡等相关化学知识来解释实际问题，并且必须主动应用模型，通过逆向思维来设计复杂水溶液体系中离子平衡的移动，这样才能获得需要的实验结果，达到最终的目的。

四、本节课的亮点

1. 任务设计指向学生的认知方式、认识角度和解决问题的思路。整堂课围绕“完成拯救珊瑚礁的任务，要思考哪些方面”展开。让学生思考珊瑚礁是怎么形成的，破坏珊瑚礁的因素有哪些，如何保护珊瑚礁，形成“是什么、为什么、怎么办”的系统思考方式。

2. 从课堂上学生回答问题的变化，明显看到学生的认识从孤立的、定性的不断向联系的、定量的方向转化，在这个过程中，宏观辨识与微观探析、证据推理与模型认知素养逐步形成。教师设置真实情境——珊瑚礁被破坏，设计复杂问题——珊瑚礁如何形成，遭破坏的因素是什么，使学生在分析真实复杂问题时，思维可视化提升。

②融合式学习

信息时代最大的特点是知识铺天盖地而来，呈现出碎片化的特点。不能成结构的信息就不能解决问题，所以必须重视知识的整合。如何整合？采用“STEM”模式。

“STEM”中四个词，S——科学，包括生物、化学、物理等；T——技术，指工业技术、信息技术；E——工程，工程教育；M——数学。后来又有STEAM，A即艺术。STEAM本质不是多学科组合，而是多学科知识融合，是知识技能的整合。整合有多种模式，简单的多种学科拼盘，不是真正交叉，真正的知识整合是使学科知识交叉。北京一零一中在探索STEAM教育的过程中，开发了“基于3D打印的STEAM课程”。

基于3D打印的STEAM课程

该课程以工程设计为导向，以3D打印技术为工具，通过跨学科整合解决生活中真实的科技问题，培养学生的创新意识、创造能力、科学探究及技术运用能力，促进多种核心素养的形成。在解决“伞的设计”过程中，学生将科学（Science）、技术（Technology）、工程（Engineering）、艺术（Art）与数学（Mathematics）结合起来，从实用性、排水性、稳定性、抗风性和美观性方面对不同形状的伞顶分析，通过构建3D模型及风阻测试，得到“最速降线”形伞顶的排水性最好，风阻也较小。从物理学角度分析，由于该伞形重心位置的下降和内移，使其稳定性也较好。学生创作出的“最速降线”形伞顶的3D作品申请了国家专利（见图4－28）。

图4－28　学生的3D打印作品——“最速降线”形伞顶的设计

课程中学生会经历“任务界定、调查研究、头脑风暴、制订计划、具体实施、测试改进、分享反思”的工程设计流程，以此来体会工程设计的重要性，并通过3D模型构建、数据分析总结科学规律，还通过中国古代建筑之美与中国人造字的智慧，感受人文艺术对科技的影响。

③混合式学习

混合式学习就是把传统学习方式的优势和线上学习的优势结合起来，既要发挥教师引导、启发、监控教学过程的主导作用，又要充分体现学生作为学习主体的主动性、积极性与创造性。国际教育技术界的共识是，只有将传统学习与线上学习结合起来，使二者优势互补，才能获得最佳的学习效果。

线上学习，可以不受时间空间的限制，快速、及时、个性化、可重复，具有丰富的交互性和协作性，可以方便地实现学员之间的交流和协作。线下学习，可以实现人与人之间的真实交流和情感沟通，学生和教师可以面对面，学生能够得到教师的言传身教。

线上、线下融合可以提升学习效率和学习效果。融合也要看课程本身是否适合。教师应该结合课程需要，选择最适合的教学行为和教学手段。语文教师杨海威《哈姆雷特》整本书阅读的反馈与交流就充分体现了线上线下的结合。

《哈姆雷特》整本书阅读的反馈与交流

杨海威

根据不同章节的不同特点，选择与之相匹配的方法，来监控学生的阅读状况。根据阅读进度表，在学生读完之后，教师进行一次反馈交流，具体的实施根据情况选择在线上或在线下进行。

(1) 第一幕情节丰富，引人入胜，线索繁多，人物出场频繁，选择线上反馈。音频反馈：让学生在读完这一幕后，录一段微信语音发到微信群，要求用自己的话复述这一幕中每一场的具体情节，学生在群里互相点评讨论。

(2) 第二幕情节简单，人物语言描写、心理活动较多，选择采用线下批注法进行反馈交流：学生边读边体会人物的思想感情，并做眉批、旁批等批注，课上交流。

(3) 第三幕细节较多，头绪较多，古希腊文化和基督教文化的掌故较多，选择采用习题检测法进行反馈交流：学生在读完这一幕之后，完成教师出的针对本幕内容的问题，学生要在线上线下查找资料完成，疑难问题在课上互动解答。

(4) 第四幕场次最多，头绪复杂，情节跌宕起伏，充斥着各种巧合和意外，矛盾冲突高度集中，即将达到白热化，选择采用线上音频反馈法+游戏反馈法。

(5) 第五幕全书大结局、全剧最高潮，可以作为深化分析的重点章节。反馈交流采用线下讨论法，学生阅读本幕之后，每个人至少提出三个问题，教师将问题汇总后，选择有部分代表性的问题，作为“深化分析课”的教学起点。

④主题式学习

比如语文教师赵海蓉讲散文专题“散文中的北平”，首先，她为学生提供了民国时期关于北平的9篇散文：《动人的北平》（林语堂）、《故都的秋》（郁达夫）、《荷塘月色》（朱自清）、《北平的春天》（周作人）、《五月的北平》（张恨水）、《囚绿记》（陆蠡）、《未名湖水》（邓云乡）、《苦念北平》（林海音）。然后设计如下教学安排：一是通读文章，寻找不同文章中北平的共性，写一篇读书报告，课堂讨论；二是把文章中的疑难问题找出来汇总，自主解决疑难问题，写出读书笔记，课堂交流；三是任选一个问题，或一个角度写一篇分析文章，班级分享；四是利用寒假，到文章所涉及的地方进行实地考察，然后写一篇考察报告。

此外，她还设计了“小说中的北平”“戏剧中的北平”等主题教学。

⑤跨领域、多学科主题合作教学

这是多学科融为一体的综合创新实践课。以海洋生态课程为例，历史老师通过世界航海史给学生们呈现人类挑战未知海洋，逐渐认识大陆的漫长历程；地理老师讲解月相知识，海水对全球气候的变化影响，引出了世界气候变化热点话题：厄尔尼诺和拉尼娜现象；化学老师讲解了海洋能源的开发、转化和应用；校友赵昱老师围绕海洋最大的生态系统——珊瑚礁生态系统展开，讲解了海水生态系统的建设、海洋环保以及海洋生物在医学和科技中的应用。

（3）以培养核心素养为导向的生态智慧课堂教学实践探索

①英语学科的生态智慧课堂教学实践

《普通高中英语课程标准（2017年版）》提出学科核心素养的理念，强调对学生语言能力、文化意识、思维品质和学习能力的综合培养，提出应以德育为魂、能力为重、基础为先、创新为上，落实立德树人根本任务，充分体现了面向全体、以学生为本、以学生的未来发展为本的精神，倡导指向学科核心素养的英语学习活动观和自主学习、合作学习、探究学习等学习方式。英语组认为，通过英语学习，学生可以学习语言知识，掌握语言学习策略和技能，形成语言意识和语感，拓展国际视野和思维方式，开展跨文化交流，增强国家认同和家国情怀，坚定文化自信，学会做人做事。

生态智慧课堂的核心目标是走向核心素养的教与学，结合学校的生态智慧课堂模式和英语学科的核心素养，英语组提出了英语教学的四个目标。

一是形成语言能力——生活场：（听、说、读、写、看、演）分层教学、合作学习、小组活动、体验感悟、运用交际。

二是提升思维品质——思维场：问题导学、问题设计、情境设置、引发思考，逻辑性、批判性、创新性，辨析文化现象，分类、概括、运用思维导图。

三是塑造文化意识——情感场：阅读、悦读、对中外文化的理解和认同，学习、理解、比较、接受、跨文化沟通、坚定文化自信，培养国际视野。

四是培养学习能力——生命场：有持续兴趣，明确目标，规划学习时间和内容，选择策略和方法，监控、反思、总结，学会终身学习。

北京一零一中英语学科的理念是守正出新，传承发展。英语组认为，语言知识的学习就像是一棵大树的成长，首先要培养学生学习的兴趣和坚毅的意志品质，通过科学的策略和方法，学习语言知识，积累语言经验，以拥有坚实的根基，保证英语学习的顺利进行；其次，在语言习得的过程中，学生运用英语进行交际和表达思想，通过合作和自我探究进行实践与操作，学生的语言能力得到发展，这成为强壮的树干，由此生发出学生对于目标语言的真实的理解和体验，感悟中西方文化的异同，培养出具有国际视野、具有创造性思维和强烈的创新意识、具有民族自豪感和家国情怀的全面发展的人。

生态智慧课堂强调课堂教学是一个自然生成的过程，是一个学生主动参与、积极体验的过程，是一个真实的、有思维碰撞、有情感触动的过程。对于英语学习来说，语言环境尤为重要，所以要为学生创设可以让语言学习自然发生的语言环境，这就需要教师充分利用不同模态的语篇来激发学生的学习兴趣，设计科学有效又丰富多彩的教学活动，让学生积极参与教学的过程。内容要基于主题意义，基于学生的水平和需求，要原汁原味，要富含语言，富含思维，具有育人价值。

曾获北京市第一届“京教杯”青年教师教学基本功展示活动一等奖的林小林老师在英语阅读课教学中开展了基于学科核心素养的生态智慧课堂的实践探索。

聚焦核心素养的英语生态智慧课堂
——以阅读课 Are You Addicted to Your Smartphone 为例

林小林

基于文本分析，本堂课的教学目标设为以下三个：一是运用思维导图分析文章结构，理解作者写作意图（学习理解）。二是提出有效策略避免沉迷于智能手机（应用实践）。三是对智能手机和科技形成正确的态度和价值观（迁移创新）。

设置教学目标时就进行了思维场的预设，希望学生能通过绘制思维导图提出建议，并形成正确的态度和价值观，来实现思维水平从学习理解到应用实践，再到迁移创新的逐层加深。为了实现教学目标，在课堂教学中创设生活场，通过生生互动和师生互动产生生命场和情感场，在生活场、生命场和情感场的交互中产生思维的碰撞，达成教学目标，最终实现学生英语学科核心素养的提升。本堂课的教学过程如下。

一、导入——课堂小调查。

二、根据标题 Are You Addicted to Your Smartphone 对文章内容进行预测，并围绕标题绘制文章的思维导图，体现文章结构，学生交流分享思维导图。

三、找出反映作者态度的句子，理解并体会作者对智能手机的态度。

四、就如何戒掉手机成瘾展开讨论，并提出有效建议。

本堂课在教学设计、课堂实施、过程评价等方面，都进行了生态智慧的探索。

1. 教学设计——精心研究文本是生态智慧课堂的基础

教师对文本的把握直接影响学生对文本的理解，所以教师在课前对文本进行透彻的解析，并设立科学合理、逐层递进的教学目标是上好课的前提和基础。在进行教学设计时，首先对文本进行深层的分析和梳理。本文阐述了手机和科技发展对人们价值观的冲击，并号召大家在科技和价值观上寻求平衡点。但并没有指出如何避免沉迷于智能手机，这些部分的留白给学生留下了思考和讨论的空间，有助于学生批判性思维的发展。文章结构清晰，适合绘制思维导图。作者的态度蕴藏在文章的字里行间，有待学生发掘。这些文本分析是合理设置教学目标的前提，也是生态智慧课堂的基础。

2. 课堂实施——创设生活场、生命场、情感场和思维场，让智慧的

风车转动起来

（1）生活场和思维场

在课堂实施中，通过创设生活场，帮助学生唤起已有生活经验，更好地将课堂内容和自身生活联系在一起。如课堂开始时进行的课堂调查：

What do you often do on your smartphone?

Do you use WeChat every day?

Do you often use your smartphone during mealtime?

Do you often play your smartphone before sleep?

借助这些问题，引发学生思考本课主题 Are You Addicted to Your Smartphone，引导学生回顾自己使用手机的状况，并引发学生审视、评价和判断自己是否沉迷于智能手机。

（2）生命场和思维场

学生通过阅读文本，绘制思维导图（图 4－29 和图 4－30 是课堂上两位学生绘制的不同的思维导图）。在这一过程中，学生对文章内容进行进一步的梳理，思考作者写作的逻辑关系，并用思维导图把自己对文章结构的解析呈现出来，这训练并发展了学生的逻辑思维水平。此外，每个学生对文本的理解都有所不同，呈现出来的思维导图也有所差异，但是从他们所绘制的思维导图中可以看出学生对文章的理解比较深刻和到位。每个人各自不同的思维导图，使得文章具有了各自独特的生命力。他们在分享思维导图时，也可以互相借鉴和启发，这同时还发展了思维的灵活性。课堂的生命场和思维场在这一过程中交互，使课堂更具有生命力和思维含量。

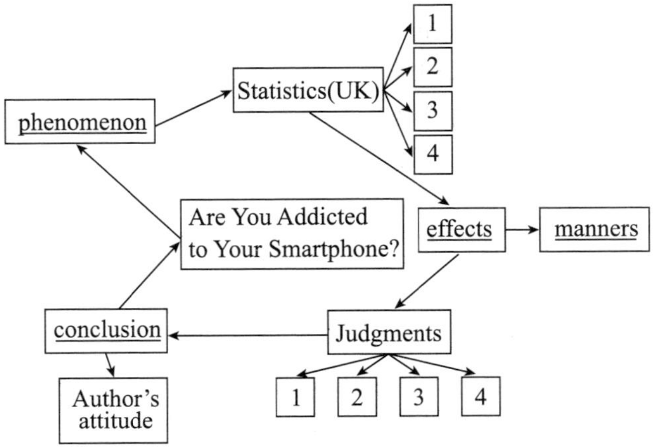

图 4－29　学生 A 绘制的思维导图

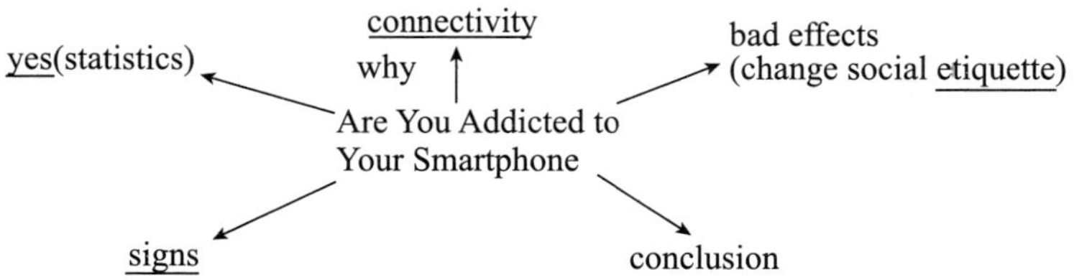

图 4－30　学生 B 绘制的思维导图

（3）情感场和思维场

学生通过深层文本分析，理解并体会作者对智能手机的态度，并结合我们每天都在使用的微信，讨论科技对我们价值观的影响以及如何戒掉手机成瘾。学生在讨论这一话题的时候是有深深的情感共鸣的，因为讨论的都是自己身边甚至是每天发生在自己身上的事情。

学生结合自身经验和社会背景进行相关话题的讨论，对文中表达的理念进行合理的迁移，但又不是全盘接受。在讨论过程中，学生形成了自己的观点，这些观点不尽相同，不仅激发了他们思维的灵活性和敏捷性，更发展了批判性思维，使整个课堂充满了生命力，实现了对学生的情感态度价值观的培养，对学生的语言能力、思维品质、文化意识和学习能力有全面的提升。

3. 过程评价——生成性多维评价是生态智慧课堂的保证

课堂的过程评价是多维的，既有教师对学生的评价，也有学生之间的评价，如对学生回答问题的评价、对思维导图的评价和课堂讨论及辩论的评价等。这种实时生成的评价伴随着整个课堂，也是课堂生活场、生命场、情感场和思维场的有机组成部分。学生通过互相评价，加深了对课堂的学习和理解，更提高了自身的思维水平。

一堂生态智慧的课堂，需要教师从教学设计、课堂实施、教学评价等多个维度聚焦学科核心素养，以学生为本，如此才能让生态智慧的风车转动起来。

②历史学科的课堂教学实践

历史学科课堂教学从教学流程入手，通过教学设计、教学实施和教学评价三个环节的设计，培养学生历史学科核心素养。

a. 教学设计环节以阅读为先导

历史学研究过去发生的事情，尽可能还原历史真相；历史教学不仅要告诉学生过去的事情是什么，还要让学生知道，我们是怎么知道的。这就意味着历史课堂要尽可能模拟一个微型的历史研究，要用比较恰当的材料，设计引导性问题，展开一些活动，还原历史研究的过程。这是培养学生历史学科史料实证和历史解释素养的最佳途径，因此设计历史教学时，首先做好阅读的功课。

教师的阅读。要想设计出一节好课，第一步就是广泛阅读，收集史料，尽可能做到“全”；第二步最重要，查阅史料时要有甄别判断，只有吃透史料，才能运用得当；第三步是选择史料，一定要“精”。针对教学立意选择材料，才能发挥其最大价值。几年来，历史组老师们的阅读量有很大的提升，逐渐形成了一个历史教师阅读系列书目。

学生的阅读。阅读能力是学生掌握知识的基础，针对学习内容，给学生推荐一些经典篇目进行阅读，并布置可以进行再创作的学习任务，能够帮助学生借助史料来探究历史，使学生由被动地接受转变为自主地获取并引发思考，能够极大地提高他们历史学习的兴趣和理解能力。例如在学习孔子时，指导学生读司马迁的《史记·孔子世家》，并据此写一篇史论结合的孔子小传；在学习苏格拉底时，学生读了柏拉图的《申辩篇》，并创作了历史剧本《审判苏格拉底》；在学习启蒙运动时，学生读了乔斯坦·贾德的《苏菲的世界》，对启蒙思想家的核心思想进行重新梳理，对内在逻辑有了自己的解读与认识。通过阅读与创作，让经典走近学生，搭建起历史和学生之间的桥梁，促进学生史料实证素养的培养。

b. 教学实施环节以问题为引领

要变陈述性的历史史实讲述为探究式的历史问题解决，最好的突破方式就是提供材料，并提出问题。因此，一节教学立意分明的历史课，一定要有环环相扣的问题，引发学生思考，理解历史的逻辑和因果关系。在设计问题时，要遵循以下原则。一是问题设计要有逻辑性。例如课例“辛亥革命”设计了三个问题：革命是必然还是偶然？革命是真革命还是假革命？革命是成功了还是失败了？这就把辛亥革命的背景、过程、结果转化成了可以引发思考的问题串。二是问题设计要有开放性。教育家第斯多惠曾说过，教学的艺术不在于传授的本领，而在于激励、唤醒、鼓舞。开放性的问题能激发学生探究的欲望，引起学生的激烈思维碰撞。例如在教授“新航路开辟”一课时，出示麦哲伦纪念碑和拉普拉普纪念碑不同的碑文，提出问题“麦哲伦是英雄还是海盗”，以开放性问题引发学生思考。

c. 教学评价环节丰富评价方式

历史学科在丰富评价内容、拓展评价渠道方面主要包括课内和课外两个方面。一是课内评价以史料解读为核心。在课堂教学中，通过对教师甄选出的材料进行分梯次的解读，对学生的历史核心素养进行评价。学生要考虑文本叙述的背景和目的，进而还原历史真相，根据学生回答问题的情况，不仅可以考查学生对历史事件的理解程度，还可以考查学生对历史记载的甄别判断能力。二是课外评价以多种形式为载体。学生学习历史是为了未来的生活，最好的评价方式是要贴近学生。因此在课内评价之外，历史学科逐步形成了课外评价体系，包括观文博遗迹、写家谱家事和创历史剧本。

写家谱家事和创作历史剧本方面，可以鼓励学生发现身边的历史，结合课内所学知识进行历史再创作，并选拔优秀作品参加“燕园杯”全国中学生历史写作大赛和“青史杯”高中生历史剧本大赛，使学生得到锻炼，不再是简单地掌握书本知识，而是与自己的生活相联系。

总之，通过教学实践与研究，历史组逐渐完成了历史学科生态智慧课堂模型的建构。

在教学设计环节，基于学生多样的特点，教师寻找、提供阅读材料，形成多维的学习，使学生既知道“历史是这样的”，也了解“怎么知道历史是这样的”，通过阅读，使学生了解历史的细节，理解历史的丰富，学会史料收集、辨析的方法。

在教学实施环节，教师创设情境，激活教材知识，使之与学生生活建立联系，使课堂成为生活场；设计一系列形成逻辑链的问题，使课堂成为智慧生成的思维场；把握课堂节奏，论从史出，让学生通过分析史料自己得出结论，使课堂成为尊重学生感受与看法的情感场；最后通过设计开放性的深入问题，让学生认识有提升，历史虽已逝去，但对历史的理解有助于解决现实问题，使课堂成为师生自由和谐成长的生命场。

在教学评价环节，教师立足于历史学科核心素养，考查学生解决真实情境的问题时所表现出来的必备品格和关键能力，无论是课内评价以史料解读为核心，还是课外评价以多种形式为载体，最终目的都是立德树人。

历史教师陈昂在“商鞅变法：强国之道的再省思”一课中，着重用多种手法落实“家国情怀”这一核心素养的培养，运用历史的“特写镜头”

“广角镜头”“长镜头”，让学生体会有温度的历史，思考多维度的历史，认识有高度的历史，厚植家国情怀。

商鞅变法：强国之道的再省思

陈　昂

一、历史的温度——千年家书

人情味儿总是能带给人穿透时间的感动。两千多年前的一封家书，更是让历史的温度触手可感。在导入环节，我给学生们介绍了迄今我国发现的最早的家信实物——1975 年出土于湖北云梦睡虎地的秦简《黑夫家书》。

然后引导学生分析书信内容：

“母毋恙也？黑夫、惊毋恙也。”“新地人盗，衷唯毋方行新地，急急急。”“遗黑夫钱，母操夏衣来。”“用垣柏钱矣，室弗遣，即死矣。急急急。”“报必言相家爵来未来。”

这里涉及亲情爱情、秦兵生活状况、高利贷、军功爵制等一系列历史信息，从中我们还原了秦国士兵的真实面貌。之后我再补充信息：此家书为睡虎地四号秦墓中作为随葬物出土，学生很快分析出他们所担心的军功爵位是否落实，以及战场两兄弟的结局，不禁感慨。

之后我点出，家书反映了黑夫和惊对远方亲人的殷切思念，以及他们军旅生活的窘迫不堪。既然如此，他们为什么还要去从军打仗、卖命换爵呢？是什么在冥冥之中操纵他们的命运？这就得从春秋战国的社会大变革说起。

从两千年前的家书导入，结合考古发掘、文物证史，古今结合，情感的温度与专业的分析相结合，引发了学生共鸣，开启从历史现象的高度思考历史事件之路，起到了颇好的效果。有温度的人物，才能带给我们有温度的历史，才能在多层次上打动参与者。

二、历史的高度——千年视角

历史的认识不能只凭“特写镜头”，还需要“长镜头”。本课的第三部分叫作“乾坤变革——历史的回响”，我整理出商鞅变法之后 10 年到 150 年的几件关键史事：

商鞅变法之后：

十年：行法十年，秦民大说，道不拾遗，山无盗贼，家给人足

商君相秦十年，宗室贵戚多怨望者
赵良曰：相秦不以百姓为事
秦俗日败。……不同禽兽者亡几耳
秦人富强，天子致胙於孝公，诸侯毕贺
二十年：车裂商君……遂灭商君之家（前338年）
百年：长平之战，坑赵卒四十万
秦卒死者过半，国内空（前260年）
灭周，迁九鼎于咸阳（前256年）
百三十年：六王毕，四海一（前221年）
却匈奴七百余里，胡人不敢南下而牧马
百五十年：(刘邦约法三章）秦人大喜，争持牛羊酒食献飨军士
山东豪俊遂并起而亡秦族
一夫作难而七庙隳，身死人手，为天下笑（前206年）

我组织学生依据以上材料，按“商鞅、秦民、秦国、天下”四个角度结合材料讨论，阐述商鞅变法的影响。在讨论中，我们得出了在“百年视角”下对商鞅变法的历史评价：商鞅变法后无论对商鞅个人、对秦民、对秦国，还是对天下，影响都是两面甚至是多面的。

接下来，我们将视野放大，再次倾听商鞅变法带来的历史的回响：

商鞅变法之后：
二百二十五年：汉武帝——罢黜百家，独尊儒术（前134年）
三百年：汉宣帝——霸王道杂之（前73—前48年）
二千年：百代都行秦政法

我引用阎步克先生的观点，与学生探讨：商鞅变法带给中国历史的深刻影响以及启示是什么？

秦之胜在于官僚制度的建立……商鞅的制度成就，确实达到了“片面的深刻”……

——阎步克《士大夫政治演生史稿》

我们在“千年视角”下对商鞅变法进行审视，站在两千年的历史长时段尺度看，商鞅的强国之“道”，究竟是什么“道路”？这条“道路”最大的影响和问题是什么？

我总结了学生们的一些认识：

成就——制度创设：官僚制度

问题——强国弱民，兵强民弱

综合评价——片面的深刻：有见于国，无见于人

在历史的千年回响中，我们展开历史的“长镜头”：春秋战国乱世之际，历史在由乱到治的摸索中，分化整合为两途：孔子在继承中有变易，续绝周制；商鞅在变易中开创秦制。历史借由秦制完成了统一，又在打破统一后再度整合，借由周制完成了统一的巩固，并最后将周制与秦制合为汉制：霸王道杂之的官师政教的统一。

历史分化整合两途 → 孔子—周政—礼—义
历史分化整合两途 → 商鞅—秦政—法—利
→ 汉：霸王道杂之

历史融合了周制礼乐与秦制高效，在国与民关系中寻找到了新的平衡点，并成为中国两千年一直遵行的制度模式。

最后，我们再回到战火纷飞中匆匆而就的《黑夫家书》。

《商君书》认为强国之民，心中只应有利益，不得有亲情与人性。但相反的是，《黑夫家书》中充满了正常人的情感与向往，母子之间、兄弟之间、夫妻之间不乏温情与爱意。人性的力量在时间的尺度上显现出不可抗拒的力量，我们是否可以说，在商鞅变法基础上所确立起来的秦制最终败给了人性与亲情呢？

有深度地分析历史，有高度地审视历史，这样才能将历史的智慧变成文明前进的火种。这样的课，又怎会不落实历史学科的核心素养？有识于史，有见于人，这大历史的回响，正是人文教育的心声。

[第五章]

课程建设与教学质量的管理

《普通高中课程方案（实验）》明确提出通过实施选修课等课程制度，创设有利于引导学生主动学习的课程实施环境，提高学生自主学习的能力。改革对基层学校提出了课程建设制度与管理机制的研究视角，涉及选课安排、分层走班、学分制管理、导师制等新的教学管理模式，以及质量监控体系的建立等诸多具体问题。

一、建构多元选择的选课及排课制度①

随着社会的发展进步，普通高中课程改革的不断深化和高考招生制度改革的推进，学校教育更加注重学生个性的发展，学校有了更大的课程开发权利，以体现学校的特色和对学生个性化的培养。学校课程建设内生力的爆发，使得原来建立在行政班基础上的课程体系已经不能适应新变化，需要建立与行政班和教学班并行相适应的“多元选择”的课程方案，建构“分年级逐步分层，分学科科学组合，多样化自主选修”的排课思路，实现灵活、开放的必修与选修模块教学，满足学生的多元需求。

（一）“多元选择”的课程方案

1. 课程方案

国家基础教育课程的变革以及学校自我教育办学特色都要求增加学生对课程的选择机会，提升学生自我选择能力。根据学生多元发展需求，北京一零一中构建了六类课程方案。

数理科技类 A：基础必修课程② + 数理科技高端课程 + 科学特色课程（适合培养理工方向拔尖创新人才）。

数理科技类 B：基础必修课程 + 数理科技高端课程（适合培养理工方向优秀人才）。

数理科技类 C：基础必修课程 + 数理科技基础课程（适合培养理工方

① 本章所涉及的课程方案、学分评价等内容，尽管是针对原来文理分科设计的，但体现的是当年学校在这一领域的重要探索与实践，是学校真实的办学历史过程。学校为此付出了很多劳动和智慧，所以在此保留并呈现，以体现历史原貌。

② 基础必修课程包括国家必修课程和校本必修课程，修完基础必修课程并测试合格即可达到北京一零一中会考水平。

向人才）。

人文社科类 A：基础必修课程 + 人文社科高端课程 + 人文特色课程（适合培养人文方向拔尖创新人才）。

人文社科类 B：基础必修课程 + 人文社科高端课程（适合培养人文方向优秀人才）。

人文社科类 C：基础必修课程 + 人文社科基础课程（适合培养人文方向人才）。

2. 分类课程方案

一是数理科技类 A 组合：各方面均衡发展，特别在理科方面具有优势，今后向理工经济类方向发展并学有余力的学生可以选择此类组合（见表 5 – 1）。

表 5 – 1 数理科技类 A 组合

领域	学段 科目	高一				高二				高三				学分
		1	2	3	4	1	2	3	4	1	2	3	4	
语言与文学	语文	必修1/5	必修2/5	必修3/5	必修4/5	必修5/6	选修1/3 选修2/3	选修3/3 选修4/3	选修5/2 选修6/2 选修7/2	选修8、9、10中其二	复习/6			24
	英语	必修1/4 2–x/1	必修2/4 2–x/1	必修3/4 2–x/1	必修4/4 2–x/1	必修5/4 3–x/1	选修1–1/4 3–x/1	选修1–2/4 3–x/2	选修1–3/4 3–x/2	选修1–4/6	选修1–5/6	选修1–6/6	复习/6	22
数学	数学	必修1/4 选修3–1/1	必修4/4 选修3–1/1	必修5/4 选修3–2/1	必修3/4 选修3–4/1	必修2/4 选修4–4/2	选修2–1/4 选修4–4/2	选修2–2/4 选修4–1/2	选修2–3/3 选修4–5/3	选修4–1/4 选修4–4/3	复习/6			24

续表

领域	学段 科目	高一				高二				高三				学分
		1	2	3	4	1	2	3	4	1	2	3	4	
人文与社会	政治	必修1/2	必修1/2	必修2/2	必修2/2	必修3/2	必修3/2	必修4/2	必修4/2					8
	历史	必修1/3	必修1/3、必修2/3	必修2/3、必修3/3	必修3/3复习									6
	地理	必修1/3	必修2/3	必修3/3	复习									6
科学	物理	必修1/3	必修2/3	选修3－x/3	选修3－x/3	选修3－x/4	选修3－x/4	选修3－x/4	选修3－x/4	复习/5				14
	化学	必修1/2选修1/1	必修1/2选修1/1	必修2/2选修1/1	必修2/2选修1/1	选修5/4	选修5/4	选修4/4	选修4/4	选修3/3选修6/2	复习/5			12
	生物	必修1/2	必修1/2	必修2/2	必修2/2	必修3/3	必修3/3	选修1/3	选修1/3	选修3/5	复习/5			10
技术	通用/信息	信息必修/2	信息必修/2	信息选修/2	信息选修/2	通用1/2	通用1/2	通用2/2	通用2/2					10

续表

领域	学段 科目	高一				高二				高三				学分
		1	2	3	4	1	2	3	4	1	2	3	4	
艺术	美术/音乐	鉴赏 1/2	摄影 1/2	摄影 1/2	水粉 1/2	歌唱 1/2	戏剧 1/2	选修 /2	选修 /2					8

说明：①表中“必修1”表示该科目的必修模块1，详见各科目课程标准。斜杠后的数字（如“/4”）表示周课时数。“必修”是指该模块学分为必修学分，“选修”指该模块学分为选修学分。

②语文全年级学生在高二的3/4学段选修模块完全相同，理工A类和文科A类在一个模块上所学篇目比理工B类和文科B类相应多一些。就一篇文章而言，理工A类和文科A类在一个模块上所学篇目比理工B类和文科B类相应深入一些。

③语文在高三第一学期第一学段，理工A类和文科A类会选修8、9、10中的两个模块；理工B类和文科B类可选择其中的一个。

④语文高二结束全体学生修完7个模块，共14学分，加上必修10个学分，共24学分。

⑤数学4－1“几何证明选讲”、4－4“坐标系与参数方程”为理工经济类方向学生的必选模块，3－1“数学史选讲”在高一开设。

二是数理科技类B组合：理科较有优势，今后向理工经济类方向发展的学生可以选择此类组合。与数理科技类A组合相比，语文、英语、数学和化学学科的内容和学分方面要求略低，其他学科要求一样。区别在于高三阶段，B组合的语文和英语要比A组合少1个选修模块，分别少3个和1个学分要求；数学和化学高三全部学段只安排复习课，不安排选修，比A组合少2个学分要求。

三是数理科技类C组合：各科成绩一般，喜欢理科，今后向理工经济类方向发展的学生可以选择此类组合。与数理科技类A、B组合相比，语文、英语、数学和化学学科的内容和学分方面要求更低一些，其他学科要求一样。如C组合高三语文比A组合少1个选修模块，少3个学分要求；高三英语只安排复习课，不安排选修，比A组合少3个学分要求；化学学科也只安排复习课，不安排选修，少2个学分要求；C组合数学与A组合相比少6个学分要求，选修模块的安排差别较大，A组合安排9个选修模块，而C组合只安排6个选修模块，且在学段安排和进度快慢上有差别，如高三只安排复习课，高一必选模块3－1，A组合只在前1/2学段设置，后半学段学习其他内容，而C组合则整个高一只学习这一个模块。

四是人文社科类 A 组合：各方面均衡发展，特别在文科方面具有优势，今后向人文社科类方向发展并学有余力的学生可以选择此类组合（见表 5 –2）。

表 5 –2 人文社科类 A 组合

领域	学段 科目	高一				高二				高三				学分
		1	2	3	4	1	2	3	4	1	2	3	4	
语言与文学	语文	必修 1/5	必修 2/5	必修 3/5	必修 4/5	必修 5/6	选修 1/3 选修 2/3	选修 3/3 选修 4/3	选修 5/2 选修 6/2 选修 7/2	选修 8、9、 10 中 其二	复习/6			24
	英语	必修 1/4 2 – x /1	必修 2/4 2 – x /1	必修 3/4 2 – x /1	必修 4/4 2 – x /1	必修 5/4 3 – x /1	选修 1 – 1 /4 3 – x /1	选修 1 – 2 /4 3 – x /2	选修 1 – 3 /4 3 – x /2	选修 1 – 4 /6	选修 1 – 5 /6	选修 1 – 6 /6	复习 /6	22
数学	数学	必修 1/4 选修 3 – 1 /1	必修 4/4 选修 3 – 1 /1	必修 5/4 选修 3 – 2 /1	必修 3/4 选修 3 – 2 /1	必修 2/4 选修 4 – x /2	选修 1 – 1 /4 选修 4 – x /2	选修 1 – 2 /4 选修 4 – x /2	选修 2 – 3 /3 选修 4 – x /3	选修 4 – 1 /4 选修 4 – 4 /3	复习/6			20

续表

领域	学段 科目	高一				高二				高三				学分
		1	2	3	4	1	2	3	4	1	2	3	4	
人文与社会	政治	必修 1/2	必修 1/2	必修 2/2	必修 2/2	必修 3/2 选修 1/2	必修 3/2 选修 2/2	必修 4/2 选修 3/2	必修 4/2 选修 4/2	选修 5/5	复习/5			14
	历史	必修 1/3	必修 1/3、 2/3	必修 2/3、 3/3	必修 3/3、 复习	选修 1/3	选修 2/3	选修 4/4	选修 3/4	选修 5/5	复习/5			16
	地理	必修 1/3	必修 1/3、 2/3	必修 3/3	复习	选修 3－1 /2 选修 3－2 /2	选修 3－2 /2 选修 3－6 /2	选修 5－1 /2 选修 5－7 /2	选修 5－2 /4	复习/5				12
科学	物理	必修 1/3	必修 1/3	选修 2/3	选修 2/3	选修 1－1 /2	选修 1－1 /2							6
	化学	必修 1/3	必修 1/3	必修 2/3	必修 2/3	选修 1/2	选修 1/2							6
	生物	必修 1/2	必修 1/2	必修 1/2	必修 2/2	必修 2/2	必修 2/2							6

续表

领域	学段 科目	高一				高二				高三				学分
		1	2	3	4	1	2	3	4	1	2	3	4	
技术	通用/信息	信息必修/2	信息必修/2	信息选修/2	信息选修/2	通用1/2	通用1/2	通用2/2	通用2/2					10
艺术	美术/音乐	鉴赏1/2	摄影1/2	摄影1/2	水粉1/2	歌唱1/2	戏剧1/2	选修/2	选修/2					8

五是人文社科类B组合：文科较有优势，今后向人文社科类方向发展的学生可以选择此类组合。与人文社科类A组合相比，语文、英语、数学、政治、历史和地理学科的内容和学分要求略低，具体表现为，高三语文和英语都少一个选修模块，总体上分别少3个和1个学分要求；高三数学、政治、历史只安排复习课，不安排选修，都分别比A组合少2个学分要求；高二地理比人文社科类A组合少2个选修模块，少2个学分要求。其他学科要求一样。

六是人文社科类C组合：各科成绩一般，喜欢文科，今后向人文社科及艺术特长方向发展的学生可以选择此类组合。与人文社科类A、B组合相比，语文、政治、历史和地理都与B组合相同；高二数学的第2、3学段不安排4－x选修模块，总课时为5课时，高三只安排复习课，总体上比A组合少4个学分要求；英语学科高三只安排复习课，总体上比A组合少3个学分；美术/音乐学科，C组合在高二阶段后半学段安排了书法篆刻、艺术创作等课程，比A组合多2个学分要求。

（二）“分年级逐步分层，分学科科学组合，多样化自主选修”的排课思路

学校积极进行自主排课实验的探索实践，确保学校课程的有效实施。充分利用自主排课实验的有利条件，学校使具有基础性特点的国家课程与满足学生个性发展需求的校本课程更好地融合，协调发挥育人作用。

高一年级以开设必修课为主。基础课以行政班为单位组织教学，为学生提供优质高效的“基础必修课程”；人文实验班和钱学森理科实验班开设人文特色课程和科学特色课程；开设部分组合必修课程与组合选修课程，部分科目开设自主选修课，根据学生选课形成“小班级教学班”，实施跨班和越级选修。

高二年级为学生提供分层次、有选择的“组合选修课程”，分数理科技类、人文社科类两大类，两类分别有 A、B、C 三种方案供学生选择。选修Ⅱ课程则根据学生兴趣和发展需要提供多样化的“多元发展课程”，供学生自主选修。

在时间安排上，初中校本课程调整为 60 分钟的长课，高中校本课程与班会安排在同一个下午，便于管理，同时提高教学效率。

开发网上选课系统，全体学生在网上选课，根据选择的不同科目组成教学班“走班”上课。在网上选课系统中，为了最大程度尊重学生选择的权利和兴趣需要，每位学生均有 100 个虚拟电子币，可以在选课时分配使用。

“分年级逐步分层，分学科科学组合，多样化自主选修”的课程安排，尊重学生差异，从学生实际出发，最大程度考虑学生发展的需要，保证了分层教学、有效教学的实施。

（三）灵活、开放的必修与选修模块教学

根据学生特点和课程总体目标设计必修与选修模块教学排课实践，灵活安排模块教学开设的时机和覆盖的学段。

必修课程灵活排课，为选修课、研究性学习腾出开设时段。例如，我们将历史、地理、化学必修课程前移至高一第二学期期末完成，物理必修课会考模块前移至高二第一学期期末前完成，其他必修科目到高二第二学期期末前完成。

选修课集中排课，有利于自主课程更好地实施。如对地方课程中的通用技术课程，选修部分集中排课，以保证课程实施的完整性。引入“比特”创新课程，为课改实验班学生量身定做，作为对这部分优秀学生的技术课程的补充。

必修、选修搭配，普及和兴趣得以兼顾。例如，体育与健康课程采用

“2 +2 +1”模式，即2节必修课程，2节选修Ⅰ课程，1节选修Ⅱ课程。每周一至周四下午的第四节课安排学生自主选修体育与健康课程，时间40分钟，既能使学生每天一小时的体育活动时间得到保证，又满足了学生的兴趣。

模块教学整合排课，部分学科必修课模块开课顺序调整，以更好地适应学情。如数学学科将模块一二三四五，调整为一四五三二。语文必修课程一个学期的教学时段安排如下：常规性课程，以基础性的知识、能力为重点，教学课时约为80%（教学单位为全年级，保证所有学生完成共性、基础性的学习）；个性化课程，留出10%左右的弹性教学课时，让教师自主安排相关语文教学活动（教学单位为班级，为教师提供特色语文教学活动空间，满足不同层次学生的需求，给学生提供自主发展的空间）；实践活动课程，利用10%左右的弹性教学课时，侧重使学生以体验、应用和实践的形式学习语文（教学单位为班级或全年级）。

二、建立基于学生个性发展的学分制

为适应社会发展对人才培养的需求，优化学生的知识结构，促进每位学生在达到同样基础的同时有个性的发展，规范学生学分认定和管理行为，保证学校课程选修制度的正常执行，北京一零一中制定了《北京一零一中学分制管理实施方案》。

（一）学分认定的组织和管理

一是建立学分认定委员会。其职责是：（1）监督学分认定整个过程（包括模块试题的命制、考试或考核）；（2）审核学分认定小组的认定结果；（3）公示学分认定结果；（4）对学生提出的学分认定复议申请进行复议；（5）安排模块考试或考核不合格的学生进行补考或重修；（6）监督学校学分认定档案（含纸质档案、电子档案）；（7）对学分认定过程中的违纪人员按有关规定进行处理。

二是建立学科学分及奖励学分认定小组。其职责是：（1）备课组长负责学业水平测试（包括模块试题的命制、考试或考核）；（2）任课教师负责本学科学生学习过程中的表现性评价，负责学生学分认定并做好登记；

（3）教研组长负责审核模块试题以及教师的认定结果；（4）教学处负责管理。

三是建立德育学分及活动学分认定小组。其职责是：（1）教育处、年级组、班主任负责全过程监测，认定学分；（2）德育学分认定小组负责审核、登记存档；（3）班主任填写学生评价手册。

此外，针对学生参加校级常规活动以及校外各类比赛并获奖的情况，学校教务处和教学处分别负责相应学分认定工作，详细认定内容及程序见《北京一零一中学分制管理实施方案》。

（二）课程设置安排

北京一零一中高中课程由学科课程和德育课程组成，分为学习领域、科目、模块三个层次，有必修课程和选修课程。必修课程是国家规定的每个学生必须修习的课程，其目的是保证全体学生达到共同的基本要求。选修课程是根据学校实际、学生实际选择修习的课程，由选修 I 和选修 II 构成。选修 I 是国家课程，目的是满足学生在共同基础上的发展差异；选修 II 是校本课程，目的是满足不同学生的个性发展。

（1）高中三年的学习内容要统筹安排，不宜过分集中在某一学年，尤其要防止盲目加快进度，提早结束课程，拉长高考复习时间的倾向。这种倾向不仅不符合课程改革的初衷，不符合新课标的精神，不利于学生的健康发展，同样也不利于提高教学质量。

（2）根据学校多数高中毕业生参加高考的实际情况，语文、数学、英语三个工具学科除了必修课外，高一、高二和高三的数学以及高二、高三的语文、英语的选修课应作为指定选修，即学生除完成必修的学分外，还必须选修其中部分模块。

（3）为便于编排课程，必修课程建议实行 40 分钟教学课时。

（4）根据学生的差异和高考的要求，对选修科目进行指导，每周五下午实施“走班教学”，学生根据自己的学习兴趣、学习能力和发展方向选课学习。

（三）学分认定的内容及程序

1. 学分认定的内容

学校在对学生的每门学科每个模块的学习经过认真考核后，方可认定学分。考核不仅要关注学习的结果，也要关注学习的过程，一般从学时完成（5%）、作业考核（5%）、学习情态（5%）、阶段测试（10%）、终结测试（75%）这五个维度进行考核（见表5－3）。

表5－3 北京一零一中××届×班学生××学科××模块成绩登记表

学号	姓名	学习过程考核（15%）			模块测试考核（85%）		总分	等级	学分	积点	评述
		学时完成5分	作业考核5分	学习情态5分	阶段测试10分	终结测试75分					

2. 学分认定的程序

学科课程学分认定的程序如下。

（1）模块开设前教研组长负责组织备课组提出一个细致的学分认定方案。方案要着重解决成绩评定的组成部分及其权重、学分的分布与具体评定程序等问题。学分认定既要注重学生的学业成就，又要关注学生多方面素质和潜能发展，最终的认定要涵盖终结性评价和形成性评价两方面的结果。重视对学分认定实践工作的不断反思、不断改进，完善学分认定方案，以保证学分认定的科学性和有效性。

（2）学生在按规定完成课程（模块）修习并经考试、考核后，方可填写学分认定申请表，提出学分认定申请。

（3）教学班任课教师要综合学生出勤、过程表现、考试考查等情况进行审核，并提出书面的初步认定意见，同时提交给学科学分认定小组审核。

（4）学科学分认定小组对任课教师提出的初步意见和学生的相关资料进行复审，向学校学分认定委员会提交书面认定意见。

（5）作为学生学分认定的最终机构，学校学分认定委员会在对学分确认后，由负责人签署学分认定意见。

（6）公示获得学分的学生名单。对不能获得学分的学生以书面形式通知本人，并告知其原因。

（7）学科学分认定中可能产生的情况及处理办法：未获得学分认定的学生对学校认定结果如有异议，可在接到通知之日起 7 日内向学校学分认定委员会提出复议申请。学校学分认定委员会自接到复议申请 7 日内召集教学班任课教师、学科学分认定小组有关人员复议，做出书面决议并通知申请人。学生若对其他学生的学分认定有异议，可以书面形式向学校学分认定委员会反映，阐明提出异议的理由并有权得到答复。

德育课程学分认定的程序如下。

所有德育学分都于每学期第 18 周统计，教育处制作统计表，班主任负责登记，交德育学分认定小组审核，由教务处存档（每学期期初、期中、期末，学生在班主任指导下填写学生手册，由教育处统一安排在班会课上填写）。

（四）学分和学籍管理

（1）学生因考试成绩不合格而不能获得学分的可以申请补考，补考时间由学校学分认定委员会统一安排，补考合格后方可获得学分。所获学分仍可记录在学籍管理卡的相应栏目内。补考仍不合格者，允许重修或另选修其他模块（必修课程和有必修学分要求的选修课程不能放弃）。重修要在接到学分不被认定通知后 1 年内完成（高三年级要在本学年第一学期内完成）。

（2）教师不得以学分奖励学生。学生学习成绩特别优秀或在某一方面表现特别突出，可在普通高中学生成长记录手册和学籍管理卡的相应栏目内予以真实记录。

（3）认定的学分分别记入学校学籍管理档案（包括纸质档案和电子档案）和普通高中学生成长记录手册。

（4）学校借助现代化管理手段建立学分管理平台，利用信息系统进行学分管理。

北京一零一中学分制管理实施方案

第一章 总则

第一条 为了全面推进学校素质教育，贯彻执行国家课程计划和新课程标准，调整和改革课程体系，积极构建校本课程，充分发挥学生学习的积极性和主动性，发展学生的个性特长，培养思想好、基础实、知识广、技能强、素质高，有一定创新精神和实践能力的优秀学生，多元评价学生的学习质量，从2007级高一新生开始实行学分制管理。

第二条 为保证学分制实施工作的顺利进行，维护学校正常的教学、工作和生活秩序，保障学生身心健康，促进学生德智体美劳全面发展，结合学校实际，特制定本实施方案。

第三条 学分由德育学分、学科学分、活动学分和奖励学分组成，本校学生在校学习期间须得到相应的学分后才能获得高中毕业文凭。

第四条 学生所获学分的多少将作为评选三好学生、优秀学生干部等先进，奖学金，外出考察活动，以及向高校推荐及保送等的重要依据。

第二章 德育学分及考核

第五条 德育学分是学生的思想道德素质和行为习惯的得分。主要考核学生日常行为规范执行情况、集体活动参与情况、校规校纪遵守情况以及操行等第评定等情况。

第六条 德育学分由基本学分和奖励学分组成，每学期考核一次。三年大于等于25学分，方可毕业。

第七条 基本学分指学生遵守中学生日常行为规范和校规校纪，能积极参加各项集体活动的得分，无不良行为者可获得基本学分25分。

第八条 奖励学分指获得市级、区级、校级德育评优所获学分，有下列情况之一者，可获得相应的德育奖励学分（同类别按最高等级记分）：

市级优秀学生	10分
市优秀学生干部、市三好学生	5分
区优秀学生干部、区三好学生、区优秀团干部、区优秀团员、校学生标兵	3分
校优秀学生干部、校三好学生、校优秀团干部、校优秀团员	1分
优秀住宿生	0.5分

续表

在校级团委会、学生会、社团任职表现突出或被年级以上部门表扬、报导	0.5～3 分
参加各级各类德育竞赛获奖	参考竞赛学分

第九条　违反中学生行为规范和校规校纪扣除相应的德育学分：

违反考试纪律被批评或行政处分	0.5～2 分
被学校处以行政处分	1～2 分
无故旷课 1 节以上（迟到 3 次记一次旷课）	0.5～5 分
进明令禁止青少年进入的社会场所	1～2 分
动手打人，造成不良后果	1～2 分
有聚众斗殴或其他违法行为	3～5 分

其他违纪情况视情节给予相应扣分。

第十条　德育基本学分的考核由班主任负责，奖励学分及扣分学分由班主任协同有关部门一同考核，学期结束时汇总报校教育处、团委审核后交学校教务处记入学生档案。

第三章　学科学分及考核

第十一条　学科学分采用学生学习课程并经考核，核定基本学分和学分积点的多少，来评定学生学习课程的数量和质量。学生的必修课是指根据国家课程计划和新课程标准，学生必须修读的基本课程以及限制选修课（高考选考科目）。

第十二条　学科学分的计算办法一般以学段为计量单位，1 个学分相当于 18 个课时，每学段考核一次。

第十三条　各学科课程基本学分为：

		一上	一下	二上	二下	三上	三下	总计/学分
必修	语文	4	4	2				10
	外语	4	4	2				10
	数学	4	4	2				10
	政治	2	2	2	2			8
	历史	3	3					6

续表

		一上	一下	二上	二下	三上	三下	总计/学分
必修	地理	3	3					6
	物理	2	2	2				6
	化学	2	2	2				6
	生物			3	3			6
	信息技术	2	2					8
	通用技术			2	2			
	美术	1	1	1	1	1	1	6
	音乐							
	体育与健康	2	2	2	2	2	1	11
选修	校本课程	2	2	2	2			8
小计		31	31	22	12	3	2	101

第十四条　学生模块学习学分考核细则：

1. 学生每一模块分五项考核，总分为100分，各模块实际得分按比例折算为学生得分。

2. 学业成绩评价的依据是形成性和终结性考核成绩，共设5个等级，分别为A、B、C、D、E。具体对应关系为：

考核总分	等级	学分积点
90—100分	A	0.3
80—89分	B	0.2
70—79分	C	0.1
60—69分	D	0
60分以下	E	0

总分60分以下评价为不合格，不予认定学分。

3. 不合格者可以补考一次或申请重修，合格后给相应的学分。

4. 学时完成：A等级为“优秀”5分；B等级为“良好”4分或3分；C等级为“一般”2分或1分；2分以下不予认定学分；无故缺课1

节扣除1分；无故缺课5节以上者不予认定学分。

5. 作业考核：A等级为“优秀”5分；B等级为“良好”4分或3分；C等级为“一般”2分或1分；1分以下不予认定学分；任课教师客观把握，认真记录。

6. 学习情态：A等级为“优秀”5分；B等级为“良好”4分或3分；C等级为“一般”2分或1分；1分以下不予认定学分；任课教师客观把握，认真记录。

7. 阶段测试与终结测试：阶段测试以月考或统练成绩为依据，100分值乘以10%折算；终结测试以模块结束的考试成绩为依据，学科满分超过100分的折成100分后乘以75%折算；学科满分为100分的直接乘以75%折算；若考试难度系数过小，则按难度系数比形成标准分进行衡量。

8. 各科任老师依据此表对学生进行严格而客观的记录与评定，模块学习结束后将此表上交教务处，学生学分最终由学科学分认定小组总体认定。

9. 不同等级，除得到基本学分外，还获得相应学分积点：A级获得积点0.3，B级获得积点0.2，C级获得积点0.1，D级没有积点。

10. 全体学生的学分以得到学分认定委员会确认为最终结果。

第十五条　必修课和选修课考核不及格的课程，允许补考一次，补考仍不及格应重修。重修的学生须参加下一年级该课程的考试，及格者给予相应学分，不及格者学习期满按肄业处理，重修以两次为限。

第十六条　每学期应由班主任和教务处将学生获得的各课程基本学分及学分积点记入学生学习档案。

第四章　活动学分及考核

第十七条　为扩大学生知识面，适应个性发展需要，让学生通过亲身体验进行学习，积累和丰富直接经验，培养创新精神、实践能力和终身学习的能力，学生应根据本人的兴趣爱好参加各种活动。

第十八条　活动学分具体安排：

<table>
<tr><th colspan="3">活动内容</th><th>学分</th><th>总学分</th></tr>
<tr><td rowspan="3">必修</td><td rowspan="3">综合实践活动</td><td>研究性学习</td><td>三年不少于3个研究课题</td><td>15</td></tr>
<tr><td>社会实践</td><td>每学年一周</td><td>6</td></tr>
<tr><td>社区服务</td><td>三年不少于10个工作日</td><td>2</td></tr>
<tr><td rowspan="5">常规性活动</td><td colspan="2">新生军训</td><td>1分</td><td>1分</td></tr>
<tr><td colspan="2">祭扫革命烈士墓</td><td>1分</td><td>1分</td></tr>
<tr><td colspan="2">“十八岁成人”活动</td><td>1分</td><td>1分</td></tr>
<tr><td colspan="2">社会实践</td><td>0.5分/小时</td><td>≥2</td></tr>
<tr><td colspan="2">公益劳动</td><td>0.5分/小时</td><td>≥2</td></tr>
<tr><td rowspan="5">选修活动</td><td colspan="2">志愿者活动</td><td>0.5分/次</td><td></td></tr>
<tr><td colspan="2">游学活动</td><td>1分/次</td><td></td></tr>
<tr><td colspan="2">科技节</td><td>1分/学年</td><td>2分</td></tr>
<tr><td colspan="2">艺术节</td><td>1分/学年</td><td>3分</td></tr>
<tr><td colspan="2">学生社团</td><td>1学分/社团</td><td></td></tr>
<tr><td>其他活动</td><td colspan="3">根据个人情况提出申报，由学校德育处认定，可以获得相应的学分</td><td></td></tr>
<tr><td colspan="2">学年总学分</td><td colspan="3">高一≥10分；高二≥11分；高三≥8分</td></tr>
</table>

第十九条　活动考核由班主任老师负责，学期结束时汇总报教育处、团委审核后交学校教务处记入学生档案。

第五章　奖励学分及考核

第二十条　为培养学生的创新能力、实践能力和创业精神，发挥学生特长，展示学生个性，鼓励学生积极参加小制作、小创造、小发明等科技活动，对于学生的发明创新，如获得科技奖励或国家专利，或在全国和市级的学科竞赛中获得奖励者（包括艺术、体育类竞赛），由本人申报，经学校教务处审核后给予相应学分，并记入学生学习档案。

区级竞赛	一等奖	3分
	二等奖	2分
	三等奖	1分

续表

市级竞赛	一等奖	5 分
	二等奖	4 分
	三等奖	3 分
全国竞赛	一等奖	10 分
	二等奖	8 分
	三等奖	6 分
国际竞赛	一等奖	30 分
	二等奖	25 分
	三等奖	20 分
发表文章、演讲或科技作品获奖	校级	1 分
	区级	2 分
	市级及以上	5 分

注：表内“竞赛”指经教育主管部门批准的竞赛。

第六章　毕业

第二十一条　有正式学籍的学生，修读完课程计划规定的全部课程，获得总学分≥169 分，其中德育学分≥25 分，学科模块学分≥121 分，活动学分≥23 分，且取得高中会考合格证者，给予高中毕业文凭。

第七章　附则

第二十二条　本方案在学籍管理方面未提到的有关事项，仍按《普通高中学生学籍管理规定》和市教委有关规定执行。

第二十三条　本方案从 2007 高中年级起施行，以前年级按原有关规定执行。

第二十四条　本方案解释权归学校校长办公会。

(五)“求真、简便、多记、精评”的综合评价体系

根据新课程的理念，学校确立了将学生综合素质评价体系与传统教育、教学、管理有机结合，融为一体的总体指导思想，从而达到帮助学生积累成长历程，丰富学生对生活的感悟，体现自律与他律并行，激励与约

束同在，把无意识的成长转变为有意识的教育这一目标，实现在教育中管理、在管理中教育的目的，促进学生综合素质评价中评与育的统一。

学校成立“学生综合素质评价指导委员会”，提出综合素质评价工作目标是以学生发展为核心，不断完善学生评价体系，发挥学生评价的引领作用，为选拔人才提供综合的评价方式。制定综合素质评价实施方案，明确综合素质评价实施的原则与方式，指导和实施学生综合素质评价，对评价结果进行公示。

学校本着“求真、简便、多记、精评”的原则，采取“多元构建、灵活便捷、直观形象、突出个性、开放兼容”的方式，自主开发综合素质评价平台，同时考虑到与社会资源和学生家长开放交流的需要，平台与北京市的学生综合素质评价系统兼容。“多元构建”是指通过综合素质评价平台中的模块与学生实际教育教学活动相结合，多方面设计评价内容，使其具备完整性、多元性；“灵活便捷”和“直观形象”是指通过综合评价体系的建立，能够使学生的各项表现得以直观体现；“突出个性”与“开放兼容”是综合评价体系的特点，不再是千篇一律的教师评语，而是通过不同内容体现学生的个性。

1. 综合素质评价内容构成

综合素质评价内容主要包括模块修习记录和基本素质评价两方面。其中，模块修习记录由语言与文学、数学、人文与社会、科学、技术、艺术、体育与健康和综合实践活动八大学习领域的模块修习结果评价构成。基本素质评价包括对思想道德、学业成就、个性发展、合作与交流、运动与健康、审美与表现等方面的评价。

2. 模块修习的考试范围及要求

（1）语言与文学、数学、人文与社会、科学四大领域科目的模块考试方式为闭卷。第一部分考查本模块的基础知识和基本技能，其中容易题、中档题、难题的比例大约为 7∶2∶1，难度系数 0.85 左右，分值 100 分；第二部分考查与其他相关模块的知识联系，分值 20 分。整卷难度为 0.75 左右。

（2）语文考试时间 120 分钟；英语、数学考试时间各 100 分钟；政治、历史、地理、物理、化学、生物考试时间各 90 分钟。

（3）技术、艺术、体育与健康、选修 II（校本课程）领域科目的模块考核方式，根据科目及内容的特点实行闭卷笔试、开卷笔试、口试、实验、实践活动、调查报告、研究报告、论文等多种考查形式。考查一般由任课教师自行组织，如果实行闭卷考试，一般考试时间为 40 分钟，分值 100 分。

3. 模块学分认定的方式及要求

学校学分认定委员会参照《北京一零一中学分制管理实施方案》对学生模块学分进行认定。

（1）语言与文学、数学、人文与社会、科学四大领域科目的模块学分认定，实行过程性评价和终结性评价相结合，其中过程性评价考察学时完成、作业考核和学习情态三方面，各占 5%；终结性评价包括阶段测试和终结测试，分别占 10% 和 75%，如果该科目没有阶段测试成绩，则终结测试成绩占 85%。

（2）技术、艺术、体育与健康、选修 II（校本课程）领域科目的模块学分认定，过程性评价含学时完成（占 20%）、作业考核（或课堂参与情况占 20%）和学习情态（占 20%）三个方面，终结性评价占 40%。

（3）根据模块考核总分分为 5 等。学生模块考核等级 E 可以申请补考，补考时间由学校安排，一般在下一个学段第一周的星期五下午。补考仍不合格，可以重修相关模块或改选其他模块（必修及必选模块不能改选），重修后学生可以向任课教师或班主任提出学分认定申请。

（4）学生模块考核没有取得学分，不得参加该科目的高中会考。

学生的学分认定结果将予以公示，未获得相应学分的学生如对认定结果有异议，可向学校学分认定委员会申请复议，学校学分认定委员会将及时给予答复。

三、试行“年级 + 书院”的经纬式教学管理模式

以自我教育为核心的人才培养模式，要求学校必须构建适应学生自我发展需求的制度文化，需要实施开放、自主、多元的个性化教学管理模式。北京一零一中在自主课程实验的第二阶段创新教学管理模式，实行体现自我教育理念的“年级 + 书院”经纬式管理模式，实行分层、分类的选课走班和学分制教学管理。

(一) 古代书院的教学特点

书院是中国古代独具特色的一种教育形式。书院以人为本，教学上强调自由讲学、合作研讨、讲演论辩与自修问难，主要体现在以下几个方面。

一是自修为主，讲授为辅。书院教学以学生个人读书钻研为主，注重培养学生的自学能力、独立研究能力，把指导学生如何读书、怎样做学问作为教学的重要任务。这种以学生自己学习、自己钻研、自己深造体会为主，教师讲授为辅的教学方法，特别符合自我教育的思想精髓。

二是博约结合，精思善疑。书院教学注重学生的博学与专精，提倡精思与善疑，培养学生的独立思考能力和批判、创新精神。

三是注重交流，提倡论辩。书院的学术交流主要通过讲会。讲会是院际或不同学派之间的学术讨论会、论辩会，具有开放性、探究性、规范性、互动性的特点。

(二) “年级＋书院”经纬式教学管理模式的具体内涵

学校借鉴古代书院的形式，将其纳入现代教育的内容，实行横向行政班的年级管理和纵向教学班的书院管理相结合的“年级＋书院”经纬式教学管理模式。年级负责基础学习和主题教育，书院负责学业指引和个性发展。

在管理模式上，书院实行院长负责制。每个书院都聘请一名德高学深的名师为院长，设教师助理和学生助理各一人，实行自主管理与导师引领结合的管理模式，以自主学习、合作研讨为主，提倡自主管理，注重个性发展。项目教学实行双导师制，每个书院项目都按学科领域聘请大学教授和本校名师各一人为首席导师，另聘一至两名教师、学生助教组成导师团队。学校教学处负责书院的规划与管理。各书院院长和助理负责书院的管理与实施，各书院项目的导师和助理负责本项目的申报、管理、评价与指导。

在课程设置上，教师指导课程分为群体性课程与个性化指导两类。例如，每周特色群体性课程开设了经济学基础、中国文化地理概况、中国古代思想史专题、中国古典文论、危机中国、史料的甄别与利用等多门课程，涵盖了政治、军事、文学、哲学、艺术等多个人文社科领域。“学森书院”开设了学科拓展与科学探究实践等系列课程，除学校提供的项目，学生也可以自行开发、设计和申报项目。

在项目申报上，教师或学生填好项目规划书（含项目的名称、内容、目标以及条件），经书院学术专业委员会批准，成为书院项目。学生可以自愿申请研修特色课程和书院项目。书院项目打通年级界限，进行纵向自主式学业管理，高一年级根据研修兴趣，确定研修方向，在书院中确定自己的研究领域和自主选择导师、自主申请项目研修。强调学生实行四自主，即自主选课（选项目）、自主合作（选伙伴）、自主择师（选导师）、自主管理（选领导）。

在研修形式上，书院采取导师指导、学生自学和共同讲习相结合的形式进行。教师指导课程分为群体性课程与个性化指导两类。具体安排为：书院统一对特色课程进行排课，形式为“教师指导 + 自主研修”。学科教师与项目组成员共同研究上课方案，自主学习与小组学习相结合，改变课堂教师以讲为主的授课方式，变为学生自学、讨论、教师点拨、师生讨论、生生讨论。书院设有会讲制度，大会讲每个书院每月一次，小会讲每周一次，由学生进行自主研修和自由讲学及演讲辩论。学生可在项目导师的指导下制订研修计划，申请在书院自主研修；自主研修要求学生每周要接受项目导师组一次指导，并按时参加所在项目组的会讲等活动。基本呈现方式为自主学习与小组学习相结合。学习内容与进度不变。

“年级 + 书院”经纬式教学管理模式下的学分制的实施，主要参照《北京一零一中高中新课程学分认定方案》，在此基础上，根据经纬式教学管理模式特点，进行必要的补充与调整。

四、建立课程建设质量监控体系

课程建设方案涉及培养目标和育人途径，其科学性、规范性至关重要。为了保证课程建设方案的专业性、科学性，学校通过制度化的流程，加强实施与指导，以保证理念、原则、策略的有效落实。

（一）课程建设领导小组

统筹学校课程建设的各项工作，建立课程建设专家顾问小组，由课程处领导及各教研组课程建设骨干教师组成，负责课程建设的理论引领，指导解决课程建设中的问题，对课程建设提供整体支持，制定《北京一零一中课程建设与管理方案》。

（二）课程建设的基本程序

北京一零一中课程建设的基本程序如下。

一是学科教师根据学校课程建设规划方案，提交学科课程建设与开发相关申报材料。二是课程建设领导小组对申报材料进行审核。三是学科教师编写课程建设与开发说明。其中，每个模块的教学时间原则上为 18 个小时，学生修习合格获一个学分。四是课程建设领导小组对模块教学进行评估。评估合格，即进入教材编写阶段。

（三）课程建设与开发说明编写要求

（1）课程背景：阐述本课程的由来，本课程的地位和作用，开设本模块的指导思想、目的、意义等。

（2）课程目标：阐述通过本课程的学习，学生在哪些方面可以得到发展，能够为现在和后继的学习带来哪些帮助，在“知识与技能”“过程与方法”“情感态度与价值观”等方面应该获得怎样的发展。

（3）课程内容：阐述本课程所包含的系列主题或章节以及各主题或章节所包含的基本要点。列出大致的课时计划，一个模块的教学在一学期内完成，一般不少于 18 课时。

（4）教学方法：阐述实施本模块教学的方法和手段、教学形式、评价要求等。

（5）选课建议：阐述学生选择本课程所需要的知识储备，面向哪个年级和层次的学生。

（6）教育资源：阐述实施本模块教学所需的参考资料及教学设备等。

（四）课程目标与课程计划评价

课程有明确的评价标准，只有通过此项评价的课程才能获得正式立项，并列入校本课程计划（见表5－4）。

表5－4 课程评价标准

指标		评价标准及其得分			
		4分	3分	2分	1分
1.1	课程设计的先进性，开设本课程的意义	课程目标明晰，对学生综合素质提高具有显著作用	课程目标清晰，对学生某一方面素质提高具有促进作用	课程目标基本清晰，对学生发展能有一定促进	课程目标不明晰，或看不出对学生发展的意义
1.2	课程的拓展性，课程目标与学校培养目标的一致性	拓展深化国家和地方课程，体现了学校的培养目标	对国家和地方课程有一定拓展，基本体现了学校培养目标	某些方面体现了学校培养目标	不能体现学校培养目标
1.3	课程设计与课程改革要求的相容性	完全符合学校整体课程计划的要求	与学校整体课程计划基本符合，但还存在些微偏差	与学校课程总体安排有些冲突	与学校整体课程计划相矛盾
1.4	课程设计的完整性	有独立的知识体系和培养目标	知识体系的建构上还有所欠缺，或者有与学校其他课程冲突的问题	内容结构不完整，与其他学校课程有明显交叉或冲突	可能会对其他学校课程目标达成有负面影响
1.5	课程计划的科学性、适用性	课程内容选择科学合理、结构清晰，呈现形式与学生发展水平相适应	课程内容选择基本科学合理、结构清晰，课程呈现形式基本与学生发展水平和特点相适应	课程内容结构欠合理，课程内容的呈现不太适合学生的发展水平与特点	课程内容结构缺乏逻辑性或完整性，与学生现阶段发展水平脱节

续表

指标		评价标准及其得分			
		4 分	3 分	2 分	1 分
1.6	开设课程的条件和基础	教师的知识基础、学生知识储备、学校现有的条件均完全支持课程的开设	教师的知识基础、学生知识储备、学校现有的条件中尚有部分欠缺，但有可行的解决方案	课程开设基础与条件中有目前难以解决的问题，但经过努力能够解决	课程设计中存在近期无法克服的困难或无法解决的问题

评分注释：·得分超过 18 分的通过立项（含 18 分）；
·得分高于 15 分、低于 18 分（含 15 分、不含 18 分）的可以继续修改；
·不够 15 分的直接否决。

（五）课程准备与课程实施评价

课程准备与课程实施评价是开课的必备条件，立项的课程只有通过此项评价才能被正式排入课程目录中供学生选择（见表 5－5）。

表 5－5　课程准备与课程实施评价

指标		评价标准及其得分			
		4 分	3 分	2 分	1 分
2.1	教师的知识基础与师资准备情况	本校教师能胜任本课程的教学，有开设本课程的经验；课程所需的校外专家已经落实，合作教师已有充分的准备	本校教师的知识基础基本可以胜任，但没有该课程的授课经验；课程所需的校外专家基本落实，本校合作教师有了初步的准备	本校教师目前无法胜任该课程的教学；课程所需的校外专家尚未落实，本校合作教师准备不充分	本校无法找到合适的教师担任该课程的教学；校外专家组织该课程的教学也存在困难

续表

指标		评价标准及其得分			
		4分	3分	2分	1分
2.2	教学材料准备情况	教师系统全面掌握了本领域的知识，课程计划完整成熟，教材或讲义已经可以使用	教师全面掌握了本领域的知识，课程计划基本成熟，教材或讲义等教学材料基本准备完毕	教师基本掌握了本领域知识，课程计划还在修改，教材或讲义处于选编中	教师部分掌握本领域的知识，没有完整的课程计划，没有相应的教材或讲义
2.3	教学设计与教学组织准备情况	有完整的教学设计与教学安排，有成熟的学生学业成绩评价方案	教学计划与教学组织安排已经确定，尚需要继续完善，有学生学业成绩评价方案	教学计划与教学组织只有初步考虑，学生学业成绩评价方案正在酝酿	没有明确的教学计划与教学组织安排，没有学生学业成绩评价方案
2.4	教育教学设施准备情况	教育教学设施的使用已经落实（有参观要求的已经落实接待单位）	教育教学设施的使用基本落实（有参观要求的已基本落实，但需要进一步明确）	教育教学设施有初步安排（已经有参观计划，但没有具体落实）	教育教学设施还没有安排（参观或社会实践正在选择中）

评分注释：·得分达到14分（含14分）以上的可以列入学校目录；
·得分在12分以上的安排准备时间后可以列入学校目录；
·得分在10～12分（含10分、不含12分）经过修改可以申请重新评价；
·得分少于10分的原则上不能列入当年的校本课程开课目录。

（六）课程实施过程评价

课程实施过程评价主要是对教学的评价，评价集中在教师的“教”和学生的“学”两个方面。评价结果用于对教师校本课程教学工作的考核（见表5－6）。

表 5－6　教师校本课程教学工作的考核

指标		评价标准及其得分			
		4 分	3 分	2 分	1 分
3.1	教师的教学态度	有很强的责任心，精心组织教学，能根据课堂情境和学生反应而不断改进教学计划	有较强的责任心，能够认真组织教学，注意听取学生意见，完成计划的教学内容	责任心一般，基本能够认真组织教学，基本能够完成教学任务	缺乏充分的课前准备，教学失误较多，无法保证计划得到全面执行
3.2	教师的教学方法	教师娴熟运用各种教学技巧，能借助各种教学手段提高教学效果，能充分调动学生	教学技巧运用不够娴熟，能有意识运用多种教学手段，学生有一定程度的参与	较少运用教学技巧，教学手段单一，学生较少参与、兴趣不高	教学手段单一，学生没有参与，学生明显不满
3.3	课堂教学状况	课堂气氛活跃、师生互动积极，学生有很高的学习兴趣，参与度高	课堂气氛比较活跃，师生有一定互动，基本没有学生做其他无关事情	课堂教学气氛有些沉闷，师生互动少，部分学生做其他无关事情	课堂沉闷，没有师生互动，半数以上学生不能集中精力于学习中
3.4	学生对课程实施的评价	学生对课程评价很高，多数学生愿意向其他同学推荐该课程	学生对课程评价较高，部分学生愿意向同学推荐该课程	学生对课程评价较低，极少有学生愿意推荐该课程	学生对课程评价很低，没有学生愿意推荐该课程

评分注释：建议采用听课（教务部门、教研组）和学生问卷调查对课程实施进行评价，课程实施过程可以与课程实施效果结合在一起进行评价。

（七）课程实施效果评价

课程实施效果评价主要是了解课程目标的实施达成情况，评价指标包括本门课程目标的实现程度、学生的发展情况、学生的满意度、其他方面对课程实施效果的评价等（见表5－7）。

表5－7 课程实施效果的评价

指标		评价标准及其得分			
		4分	3分	2分	1分
4.1	本门课程目标的实现程度	完全达到了课程计划所设定的教学目标，甚至超过了预设目标	基本达到了课程设计的目标，部分目标根据实际有所调整	多数课程目标已经实现，部分目标未能达到，或者教学目标达成的质量不高	勉强完成计划的教学任务，实施效果与计划目标差异较大
4.2	后续探究性问题的形成与发展	大多数学生提出了探究性的问题、完成了探究性作业，一定数量的课题进入后续研究性学习	较多的学生提出了探究性问题、完成了探究性作业，但只有很少形成后续的研究性课题	部分学生提出了探究性问题、完成了探究性作业，基本没有形成后续的研究性课题	个别学生提出了探究性问题、完成了探究性作业，没有形成后续的研究性课题
4.3	学生的满意度	学生调查表明，85%以上的学生对本课程非常满意和比较满意	学生调查表明，70%以上的学生对本课程非常满意和比较满意，非常不满意的比例不高于5%	学生调查表明，50%以上的学生对本课程非常满意和比较满意，非常不满意的比例不超过10%	学生调查表明，学生对本课程非常满意和比较满意的比例低于50%，或非常不满意的高于10%
4.4	教务部门评价	对本课程的总体评价很高	对本课程的总体评价较高	对本课程的总体评价一般	对本课程的总体评价较低
4.5	同行评价	对本课程的总体评价很高	对本课程的总体评价较高	对本课程的总体评价一般	对本课程的总体评价较低

评分注释：·得分达到18分及以上的为优秀（含18分）；
·得分高于14分、低于18分（不含14分、18分）为良好；
·得分低于14分（含14分）、高于9分（不含9分）的为合格；
·得分低于9分（含9分）的为不合格。

五、建立常态课课堂教学质量管理机制

（一）落实常规管理，规范常态课教学行为

教学质量是学校的生命线，学校制定《北京一零一中教学常规管理制度》，加强教学常规管理，建立校长、教学主任、教研组长、备课组长的四级教学管理体制，学校教学处负责学校教学管理、质量监督、教学反馈、教学检查等，组织教研组长和备课组长开展教学活动、落实教学任务。

1. 建立健全教研机制， 提升教学质量

（1）实施教学常规一个中心、两个至少、三个按时、四个精心、五个必需的基本要求。一个中心指以提高课堂教学效率为中心。两个至少指每位教师一学期至少听课 10 节，每个教研组至少有 2 节研究课（校级、区级或市级）。三个按时指按时上课，按时下课，按时收发作业。四个精心指精选，精讲，精练，精评。五个必须指有发必收，有收必判，有判必讲，有错必纠，有漏必补。

（2）坚持教学质量专题研究制度。定期召开教研组长会、备课组长会和教学工作专题研讨会，研究解决教学工作中的实际问题。定向召开以部分年级、班级、学科为对象的教学质量分析会。要求教研组每两周开展一次教研活动，备课组每周至少进行一次集体备课活动，教研活动要求规划详备，主题明确，严格考勤，记录翔实。

（3）建立领导巡课与专家诊课相结合的课堂教学质量监督机制。教学副校长、教学主任和教研组长每周进课堂听课，分析课堂教学质量，提出改进意见和建议。学科专家指导团队每学期完成四分之一教师的课堂教学诊断，并给出诊断报告。

（4）实行以“班级学习日志”为形式的课堂学习情况反馈制度，班级学习日志由学生记录每节课班级教与学的情况，及时反馈给教学处。

（5）加强学科建设，推进教研转型。以海淀区高中学科教研基地建设项目为依托，加大学科建设力度，深入推进教研转型。

2. 聚焦和研究真问题，促进教与学方式变革

“互联网+”时代的教与学方式的变革与创新，要求教育更好地实现个性化。北京一零一中课堂教学的实践研究继续由“模式研究”向“内涵探求”转变，强调关注课程门类、科目间的关系，关注本学科的育人价值和学生的学习特点与规律，帮助学生围绕具有挑战性的学习主题，积极参与，体验成功，获得有意义的学习过程。

学校积极巩固完善北京一零一中“以学论教、以研领教、因材施教”的教研文化，坚持以创新驱动发展、以研究提升质量的理念，以提升课堂教学质量为目标，探索教与学方式的变革与创新，继续尝试大数据背景下的微课、翻转课堂教学实践，推进“导学思想”引领下的多样化教学模式研究，推进生态智慧课堂的教学实践研究等。

学校开展“重塑课堂”活动，鼓励教师观察、发现教育教学中的问题，确定一至二项作为重点专题，进行以学为中心的课例研究。聚焦到研究课中的一个研究问题，教师要围绕主题对课堂教学情境进行描述，梳理出研究课的问题及其讨论过程，对问题的研究和解决有概括和提炼，进而实现对课堂教学的改进和重塑。

3. 完善教学评价机制，增强评价的激励导向功能

学校注重教学评价，形成了以教师自评为主，学生、家长和学校管理者共同参与的评价机制，引导教师对自己、同事的教学行为进行分析、反思与评价，提高教师自我完善意识。

关注作业对学生学习的诊断、评价和引导作用，各学科都要给学生布置适当作业，要求目的明确，难度适宜，分量适当，有利于学生夯实基础，提高学习能力。学生作业总量要由各教研组和年级组协调。对后进学生，教师要进行个别谈话，了解并分析原因，帮助他们树立信心，改进学习方法；同时要有针对性地进行个别辅导，对他们的作业多做面批面改。教师在辅导中要渗透思想教育，解决好学生的非智力因素和心理障碍，调动学生的学习积极性。

（二）明确质量标准，引导各学科有效开展常态课教学活动

北京一零一中各学科根据学科特点制定了《学科常态课有效教学质量

标准》，对各学科的教学质量控制的总原则、基本标准（包括备课、上课、学习过程、课后总结、学生活动等方面）、具体课型要求做出规定，并且给出不同课型的优秀课例作为参考。

学校鼓励教师在课程改革上打攻坚战，基于创新理念，在实践中探索以教为主转向以学为主的具体策略和有效的操作方式，如怎样设计挑战性的任务、如何提出高质量问题、如何外显学生的内隐思维、如何追踪学生的学习状况等。

1. 关于课堂教学

课堂教学要规范教学行为，提高教学效率，努力提升每一位教师常态课教学质量，使北京一零一中的每一个学生都能享受到优质的课堂教学。

课堂教学要强化三个意识，即树立保底意识，全力杜绝劣质课；增强优化意识，稳步提升常态课；强化改革意识，积极探索优质课。

课堂教学以学生为主体，教师为主导，强调教学目的明确，准确传授知识，解决好重难点，注重学法指导，注重培养学生分析和解决问题的能力，注重学生创新能力的培养。

课堂教学中，学校要求教师对教材进行处理，一是把所学的知识条件化，即补充背景知识，让学生知道这一知识“从何而来”，让教材内容变得有温度、有情感，以实现教学内容的“有趣”。二是把所学的知识情境化，即介入真实情境，让学生知道、体会从教材中学的知识“到哪里去”，能用这些知识解决真实世界中的问题，以实现教学内容的“有用”。三是把所学的知识结构化，以帮助学生理解、记忆和迁移，实现教学内容的“有意义”。学校课程不是一条条碎片化的信息，而是有组织、有结构的。用美国著名的教育心理学家、学科结构课程专家布鲁纳的话来说，越有结构的知识，越接近学科本质；结构化的知识有助于记忆，有助于迁移。因此，要重视大单元教学的整体思想。

各学科根据学校要求，提出基于学科特点的细致化要求。例如语文学科要求 40 岁以下的教师要有比较规范的教案，各备课组要把本年级教学资源进行系统地整理，传承给下一个年级。数学学科要求教师要激发学生学习情趣，使课堂活泼有序，尽量使每一个学生有参与活动、回答问题的机会，教师提问要科学、有效，针对学生认知情况，问题要具体、有梯度、跨度不宜过大，要体现思维价值，对学生的回答及时做出恰当的评判。教师要善于应变，能抓住互动中的闪光点及时点评。物理学科要求教师在导入时，必须紧扣本节课的教学目标，针对学生的特点，导入方式要满足学生的听课需要，要有启发性，能够引起悬念，激发学生的思维活动，要简洁，能使学生尽快进入教学情境，时间不宜过长。生物学科给出了教案的范本，包括章节课题、教学目标、课型、教学重难点分析、教学媒体（如挂图、标本、模型、实物、演示实验、幻灯片、动画等）、教学方法、教学过程、板书设计、作业或反馈、教学反思等。生物学科要求“新授课”在教学内容比较适合的情况下，应努力尝试探究式的教学模式。教师应重视教学过程中“设问”或“问题串”的设计，提高学生课堂上思维活动的密度和深度。历史学科要求进行多样化的教学，教学方式应体现学生的主体地位，引导学生积极思维并提出有深度的问题。各种活动课要围绕完成教学任务来设计，特别要以史实为依据，避免对历史事件、历史人物的庸俗化。

2. 关于课后反思

课后反思是课堂教学不可分割的部分。学校要求每位教师必须有书面的课后反思，对课堂教学进行及时总结提炼与改进完善，养成教师每节课后记录教学反思的好习惯，课后反思要强调作业问题与个性化辅导。例如物理学科在课后反思方面特别强调对学生作业中问题的梳理与改进情况，对计算题的解题格式、说理题的答题要点、作图题的细节规定进行统一规范，发现问题，随时纠正，必要时重做，培养学生良好的答题习惯，把粗批和细批相结合，要求在出错题上画上醒目的记号或写少量的批语。

3. 不同课型有不同的质量标准

质量标准是北京一零一中课堂教学最基本的质量要求。标准不会限制教师自由发挥的空间，特别是对于不同的课型，如新授课、讲评课、习题课、复习课、实验课、阅读课、写作课、活动课等，要求各学科制定的质量标准要有差异，并提供典型课例。

如语文学科要求新授课忌课前铺垫繁杂，作家与课文背景知识介绍不应太多；特殊文章的背景知识应灵活补充，可在课文学习过程中介绍，也可在课后介绍。教师在备课过程中应有自己的体会和认识，不应照搬或完全依赖教参等相关“权威”知识。教师在初读文章过程中的感受应该最接近学生的体验，教师应充分利用这种体验备学情。一篇文章或一节课应有明确的教学目标，但应尽可能把这一个目标放到学期整体的教学计划中，使每篇文章的学习既保持个体的独特性，同时又与其他文章构成完整的知识体系。作文课依据学期的教学计划，制定相关的写作能力要求。尽可能加强作文题目拟定的系统性和科学性，切忌作文教学的随意性。作文题目可借鉴相关的成题，但备课组更应提高自己的命题水平，根据学生的具体情况和教学中发生的变化，拟定适合本校本年级学生写作水平的作文题目，力求有特色，训练价值高。作文教学应从重“做后讲评”过渡到重“写前指导”，作文课应有完整的教案，包括写前指导、例文评析和教学总结（反思）。例文应有不同层次的作文，以供不同程度的学生明确目标，共同提高。

数学学科要求新授课运用多种教学模式。启发式教学模式基本程序是导入—探究—归纳—应用—总结。结构式教学模式基本程序是自我实践—交流—提炼—形成结构—巩固练习。发现式教学模式基本程序是创设情境—提出问题—组织交流—鼓励猜想—引导论证—运用结论。试卷讲评课要在认真批阅并统计试卷的基础上，找出典型、共性的问题；课上指出问题，并与学生共同探讨问题出现的原因，做归因分析；针对问题进行跟踪训练；讲评试卷不能“就题论题”，而应“借题发挥”，通过讲评，达到归纳、总结、巩固、提高、拓展的目的。

生物学科就新授课、实验课、复习课、讲评课四种课型在教学设计各环节的不同之处进行辨析，提出相应标准。如新授课的教学目标是侧重知识点落实、思维能力训练，应渗透情感态度价值观的培养，而实验课则侧重技能训练，巩固知识点，复习课则侧重生物学核心概念的梳理。

历史学科对新授课的要求是基础知识传授线索清楚，概念准确，知识结构严谨，无科学性错误。主要历史人物的活动和重要历史事件的讲述要具体、充分，并能注意新旧知识间的联系。史料选择典型，对历史问题的分析到位，史论统一。

（三）规范学生学习常规，保障学习自主有效进行

北京一零一中教学崇尚严谨，倡导勤学求实、探索创新的学风。为了进一步提高学习效率，帮助学生掌握正确的学习方法和养成良好的学习习惯，学校制定了《北京一零一中教学常规管理制度》，对学生学习过程中预习、听课、作业、复习、考试、实验、课外学习等基本环节做了要求。

1. 做好预习

预习时如果发现与新课相联系的旧知识掌握得不好，要查阅和补习旧知识，为学习新知识打下稳固的基础。根据“不动笔墨不读书”的原则，要做好预习笔记，做到边读、边画、边批、边写、边想，预习的结果要认真记在预习笔记本上。

2. 做课堂的主人

上课时，学生要努力做课堂的主人，认真思考老师提出的每一个问题，认真观察老师的每一个演示实验，勇于发表自己的见解，积极参加课堂讨论，做到深入思考，大胆质疑。学生要做好课堂笔记，强化理解记忆，做到十记：记板书，记思路，记事例，记典型例题，记补充内容，记疑问或不同见解，记老师闪光的语言，记自己灵感的火花，记同学或自己的失误，记教材或参考资料的不足。

3. 课后作业要规范

课后作业书写要工整，切忌涂改过多。解题步骤既要简明、有条理，又要按照各科老师的作业规范去做，认真订正错误。作业经老师批改后，要仔细看一遍，对于作业中出现的错误，要认真改正，不理解之处要及时请教老师或同学，建立“错题簿”，记下错题和疑点，以便随时强化。

4. 注意复习巩固与总结提升

复习包括课后复习、单元复习、期中（末）复习、假期复习。复习的主要目的是达到对知识的深入理解和掌握，在理解和掌握的过程中提高运用知识的技能技巧，使知识融会贯通。同时还要通过归纳整理，使知识系统化，真正成为自己知识链条的一个有机组成部分。

5. 正确对待考试

考试是检查学生学习效果的一种方法。考得好，可以激励自己进一步努力学习；考得不好，也可以促使自己认真分析存在的问题，以便今后有针对性地学习。所以，考试并不可怕，不应当产生畏考心理，造成情绪紧张，影响正常发挥。正确的考试策略是充满信心，稳定情绪；通览全卷，明确要求；认真审题，先易后难；字迹清楚，书写规范；及时检查，防止错漏。

6. 实践实验秉承严谨态度

实验时要遵守实验室的各项规定，听从老师安排。注意熟悉实验所用仪器设备的名称、功能和操作方法，仔细观察实验现象，认真测定数据，做好记录，严格遵守操作规程，爱护仪器设备，注意安全。

7. 课外学习量力而行

课外学习应该做到，在老师指导下，根据自己的特长和爱好，制订课外学习计划，选择必要的课外读物学习。课外学习一定要从自己的实际出发，量力而行，忌好高骛远，贪多求全。

[第六章]

建设一支卓越的教师队伍

从某种意义上说，建设一支德才兼备、以立德树人为己任的教师团队，是学校的首要办学使命。北京一零一中的队伍建设的整体规划分为两个层级和两个维度。两个层级分别是干部队伍建设和教师队伍建设。两支队伍互为影响，互为促进。两个维度分别是宏观和微观。宏观是长期不变的，微观是在宏观基础上的与时俱进。

北京一零一中队伍建设宏观思路是：政治上与党中央保持高度一致，不含糊，不动摇；坚持把立德树人作为学校坚定不移的办学方向，不含糊，不动摇。干部队伍树立四种意识：服务，廉政，专业，人品与能力服众，最后一条最重要。教师队伍树立四种意识：敬业，育人，专业能力，学习能力，第一条最重要。

一、教师队伍发展溯源与风范

北京一零一中的教师队伍，从学校诞生之日起，便拥有一种崇高的爱国情怀。几十年来，学校总是强调历史渊源。这个渊源，首先在于学校的教师队伍爱党爱国、专业精湛、奉献教育、敬业诚恳，这是学校教师团队经久不变的精神底色。

（一）建校之初的教师队伍

从 1946 年创立到 1949 年迁入北平这一时期，北京一零一中的教师队伍主要由自愿投身革命、自愿为人民教育事业献身的青年知识分子组成。

学校的创始人郝人初同志当年受命筹建张家口市立中学时，年仅 38 岁，但却对创办什么样的学校已经有了相对完备的办学思路。在选拔教师过程中，他把具有较高文化科学知识与教学能力这两条作为最主要的录用标准，从而为这所学校选调了一批政治素养好、知识水平高的师资。学校对教师的教风、备课、上课、批改作业、编写教材等，都有明确具体的要求和制度，并严格贯彻执行。

当年，学校教师队伍主要来自三地：一是解放区，主要是延安大学行政学院和鲁迅艺术文学院；二是国统区，由华北联合大学和城工部介绍到解放区参加革命的知识分子组成；三是当地人，张家口地区有教学经验又自愿为人民教育事业献身的人。其中从事教学工作的都是大学毕业生或有大学文化程度的人，教师的年龄大多在 20 ~ 30 岁之间。

后因全面内战爆发，学校撤离张家口，先后在河北省平山县西黄泥村、石家庄市郊柏林庄、河北省阜平县城南庄办学，此时又补充了一些教师，主要来源为城工部介绍到解放区参加革命的知识分子。

这一时期的教师概况，在学校建校 50 周年出版的《在革命洪流中——晋察冀边区联中回忆录》一书中都有简介。

英语教师江山野，1944 年毕业于北平师范大学，到张家口市立中学任教时 22 岁。国文教师韩书田，参加革命后曾就读于延安大学行政学院教育系和鲁迅艺术文学院文学系，1946 年到张家口市立中学任教时 21 岁。化学教师文方，毕业于北京大学工学院化工系，1946 年参加革命，在华北联合大学政治班学习了四个月，分配时主动要求到张家口市立中学任教，时年 24 岁。数学教师魏群，毕业于日本东京中央气象台附属测候技术官养成所专修班，1946 年 8 月到晋察冀边区参加革命，后到张家口市立中学任教，时年 38 岁。就这几位教师的情况可以看出，创办之初学校教师的学历就很高，甚至有在国外留学者。即使在今天看来，这也是一支卓越的教师队伍。

这些受过高等教育，但又放弃比较安逸的生活走进革命队伍的青年知识分子，具有革命的坚定性和革命必胜的信念。他们有强烈的事业心，把从事教育工作，办好学校，教好学生看作是建设新中国的伟大事业。郝人初校长懂教育，真正按教育规律办学，又了解中国的特点，了解中国知识分子的特点。他充分信任和大胆使用知识分子，保证他们工作中身心愉快，引导他们以培养人才为己任，使得学校在十分艰苦的条件下，仍办成一所以普通教育为主的正规学校。正是如此独特而光荣的历史，塑造了北京一零一中别具特色的学校文化。

以郝人初校长为首的学校领导关心爱护教师，努力为教师工作提供有利条件。他们精心培养教师，对老教师，尽可能使他们发挥骨干作用；对青年教师，尽力为他们提供锻炼的机会，如此才锻造了一支杰出、优秀的教师队伍，为党和国家培养了一批具有高度思想政治觉悟和一定文化科学水平的人才。如中国工程院院士王仲奇、我国第一位女中将聂力、优秀电视剧导演林汝为、曾任公安部部长的阮崇武等，都是在这时期接受了一生中最重要的基础教育。还有许多毕业生后来都成为新中国各行各业的专业骨干和领导者。

新中国成立后，北京一零一中这一批教师有不少人调到了更高一级的教育部门工作。江山野老师调到教育部中学司工作，后又到中央教育科学研究所从事科研工作。魏群老师到人民教育出版社担任数学编辑室副主任，参与制订新中国成立后到“文革”前历次《中学数学教学大纲》，编写、审定了1954年以后到“文革”前四套全国通用的中小学数学课本。韩书田老师调到教育部教学指导司参加中学语文教改工作。

（二）新中国成立之初至“文革”前的教师队伍

1949年1月31日，北平和平解放，北京一零一中成为我党在革命老区创办的中学中，唯一进入新中国首都的正规中学。1951年8月，学校迁入圆明园校址。当时从原来的北京师范大学附属中学抽调了一批优秀教师，又从北京师范大学选拔了一批优秀毕业生（成绩为前三名的）到学校任教。此外，还有来自北京大学、清华大学的毕业生。1952年8月，随着中央组织部干部子弟学校——华北中学的并入，学校教师队伍进一步壮大。

在新中国成立之初的教师队伍中，语文教师汪瑞华是杰出代表。汪瑞华老师1949年毕业于清华大学中文系，1950年到学校任教。读书期间，汪老师曾师从著名作家朱自清、李广田两位先生。汪老师的教学受到历届学生的欢迎。

1953年，王一知担任学校校长。王一知校长同样十分重视教师队伍建设，她用主要精力抓教学，和教师一起备课，有计划、系统地听教师的课，并提出中肯的意见。对有真才实学的教师，安排他们到适合的工作岗位上，并且注意全面培养。同时，继续从北京师范大学等高等师范院校毕业生中，择优选拔到学校任教。对于新来的青年教师，各教研组的全体教师合力帮他们备课、试讲，在老教师的传帮带和耳濡目染下，学校形成了一支既年轻又优秀的教师队伍。这些教师热爱党的教育事业，基础知识扎实，有进取心，肯接受新鲜事物，同时又继承了学校敬业、奉献的优良传统，有的更是多才多艺，逐渐成长为教师骨干。

1951年学校迁到圆明园校址时，学校附近交通很不方便，教师与学生在学校同吃、同住，一同参加建校劳动。即使城里有家的教师也只在星期六下午才回家，星期天晚自习以前就返校，大家都全身心地投入教育教学工作。

“文革”之后，这批教师中诞生了学校最初的一批特级教师，有体育教师王寿生、物理教师王学斌、语文教师连树声。他们不仅教学水平高，而且师德高尚，深受学生的敬佩和爱戴。继他们之后，又有数学教师王树茗、化学教师田凤岐、体育教师梁学诚、音乐教师章连启被评为特级教师。

王寿生老师 1949 年毕业于北京师范大学体育系。他是在华北中学与师大附中二部合并时来到北京一零一中的。当时学校条件十分简陋，体育设施一无所有，学生也没受过系统的体育训练。学校体育组一共三名教师，齐心协力从学生的体能训练开始，开展长跑活动。在体育教师的带领下，学生到圆明园里绕着福海（当时称“大苇塘”）跑步。群众性体育活动也开展起来，并形成制度。住校生每天早上进行早锻炼，每天下午课后安排 1 小时体育活动，由各班体育委员组织本班学生按小组活动，班主任也参加。学校还将体育成绩突出的学生组成田径队、足球队、游泳队、体操队、舢板队等，由教师带领集中训练。经过长期有计划地开展群众性体育活动，学校培养了学生的锻炼习惯和方法，学生普遍体质好、会锻炼。学校体育教研组多次被评为全国传统项目学校先进单位。1993 年，北京一零一中被评为全国群众体育先进单位，王寿生老师作为全国劳动模范的教师代表，在 1994 年建国 45 周年国庆游行时，登上游行彩车。连树声老师 1952 年从北京师范大学中文系毕业后到学校任教。直到“文革”前，他送走了 10 届高中毕业班，还担任了其中 8 个班的班主任。他被誉为中国当代语文教育改革与发展的先锋和旗帜。他认为班主任工作是最富有诗意的，能够把教学和育人巧妙地融合在一起。

还有一些老师的教学风格和教学水平久为学生称道。如语文老师王锡兰、雷天奕，地理老师蒋守则，政治老师陈司寇，体育老师王伯英等。学生们不仅欣赏这些老师的课，更被他们的人格魅力所感染。

王锡兰老师专攻中国文学。他以自己曾是鲁迅先生的学生而自豪。他大学毕业后到北京师范大学附属中学任教，后又主动要求到具有光荣革命传统的北京一零一中教语文。一位 1954 届毕业的校友在回忆中写道：王老师注重培养学生的独立思考能力，作文课从不自己先出题目，而是让学生先定，然后讨论，集体决定，大大提高了学生们写作文的积极性。

一次作文，两个学生都写圆明园的春天，一个写春光明媚，风和日丽，另一个写飞沙走石，到处断墙残壁。讲评作文时，两位学生都受到了王老师的表扬，他说他们的作文都真实表达了自己的心态。另一位1956届毕业的校友在文章中写道：王锡兰老师学识渊博，讲课贯通古今，趣味横生。

如今，70多年过去了，但北京一零一中老一辈人的精神犹在。每年新教师入职，学校都邀请老教师、老校友为年轻教师讲历史，讲学校老一辈人的精神底色，为的是传承与弘扬，为的是守正出新，为的是让北京一零一中在新时代百尺竿头更进一步。

（三）21世纪的新教师队伍

北京一零一中教师团队的发展特色是承前启后，继往开来。正是这种薪尽火传的发展过程，使得教师团队一直充溢着蓬勃的活力和生机，高质量保证了学校的可持续发展和优质发展。今天，“走进一零一，幸福你一生”，不仅仅是学校的办学追求，更是学校教师团队和学生集体心态的真实写照。而学校优美宁静的校园环境和与之相得益彰的浓郁的人文氛围，以及学校对教师的人文关怀，都在缓慢而又稳健地刷新北京一零一中教师团队的幸福指数，进而不断提升这支教师团队教书育人的境界与质量。

进入21世纪，北京一零一中教师团队秉前贤，承传统，做当下，思未来，在常态中做好每一天，在学校这个舞台上不断演绎着他们立德树人的华美篇章，为学校新时期的发展做出了不可磨灭的贡献。

语文组长张皓、张新村，英语组长张燕，物理组长范仲平，历史组长张健，政治组长苗红梅，地理组长何群，艺术组长魏立柱等，他们既具备管理协调能力，又具有过硬的专业素养，为学校的教学和教研工作、为学校持久优质的中考高考成绩做出了突出贡献，学校一直对他们心存敬意。

北京一零一中各学科教师凭借个人深厚的专业素养和敬业精神，形成了强有力的团队凝聚力，为提升学校教学质量，为形成学校教师团队良好的社会美誉度做出了重要贡献。语文教师张懿水、潘明娟等，数学教师付敬良、张洪才，外语教师刘怡虹、石晓岚，化学教师姚桂珠，生物教师安秀香等，都是学校教师队伍中的佼佼者。

北京一零一中年级组长撑起学生管理半边天。学校现在的年轻干部，几乎都做过年级组长。副校长熊永昌、刘子森、万锡茂、程丽，都有较长时间的年级组长的经历。并且，这些年轻干部，还有其他很多年轻教师，他们大学一毕业就来到北京一零一中，在这个优质平台一天天成长、发展、成熟、成才，从普通教师到名师，从名师到干部。他们从心里热爱一零一，在感情上依恋一零一，深刻了解并认同一零一的传统与文化。今天和明天的一零一，一定会在他们的奋斗中稳步前行。

北京一零一中班主任团队堪称学生成长引路人，他们对学生的管理教育是全天候、全覆盖的。北京市班主任最高奖是“紫禁杯”，最近20年来，学校有很多教师获得这一殊荣（见表6-1）。

表6-1 “紫禁杯”优秀班主任获奖统计

序号	姓名	获奖情况
1	毛筠	1993年“紫禁杯”优秀班主任二等奖
2	平亚茹	1996年“紫禁杯”优秀班主任一等奖
3	吴军	1998年“紫禁杯”优秀班主任一等奖，2001年“紫禁杯”优秀班主任特等奖
4	刘青	2001年“紫禁杯”优秀班主任一等奖，2016年“紫禁杯”优秀班主任特等奖
5	张燕菱	2002年“紫禁杯”优秀班主任一等奖，2003年“紫禁杯”优秀班主任特等奖
6	田媛	2005年“紫禁杯”优秀班主任特等奖
7	邹映波	2006年“紫禁杯”优秀班主任二等奖
8	霍艺红	2008年“紫禁杯”优秀班主任三等奖
9	邢秀清	2008年“紫禁杯”优秀班主任一等奖，2009年“紫禁杯”优秀班主任特等奖
10	王曹送	2010年“紫禁杯”优秀班主任一等奖
11	殷卫霞	2012年“紫禁杯”优秀班主任一等奖
12	石宇	2013年“紫禁杯”优秀班主任一等奖
13	贺丽珍	2014年“紫禁杯”优秀班主任一等奖，2019年“紫禁杯”优秀班主任特等奖

续表

序号	姓名	获奖情况
14	张迎春	2015 年“紫禁杯”优秀班主任一等奖
15	孙淑松	2017 年“紫禁杯”优秀班主任一等奖
16	佟昀	2017 年“紫禁杯”优秀班主任二等奖
17	杨双伟	2019 年“紫禁杯”优秀班主任一等奖

多年来，北京一零一中涌现出一大批优秀教师，展现了新时代人民教师的良好精神风貌。

让科技创新扎根学生心中

马丽霞是学校资深生物教师。70 多岁的她，如今依然工作在生物教学及科研指导一线。“古稀青春在，科创放霞光。为国培奇骏，老骥更担当！”这是在一次庆祝教师节大会上，另一位老师对她的赞美。

马丽霞老师的教学任务向来繁重，不仅有课堂教学，更多的还有实验室的任务。此外，她还充分利用学校得天独厚的自然条件，利用无数个节假日和课余时间，组织学生开展科普活动与研究性学习，做与生命科学相关的课题研究，培养学生的科技创新素养和实践动手能力。

在北京一零一中 30 多年，她已组织 2000 多名学生参加生命科学课外实践活动，指导学生完成 100 多项创新课题研究，研究领域涉及植物学、动物学、微生物学、环境科学、工程学等方面。“超微活性钙肥对番茄生长及其生理生化的影响”“新型智能化叶表面 PM2.5 检测系统”“绿色植物驱蚊止痒膏的研制”“基于语音和动作识别的智能遥控器”等，这些高质量、有价值的研究成果得到了科技专家和师生的广泛好评，在全国青少年科技创新大赛、“明天小小科学家”奖励活动、英特尔国际科学与工程学大赛、日内瓦国际发明展等活动中，都取得了优异的成绩。国际的、全国的奖项，马丽霞老师指导学生拿了 50 多个。许多学生因为科技创新方面的突出成绩，被保送或自主招生进入北京大学、清华大学等国内名校，也有学生顺利进入斯坦福大学、耶鲁大学等国外名校，为他们今后的发展与幸福人生奠定了坚实的基础。

获得北京青少年科技创新市长奖、全国“明天小小科学家”称号，并被保送升入北京大学的闫钇岑同学，在谈到中学时的科研经历时非常感慨。她说：“感谢我的指导老师马丽霞，从实验选题、方案设计、实验实施，到整理数据撰写论文，每一步都凝聚着马老师的心血与智慧。我学到的不仅仅是科学知识，更重要的是做事的态度和科学方法。我的大量实验都是在双休日、寒暑假完成的，往往一忙就是一整天。每次，马老师都耐心地在我身边进行指导，走得都比我晚。马老师有着严谨、认真的工作作风，她对我实验中的每个细节都认真观察、指导，对我实验中哪怕是小小的失误都给予严格纠正。马老师有句话深深地镌刻在我的脑海里，并将指导我今后的学习和工作：无论做什么事情，都要有踏实、认真、一丝不苟的态度。”

如今的马丽霞老师，已是桃李满天下，她本人也多次被评为北京市及全国优秀科技辅导教师。2013 年 5 月，马丽霞老师获得美国英特尔国际科学与工程学大赛优秀辅导教师奖，是中国中学教师获此大奖的第一人，这是对她在科创指导方面杰出工作的最好肯定。

教育情怀点燃教育智慧之光

安军从一名年轻的生物教师逐渐成长起来，现在已经成为在北京市乃至全国中学生物教学领域具有一定影响力的专家型教师。她有着超乎寻常的职业追求和教育情怀，认真、执着、眼界开阔、学识宽广，为北京一零一中生物教学做出了突出贡献。安军老师在教学中精益求精，追求卓越，常年送高三毕业班，学生高考成绩突出，历届学生对她的课堂教学赞赏有加。尤其难能可贵的是，作为生物教师，一方面，她自己热爱读书；另一方面，她十分注重引领学生阅读，不仅要求学生阅读生物类书籍，而且要求学生阅读社科类、文学类书籍。

安军的快速成长进步得益于她的善于反思。对专业的反思、对教学的反思使她经历了从困惑到逐渐清晰、再到学科专家的过程。在这个过程中，她界定了学科思想、核心概念和重要概念，厘清了三者之间的关系以及三者与生物学事实的关系；她用陈述句和概念图两种形式梳理了高中三本必修模块体现的学科思想、核心概念和单元重要概念，提出了四个层面的整体备课策略和概念教学的实施策略与方法（见图 6－1）。

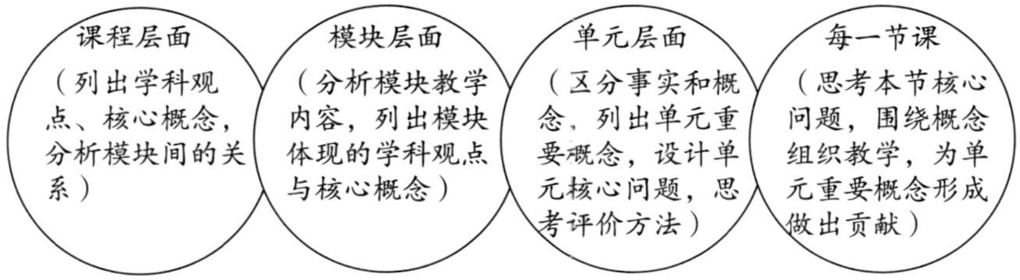

图 6－1　概念教学的实施策略与方法

通过研究、反思、提炼，安军老师把如何备课、上课模型化（见图6－2、图6－3）。2013年9月，她的相关论文荣获第四届北京市基础教育教学成果奖一等奖。在她的影响下，教研组其他老师先后在各类教育期刊发表了十余篇论文。

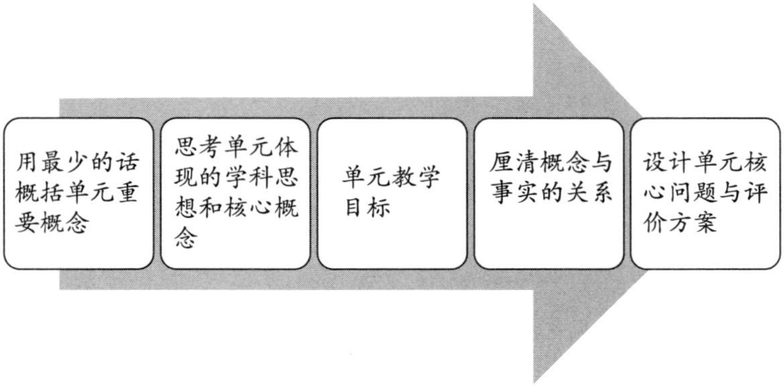

图6－2　单元备课策略

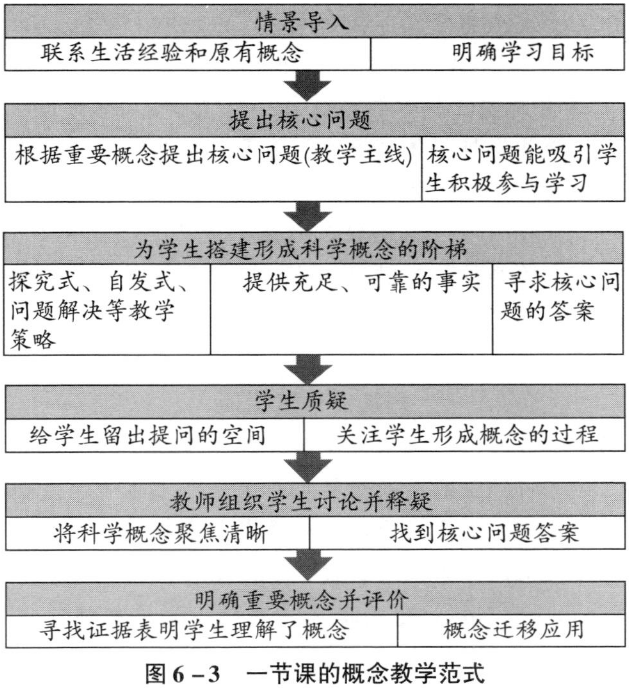

图6－3　一节课的概念教学范式

用体育塑造生命

丁玉山老师长期担任北京一零一中体育教研组长，2001 年被评为北京市体育特级教师，2017 年成为海淀区第一位体育正高级教师。

教学方面，丁玉山始终扎根在一线，即使到了花甲之年，仍然在运动场上和学生一起奔跑，在运动会上担任总裁判。在体育教学中，他坚持面向全体、身心同育，这是贯穿其个人教学和全校体育工作的一条鲜明主线。通过运动增强学生体质，增进身心健康，丁老师从不放弃一个学生。他坚持实践体育即德育的思想，抓住一切机会培养学生习惯、磨炼学生意志、增进学生合作意识。学生的个体需求越来越多元化，他所在的教研组关注差异，开设了各种体育选修课，激发学生体育兴趣，特别受学生们欢迎。丁老师坚持竞技体育和群众体育两手抓。他长期主持学校田径、女排、健美操课余训练、竞赛和管理工作，学校田径、排球和健美操在一系列国际、洲际、全国和北京市中学生体育比赛中摘金夺银，并培养出运动健将和一级运动员若干名。

科研方面，丁玉山积极倡导并坚持“以科研促教学，以科研促训练，以科研促发展”的教研工作思路，承担国家课题 5 项，获国家级论文奖 20 余篇，出版专著 4 部，参与教材编写 5 套（本）。他的科研成果在指导学校体育教学、群体锻炼、体育竞赛等方面，均取得了较为显著的成绩。

教师培养方面，丁老师坚持扶持年轻人承担更多社会责任。在丁老师的帮助和引领下，校内外一批年轻教师成长起来。丁老师还在国培计划，北京教育学院和有关高校承担讲座、示范课以及带教任务，把自己的经验和思想传授给更多教师。2017 年 11 月，海淀区教工委、海淀区教委召开丁玉山教学思想研讨会，这是对他教育生涯的充分肯定与总结。

把责任举过头顶

毛筠，英语特级教师、英语正高级教师，现在是北京一零一中温泉校区执行校长。她具有很强的敬业精神，对工作非常负责。毛筠老师所教的毕业班成绩优秀，她对学生的爱和严格要求，赢得历届学生的认可。她管理工作也做得风生水起，她到温泉校区时间不长，就让这所学校发生了很大变化。这样的人才，在今天是非常可贵的。毛筠老师获得很多荣誉称号，比如北京市“紫禁杯”优秀班主任、第四届全国中小学优秀外语教师等。

在教学研究方面，毛筠老师具有很强的钻劲儿。早在 2003 年，根据当时初中英语教学的要求和现状，她就开始探索阅读写作有机结合的读写联动教学法，2018 年 10 月，出版专著《初中英语阅读写作联动研究与实践》，书中对她的研究与实践的四个阶段做了介绍。

一是教学法的产生。该阶段主要研究以课本为核心的读写联动教学内容重构，促使学生的归纳能力、读写能力得到提升。二是教学法的拓展。在第一阶段的基础上，利用课外资源进行读写联动课程资源的开发与建构。例如，带领学生做好英语报刊阅读展示，这一件事她就坚持了 12 年。三是教学法的完善。综合前两个阶段，将听说纳入读写联动教学法，学生的人文素养和综合语言运用能力有了长足进步。四是教学法的推广。近五年来，她把这个教学法推广到海淀区和北京市乃至外省市，取得了良好的效果。

毛筠对教师工作有着超乎寻常的热爱。她在很好地完成日常工作的前提之下，在开展课题研究、撰写书籍论文等方面取得诸多成果。作为一名一线教师，她是真正找到了自己的安身立命之地。

教书育人，其乐融融

张燕菱老师从教 37 年，从 1993 年到 2016 年，一直教高中实验班。同时担任班主任 20 年，1990 年至 2007 年连续担任 17 年班主任从未间断，难能可贵。

1993—1999 年这届学生，她从初一教到高三毕业，做班主任 6 年。1999—2003 年这届学生，她从初三教到高三毕业，做班主任 4 年。2003—2006 年这届学生，她从高一教到高三，仍然做班主任。2006—2007 年，她教一年高三，还是班主任。

张燕菱管理教育学生的严格在学校是出了名的。她严而有格，严而有方。她担任班主任所带的学生，最显著的特点是全面发展，守规矩，明事理，争做佼佼者。她的学生王璞，1999 年高考获得北京市文科状元；崔岳 2002 年获得全国中学生生物学联赛一等奖；马尧 2003 年获北京青少年科技创新市长奖；李腾 2000、2001、2002 年连续三年获得全国高中数学联赛一等奖；2003 年高考，她的班级 23 人考上清华、北大。

她要求学生具有较强的自我约束能力、学习能力和较高的自觉性，要求学生社会责任感强，做事有底线。她注重培育学生的家国情怀，积极鼓励她的学生参加中学生支教活动。学校只要组织各种募捐，她的班级总是在全年级起到很显著的带头作用。

很多年以前，她就根据每个学生的学习水平和性格特点，采取分层教学。作业不要求全班一样。她在班会上、家长会上明确宣布，学习能力强的学生可以少写作业，甚至不写作业，首先是数学作业。她所教的班级，曾作为学校“无人监考”实验班。

从初一到高三，她遵循初高中不同的特点，研究学情，使每一个学生都能在不同的阶段得到最大的收获。2020 年 2 月 12 日，美国艾尔弗·斯隆基金会公布了 2020 斯隆研究奖（诺奖风向标之一），全球 100 多位杰出青年科学家获奖，其中，一零一校友 4 名。获奖者之一陈鸥就是张燕菱教了 6 年的学生。2018 年，他在美国《自然》杂志上发表文章，现在是美国布朗大学化学系教授。

能够培养出优秀的学生，这才是老师做出的实实在在的贡献。

让艺术之花在学生心田开放

音乐特级教师郑燕莉以高中音乐鉴赏课、音乐模块课、校本选修课见长，她还长期担任北京一零一中合唱团指导教师及指挥。

在北京一零一中，音体美一直都和其他学科一样重要，因为这些学科是学生综合素质发展的必须。

作为资深音乐教师，郑燕莉注重发展学生的表演潜能及创造潜能，使他们能够运用歌唱的形式表达个人情感并与他人沟通感情。她善于引导学生用健康的审美意识规范自己的歌唱实践，并在其中享受到美的愉悦，得到情感的陶冶与升华。在教学中，她根据学生的需求和发展，充分重视高中生的音乐兴趣及能力水平，为高中生学习音乐提供一种新的方式。

郑燕莉还主张以突出合唱为主，把独唱与重唱的学习融入合唱之中，强调对合唱艺术的鉴赏能力的提高。在教学方法上，她强调在具有艺术性、音乐性的艺术实践活动中有机地渗透知识技能的内容，并在学生主动参与的实践活动中探究音乐艺术的真谛。

郑燕莉创建了北京一零一中“小百灵”童声合唱团，注重培养、发展学生演唱歌曲的兴趣与爱好。她组建的高中混声合唱团，在原有的合唱团及“小百灵”的基础上加强团队建设，带领全组教师认真研究训练计划，分工合作，共同努力，提高合唱团的整体水平。学校合唱团在她的带领和指挥下多次参加市区级合唱、小型声乐及独唱比赛并获奖，而且还多次参加大型演出。

2012 年 2 月，郑燕莉带队并指挥合唱团参加了在奥地利维也纳举办的首届“相约维也纳—奥地利中国艺术节”，在金色大厅指挥合唱团演出，学校被授予“维也纳市政府奖”“杰出组织奖”“艺术节杰出团队奖”，她个人被授予“杰出指挥奖”。

2013年，郑燕莉带队并指挥合唱团在美国林肯艺术中心举办的“2013中国民族民间艺术美国交流展演”比赛中荣获合唱组金奖，她自己获得此次比赛最佳指挥奖。

以上几位教师各有特色，但集中起来看，他们身上所体现的，其实就是北京一零一中不尚空谈、扎实做事的学校文化。无论过去、现在还是未来，教育都需要真做实干，需要平心静气。做基础教育，最理想的境界就是踏踏实实做事情，在常态教育中促进学生生命的健康和谐发展。办学要尊重科学规律，要用办学实践来体现，用办学成果来证明。我们虽然工作在基层，但我们的境界不能低，这是北京一零一中教师团队一直不变的精神底色和行为特征。

二、教师队伍建设的灵魂

可以说，立德树人是北京一零一中75年教师队伍建设的灵魂。立师生之德、育社会新人这个教育之本，是学校75年不变的坚守。从学校创建初期的优秀教师队伍到今天的北京一零一中教师团队，立德树人，是他们融入灵魂的职业自觉。

学校一直坚持将立德树人作为教师队伍建设的第一要素，主要体现在三个方面。一是学校章程、学校每学期工作计划、德育和教学部门的工作计划等，始终坚持把立德树人工作细化，具有北京一零一中特色，可操作性强。二是注重全员德育。三是设置了相应的表彰奖励与处罚。

从以下不同学科、不同年龄段的一线教师在教育教学过程中的具体案例与思考中，即可窥见学校教师如何艺术、科学而有效地进行立德树人的教育。

孙淑松，年轻的历史博士，毕业于北京师范大学，到学校不久就担任班主任。他勤于实践，善于反思，对教育有着源于心底的爱。他的课例从一个侧面反映了一位年轻教师育人的良苦用心和智慧。

当文化创意遇到风险投资

孙淑松

一、“团扇计划”始末

2017 届人文实验班精心制作了画册《北京一零一中三十景图咏》。学生们精心挑选出 30 张校园美景照片，分为春、夏、秋、冬四个主题，逐一为照片命名，并写诗作词，汇集成册。“一切景语皆情语”，这本册子定格了母校最美的瞬间，融入了大家对母校全部的热爱。

在工作即将结束时，董心语建议，挑选以招凉榭为背景的春夏秋冬四季照片，由她手绘成扇面，作为插图加入图册中。数天后，我看到了董心语绘制的团扇，功底深厚，栩栩如生。我很高兴，发到了微信朋友圈。好多朋友看到后，表示出浓厚的兴趣，纷纷询问是否能制作销售。这提醒了我，制作售卖团扇，既可以圆了校友的思校之情，还可以让学生得到锻炼，一举两得。于是我联系印刷厂，核算成本，拍摄照片。一个文化创意开始落地成为一项文化产品。

文化项目开始启动，一个迫在眉睫的问题摆在眼前，资金从哪儿来？当时社会上正在掀起一股风险投资的热潮，学生在课堂上也学到股份制、投资的知识。对知识烂熟于心的他们，未必能有机会亲身体验投资。想到这儿，我就决定开展一项大胆的风险投资计划。

在班会上，我把投资方案公之于众。此项计划接受学生投资，所得的利润个人和班级按照三比七的比例分成。我任命了一个由 4 名学生组成的财务委员会，全权负责财务收支。项目结束后，他们要提交一份详细的财务报表。资金问题解决了，产品也很快送到我们手中。

宣传营销这个环节是最有亮点，也最锻炼学生的一环。我把这个环节视为学生实践经济学知识、提升个人实践能力的重要一步。

我把学生分成了几个组，有的负责制定宣传方案，有的负责撰写宣传稿件，有的负责设计校内展板和海报。我们学校社团活动非常丰富，商学社社长就是我们班的学生。我请她制定了一套完善的营销方案，涉及产品定位、前期宣传、销售途径、营销策略等，条分缕析，巨细无遗。她在社团活动中学习到的商业营销知识，在这套方案中得到了充分应用。

我们选择将微信和校园网作为传播的主要渠道。当然，如果只是出售商品，这场实践活动就变成了纯粹的商业营销，所以我们把活动的基调定位为“感恩”，即学生对老师和学校的感恩。以“感恩”为主题，我们将团扇和丝巾制作了两组微信动画，在微信中推送，引发了校内外的一致关注和赞誉，这也为推出团扇和丝巾营造了较好的氛围。除了微信传播，校园网也是一个重要的平台。我们先后通过校园网发布了两组通讯稿，撰写稿件小组群策群力，提供了质量很高的稿件。

我们学校每年都有大量的访客，其中不乏社会名流。我们成功说服学校使用我们的团扇和丝巾作为对外交流的礼品，尤其是足球巨星罗纳尔多到访，他手持团扇的照片登上了新闻媒体的重要板块。

在完善的营销的推动下，我们的团扇和丝巾全部售罄，接下来该轮到财务团队上场了。财务团队制作了非常详细的财务收支表格，每一笔钱的流向、经手人和时间都整理得井井有条，每一张收据和发票都按照日期梳理。这样的财务报告堪称完美，学生的理财能力得到了充分锻炼。

利润分配完毕，并不能说整个活动画上了完满的句号，总结和提升也很重要。针对当今青少年缺乏理性的理财观的状况，我召开了一次主题班会。在主题班会上，我们请一位银行家以“金钱观”为主题，引导学生理性认识财富。最后学生们分组讨论“如何用好这笔钱”，大家经过讨论，决定除留下一部分用作班级活动费用外，其他的钱用于给打工子弟小学购置图书。

二、实践活动反思

1. 核心素养的培养要从细微处着眼

在核心素养的六大要素中，学生的实践创新能力是非常重要的一个方面，要在日常活动、问题解决中形成实践能力和创新意识。当然，核心素养的培养不能一蹴而就，而是要靠长期浸润、引领。在“团扇计划”实践活动中，我引导学生参与风险投资，理解投资过程、投资风险、利润分配；我引导学生制定完善的营销方案，理解营销的意义和重点，提升营销的品位，整合营销资源；在财务管理中，我引导学生实践财务知识，严格财务收支；在主题班会中，我引导学生树立理性的理财观，学会正确看待财富。这个过程既可以将学生的知识转化为实践能力，又加深了学生对知识的理解和运用，这是一次基于教学实践落实核心素养的有益尝试。

2. 设计实践活动的出发点是培养兴趣、开阔眼界

班主任设计的实践活动能否得到学生的支持和参与，关键在于这项活动是否能够激发学生的兴趣。如果某项实践活动站位很高，主旨很好，但是无法调动学生的兴趣，那也起不到应有的作用。在团扇和丝巾活动中，

我以文化创意和风险投资作为引发学生兴趣的立足点，引起了他们的好奇心。同时，这项活动着眼于开阔学生的眼界，锻炼学生的能力，使他们学有所用，加深了对知识的理解和运用。

3. 教学相长

传统教育认为，教师是教学的主体，承担着“传道、授业、解惑”的职能；学生是教学的客体，主要任务是学习、聆听和记忆。但当今社会日新月异，学生获取信息的渠道更加多元。因此，在教学中，师生可以实现教学相长。回顾我们的计划，最初的发源就是学生从另一个角度提醒我团扇的意义。有了她的提示，才有了后来的一系列计划和收获。对此，教师不必拘泥于“师道尊严”，俯身倾听学生的发言，也可能让自己收获良多。

生活本身就是教育。孙淑松老师分享的案例源于一系列的偶然。但孙老师的精心准备使一系列的偶然变成了学生成长的必然。与传统的德育方式不同，孙老师充分结合学生的生活，围绕能够促进学生发展的几个方面，完成了一次润物无声的德育。

孙老师的成功案例，为立德树人工作的开展提供了几点经验：第一，善于观察学生的生活，寻找教育的切入点；第二，以开放的胸怀，在坚守德育基本原则的情况下，鼓励学生自主发展；第三，重视过程，分解任务，全员参与；第四，重视活动总结。

殷卫霞，北京一零一中政治学科骨干教师，日常工作的细心周密、倾心尽力，孕育了她在立德树人教育实践中的鲜明特色。她的案例凸显了一位教师的教育智慧和教育情怀。

以有为成就无为

殷卫霞

在中国数千年的思想史中，道家的“无为而治”思想占有重要的地位，被奉为治国经世的最高境界。治国如此，教育亦然。班级管理要达到“无为而治”的境界不是一蹴而就的，它必须经过一个从“有为”到“无为”的过程。我认为从班级组建之初到最终达到学生自我管理、自我发展、自我实现的“无为”境界，需要班主任做好以下几个“有为”的关键点。

一、情感激励，班主任必须“有为”

1. 欣赏每一个学生

每个学生都是独一无二的，都有着自己独特的生命色彩，所以要用欣赏的眼光去发现每一个学生的闪光点。

我在班级管理中遵循“人尽其才”的原则，让每个学生根据各自的爱好、特长，自主选择职务参与班级管理。这为每个学生提供了施展才能的机会，也让每个学生获得了成功的体验。

2. 关注每一个学生

我会在每个学生生日当天发给他（她）一个祝福短信，短信中有对他（她）最近状态的肯定或提示，也有对他（她）的希冀和祝福。

比如：“在不到一年的时间里，认识并了解了低调但有内涵、默默做事却并不张扬、心中涌动着各种想法并敢于付诸实施、充满了年轻人的活力、有担当的你！感谢命运让我们在11班相遇！感谢你为11班所做的一切！高中时光短暂，希望在接下来的日子里你能找准自己的目标，专注而投入，做好自己的人生积淀，实现自己的人生梦想。”

每个人都渴望被关注，生日之际能得到老师的惦记和祝福，学生会感受到自己被重视、被赏识，他（她）会感受到生活在这样一个集体里的温暖，会与班主任建立良好的情感。当学生真正感受到班主任的可亲、可敬、可信赖，感受到集体的温暖时，教育的目标才会渐渐内化为个体的自觉要求，班级管理就会达到无声胜有声的境界。

二、建立秩序，班主任必须“有为”

接班之初，班级仅仅是从组织上建立起来了，班级规矩、班级文化、班级的向心力、正确的舆论、明确的奋斗目标等尚未形成，这是一个重要的建立秩序的关键期。这个时期，班主任的“有为”就显得特别重要。而班主任只有在对班级现状有清楚的认识、知晓存在的问题、知道如何改进的基础上，才能采取有针对性的措施，建立班级秩序。

在高一接班之初、高二新班级组建之初，每天的仪容仪表、课堂常规、考勤、课间操、午间管理、值日等我都会进行全程、全方位的督查，就是为了能及时发现问题、及时解决问题，督促学生高标准地完成各项要求。

若想达到“无为”治班的境界，班主任必须要在学生习惯形成的关键期、班级秩序的建立期有所作为。

三、培养干部，班主任必须“有为”

一支朝气蓬勃的班干部队伍是班级工作的核心，是一个班级能否形成良好班风、是否有凝聚力、各项工作能否有声有色开展的关键力量。

在我所带的班级，我特别引以为豪的就是有几位有大局意识、有责任心、善于合作、能够独当一面、能恰当处理各种关系和各种问题的学生干部。他们人品正、学习好、肯付出，主导着班级正气，发挥着学生间自我教育的影响力，这是老师的说教无法企及的。

所以，班级管理要走向“无为”，学生干部的培养是至关重要的。经过了“手把手牵着走”—“半扶半放挽着走”—“放开手，让他大胆走”三个阶段，我的班上一群优秀、有正气、有能力的学生干部已经成为班级的绝对核心，日常管理、班级一些重大活动基本上可以放手由学生自己完成。

四、统筹规划，班主任必须“有为”

“无为而治”并不是说老师什么都不管，班主任对班级管理的全局把握与统筹是任何人都替代不了的，所以，统筹规划，班主任必须“有为”。

我在高二学期末，就和学生们一起做好了高三一年每月班级管理的主题规划，比如：

9 月：“人生争高度”；10 月：“时间巧管理”；11 月：“合理做归因”；12 月：“放松减压力”；1 月：“跌倒爬得起”；2 月：“调整生物钟”；3 月：“高考降焦虑”；4 月：“走出高原期”；5 月：“积极做暗示”。

有了事前的统筹规划，工作就能做到忙而不乱，从容应对。俗话说“凡事预则立，不预则废”，这启示我们一定要有全局、全过程的观念，心中要有对一个学期、一个学年，甚至三年的整体规划，才可以使班级朝着一个明朗而又进步的方向发展。

以“有为”成就“无为”，是殷老师在班级德育工作中的核心思想。“有为”是殷老师班级管理中的基本技术，而“无为”则是殷老师对学生终极的期待。在班级管理中有所作为，能够对学生成长过程中出现的偏差进行及时修正；在班级管理中有所不为，是保证学生在自主发展的道路上达到自我管理、自我发展、自我实现目标的必然要求。“有为”与“无为”，这对对立统一的矛盾，在殷老师的班级管理中得到了完美的诠释。

三、教师队伍在读书和科研中丰富专业素养

新时代教师专业能力的提升，涵盖软实力和硬实力两个层面。前者以丰厚的专业学养为基础，后者以实实在在的教学能力为标尺。两者相互促进，相得益彰，有机融合，共同铸就新时代过硬的教师专业能力。因此，今天的教师队伍建设，必须注重教师群体学养的持续积淀，必须意识到，日新月异是今日社会发展的常态，学习是适应今天和明天的唯一路径。教师持之以恒的读书学习，可以不断提升教师的专业素养，可以让教师的生命之树常青。

（一）让教师在读书学习中“健身壮骨”

读书是丰富教师学养，进而生成其教学能力的必由之路。学养看不见摸不着。但如果一名教师极富学养，可以显见的是他的文化底蕴很深，这不仅可以有力支撑教师的课堂教学，而且对教师个体的课程建设、学科德育渗透，甚至对教师的胸襟格局、举止言谈、风度风范等，都具有不可忽视的力量。学养是一个教师的“内涵”之力，是“腹有诗书气自华”之“气”也。学养既丰，也就为教师专业的“健身壮骨”奠定了基础。

从学校层面看，教师读书同样意义非凡。我们总是说要办好学术高中。其前提条件之一就是，教师队伍必须具备较高的学术素养。提升学术素养，就要倡导教师多读书，常读书，读好书。

北京一零一中教师的读书学习，很有传统和底蕴。且不说历史上一零一中老一代教师学富五车者比比皆是，即使今天，教师队伍整体读书也是蔚然成风。“十一五”期间，北京一零一中是海淀区教师阅读工程示范校。尤其是最近十几年来，随着一批批学历背景深厚的年轻教师加入，随着学术高中氛围的日渐浓厚，读书，在北京一零一中已经成为一道亮丽的风景线。曾有学生戏说学校一位年轻教师“不是在图书馆，就是在去图书馆的路上”。此类教师，在学校不止一二。学校也曾有两位干部被中国教育报评为“推动读书十大人物”。

1. 注重全员阅读

在提升教师团队软实力方面，学校长期坚持教师团队的集体性读书，

其显著特色之一是全员阅读。

全员阅读包含两种形式的阅读，一种是指令性阅读，一种是个性化阅读。所谓指令性阅读，就是学校推荐书目统一部署，统一阅读。学校每学期向全体教师推荐一本书。推荐过程是自上而下，再自下而上，以使推荐图书获得多数教师认可，然后由学校统一购置。同时，学校还会根据当时的教育热点推荐书目。比如，在国家推进新一轮课改进程中，学校及时推荐相关书目，很受教师欢迎。

学校要求每一位教师读完指令性图书之后，写出尽可能能够学以致用的读书笔记，然后由学校组织专家组进行评选，表彰奖励，编辑成书，人手一册。

个性化阅读即教师选择自己喜欢的书去读。早在 2005 年，学校每学年都为教师发放图书购置专项费用，供教师自行购买感兴趣的图书或订阅专业报刊，此举颇受教师欢迎。

指令性阅读与个性化阅读有机融合，既尊重教师个体的阅读爱好，又激发了教师阅读的积极性。

在北京一零一中，学校要求教师阅读的书，校长自己必须认真阅读。校长的个人阅读范围也非常广泛。教育、政治、经济、科技、军事、体育、艺术等，都在阅读范围内。至于报刊，党报党刊自不待言，《企业家》《三联生活周刊》等都是校长之所好。编辑成册的教师的读书笔记，校长总是认真阅读，心生感动。透过字里行间，能鲜明地感受到老师们是用心去读，是结合自己的教育教学实践去读，是学以致用，是读而后思，而后行，而后养（养心怡情）。

2. 读书活动形式多样

北京一零一中教师还自行开展了具有趣味性的读书沙龙。比如，美术组陈默老师发起的“文化雅集”活动就很受欢迎。所谓“文化雅集”，其实就是一种文化沙龙。这个活动一方面赋予文化与读书的内涵，助力教师提升人文素养；另一方面又融入休闲与宁静，愉悦教师精神，放松教师情绪。

“文化雅集”活动诞生于 2016 年，缘于几位老教师业余的喝茶闲聊。思维的一次碰撞，灵感的突然迸发，促使他们寻得校园一方安静的角落。之后领导与老师们合力，共同打造出一个清雅的品茶清谈空间。教师们在繁忙的工作之余，来到这清幽的所在，沉浸在无拘无束轻松自然的氛围里，端一杯清茶，听一位主讲者分享自己的所思所得，无论是听还是讲都不亦乐乎。

早期活动的主讲嘉宾多数是聘请和自荐的，负责组织的老师也自告奋勇发动个人的朋友圈，请你负责讲专题，请他负责写文本，这个负责排版、编辑、插图，那个负责修改转发公众号。“文化雅集”活动每一两周就举办一次，每个活动请一位主讲嘉宾，每一次讲座都有一篇图文并茂的类似听后感一样的推介文章。甚至更早期，每一次讲座还会录一段完整的活动影像保留下来。那个时候，活动时间多数定在午休或者下午放学以后，无论是本校的老师还是外来的客人，走进茶室都会被以礼相待，即使是误撞进茶室的学生，也会被盛情邀请，坐下来一起聆听分享。一杯清茶，成了联系熟悉的或者陌生老师之间的纽带。

每次活动，主讲老师都会给自己的分享主题取一个朴实接地气又吸引人的名字，甚至要做一个幻灯片进行辅助解读。比如音乐组游文梅老师讲“我们为什么要听古典音乐”，物理组詹光奕老师分享“探寻黑洞的秘密”，甚至谈到了模糊物理。化学组陈争老师讲“生活中的化学”，历史组陈昂老师讲授“书法导赏”等。

地理组何群老师分享“乌兰布统草原旅行散记”，她将自驾游览乌兰布统的整个行程以图片的方式给老师们做了翔实的介绍，她的许多旅行随拍照片引得大家啧啧赞叹，沿途美景至今仍让人记忆犹新。

美术组曾旭老师分享“‘互联网+’时代的艺术创作”。曾老师多年来一直在繁忙的工作之余，坚持中国画创作。他的中国工笔画作品《印度新娘》诞生在互联网空间里，整个创作过程与网友互动，征集网友的意见和建议，作品的架构和完成凝聚了曾老师的心血，也牵动着网友们的心。充满艰辛也充满挑战的坚持让曾老师完成了一件精密构图的中国画作品，用笔严谨，用色考究，人物动作姿态精致细腻，这件作品的艺术水平非常之高，给大家留下了深刻的印象。

有一次英语组张燕老师为大家分享“漫谈京剧艺术”，实在是让人惊诧。张老师是一位资深英语教师，但大家所不知道的是，张老师多年以前就是京剧铁杆粉，应该属于“一级票友”，她对京剧艺术的研究非常深入。张老师给大家带来了翔实的京剧知识解读，透过张老师，我们为中国京剧这一国粹感到骄傲。现场张老师还与英语组的孙娜老师一起为大家表演了一段京剧，唱念做打，精彩至极。

张新村老师是学校的资深语文教师，他来茶室分享“老庄与养生”，讲授内容丰富，声情并茂，令人耳目一新。

金帆交响乐团许亮博士留学法国7年，对小提琴有深入的研究，他为大家带来“小提琴的品鉴”专题讲座，从制琴的工艺开始谈起，一直谈到小提琴在交响乐中的位置，小提琴的魔力。记得当时游文梅老师负责写许亮老师的讲座推介文章，题目是《爱在魔鬼的颤音里》。讲座现场，许老师拿出了一把1927年的老琴让大家欣赏，真是让人大饱眼福。他还用这把老琴现场演奏一曲，至今还余音绕梁。

茶室的活动内容丰富多彩，生物组崔旭东老师讲“转基因与食品安全”，物理组王明虎老师讲“高科技发展与大国自信”，语文组杨海威老师分享“宗教建筑与文化”，美术组魏立柱老师分享“古典摄影的魅力”，语文组赵海蓉老师讲“校园花事”，林林总总，不胜枚举。

后来我们也发动家长资源，甚至请到了“灵犀坊”传承人徐冬女士来“文化雅集”讲旗袍，讲中国古代服装发展的历史；还请到国防大学的知名专家分享国际军事的争端。

在“文化雅集”这个平台，教师们跨越了各自学科的界限，以一杯清饮为纽带，在这里相聚，展示风采，拓宽视野，同时也获得了轻松休闲的时光，增进了相互的了解。教师们的跨界分享快乐了他人，也提升了自己。之后，考虑到教师工作的忙碌，我们便开始思考，如何将这个活动细水长流地继续下去。一次，我们请到清华附中的资深地理教师刘慧霞老师为我们讲茶，刘老师在清华附中主持读书会20余年，她说，喝茶是一人“幽”二人“胜”三人“趣”，四人五人便为“汛”了。也巧，那次活动远非以往之人多熙攘，8位老师围坐在茶臭旁，低声细语，正应了茶的安静。刘老师利用一个小时左右的时间，从茶—茶艺—茶道三个层次做了概括性介绍。刘老师从识茶开始讲起，谈基本的泡茶常识及茶礼，并娴熟地表演了台湾茶艺十八道，整个过程老师们聚精会神。

“文化雅集”活动活跃了一年多的时间，讲座进行了近30期，后来慢慢地，结合教师们的实际情况和阅读需求，我们建议将教师文化沙龙转向教师读书分享活动。2017年6月，在清华附中刘慧霞老师带读完埃里克托利的《当下的力量》之后，教师沙龙正式改版为“北京一零一中经典周周读”。

现如今，“北京一零一中经典周周读”成为教师提升文化素养的平台，我们选请4位资深特级和博士教师，利用每周四中午休息时间，为老师们进行文化艺术经典导读。北京一零一中语文特级教师程翔积极响应这一活动，他为大家导读《论语》，声情并茂，使人如聆听老者谆谆教诲，受益匪浅。

还有历史学科孙淑松博士为大家讲读《道德经》，语文学科韩璐博士为大家导读《红楼梦》，物理学科相新蕾博士为大家讲读《科幻作品里的高精尖物理学知识》。

导读老师非常辛苦，每个月每一位老师都会讲读一次，且是纯义务付出。讲读音频当天会通过喜马拉雅平台对外推出，也会转发到学校的教职员工群，给那些对专题感兴趣，中午忙没有时间来现场听讲读的教师们听。

“经典周周读”活动开展以来，每个周一，王涛书记会面向全校教职员工推送读书通知，学校领导也大力支持这项“民间”活动。正是有了这样宽博包容的领导传统，才有了北京一零一中丰富多元的教师阅读文化，才有了教师在美景如画的校园自由而快乐地工作生活。这种开放而多元的人文氛围会辐射到每一位参与者和聆听者，这看似休闲的利用中午休息时间举行的教师阅读活动，必能促进教师的精神成长，影响教师的生活方式，甚至会作用于教师的思维方式，而直接受惠者就是学生。“北京一零一中经典周周读”是教师交流的平台，存活在学校教师的日常生活中，会一直继续。

（二）让教师在教育科研中成长成才

无论是过去还是今天，一线教师的科研能力对其专业发展都具有独特作用。在中小学一线做科研，如同现代农民种地，既脚踏实地种田，又研究如何种，虚实结合，对“农事”成功——教师的成长与发展实在意义重大。北京一零一中的教育科研形式多样，持久发力，收获颇丰，并且呈现诸多特点。

1. 北京一零一中教育科研特色鲜明

一是获取高校学术支持。我们所说的学术高中，首先在教育科研领域要有自己的力度、深度和宽度。若此，就必须借助高校和其他部门的学术力量。比如，北京一零一中英语、历史、物理和化学学科，一直得到北京师范大学相关院系的鼎力相助。数学、地理等学科则和首都师范大学通力合作。政治等学科得到北京大学哲学等专业教授的学术帮助。生物等学科和人民教育出版社相关单位联系紧密。这些社会学术资源为教师专业成长带来很多助力，深受教师欢迎。

二是积极参加中国教育学会所属中学各学科二级学会的学术活动，其中包括参加年会，进行学术交流，做学术发言；递交论文，参加论文评选等。学校向来在经费、时间等方面给予充分支持。

三是注重成果转化。长期以来，北京一零一中特级教师、市区级学科带头人、骨干教师等，应各地教育局、教研室或学校邀请，进行了广泛的学术交流，交流形式包括给教师或学生做专题讲座、做课、听评课、参与学术沙龙等。学校常年应邀选派教师前往很多地区进行上述活动，如云南楚雄大姚县，内蒙古锡林郭勒盟、通辽市，黑龙江北安市，陕西延安市，山东滨州市、青州市等。

四是注重微创新。长期以来，教育领域一直在致力于教育教学的改革与创新。所谓“教育叙事”“教育案例”，以及我们开展的“教育智慧”征集活动等，与微创新均可谓殊途同归。微创新妙在“微”。教师职业没有惊天动地的大事，但是，它有精雕细琢（备课与课堂教学），有润物无声（教学生做人）。这些都在“微过程”中进行。越“微”，我们越要用心；越用心，越容易闪现创新的火花。“微火花”的不断聚合，一定会燎原成思想的火炬，散发出耀眼之光。在北京一零一中，一次次别具匠心的课堂设计，一次次新颖别致的理化实验，一次次触及灵魂的师生对话，一次次简洁精美的课堂板书，包括一次次灵感顿生的作业批语，或一石激起千层浪的课堂提问，如此等等，都是微创新的显现。它展现的是学校教师团队的思想和才情，引发的是学生的思考与探究，促进的是学生的成长与发展。我们希望此类“微创新”持之以恒，由“微”而“宏”，教师个体原有的教学艺术、教学方式或将被打破并重构。

新时代教育，唯有创新，才能适应时代发展，这是一线教师必须具备的职业敏感，也是学校对所有教师提出的要求。

2. 关于促进学生学习力与学科建设、学生核心素养培育的实践与研究

北京一零一中 2014 年 3 月正式加入“学习力与学科课程建设研究”课题。该课题是国家级课题“我国基础教育未来发展新特征研究”的子课题。课题由学校教科研室具体推进，采用专家引领下的分学科、分阶段、螺旋式发展模式，采取分学科研讨—跨学科交流研讨—全校交流研讨等形式逐步推进，之后将学习力与核心素养培养结合起来，深入研究。在2016年、2017年和2018年的教育教学年会上，围绕“学生核心素养培育”开设分论坛。如2017年德育分论坛的研讨主题为“在学生活动中培养学生核心素养的策略研究”；文、理科教学分论坛的研讨主题为“基于学科核心素养内涵的教学实践研究”；行政分论坛则以“如何更好地为培养学生核心素养服务”为主题进行讨论交流。

3. 个性化课题研究与实践

多层次、多形式的课题研究能够更新教师教育观念、提高教师教学水平。北京一零一中关注不同教师的能力、特长及发展需求，在广泛倡导科研价值的同时，重点关注具有潜力的科研型教师成长，通过课题研究帮助教师获得专业提升。学校设立“国联杯”，表彰奖励在课题研究和课程建设方面有突出成绩的教师。北京一零一中一些重要课题如下。

（1）学校特色发展课题

2013年，学校制定了“以自我教育理念为核心的人才培养模式实践研究”为主题的项目实验方案，促进学校特色发展。新时代教育，一是要引领学生追求个体目标的自我实现；二是要引领学生超越小我，实现大我，培育学生的家国情怀和社会担当意识。项目实验总目标为，以自我教育理念为指导，逐步建设起相关课程体系和行之有效的管理模式，在以自我教育理念为核心的人才培养模式方面取得可供推广的经验。通过三年实验，教育教学课题研究取得的研究成果在各年级、各学科全面推广。其中，特别探索出针对学生个体实施自我教育的有效德育模式，形成北京一零一中特色鲜明的自我教育理念下的人才培养模式。

（2）可持续发展课堂教学模式探究

“十二五”期间，学校参加了“可持续发展课堂教学模式探究”的课题研究。教师通过专家引领、教研组和备课组研讨协作，在课堂教学实践和资源开发过程中，形成了丰富的成果。如新入职教师李佳、贾婧婧和闫霞提交的学科教学案例都曾在“中国可持续发展教育优秀案例/论文”评比中获奖。

（3）基于培养学科能力的“高端备课”项目

学科能力是学生在解决核心问题时所用到的“学习理解”、“应用实践”以及“迁移创新”等能力，可以通过课堂教学来培养。

“高端备课”项目是北京师范大学化学教育研究所于2008年创建并实践的一种基于专家支持与同伴合作的校本和区域教研模式。该项目基于培养学生学科能力，以促进学生认识发展为本的教学设计与实践为核心理念；以学科核心内容的教学问题诊断及有效教学策略为研究单位；以专家支持的研究性集体备课为方法手段；以学生的认识发展效果为证据；以多元化的教学设计研究和教师专业发展共同体为平台；基于专家支持和现代科学教育理论和方法指导，基于对核心问题的研究进行教学设计和改进，将理念与教学行为的转化由备课（教学设计）这个桥梁来达成，以开放性和实效性兼顾的课堂教学促进学生相关科学素养的发展。

以化学学科为例，北京师范大学化学教育研究所王磊教授、一些博士生和研究生、区教研员和北京一零一中教师共同组成了“高端备课”研究团队。化学组有教师23人，其中有15人次参加了不同内容的高端备课，思路外显的模型教学、开放式教学、单元整体教学，都让教师们获益匪浅。

（4）实践性专题研究

北京一零一中长期坚持以科研项目引领学校发展的策略。每个教研组都参与国内的前沿课题研究，保证了学校教师始终走在教育改革的前列。在学校确立的课题之下，教师结合学科教学，再确立更小的实践性专题开展研究，从中得到提高。

例如，物理组的“有效提高中学物理教师科研意识与能力的行动研究”课题，是中国教育学会物理教学专业委员会重点课题（2008—2010年）“信息时代中学物理教师科研能力提高的途径与方法研究”的子课题。该课题本着减轻教师负担的原则，研究怎样提高中学物理教师的教育科研意识与能力。参与课题的人员包括26位物理教师，涵盖了初二、初三、高一、高二、高三所有年级。采用行动研究法，全体物理教师以研究者和被研究者的双重身份参与研究。

教师在备课组同步教学的备课活动中，明确研究具体、有针对性和实用性的小课题，备课过程中运用科研思路去解决“小课题”。每个备课组一学期完成3~7个课题。例如，高一年级完成了5个“小课题”的研究。其中第3个“小课题”是“红蜡块实验的质疑”。第5个是在教授“相对论”时对“时间相对性”难点的突破，教师共同讨论，利用模型突破了这一教学难点，并将研究成果整理成文。

从反馈结果来看，90%的教师认为，实践性专题研究可以提高教师科研意识与能力。实践性专题研究推着大家去研究“小课题”或“小问题”，教师们不但有行动而且有了行动成果，能力也得到了显著提高。

（5）教师个人——“草根式”课题和“微创新”研究

教师开展基于教育教学中的问题、难点突破的自主课题研究，取得了较为丰富的科研成果。教师开展的“草根式”课题有基于学生学法指导的课堂教学研究、培养初中低年级学生阅读英语原版小说的兴趣、信息技术与高中数学课程整合研究等。

比如，北京一零一中副校长、特级教师熊永昌在直线与圆的位置关系的教学中，根据“数学学科核心素养”提出的要求，通过直线与圆的知识的探究与学习，着力提升学生逻辑推理、运算能力、直观想象等方面的关键能力。比如直观想象方面，虽然解析几何的本质特征是建立合适的坐标系，用代数的方法解决几何问题，但是并不意味着不对图形进行研究，更不意味着不涉及几何直观想象。本节课程中在直观想象方面，教师主要是引导学生观察图形，分析图形特征，直观猜想和判断直线与圆的位置关系，运用这一思路与策略，提升学生的直观想象素养。在逻辑推理和运算能力方面，主要是通过学生的自主探究和表达交流来提升；在思维品质方面，培养学生分析、归纳、概括、表达的能力；在学习能力方面，通过搭设台阶、创造情境、探究交流的形式，鼓励学生主动参与，激励学生自我发现并归纳规律，借助图形，实现知识的有效迁移。教师在课堂内涵追求上采用基于核心素养的生态智慧课堂的教与学方式，主要是通过递进式问题链的设计构建数学思维场；在自由和谐的氛围中，让学生感悟数与形的美，从而提升审美能力，课堂的一切缘起和归宿都是生命的健康成长。

英语正高级教师、特级教师毛筠围绕英语读写联动的课堂教学开展研究，在丰富的实践中探索出“读写联动”教学模式，形成了自己的教学特色，提升了英语教学质量。

英语“读写联动”课堂教学的构建与实践

毛　筠

在读写联动的课堂教学中，教师要关注语言的内化和提升、迁移和创新，这是实现培养学生学科核心素养的重要条件。我提出的初中英语读写联动教学法的整体设计是以教材中的阅读文本为基础，以课外阅读为载体，研究在新的教学模式下，高质量地开展深度阅读与创新写作教学，达到提升学生读写素养的目的。

一、树立基于学生学科核心素养提升的教学理念

读写联动的课堂教学建构如图6－4，其中输入一为传统教学过程，输出一为培养学生阅读理解能力、逻辑思维能力和表达能力的教学任务；输入二、三和输出二、三为读写联动后增加的教学任务，旨在结合学生自身经历，提升学生对诗歌的理解、感悟，并丰富学生语言习得过程；输出四为学生的创作提供机会。从学习过程分析，在增加了两个输入环节后，语言输出的强度大大增强。

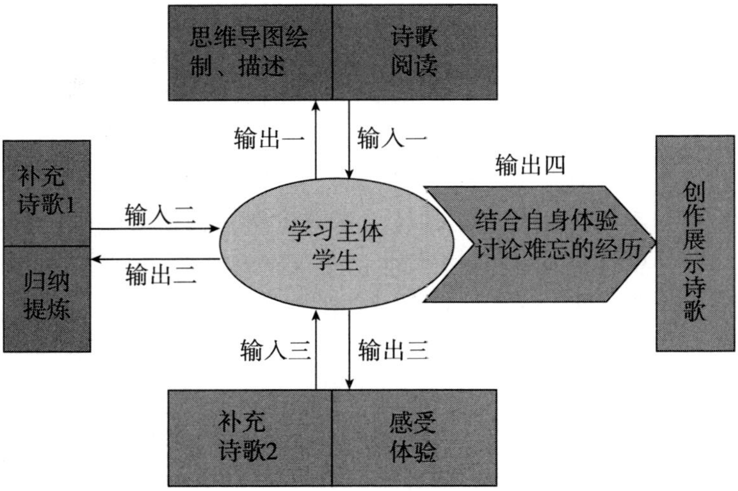

图6－4　读写联动课堂教学

在读写联动课堂教学中，在语言能力方面，主要培养学生围绕特定话题进行听、说、读、写、展示的能力；在思维品质方面，培养学生以思维导图的形式分析、归纳、概括、表达的能力；在学习能力方面，通过搭设台阶、创造情境、小组合作、分享交流的形式，鼓励学生主动参与，激励学生自我发现并归纳语言规律，借助语篇，实现知识的有效迁移；在文化品格方面，以话题为载体，通过理解、交流、感受，激发学生表达和体验的愿望，并展示出来。例如在人教社九年级《新目标英语》Unit14（A）3a I remember 一课的教学中，笔者让学生在学完课内外诗歌后，以诗歌的形式将“回忆难忘的学校生活、同学之谊、师生之情”展示出来。

二、融入以学生为中心的生态智慧课堂教学模式

读写联动课堂教学中的阅读活动阶段要体现以学生自主阅读为主，所设计的活动以培养学生的阅读素养为目标，包括思维能力的发展、阅读策略的培养、文化意识的形成和表达能力的生成。可以通过览读以了解诗歌的大意、捕捉具体信息并将信息图表化、记录诗中每个章节的要点或具体信息、勾画文章的结构、回答事实性和推理性问题、根据上下文推测词义等方法，让学生以思维导图的形式呈现，并在此基础上，围绕阅读话题，以小组活动和班级展示的形式让学生进行思维后的表达（见图6－5）。

图6－5　读写联动课堂教学结构

写作阶段以培养学生的创新能力和迁移能力为目标，激发学生口头上和笔头上表达思想和观点，提高学生在真实情境下运用语言进行诗歌创作的能力。

在读写联动的教学过程中，培养学生学习的迁移能力尤为重要。教师的任务设计要层层铺垫，实现螺旋式上升，以确保教学内容的连贯性和系统性。

三、助推学生有效挖掘文本优势的自主学习探究

教师要注重学生对文本的深刻理解，引导学生通过运用获得的语言知识及技能来领悟隐藏在文本字里行间的深层含义，分析作者的态度，批判地吸收不同的思想和观点，以此帮助学生获得新知识、建构新概念、体现阅读教学的育人价值。如同样是在 Unit14（A）3a I remember 的教学中，为引导学生进行有效挖掘文本优势的自主学习探究，我根据文本特点，选择了让学生自主设计思维导图的教学形式开展阅读，以促进学生阅读素养的发展。学生在设计思维导图时，教师先以诗中一个章节为范例，引导学生挖掘文体结构、真实情境、语言示范、人文体验等内容，并在图中展示

出来，进而用语言表达出来。

四、建立以学习效果为核心的读写联动评价方法

对学生阅读能力的评价见图6－6，既有问题导向，又有活动设计，更有综合实践中的诗歌创作环节，以检验学生的阅读达成情况。具体包括对阅读质量的检查评估（提出问题、诗歌创作）、对学生阅读过程表现的评估（解读自己创作的思维导图）、依据阅读的材料进行口笔头的练习（复述、找出诗中发音相同的韵脚）、将阅读信息与自身经历相联系（介绍自己难以忘怀的经历，进行诗歌创作等）。

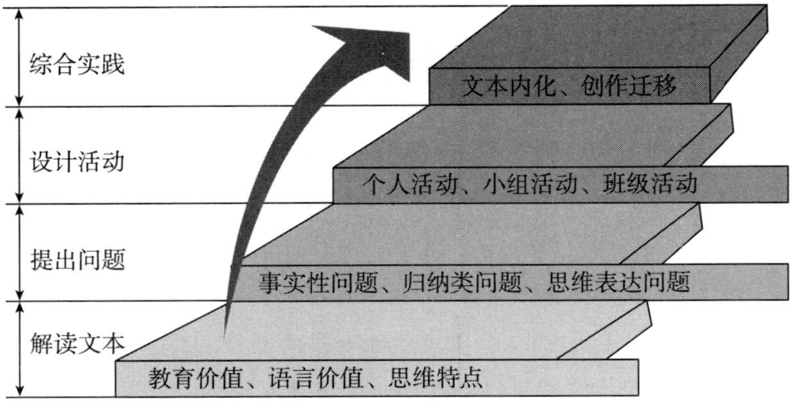

图6－6　读写联动课堂教学中阅读教学的模型

经过实践发现，评价写作仅仅让学生展示并朗读自己的诗作是不够的，教师还应及时收集、掌握学生的作品情况，并对学生的作品做出及时评价，使教与学双方都获得阅读与写作联动教学中的第一手反馈信息，从而使读写联动的教学方式发挥出更大效应。

通过上述案例，可以看出教师在教育教学中开展“微创新”的价值所在。这些课题研究，体现的就是微创新。它充实、丰富了教师个体，加深了他们对学科的认识，提升了教师的专业能力。对于学校而言，这些研究和实践创新也有效促进了不同学科对于教学和课程建设的深入反思，保证了教师团队科研能力的整体提升和学术素养的进一步丰富，并形成一批校本教材和有关学校学科课程建设的研究成果，成为学校办学成果的一部分。

长期以来，北京一零一中既有校本研究课题或微课题研究，又积极参与很多市区级以上课题研究，形成了一批重要的研究成果，不断推动学校

向前发展（见表6－2、表6－3）。

表6－2 北京一零一中参与的北京市级和海淀区级教育科学规划立项课题（部分）

时期	课题名称	课题级别
十一五	可持续发展课堂教学模式探究（子项目）	北京市
	基于新课程理念下的中学学案导学教学模式研究	北京市
	基于校本培训的骨干教师培养及对教师队伍建设的研究	海淀区
	中学校本培训创新型教师模式的研究	海淀区
	中学开展可持续发展教育的实践研究	海淀区
	科技校本教材的建设研究	海淀区
	初中家校合作有效途径和内容的研究	海淀区
	师生共同调控和评价课堂教学质量的行动研究	海淀区
	中学数学课堂教学有效性的研究	海淀区
	在课程改革中实施多元文化教育的研究	海淀区
	提升中学生文明素质的实践研究	海淀区
	中学信息技术与课程资源的整合研究	海淀区
	中学化学教学中转变学生学习方式的策略研究	海淀区
	“趣味物理实验”选修课	海淀区
	有效提高中学物理教师科研意识与能力的案例研究	海淀区
	对海淀区中小学开展奥林匹克教育的现状调查及发展对策研究	海淀区
十二五	基于初高中教学衔接的生物学重要概念体系的构建	北京市
	海淀区基础教育信息化发展核心特征和运作模式研究	海淀区
	一零一中学光荣历史文化传统、典型历史案例的梳理与研究	海淀区
	学校育人文化建设中的党委作用发挥研究	海淀区
	培育和践行社会主义核心价值观行动研究	海淀区
	基于初高中教学衔接的生物学重要概念体系的构建	海淀区
	构建有“生命思维”的生物课堂教学模式	海淀区
	高中生涯规划教育的实践研究	海淀区
	中学共青团社会实践活动课程化探索	海淀区

续表

时期	课题名称	课题级别
十二五	促进高中学生深度阅读的实践与价值研究	海淀区
	语文学习中的诗意美	海淀区
	数学概念课教学实效性的专题研究	海淀区
	基于高中数学概念本质的课堂教学研究	海淀区
	高中 CAP 概率统计课程的实施研究	海淀区
	基于新课程理念下的中学“学案导学”教学模式研究	海淀区
	生物学科概念教学实践研究	海淀区
	地理学习力现状调查——以 101 中学为例	海淀区
	高中人生规划教育课程实践研究	海淀区
	国家课程校本化《美术鉴赏》的行动研究	海淀区
	新课程背景下高中体育课堂教学实效性研究	海淀区
	技术课程课堂教学有效性探索	海淀区
十三五	中学全学科阅读指导体系建设实践研究	北京市
	中学生物理学科学业质量智能评价平台体系研究	北京市
	HIIT 与传统练习方法对于提高初中生耐久跑成绩的课堂实效性对比研究	北京市
	在高中思想政治课教学中提升学生理性精神的实践研究——以批判性思维为路径	北京市
	团队凝聚力对中学运动员心理资本和训练效果的影响	北京市
	基于学科核心素养的教学实践研究	海淀区
	深度解读英语阅读文本，促进学生阅读素养的形成研究	海淀区
	高中学生物理核心素养提升的教学课例实践研究	海淀区
	《走进圆明园》实践活动课程开发研究	海淀区
	通过课程建设和社团活动开展京剧教育研究	海淀区
	中学历史教学中培养学生历史理解素养的策略研究	海淀区
	新中考改革方案下的生物与化学融合教学可行性及实践研究	海淀区
	基于学生发展的高中物理单元结构化教学研究	海淀区

续表

时期	课题名称	课题级别
十三五	中学物理认识方式培养路径规划与课例开发实践研究	海淀区
	新高考背景下高三数学复习的有效性策略研究	海淀区
	高中生物教学中大概念习得的评价策略研究——中外课程比较的视角	海淀区
	学本评估在中学生物学科教学中的应用研究	海淀区
	图形计算器情景下数学核心素养培养的研究	海淀区
	项目式学习在提高信息技术教学实效性的策略研究	海淀区
	学校特色课程建设的实践研究	海淀区
	思维导图在部编初中语文教材中的实践研究	海淀区
	核心素养视角下传统文化诗意美的语文教学实践探索	海淀区
	新高考改革背景下的教师教学行为改变的研究	海淀区
	英语文学阅读校本课程开发与实践研究	海淀区
	主题探究式课程对英语学科核心素养的提升研究	海淀区

表 6－3 北京一零一中参与的国家级课题项目

时期	课题名称	课题归属
十一五	通过世界遗产教育培养学生尊重文化多样性核心价值观的实践研究	全国教育科学“十一五”教育部规划课题子课题
十一五	高中人生规划教育课程实践研究	全国教育科学“十一五”教育部规划课题子课题
十二五	通过三级课程整合开展京剧教育的研究	全国教育科学“十二五”教育部规划课题子课题
十二五	中小学创新人才培养的平台建设研究	科技部立项、教育部实施课题子课题
十二五	中学共青团社会实践活动课程化探索	团中央课题

四、教学实践推动教师团队的整体性优质发展

长期以来，社会评估一所中学教师团队的教学能力，高考、中考成绩毫无疑问是重要指标。可以这样说，没有哪一个负责任的校长，在中高考成绩这个问题上敢掉以轻心。在过去、今天和可以预见的未来，优质的中考、高考，都是社会刚需，我们讳言。

需要特别强调的是，时至今日，我们不能一说重视高考、中考成绩就是搞应试教育。首先，当下以及未来的很长一段时间内，高考、中考都会是中国的必然性社会存在。其次，这两类考试形式，尤其是考试内容一直在不断改进，尽可能更科学地考查学生综合性基本素养。所以，作为校长，在推进学校素质教育的同时也要重视高考、中考。

多年来，北京一零一中高考成绩稳步优质发展，赢得了广泛的、持续性的认可和赞誉。尤其重要的是，长期以来，学校的整体教学氛围，一直以宽松宽厚享誉社会，这也是学校引以为自豪的地方。这一切，显然和我们教师团队过硬的教学能力紧密相关。

团队实力是由教师个体凝聚而成的，所以就教师个体而言，其能力构成要素至少应该具备以下两点：第一，教师个体的专业素养。这一点至关重要。只有教师个体具备相对厚重的专业素养，他才具备发展提升的基础。北京一零一中自建校以来，严把新入职教师学历门槛，其实就是看重教师的专业素养。第二，专业素养内化为教学能力的基本素质。一名教师在具备合格的专业素养之后，应该同时拥有教学的灵气和才气。

专业素养和灵气才气有机融合于同一生命个体，必然生成过硬的教学能力。在这个基础之上，接受高质量校本培训，接受学校健康氛围熏陶，教师个体优秀教学能力的形成则具备必然性。

教育信息化发展和教育技术的进步对教师的教学能力提出了新的要求。新时代教师的教学能力，应该是扎实的课堂教学能力以及不断变化创新的能力。而这种教学能力，是以教师的学科课程理解、课程设计和教师个体的课程领导力为基础的。与此同时，随着人工智能背景下“互联网+”时代的到来，人工智能助教技术日益发达，此类技术可以替代教师进行很多具体工作，如某些课程的教学实施、某些学科的作业批改、学科资源重组、学生个性化辅导等。随着这种技术的快速发展，它也将加快支

持学生差异化学习的步伐，构建不同层次学生获得不同学习体验和不同学习收获的技术系统。这不仅对教师能力，而且对教师信息化技术的适应与使用提出新的挑战。教师需要在课程内容整合、教学方式改变等诸多方面切实提升自身能力。

如何才能确保学校教师团队的教学能力适应当下和未来的变革？如何确保教师团队能力的可持续发展？如何确保教师团队的整体性活力常在？这些挑战，任何校长都无法回避。

从具有普遍价值意义的角度看，引领教师团队的常态化读书学习，是应对上述挑战的有效路径。这一点，北京一零一中始终坚持做好。此外，还要在以下几个方面着力：一是把好新教师入口关；二是做好新教师入职后的校本培训；三是正确和大胆使用人才；四是加强人文关怀，尊重爱护教师；五是营造良好氛围，让更多的教师在学校找到归属感。

北京一零一中教师团队的教学能力有口皆碑，主要就是基于上述几个方面的积极作为。其中，教学氛围与人文氛围的营造尤为重要。应该说，在学校 75 年的历史长河中，得益于学校的文化与传统、校长的价值引领和人格修养，干部团队的身先士卒、勠力同心，教师队伍的教育情怀与理想追求，学校形成了积极而健康的文化氛围。在这样的氛围里，教师不断夯实专业基础，形成深厚的学养和扎实的教学能力，使得北京一零一中教师的教学能力久享盛誉。学校稳定而优秀的中高考成绩等，也是教师团队扎实教学能力的必然结果。

北京一零一中教师团队教学能力的特质，可以用一个成语概括——厚积薄发。

这里的“厚”，是指各学科教师教学内容上的宽广深邃、文化上的民主开放、方法上的自主探究、追求上的勇于创新、学习过程中的自我管理等诸多方面的有机融合，成就了学生整体学科素养和生命成长之“厚”。这里的“薄”，是指长期以来学校学生在各级各类名目繁多的学科竞赛、创新大赛和社团活动中所获得的出色的成绩。

描述北京一零一中教师团队的教学能力，教学实例最有发言权。

语文教师刘丹妮是北京一零一中优秀青年教师的杰出代表。她的专业素养、教学艺术、教学风格，深受历届学生的喜爱。她已教过几届高三学生，所教的学生中有北京市高考语文第一名，以及 7 篇满分作文，成绩斐然。

刘丹妮老师设计《雷雨》阅读教学的片段非常精彩，厚积薄发之“厚”，由此可见一斑。

玄妙的“错位”与“衔接”
——从指称问题看《雷雨》阅读策略

刘丹妮

语境是语言环境的简称。在话剧语境下，对话的双方因为人生阅历、知识背景等原因，对于言语的表层含义与深层含义有着一致或不一致的理解。当“错位”产生时，交际者双方的悖反关系被读者（观众）察觉，形成了三方对话，惊喜或者遗憾就此产生，这使得话剧剧本张力十足。

“错位”主要表现在三个方面：一是指称错位；二是指称衔接；三是故意而为的指称错位。

在曹禺的作品中，指称错位还有一种变体，这种表面上的“指称错位”恰恰是衔接所致，对话双方对于对方所要指称的对象心知肚明，但是故意顾左右而言他。从字面来看，指称错位了，但是根据语境来分析，实际上恰恰体现了对话双方难以言喻的内心世界的交锋。

以《雷雨》的第一幕为例：

这段对话中，繁漪和四凤的交锋有两次。

第一次：“他”字指代的是周萍。繁漪问大少爷去向，四凤故作不知，表示自己不了解周萍行踪，繁漪的试探以失败告终。

第二次：繁漪问四凤的父亲，四凤礼貌地代表父亲问候繁漪。但是繁漪此刻突然发问：他现在还没有起来么？这次指称的主语“他”按语法关系来看，应该是指代鲁贵，因为鲁贵此刻成为谈话的中心话题。可是，从内心隐秘的想法和语境来看，繁漪的对话转换了主语，“他”由鲁贵变成了“周萍”，继续对四凤进行试探。但已经与周萍展开热恋的四凤对此非常警觉，四凤还击：“谁?”这就是在提醒繁漪：我们还要回去继续讨论有关周萍的话题吗？表面看，这是四凤与繁漪没有达成衔接，对于讨论的对象有了分歧。但是实质上是两个女性对于各自身份的刺探。所以曹禺此处给繁漪设计了一个细节：“（没有想到四凤这样问，忙收敛一下）嗯，——自然是大少爷。”四凤故意表达了指称误会，繁漪不得不尴尬地对指称问题进一步予以解释，继续将讨论话题聚焦在周萍身上。由这段刻意为之的指称错位可以读出：繁漪想试探四凤与周萍的关系，四凤用“谁”提醒了繁漪作为周萍继母的身份，这一回合以四凤胜出而结束。

在进行名著阅读的过程之中，我们要尊重原作者的本意，引导学生进行完整本《雷雨》的阅读，那么对于话剧作品中指称错位与指称衔接的研究也许是一种非常有价值的阅读方法。从语言学的角度对名著进行分析，抓住文本矛盾处着力，激发了学生的阅读积极性，是一次有益的尝试。

高中政治教师李杰多年来把高中政治课上得红红火火。北京一零一中的模拟政协活动，不但是她个人的才情绽放，也成了学校的卓越品牌。厚积薄发，这里的“厚”，不是“厚”在课堂，而是“厚”在实践，“厚”在社会参与。

依托模拟政协，培养学生批判性思维

李　杰

高中生的学业很紧张，但是每年模拟政协选修课，很多学生都积极报名。模拟政协何以如此受欢迎？其原因在于通过模拟政协选修课以及学生社团活动，学生学会了关心社会，学会了批判性思维。什么是批判性思维？批判性（critical）一词源自希腊文“kritikos”，意思是辨别力、洞察力、判断力。批判性思维是面对相信什么或者做什么而做出合理决定的思维能力。批判性思维具有三个显著特点：批判性、反思性和合理性。具有批判性思维的人善于反思生活，能够根据客观实际和逻辑推理去做出合理决定，进而推动事物向前发展。模拟政协活动让学生扮演模拟政协委员的角色，关心社会问题，进行社会调研，撰写提案解决问题。具体实施路径如下。

一、引导学生反思生活，确立提案选题

一个好的提案最重要的是选题。如何确立提案的选题？我们就要引导学生反思生活，在生活中发现真问题。2017 年，学生们发现每次大型考试布置考场，总有很多被扔掉不看的课外书，而当他们回到农村老家，发现许多农村孩子根本就没有什么课外书可看。于是大家想到能否由有关社会组织来负责推动城乡图书的流动，于是我们提出了“关于建立城乡图书流动机制的建议”。这一提案被北京市人民政协列为正式提案，并交由政府相关部门落实。

二、指导学生调研访谈，寻找问题根源

2018 年模拟政协社团学生关注家庭教育问题，越来越感受到家庭对一个学生的价值观、性格的影响之大。大家一直在探索问题根源，寻找问题的解决之道。为此我们采访了多所学校的心理咨询室老师，问他们是否愿意承担调研任务。通过问卷调查征询家长的意见和建议，根据 3000 多份问卷数据统计，我们发现：88% 的家长认为自己对孩子的家庭教育存在问题，72% 的家长愿意花时间去学校的家庭教育咨询室寻求咨询。模拟政协社团的学生为此撰写了提案“关于在中小学建立家庭教育咨询室的建议”，这一提案被北京市政协委员提交到北京市政协，正式立案，同时还被评为优秀提案。

批判性思维的特点之一是合理性，即思考任何观点或者结论的理由，用事实依据和因果推理决定自己的信念和行动。学生在调研和访谈中，掌握了真实的社会情况，弄清了问题的症结，进而为问题的解决提出了合理的意见和建议。

三、组织学生讨论协商，提出意见和建议

2019 年模拟政协社团学生关注新高考下学生选课盲目的问题，这不仅关乎学生的高考，更关乎学生未来的人生幸福。怎么解决这个问题？大家经过讨论认为，学生只有明确未来的职业方向，才能做出理性的选择。

批判性思维最重要的特点是建设性，即根据实践发展的需要，制定更好的政策，做出合理行动，推动实践发展。在撰写提案之前，学生会进行文献研究，学习借鉴前人或他国解决这一社会问题的智慧，在调研基础上，开展小组讨论，各抒己见，充分协商，寻找到问题的最佳解决方案。

依托模拟政协，我们可以帮助学生成为有思想的行动者、有行动的思想者，帮助他们成长为实现中华民族伟大复兴的栋梁之材。

上文是北京市教育科学“十三五”规划 2016 年重点课题“在高中思想政治教学中提升学生理性精神的实践研究——以批判性思维为路径”（课题批准号 CADA16045）的研究成果。李杰老师深知模拟政协活动对促进学生成长的价值所在。它能够促使学生关注社会问题，研究社会问题，学会反思认识社会现象。学生在模拟政协委员准备提案的过程中，能够逐渐涵养出反思性、合理性和建设性的批判性思维品质。学生只有具备批判性思维，才能理性认识世界、理性地改造世界，未来成为有责任意识和担当精神的杰出公民。

作为教师个体，教学能力从来都是其安身立命之本。作为学校，促进整个教师团队教学能力的提升与发展，是学校办学使命之一。教学能力，一是常态教学，二是高考中考应试教学，三是要能为学生终身学习奠定基础。后者，体现的不仅仅是教师的教学能力，更是为人师者的远见卓识。我们一直引以为骄傲的是，北京一零一中教师团队，一直具备这样的远见卓识。几十年来，学校历届校友回忆他们的中学时光，共同话题很多。比如，北京一零一中体育如何养成了他们一生的体育爱好；艺术如何培育了他们一生的艺术欣赏能力。而让学生学会学习，学会自主学习，学会终身学习，更是学校历届学生的精神财富。

75 年来，正是北京一零一中教师团队卓越的教学能力，培养了大批全面发展的学生。

五、校长的精神引领与人文关怀

（一）校长与干部队伍引领学校教师团队建设

教师队伍要靠干部队伍的引领。干部队伍则要靠校长的精神引领。校长工作千头万绪，建立自己的精神高地，应该成为校长的一种职业自觉。

校长必须旗帜鲜明地守护主流价值，强调社会责任，彰显家国情怀，捍卫正直诚信，倡导学术优先。校长要具有积极向上的精神和阳光心态。校长的正义感，原则性，不招摇，不炫耀，校长敢于承担责任和风险的精神品格，校长内在的激情和创业热情，可以给教师团队提供难以估量的正能量。

校长要大气大度，具有宽广的胸怀。今天的校长，必须学会适应教师队伍，尤其是青年教师群体多元的价值观和生活方式。互联网时代也是一个全媒体的时代，面临生活环境、舆论环境的复杂多变，校长要学会倾听、发问和回应。校长要懂教师，主动沟通，宽容坦诚，要防止制造挫伤积极性的氛围，让学校成为教师信赖的地方。校长特别要尊重有个性、有才情、有责任心的教师，他们可能会和校长“叫板”，但校长要予以信任与宽容。所谓“千人之诺诺不如一人之谔谔”，即此之谓也。

校长要和教师建立起无障碍的沟通关系。无障碍就是校长要能和不同个性、不同年龄的教师聊家长里短，谈工作得失，诉个人悲喜，辩是非曲直。无障碍就是校长在不同的地点都可以和教师聊专业、话人生。无障碍就是教师可以随时进校长办公室谈工作、诉苦恼。无障碍就是教师可以微信、电话约见校长，而校长必须积极回应。

上述，其实也是北京一零一中的传统，是学校的文化。

教师团队建设，不是校长一个人的事，需要干部队伍的榜样和示范。学校制度有规定，学校文化有引领。每个学期的教职工大会都会谈到有关干部队伍建设的问题。干部应当掌握思考问题的方法。第一是战略性思维，考虑问题的全局性、全面性和前瞻性，要有格局与视野；第二是专业性思维，理性的负责任的思维，能够以批判和研究的态度，以及实事求是的精神，敢于负责和担当；第三是卓越思维，没有最好，只有更好。具体到工作中，要求干部坚守以下几点：稳——行稳方能致远，破旧立新，平稳有序，不打乱仗，不留遗患；细——既注重框架结构，又着眼细节把握；实——不能罔顾规律，大水漫灌，要符合实际；和——人和心齐，家和事兴。学校发展到哪一步，对干部的教育要求就到哪一步。干部队伍素质低，教师队伍建设就无从谈起。

（二）大力倡导教师自我发展

学校要持续不断地为教师发展搭建各种平台。但是，教师自我发展的意识和能力同样十分重要。教师自我发展能力的提升，不仅有利于教师自身，更重要的是，有利于引领学生的自我发展。北京一零一中大力倡导和推动教师自我展发。

1. 帮助教师建立自觉的心理追问

一问学生为什么选择北京一零一中。学生选择一零一中，是因为他们认为学校能提供优质教育。所以，面对学生，要让他感到“我”就是最好的。

二问新生来了，“我能给什么”；学生毕业了，“我给了什么”。以学生发展为己任，少一点荣誉感，多一些工作投入，用自己的职业水准赢得职业尊严。

三问学校品牌是什么。学校品牌就是北京一零一中。北京一零一中的工作给了教师机会，并不是能力。教师要加强自身专业能力的提升。

四问自己的言行举止能否成为北京一零一中的符号。教师要重视常态教学，在常态中做好每一天；要做真实的自己，有真实的成长。教师能对学生一生产生影响，没有学生的发展，教师就会走向狭隘的专业主义。

以上这些问题旨在激励教师自我发展，使他们拥有职业的责任感、危机感。

2. 激励教师增强责任意识

就教师工作特质而言，责任通常比能力更重要，顽强的意志和坚定的信心更是战胜一切困难的重要保证。教育决定民族的发展和未来，教师承担塑造学生心灵的重要使命。因此，学校教育中，教师责任重大。教育工作者的责任体现在教育教学活动的每个环节，贯穿于教育教学的整个过程，对每一名教育对象负责，就是教师的职业底线。长期以来，北京一零一中不断激励教师增强责任意识，很好地完成了自己的办学使命。

3. 鼓励教师参与学校民主管理

教师团队是一个具有较高文化素养和道德素质的特殊群体，只有切实尊重教师的主体价值，才能激发教师的积极情感，任何强迫性、压制性的学校管理，都不可能实现学校的内涵发展。正是基于这种认识，学校很好地发挥了教代会和工会作用，通过此类渠道，鼓励教师积极参与学校的民主管理。

4. 指导教师制定专业发展规划

学校针对不同教师所处的专业发展阶段，提出不同的专业发展要求，帮助、指导他们制定自我专业发展规划，选择适合自己的专业发展目标和发展路径。多年来，北京一零一中产生的市区级学科带头人和骨干教师、特级教师和正高级教师等，学校都为他们量身制定了个性化专业发展方案。

5. 推动教师提高课堂教学效益

学校内涵发展必须把重点转移到建构有效课堂上来。在规范办学、减负增效的背景下，如何提高课堂教学效益尤为重要。北京一零一中要求教师建构有效课堂，深入理解课程，全面了解学生，面向每一个学生，上好每一节课，促进学生全面、和谐、健康发展。

6. 强化校本教研活动， 努力打造学校教育教学品牌

学校结合自身实际，以点带面，不断总结，从而凝练特色，铸造品牌。北京一零一中语文组的阅读与写作教学、化学组的学案教学等，都产生了广泛的学术影响力。

（三）办好教师发展学校，为教师发展搭建平台

1. 教师发展学校的历史沿革及其成果概述

教师自我发展的作用无可替代，但为教师发展搭建有效平台同样必不可少。长期以来，北京一零一中两者并举，致力于教师团队整体性优质发展。教师发展学校为教师团队的整体优质发展做出了特殊的贡献。20 多年来，北京一零一中的正高级教师、特级教师、市区级学科带头人和骨干教师等，无一不是从教师发展学校走出去的。

北京一零一中教师发展学校已经有 20 多年的发展史，其前身是成立于 1996 年的“跨世纪培训学校”，旨在促进教师专业发展。2005 年，改名为“青年教师沙龙”。2006 年 10 月，为了加强学校教师研修工作的组织领导，学校决定在原来的基础上成立教师发展学校，校长兼任教师发展学校校长，由一名副校长主管。作为北京一零一中教师研修专门机构，教师发展学校旨在强化教师分类研修，结合学校实际情况、办学特色、教师专业发展规律和教师的需要，设计和实施各类校本研修课程和活动，促进教师专业化发展。学员培训每两年一期，至今已经办了十余期。

教师发展学校专家团队由两部分组成，一是北京一零一中骨干教师；二是北京师范大学、首都师范大学、国防大学、中国社科院、北京教育学院、海淀区教师进修学校、海淀区教科院的外聘专家学者。教师发展学校有四个特色：一是作为学校校本培训的常设机构；二是时间有保证（每周四下午课外活动时间）；三是内容有保证；四是培训内容既涉及教师专业发展，又兼顾教育热点。

教师发展学校日常工作由学校教科研室牵头，每学期都有详细的校本研修工作计划并认真落实。作为北京一零一中教师培训专门机构，教师发展学校创设并启动了“教师专业发展链式引领项目”（见图 6－7），将老中青教师形成学习链，实现学校内部研修资源的生态循环，同时拓展校外资源，形成专家指导团队，并整合进学校的链式团队，形成学习共同体。通过分层分类培训，满足不同发展阶段教师的专业化发展需要：

——为潜力教师的发展量身制定发展规划。

——以德才兼备作为教师培训与发展坚定不移的方向。研发专项课程，引领教师，尤其是青年教师的前行方向。

——关注时事热点和教育改革前沿问题，通过高端讲座、全员阅读和教育科研年会促进教师紧跟时代步伐。

——关注新入职教师的职初培训。通过师徒结对、通识培训、基本功展示与评比等形式帮助其夯实基本功。

——关注骨干教师的进一步提升，通过骨干教师研究课等教学实践活动帮助他们探索“高质量、轻负担”的生态智慧课堂，促进课堂教学能力的高端发展。

——关注特级教师的智慧辐射，通过名师论坛等形式为教师分享教育经验，搭建思想平台。

——关注教师教学经验的总结和理论化提升，通过课例研究、论文评比等形式促进全体教师思考教学、固化成果。

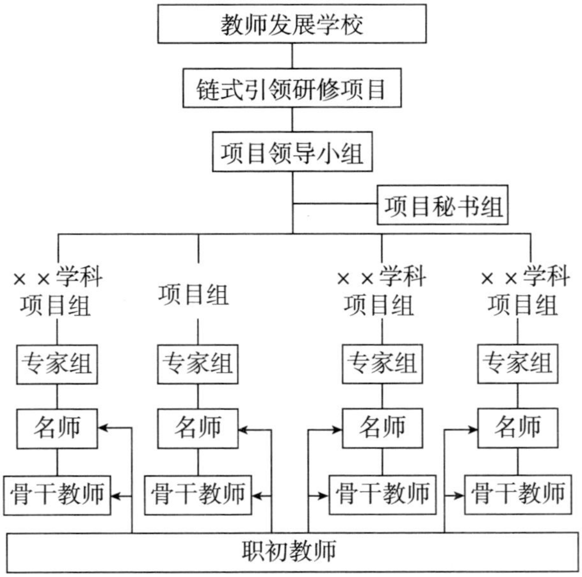

图 6-7　教师发展学校“教师专业发展链式引领项目”运作示意图

针对具体的校本研修课程和项目，每学期制定活动方案，如“职初教师演讲比赛”“职初教师板书评比”“职初教师常态课展示与点评”“常态课特色评比活动”“骨干教师研究课”“特级教师思想论坛活动”等，根据参与教师的情况及时组织实施相关方案。

“教师专业发展链式引领项目”既具有校本特色，更富有时代性。该项目在保证校本研修工作规范和有序开展的同时，也特别关注“后喻文化”现象——今日年轻教师在很多领域胜过中老年教师。为此，在项目实施过程中，学校不仅强化年长的、经验丰富的名师引领，也特别注重年轻骨干教师对中老年名师的文化反哺，促进不同年龄段的教师互相学习、共同提升。

2. 教师发展学校研发校本研修系列课程

北京一零一中结合学校实际情况、办学特色，教师专业发展的教育教学规律和教师核心素养提升的现实需要，从三个层面、六个领域设计和落实研修方案的课程。

三个层面包括：从宏观层面出发，教师研修主要关注高端研修，如国家大政方针、社会经济发展趋势等；从中观层面出发，教师研修主要关注新的考试招生制度改革背景下的学校实施策略研修，如管理创新、课程建构等，关注新信息技术对教育的推动作用，如云端课堂、翻转课堂、微课等；从微观层面出发，教师研修主要关注课堂教学的策略选择与模式创新，如课例研究、教学模式等方面。

六个领域包括：教师基本素养、教育教学理论、教育教学实践、情怀与视野、人文素养、高科技＋教育六个主题，每个主题下又有具体的内容（见表6－4），但不仅限于此，学校会根据社会和教育发展对内容进行调整。

表6－4　北京一零一中教师研修课程主题领域

教师基本素养				教育教学理论				教育教学实践				情怀与视野				人文素养				高科技+教育		
教育教学基本功	专业理念与师德	职业素养与底蕴	学校历史与文化	教育学心理学	课程标准	学科核心教学	领会教改思想	课堂教学实践	教育教学评价	学法指导研究	学科课程建设	经济发展	法治建设	政治政策	国际形势	文学与历史	艺术与哲学	生活与交往	身心健康	信念素养与安全	信息技术与创新	科技与教育融合

同时，结合不同发展阶段或教师群体的需求，整合学校研修资源，体

现教师之间的相互促进，学校研发并不断完善形成分层分类的校本研修课程体系（见表6－5、表6－6、表6－7）。

表6－5　北京一零一中全体教师研修课程体系

领域	专题	目的/内容要点	研修形式
教师基本素养	职业信念与师德	教师师德建设，坚定教师职业信仰，指导教师职业发展	讲座
教育教学理论	教育改革政策与理念	帮助教师了解先进的教育教学理论，理解当前教育改革政策，促进教师开展自我教育、自我反思，更新自己的教育理念，改进教育教学工作	全体教师讲座
	核心素养与教育研究		
	教育教学论文写作		论文写作和评比 共读一本书和读后感评比
	阅读工程		
情怀与视野	国家战略、国际形势	帮助教师了解当代国际变化，中国政治、经济、文化、科技等领域的改革和成绩，扩展视野，具备家国情怀	全体教师讲座
	经济改革、司法改革		
	十九大报告解读		
	科学与艺术		
人文素养	读书茶会、博士论坛	跨学科交流，拓展教师科学视野，提升文艺修养	论坛、讲堂
	大众健身	强身健体，劳逸结合	讲座、休闲体育
高科技＋教育	人工智能与互联网发展	引导教师关注互联网发展，提升信息素养，为“未来学校”建设奠定基础	讲座、外出参观、继续教育
	大众创业、万众创新		
	教育与信息技术素养		

表 6－6　北京一零一中职初教师研修课程体系

领域	专题	目的/内容要点	研修形式
教师基本素养	学校历史与发展	了解学校发展和目标、教师基本工作要求，进行职业规划指导等	通识培训讲座
	教师职业规划与发展		
	学校课程与教学常规		
	学生发展与学校德育		
教育教学实践	板书设计	夯实职初教师基本功	讲座，评比
	演讲与口才	提高课堂基本功，经历“公开课”初步锻炼，促进对优质课的感知	
	诊断课、追踪课与汇报课		师徒结对指导
	常态课展示与点评		听课、评课

表 6－7　北京一零一中骨干教师研修课程体系

领域	专题	目的/内容要点	研修形式
教师基本素养	骨干教师专业成长与规划	名师引领，为经验教师向高阶发展提供指导	讲座、座谈交流
	教师说课	帮助教师清晰认识自己的教学设计，具备职称评定所需的技能	讲座、评比
教育教学理论	教育改革、学科教研	更新学科教学理念，反思教学，提升课堂质量	讲座、教研组研讨
	“课例研究”的学习与实践	促进教师反思教学，学习和初步开展有专题的教学实践研究	讲座、写作与评比
	班主任班级管理	帮助班主任在新时期更好地开展班级活动、进行班级管理，为学生成长服务	讲座、座谈交流
	毕业年级接力	帮助教师尽快适应毕业年级的教育教学工作	座谈交流
教育教学实践	重塑课堂：生态智慧教学实践	展示教师的教学艺术、教学思想和教育智慧；帮助教师分析、总结，进一步提升骨干教师的专业水平	研究课
	对外交流		公开课、报告、座谈交流

学校关注网络资源对教师研修所发挥的传播便捷、范围广的优点，将"精品课程"、"骨干研究课"、"慕课"、"翻转课堂"和"大师课程"的视频上传到网络平台，供全校教师学习。同时也开发了"协同备课"平台，各校区、各学科组将自己的备课成果共享出来，与分校教师共同学习进步，共享本校优秀师资的智慧。此外，还有其他非一线教师的业务能力建设系列。学校的安全保卫、宿舍管理、图书馆、食堂、教育处、教学处等教师每学期都会进行有主题、有目的、有指向实操的研修。学校也会对这些教师外出参加业务提升的研修提供支持。

3. 校本研修重在特色实践

不同教师由于自身背景不同，面临的问题也是不同的。对于具有高学历背景的优秀职初教师，学校注重对他们的教育潜能进行开发；对于骨干教师，学校关注对他们教育教学的高质量引领；对于专家型名师，学校主要是对他们的教学智慧和经验进行系统总结与分享。

（1）关注职初教师的基本功培训

职初教师是走上工作岗位在三年以内的教师，从职前的学生角色转变为在职成熟教师角色，它要求职初教师无论是在角色意识还是工作能力等方面都有一个质的飞跃。职初教师的专业成长，是指职初教师在专业生活过程中，其内在结构不断更新、演进和丰富的过程。它反映了教师在教学过程中，通过经验的积累，不断反思教育实践，逐步从不成熟到成熟的专业人员的成长历程。针对职初教师的通识培训，我们开展了如下的活动。

一是常态课展示与点评。为提高青年教师的教学基本功，提升课堂教学效果，使青年教师经历"公开课"的初步锻炼，以促进其对常态性优质课的感知与认识，学校在每学年第一个学期针对已入职一年的职初教师都会开展常态课的展示和点评活动。

职初教师上课时，要求其所在教研组教师和教师发展学校的职初教师听课，并填写听课反馈表，与上课教师交流自己的观点。学校会提前一天通知主讲教师，要求职初教师课前提供教案，课堂上必须有必要的板书，若有课文诵读等，需由主讲教师自己诵读，不得播放录音等。在点评前，要向评价小组"说课"。设立展示课听课与评价小组，教研组长和教研组教师根据课堂实录进行点评。教师发展学校也会组织职初教师一同听取教研组的评课。

本项活动设立"青年教师常态课教学特色奖"，目的在于让主讲教师扬长补短，让其他教师博采众长。奖项包括：优秀课堂教学设计奖、优秀课堂教学导入奖、优秀课堂教学板书奖、优秀课堂教学课件奖、优秀课堂教学提问奖、优秀课堂教学调控奖、优秀课堂教学语言奖、优秀课堂观察奖、优秀课堂教学师生互动奖等9项。

此项评比，职初教师都非常重视，他们会积极与师父交流、打磨教学设计。通过常态课展示和点评工作，职初教师能够更深刻、直观地感受和认识自己的教学长处和不足，评审团的评委老师会就课堂上出现的问题给予改进建议。而且，不同于一般的“师徒”听课，这种评比能对职初教师起到更大的激励作用。

二是板书与演讲比赛。这是学校职初教师研修的一项特色活动，旨在通过评比活动帮助职初教师夯实教师基本技能。本项活动安排在每学年度的第二学期，活动对象为当年入职的新教师。此时，职初教师经过一个学期的教学工作，初步积累了教育教学经验。开展评比活动一方面是对过去工作的总结和反思，另一方面也能让他们发现自己的优势和不足，为下一阶段的发展提供指导。虽然评比并不是为了竞争评奖，但是学校亦制定了较为严格的评比办法，由学校成立评选小组，聘请学科专家及教研组长担任指导教师和评委。具体评比说明如下。

板书评比。板书是教师粉笔字的展示，更是教师对教材文本理解和分析、对学生学习认知规律的把握以及教学设计能力的重要体现。即使信息技术使得课堂更加现代化，板书仍是一项非常重要的教学能力。每位参评教师在指定时间内（15分钟），完成自己设计的一节课的板书。学校以电子图片形式留档并放在校园网上，请评委会成员和学校其他教师参与评分。

即兴演讲。为了锻炼职初教师的逻辑思维、语言积累、表达能力和临场应变能力，学校研修设计了即兴演讲比赛。学员演讲的主题和出场顺序当场抽签决定，准备时间5分钟、演讲时长5分钟。设置的演讲题目关注教育改革、师德、教师发展等问题，包括与时代同行、读书铸就备课灵魂、育人——人生路上的风向标、我的教师梦、感谢你们成就我的人生、热情 + 坚持 = 可能、鼓舞和唤醒——教育的艺术等。

三是“青蓝工程”，师徒结对。除了教师发展学校设计并实施的一系列职初教师研修活动，学校教学处还通过师徒结对的方式，为职初教师配备一名教学师父和一名班主任师父，对职初教师进行一对一的教学、教育能力培养。每学年度举办师徒结对启动仪式及上一学年优秀师徒表彰会，颁发“青蓝工程”优秀青年教师和指导教师证书，总结职初教师的工作，鼓励他们继续向前发展。

四是新任教师诊断性听课、评课工作。职初教师入职的第一个学期，教科研室领导、教研组长、备课组长、教学师父组成听课小组一起听课，并做深入细致的分析研究，使新任教师迅速发现自己教学中存在的问题，找到改进方向，尽快适应教学工作。

在每一年的研修过程中，我们结合学校“自我教育”的理念，不断调整、总结、反思研修的过程和成效。从职初教师们 2 ~ 3 年的研修的反馈和实际工作成绩来看，这些教师成长迅速，不仅在日常教育教学工作中受到学生欢迎，在各级各类评比中也都展示出自己的特色特长，获得优异的成绩。如青年教师孙淑松（2012 年入职）获得 2017 年北京市中小学“紫禁杯”优秀班主任一等奖；李霞（2016 年入职）获得北京市“京教杯”演讲比赛一等奖；林小林老师荣获北京市“京教杯”教学基本功展示一等奖。贾思雨、闫阅、张欣等近 5 年入职的青年教师的论文也都先后获得北京市基础教育科学研究优秀论文奖一等奖，有的青年教师也在学科核心期刊上发表教学论文。学校举办的国家级、市级会议和活动中，青年教师都积极承担了公开课任务，获得与会领导老师的肯定。可以说，他们实现了研修初期的目标，为以后的发展奠定了坚实的基础，而且有很多教师已成长为学校的青年骨干。

（2）关注骨干教师教学实践活动的自我突破

加强对成长期教师的关注，解决其专业发展临界点问题，降低教师职业倦怠。学校开设了灵活、开放的培训项目，发挥“链式培训”和“伙伴研修”项目中指导教师的作用，在校本研修中帮助成长期教师成长，梳理他们的教学经验，发挥骨干教师对青年教师的“传帮带”作用，使他们得到锻炼，有展示自己的平台，实现了学校骨干教师培养目标。

开设主题讲座，请高校和科研院所的专家和本校的特级教师为骨干教师做培训。例如说课培训，由于很多教师进行职称评定需要进行说课答辩，教师发展学校特意邀请有经验的特级教师、市级学科骨干和带头人教师给老师们进行关于“如何说课”的讲座。

开展链式研修骨干教师研究课活动，旨在展示学校学科带头人、骨干教师的教学艺术、教学思想和教育智慧，帮助骨干教师进行分析、总结，进一步提升骨干教师的专业水平，促进其课堂教学能力的高端发展。这项活动主要针对学校海淀区学科带头人和骨干教师。本着教师自愿原则，每学期都要开展。上课教师所在教研组、职初教师及教学干部都要参与活动，填写听课反馈表。活动也邀请海淀区教研员、特级教师等进行点评，帮助上课教师磨课，完善教案、改进课堂教学策略，提升课堂教学效果。

学校还开展“教育智慧”征文活动，展示近年来学校在教育理念、教学方法和教育思路方面的创新实验和创新成果，使广大教师分享教育智慧、品味教育幸福。

4. 在合作交流中创新研修方式

（1）深入开展“伙伴式研修”

“伙伴式研修”项目最初是学校与北京教育学院的合作项目，由学校骨干名师和远郊区县选派的教师一对一结为伙伴开展研修。之后，学校将其纳入北京一零一中教师发展学校和校本研修中，共享优质研修资源。

“伙伴式研修”通过跟岗学习、学科通识培训等形式，在更新和充实学员专业知识的基础上，利用名师带教的方式，研究解决学员自身发展困惑，综合提高其教育教学能力，进而带动学校教师共同成长，有效提升学校的教育教学质量。

具体而言，通过学员课堂观摩和指导教师具体、有针对性的指导，最终达到加强师德修养、更新专业知识、提升教学实践能力、提高教育教学研究能力、提高自我发展能力的目标。

为了落实指导教师到学员校指导的工作，学校组织几位指导教师形成团队，按照学员所在区县、学校的研修需求，开展校际和区级的交流，扩大研修影响范围。如学校 9 位指导教师一同走进延庆区第一中学和第四中学，通过讲座和研究课的形式开展学科教研。除“伙伴式研修”项目，学校还与北京教育学院签订“实践基地短期访问”项目，接待北京教育学院各类项目班的短期访问活动，展示学校优秀课堂，分享教师的管理和教学经验。

对于区级青年骨干教师来说，分析、总结自己的课堂教学，丰富自己课堂教学的内涵，获得课堂教学能力的高端发展，是他们当前需要聚焦的发展问题，而有主题的“短期参访”项目恰好可以提供这样一个平台。青年骨干教师为来访教师们进行研究课展示，不仅分享了学校的教学成果，也展示了他们的专业水平，为他们积累了经验。

（2）关注集团分校教师研修的均衡发展

为贯彻落实学校集团化办学精神，加强教师队伍建设，充分发挥本部教师的作用，依托本部的教研组、备课组开展协同研修，由教科研室实施教师研修项目的管理，在集团内部深入开展“伙伴式研修”工作，促进了教育均衡发展。

为此，北京一零一中本部选派师德过硬、中考教学经验丰富、研究能力强的区级骨干、学科带头人和年级组长担任研修伙伴老师，与温泉校区、双榆树校区的教师结成伙伴，通过备课、上课、教研、学科通识培训等形式，在更新和充实研修伙伴专业知识的基础上，采用线上线下结合的方式进行交流，研究解决研修伙伴发展困惑，综合提高其教育教学能力，进而带动集团内教师共同成长，有效提升学校的教育教学质量。

北京一零一中伙伴研修项目除常规研修外，还组织开展了一系列其他活动。例如“北京一零一中伙伴式研修说课稿评比”活动，旨在有效提升教师的专业素养，提高教师的说课能力、语言表达能力，还有向双榆树校区、温泉校区的研修伙伴老师征集说课稿和说课 PPT 等活动。

（3）关注初小贯通项目中的教师培养

西苑小学加挂“北京一零一中实验小学”校牌后，学校就与实验小学开展了贯通培养项目。两校校长加强交流，初小衔接工作相关部门的老师也保持交流沟通。召开九年一贯制对口直升机制学校座谈会，学校教学部门的领导、科艺体中心、金帆交响乐团、体育组、信息技术组相关负责领导和老师参加座谈，就双方可以在哪些方面加强联系，便于之后开展对口直升工作等问题进行深入交流。此外，还邀请实验小学教师参加北京一零一中教师发展学校的系列研修活动。

为了积极参与人才贯通培养模式的改革工作，扩大优质教育资源，促进教育均衡发展，推进人才贯通培养模式，学校开展针对实验小学六年级学生发展的跨校选课（见表 6－8）。

表 6－8　2017—2018 学年度第一学期“担当计划 · 贯通项目”课程

上课教师姓名	学科	主题
刘建玉、卞震	数学	趣味数学
袁艳丽	语文	微电影与写作
刘云松	英语	小说与戏剧
李鹏宇、冯玉、赵瑞婷	科学	轻松学科学

2021 年是北京一零一中建校 75 周年，也是中国共产党建党 100 周年。应该说，75 年来，北京一零一中除“文革”10 年不可抗拒的“低谷”以外，其他时间几乎一直呈现出蓬勃生机。究其本源，是我们有一支生机盎然、永葆青春的教师团队。那么，是什么让这个团队生机盎然、永葆青春？关于这个问题，前面很多地方已经做出回答。如果再补充，还有以下几点。

一代一代教师团队对北京一零一中的热爱不减。任何领域、任何单位，如果从最朴素的层面看，难道还有比形成“团队之爱”更激励人心的吗？

一所学校，何以让教师产生浓厚的爱？显然不只是“工资待遇”，还有“精神待遇”“环境待遇”“人文待遇”等等。后者，有时胜过前者。

学校干部，尤其是校长，可以有意无意地强化“管理权威”，但永远不能让温暖、亲和力，让源于心底的人文关怀淡出团队。

一言以蔽之，任何时候、任何情况下，学校就是教师的精神家园——应当成为教师团队的灵魂归宿。

参考文献

布鲁纳．教育过程［M］．邵瑞珍，译．北京：文化教育出版社，1982.

陈定家．全球化与身份危机［M］．开封：河南大学出版社，2004.

杜威．民主主义与教育［M］．王承绪，译.2版．北京：人民教育出版社，2001.

富兰．变革的力量：深度变革［M］．中央教育科学研究所，加拿大多伦多国际学院，译．北京：教育科学出版社，2004.

顾明远．改革开放30年中国教育纪实［M］．北京：人民出版社，2008.

顾明远，边守正．陶行知选集（三卷本）［M］．北京：教育科学出版社，2011.

郭涵．学校教育转型的挑战与应对［J］．教育科学研究，2015（4）：69－72.

郭涵．学校文化：师资建设的强劲软实力［J］．中国教师，2017（4）：71－74.

郭涵，程翔，熊永昌，等．积极探索国家课程校本化的有效途径：以北京一〇一中学为例［J］．课程·教材·教法，2013，33（12）：80－86.

国际21世纪教育委员会．教育：财富蕴藏其中［M］．联合国教科文组织总部中文科，译．北京：教育科学出版社，1996.

黄济，王策三．现代教育论［M］．北京：人民教育出版社，1996.

加德纳．多元智能［M］．沈致隆，译．北京：新华出版社，1999.

经济合作与发展组织．面向未来的学校［M］．李昕，曹娟，译．北京：教育科学出版社，2009.

劳凯声．公立学校200年：问题与变革［J］．北京大学教育评论，2009，7（4）：78－105，189－190.

李慎之，何家栋．中国的道路［M］．广州：南方日报出版社，2000.

李松林，贺慧．中小学校课程建设的顶层设计［J］．课程·教材·教法，2015，35（6）：8－12.

联合国教科文组织国际教育发展委员会．学会生存：教育世界的今天和明天［M］．华东师范大学比较教育研究所，译．北京：教育科学出版社，1996.

林崇德.21世纪学生发展核心素养研究［M］．北京：北京师范大学出版社，2016.

林崇德．论学科能力的建构［J］．北京师范大学学报（社会科学版），1997（1）：5－12.

罗洁．首都基础教育改革与发展的战略思考（上）［J］．中小学管理，2010（9）：25－26．
罗洁．首都基础教育改革与发展的战略思考（下）［J］．中小学管理，2010（10）：50－52．
孟明义，白天佑．在革命洪流中：晋察冀边区联中回忆录［M］．北京：航空工业出版社，1995．
裴娣娜．变革性实践与中国基础教育的未来发展［M］．北京：教育科学出版社，2015．
裴娣娜．现代教学论（三卷本）［M］．北京：人民教育出版社，2005．
檀传宝．德育美学观［M］．太原：山西教育出版社，2001．
檀传宝．德育原理［M］．北京：北京师范大学出版社，2007．
田慧生．时代呼唤教育智慧及智慧型教师［J］．教育研究，2005（2）：50－57．
王毓龙．圆明春雨育英才：北京一零一中学校史［M］．北京：航天工业出版社，1995．
王毓龙．难忘的岁月［M］．北京：中国人口出版社，1997．
项贤明．论生活教育与学校教育的逻辑关系［J］．教育研究，2013（8）：4－9．
叶澜．回归突破“生命·实践”教育学论纲［M］．上海：华东师范大学出版社，2015．
叶澜．重建课堂教学价值观［J］．教育研究，2002（5）：3－7，16．
钟启泉．关于“学力”概念的探讨［J］．上海教育科研，1999（1）：16－19．
中央教育科学研究所．周恩来教育文选［C］．北京：教育科学出版社，1984．
朱小蔓．情感教育论纲［M］．南京：南京出版社，1993．
朱小蔓．情感德育论［M］．北京：人民教育出版社，2005．

附件：项目成员单位的组成

首席专家：裴娣娜

核心成员：

（1）来自15所高校及科研单位

刘志军　张红霞　王振存（河南大学）
项贤明（中国人民大学）
劳凯声　孟繁华　张景斌　林培英　张　菁　吴晗清（首都师范大学）
鲍东明　郑　葳　郭　华　桑国元　梁　威　綦春霞　刘夏蓓
李春密　王　蔷　俞子恩　王鸣迪（北京师范大学）
王祖浩（华东师范大学）
宋乃庆（西南大学）
李松林（四川师范大学）
郝京华（南京师范大学）
邬志辉　秦玉友（东北师范大学）
杨旭东（中国传媒大学）
戴忠信（华北电力大学）
李伟健　周跃良　张维忠　钱旭升　李润洲　李　伟　周国华
周晓燕　潘　涌　王国均　童志斌　朱　哲　杨光伟　唐恒钧
陈碧芬　陈秉初　黄　晓　林新事　蔡志良　郑流爱　李云星
陈伟强　张丽霞　夏洪文　龚　伟（浙江师范大学）
刘　力（浙江大学）
孙智昌　郑庆贤　杨　清（中国教育科学研究院）
王　漫　许　艳（北京教育学院）

（2）来自16个省市教育行政部门

韩　平　方红峰　任学宝（浙江省）
李　奕　桑锦龙　杨德军　马　可　李　政　江　峰　黄晓玲(北京市)
陆云泉　吴颖惠　李艳莹（北京市海淀区）
肖　汶　王　彪　王月胜　陆志望（北京市朝阳区）
冯洪荣　周玉玲（北京市东城区）
李永生　李东梅　白丰莲　刁致力（北京市门头沟区）

吴海乐　贺　慧（成都市锦江区）
刘子科　荆　华　孙岩梅　徐文虹　齐　华　石明晶（郑州市二七区）
李开海　熊　瑛　谢桂华（四川阿坝藏族羌族自治州理县）
张力鸣（宁波市）
王幸平（嘉兴市）
贺晓敏　丁初效　李建忠　鲍国潮　范信子（绍兴市）
金毅伟（湖州市）
戴冠福（台州市）
朱福金（衢州市）
范寿仁（丽水市）

（3）中小学校长（来自100所中小学）

来自北京（21所）：
王殿军　刘　沪　郭　涵　尹　超　刘　畅　景小霞　窦桂梅　王　群
袁　靖　田树林　张德庆　曲建华　刘国雄　蒋立红　赵　欣　刘　飞
陈立华　齐振军　祖雪媛　付晓洁　于冬云
来自上海（1所）：
张志敏
来自成都（8所）：
胡文武　何伦忠　阳　波　赵万华　刘　娟　秦　梅　张　璇　蒲春燕
来自郑州二七区（7所）：
李　琳　郭军英　张艳丽　冯　华　张卫东　贾　勇　王任峰
来自浙江省（48所）：
其中，42所省高中课改实验基地校（第二届）成员：
叶翠微　吴金炉　周　斌　申屠永庆　尚　可　邱　锋　周千红　吴国平
李永培　袁湛江　杨亢尔　孙国虎　陆炳荣　卢　明　赵其刚　黄丽君
陆国民　朱建民　周国平　何通海　周生民　傅美华　王新伟　邓加富
张增明　戴一仁　刘定华　孙亦器　潘自强　程卫东　朱　雯　杨　军
张惠民　洪仙瑜　郑志湖　陈才琦　潘建中　李树河　叶文杰　黄发锐
刘习渊　方　军
6所绍兴市柯桥区项目校成员：
李华琴　魏让尧　章国华　金明东　濮朝阳　傅海炎
来自四川理县（15所）：
高志全　周　强　曾　林　代祝康　王　平　张世龙　张静秋　郭　勇
杨步卫　周德瑞　赵兴文　宛永平　王　建　陈　蓉　王学军

这是一个由15所高校和科研单位、16个教育行政部门、100所中小学的核心骨干组成的跨学校、跨学科的优势互补的学术团队。

后　　记

2010 年 9 月，裴娣娜教授主持的国家社会科学基金教育学重大（点）课题“我国基础教育未来发展新特征研究”立项。在裴教授的热情推荐和鼓励下，北京一零一中参加了子课题“学习力与学科课程建设研究”，形成了很多重要的研究成果，亟待整理成结合学校办学和实际研究过程的研究报告。

新冠肺炎疫情肆虐，学校停课，被迫闲居，有了前所未有的宽裕时间。于是，2020 年春节刚过，学校便组织专门力量，认真、专注地开展讨论研究，着手研究成果的汇总、整理和学校发展报告的撰写。其间，我再次拜读裴教授主编的《变革性实践与中国基础教育的未来发展》一书，以汲取学术营养，充分明确本书撰写方向和学术要求，并对全书内容的结构形成了主导性意见。

在此基础上，我多次召集原班人马，召开专门会议，对全书内容、结构体例等反复研讨；多次召开相关骨干教师会，或频繁电话联系，或建立专门微信群，广泛听取大家的意见和建议，并根据全书需要，布置相关任务。所有教师都在规定时间内或提供个人宝贵资料，或撰写相关文字，表现出令人感动的研究热情和勤奋做事的态度。

疫情严重期间，我们尽量减少参会人员。会议室提前消毒，彼此自觉保持距离，所有人全程戴口罩。特殊时期，特殊场景。述之，以资纪念。

这样的讨论研究、群策群力和集思广益，前所未有。

应该说，通过这一次前后长达 6 个月时间的精心组织、修改、补充和调整，全书内容、结构和文字表述发生了全新的变化。在裴教授再次审阅全书之后，书稿终于送达教育科学出版社。然后，我们又根据出版社责编老师的意见，对全书若干重要概念、重要人物和历史事件等进行进一步阐释、核实或纠正，对案例进行压缩删减，对语言进行规范性修改，此项工作一直持续到 2021 年 8 月底。

毕竟，本书主体内容系集体分工完成，在语言表达或其他方面的瑕疵，甚至谬误在所难免，尚请读者指正，并祈见谅。

从 2010 年 9 月研究启动到 2021 年 8 月完成书稿，十年磨一剑，名副其实。

本书各部分撰写分工如下。校史与文化：万锡茂、高建民。德育与科技：刘子森、李铁军、夏焕春。教学、课程与制度：熊永昌、平亚茹、史艺。队伍建设：毛筠。统稿与修改：严寅贤。学术秘书：张欣。整个过程，大家都很辛苦，在此一并感谢。

谨向为本书提供个人宝贵资料、参加研讨的各位老师表示感谢。他们是安军、陈昂、陈默、陈争、崔峰、范玮、方明、付鹏娟、贺凤美、贺丽珍、霍艺红、金梓乔、李杰、林小林、刘丹妮、孙娜、孙淑松、邢秀清、杨晶晶、杨双伟、殷卫霞、于元、张萌、周斌、周革润、邹斌。（按姓氏首字母排序）

在此，特向以下专家表达深切谢忱。

首先要感谢尊敬的裴娣娜教授。我有幸结识裴教授很多年，并保持经常性学术联系。长期以来，她给我、给北京一零一中提供了很多学术性帮助和支持，本书凝聚了老先生太多的心血。她对全书高屋建瓴的纲领性指导，她对全书关键处逐字逐句的修改，为我们展示了难得的学术严谨与学术范例，更让我如见其伏案辛劳的学者背影。每每想到这里，我和我的同事们都感念不已！从裴娣娜教授身上，我们真切感受到当代中国学人的风采风范和学术良心！

但愿此书不负裴教授厚望。

在此，还要深切感谢裴教授学术团队的各位专家，他们是北京师范大学教授鲍东明、郑葳，首都师范大学教授林培英，北京教育学院副教授许艳，中国教育科学研究院研究员孙智昌，他们共同为本书做出了丰富的学术性指导与奉献。

本书责编张璞老师接到书稿之后，认真审阅全书并提出了很多建设性意见和建议，在此一并感谢。

本书即将付梓，但愿以此报答裴娣娜先生的学术良心，并祝她老人家健康长寿，继续为我国基础教育理论和实践研究做出卓越贡献！

郭　涵

2021 年 8 月 30 日